国家社会科学基金项目成果

当代中国价值哲学研究丛书

和谐社会的
价值追求研究

HeXie SheHui De JiaZhi ZhuiQiu YanJiu

王伦光 著

人民出版社

目　　录

序

2001年，我应邀去湖州师范学院做兼职教授，和王伦光教授在一个部门工作。多年交往中，她的勤奋好学、刻苦钻研给我留下很深印象，我们也结下了深厚友谊。十年过去了，她在教学、科研等方面取得了很大的成绩，被评为浙江省高校首届教坛新秀、浙江省高校中青年学科带头人，并担任了湖州师范学院社会发展学院副院长。看到她成长进步，我十分高兴。本书是她主持的国家社科基金项目"和谐社会的价值追求研究"（07BZX055）的最终研究成果。看了她厚厚的书稿，我更感欣慰。本书立意新颖、资料翔实、论证深刻、结构严谨，提出了许多具有原创性的观点和独到的见解，是国内研究价值追求问题的创新力作。

和谐社会是几千年来人类孜孜以求的社会理想，也是一切马克思主义者的价值追求。从中国古代的大同社会构想，到近代康有为描绘的太平盛世和孙中山的"天下为公"；从西方古代柏拉图设想的"公正即和谐"的理想国，到西方近代空想社会主义者圣西门设计的和谐制度、欧文的公社制度等，都反映了人类不同发展阶段对和谐社会的向往和追求。和谐社会有多种形式，我们要建构的是社会主义和谐社会。任何一种社会建设都不仅仅是经济、政治和文化的建设，它必然地承载和内含着一定的伦理向度和价值取向。社会主义和谐社会应该追求什么样的价值以及怎样去追求，对这个问题的不同回答，关系到社会主义和谐社会建设的根本方向，关系到社会主义和谐社会建设的成败。从价值哲学的视角研究和谐社会的建设问题，不仅具有重大的理论意义，而且具有重大的实践意义。

价值从根本上说是客体对主体特别是对社会主体发展完善的效应，使主体特别是人类社会更美好。价值是多种多样的，价值追求也是多种多样的。不同主体有不同的价值追求，就是同一主体在不同时期也有不同的价值追求。和谐社会不是无差别、无矛盾的社会，而是和而不同的社会。价值追求的合理化是和谐社会构建的一个重要维度。当前，有关社会主义和谐社会构建的理论和对策研究很多，但从价值哲学的视角，深入地对和谐社会人的价值追求、社会的价值追求进行探讨的著述还不多见。王伦光教授所作的研究，填补了这一空缺。

首先，作者立足于实践价值哲学的视域，坚持价值观与真理观、价值观与历史观、价值观与发展观的统一，提出了许多全新的观点，具有非常重要的理论和学术价值。当今世界存在着两种价值哲学，即理论的价值哲学与实践的价值哲学。理论的价值哲学是单纯从理论上去理解哲学价值的；实践的价值哲学则是从实践，特别是从实践结果出发去理解哲学价值的。理论价值哲学是以唯主体论或唯客体论的单极思维为指导；实践价值哲学则是以实事求是的思想为指导。理论价值哲学主要存在于哲学和文化理论中，实践价值哲学则是指导实践并在实践中证明自己的正确性。价值哲学要走出困境必须坚持实践价值哲学的路径，必须从价值自发上升到价值自觉。作者深刻论证了价值追求的本质、类型、层次和意义，明确提出按照价值意识水平的高低，价值追求可划分为价值自发与价值自觉两个基本层次。价值自发是价值追求的低级阶段，价值自觉是价值追求的高级阶段。社会主义和谐社会核心价值体系建设必须着力于价值自觉。提出社会主义和谐社会的构建，必然会引发价值革命，具体体现在价值追求上表现为功利价值和道德价值的和谐互补、个体价值与社会价值的合理兼顾、一元价值导向与多元价值取向的辩证统一。提出人的价值追求的产生、发展和实现是一个辩证运动过程，从外在表现形式上来讲，主要表现为情感——认同——实践的过程，价值情感是前提，价值认同是基础，价值实践是根本。从内在规定性来看，表现为主体本质力量对象化和促进主体发展完善的过程。认为社会实践使价值追求分化为人的价值追求和社会的价值追求，实践又是人的价值追求与社会的价值追求统一的现实基础。人的价值追求是社会的价值追求的基础和核心，社会的价值追求是人的价值追求的根本保障和方向指南。这些观点和见解，丰富、深化了价值追求的研究，必将对推动价值哲学研究产生重要影响。

其次，作者坚持理论与实际相结合、历史与现实相结合，以回答现实生活中的重大问题为中心，紧密结合人的价值追求与和谐社会构建、社会的价值追求与和谐社会构建的辩证关系，提出了系统而可行的和谐社会价值追求的建设路径，具有很强的时代感和重大的现实意义。理论研究有个学风问题，在新的历史时期，我们需要进一步弘扬马克思主义的学风。树立马克思主义的学风，我们一定要以改革开放和现代化建设的实际问题、以我们正在做的事情为中心，着眼于马克思主义理论的运用，着眼于对实际问题的理论思考，着眼于新的实践和新的发展。社会主义和谐社会构建是我们当前经济、政治生活中的大事，建设社会主义和谐社会，必须深入研究价值多元背景下人的价值追求发生发展的一般规律；必须科学分析如何正确处理人的价值追求与社会的价值追求的关系；必须全面把握经济全球化时期社会主导价值观生成及演变的一般规律。作者系统地考察了中西方历史上社会建设价值追求的演变，提出当前我国和谐社会的价值追求建设不仅要从我国传统社会建设的理论和实践中汲取营养，也要借鉴和吸收西方社会建设理论的积极成果，更要立足于中国特色社会主义建设的伟大实践，在实践中不断丰富创新马克思主义社会建设思想。作者提出人在不同历史形态、不同社会有不同的价值追求。在"人的依赖关系"形态追求勇敢、能力或地位、权力；在"以物的依赖性为基础的独立性"形态追求金钱；在"自由个性"形态追求人的全面发展。在社会主义初级阶段，人的价值追求具有二重性，既要尊重多样，又要坚持一元主导。作者认为，价值追求是和谐社会建设的强大动力，构建以和谐为核心的价值追求是实现社会和谐的前提。追求协调持续，实现经济和谐；追求民主法治，实现政治和谐；追求一主多样，实现文化和谐；追求诚信友爱，实现人际和谐；追求公平正义，实现社会和谐；追求生态文明，实现人与自然和谐；追求互利双赢，实现国际关系和谐。同时，作者还对社会主义和谐社会核心价值体系建设如何实现价值自觉提出了具体的思路和建议。凡此，皆体现了作者既仰望星空又胸怀大地的学术品格。

再次，在研究方法上有创新。客观地讲，价值问题不是一个学科所能解决的问题，需要多学科的交叉研究才能比较全面地把握价值、价值追求的本质。作者运用哲学、伦理学、社会学、文化学、心理学、经济学、历史学等多学科知识、方法，对价值追求与和谐社会构建问题进行了跨学科的研究。综合研究和谐社会的价值追求，不仅有利于全面认识和谐社会价值追求发生、发展的一般规律，树立全局观念和全面协调发展理念，增强践行科学发展观的自觉性、坚定性，而且有利于推动价值哲学研究方法的创新，发现学科发展新的生长点。

我国价值哲学的研究与改革开放的历程相依相随，随着经济社会的快速发展，人的价值、人的价值追求等问题也将日益凸显，希望有更多的年青学者来进一步深化这方面的研究，也祝愿王伦光教授明天更美好！

是为序。

王玉樑

2011 年春于古都西安

导　论
社会建设视阈中的价值追求

　　社会建设是一个历史的、具体的系统工程，"主要是指在经济增长和政府改革的基础上，通过制度建设和政策引导，发展社会事业，改善社会治理，增进社会融合，保障社会的可持续性，从而全面提升、保障当代人和后代人的福利水平，实现社会和谐与永续发展。"① 作为一种思想和实践活动，社会建设伴随着人类始终。正如"社会"有广义和狭义之分一样，社会建设也有广义和狭义之分。广义的社会建设，指整个社会的建设，即包括政治子系统、经济子系统、思想文化子系统和社会子系统在内的整个社会大系统的建设。狭义的社会建设，则侧重指与政治、经济、思想文化各子系统并列的社会系统的建设。这种区分不是绝对的，只有相对的意义，既可以广义地使用社会建设，也可以狭义地加以使用。② 当我们说"我们所要建设的社会主义和谐社会，应该是民主法治、公平正义、诚信友爱、充满活力、安定有序、人与自然和谐相处的社会"时，指的就是广义的社会建设。当我们说"我们必须适应国内外形势的新变化，顺应各族人民过上更好生活的新期待，把握经济社会发展趋势和规律，坚持中国特色社会主义经济建设、政治建设、文化建设、社会建设的基本目标和基本

---

① 洪大用：《中国社会建设三十年：成就与问题》，载《学习与实践》2008 年第 8 期。
② 郑杭生：《中国人民大学中国社会发展研究报告 2006——走向更讲治理的社会：社会建设与社会管理》，中国人民大学出版社 2006 年版，第 2 页。

政策构成的基本纲领"时①，指的就是狭义的社会建设。社会建设既指社会事业发展、社会组织建设、社会制度（体制）建设，又指社会共同价值观建设。归根结底，社会建设指的是以人为中心、以社会有序发展、以增进人的福祉为目标的价值共同体建设。所以不同历史时期、不同国家和地区，主体价值诉求不同，社会建设的内容、方法、途径和重点也就不同。

① 胡锦涛：《高举中国特色社会主义伟大旗帜，为夺取全面建设小康社会新胜利而奋斗——在中国共产党第十七次全国代表大会上的报告》，人民出版社2007年版，第19页。

一、社会建设的价值诉求

"生产关系总和起来就构成所谓社会关系，构成所谓社会。"① 马克思认为："所有人的关系和职能，不管它们以什么形式或在什么地方表现出来，都会影响物质生产，并对物质生产发生或多或少是决定的作用。"② 说明生产关系除了对于生产力发展的意义外，它作为一定社会关系体系中的核心的、原始的关系，总体上决定着社会建设的性质和存在状况。与生产关系的复杂性、历史性相一致，社会建设在总体上有如下特点：

一是人本性。社会建设着眼于人，着眼于人的生存和发展。不论是古代社会的"民惟邦本"，还是现在我们提倡的"以人为本"，社会建设的归宿在于增进人的福祉，促进不同族群、不同信仰、不同阶层、不同利益的团体间和睦相处，促进社会稳定、健康发展。

二是公共性。慈善、救助、帮困、扶贫等社会建设行为是一种为公共服务并主要为谋取社会效益的建设事业。所以，社会建设的一个重要原则和功能就是促进社会公平正义，保障公民享有基本的权利和利益，尤其是保障弱势群体的权益，促进整体社会的和睦和融合。它不是为哪一个人、哪一个社会组织建立、设置、服务的，是为了增进社会的公共利益。

三是结构性。马克思指出，"社会不是坚实的结晶体，而是一个能够变化并且经常处于变化过程中的有机体"。③ 社会作为活的有机体，不是由各种构成要素机械地结合起来的，而是各种社会要素按照一定次序建立起来的复杂的紧密联系的有机整体。因此，社会建设是由横向不同要素和纵向不同层次构成的一个有机整体和系统。④ 社会建设的内容是多方面的，社会建设的主体也是多元的。不同要素、不同层次在社会建设中承担各自的使

① 《马克思恩格斯选集》第 1 卷，人民出版社 1995 年版，第 345 页。
② 《马克思恩格斯全集》第 26 卷，人民出版社 1972 年版，第 300 页。
③ 《马克思恩格斯选集》第 2 卷，人民出版社 1995 年版，第 102 页。
④ 任春华：《关于社会建设的理论思考》，载《学习与探索》2008 年第 3 期。

命和发挥各自的功能，共同形成了一个有机的社会建设网络。

四是历史性。马克思认为："人们在发展其生产力时，即在生活时，也发展着一定的相互关系；这些关系的性质必然随着这些生产力的改变和发展而改变。"① 古代社会由于生产力水平低下，社会建设的主要任务是解决人的温饱问题，比如"在中世纪的社会里，特别是在最初几个世纪，生产基本上是为了供自己消费。它主要是满足生产者及其家属的需要。在那些有人身依附关系的地方，例如在农村中，生产还满足封建主的需要。因此，在这里没有交换，产品也不具有商品的性质。"② 现代社会随着科学技术的发展，极大地解放和发展了生产力，社会财富极大丰富，社会建设的目标也逐渐转向消除社会贫富分化，维护社会多元发展、促进人的自由全面发展。同时，社会建设的历史性还表现为不同民族、不同国家社会建设内容、目标、手段、方法的具体性和现实性。

不论人们对社会建设的内容做怎样不同的划分，但归根到底，社会建设是人为了人的建设，是为了形成和构建一定历史时期、一定社会人们共同生活的精神家园——价值共同体。正如马克思所讲的"历史不过是追求着自己目的的人的活动而已。"③ 所以，共同价值观建设是社会建设的灵魂，社会建设体现着民族和国家的价值诉求。

"价值追求是对一定的价值目标的执着向往并力图达到此目标的强烈驱动倾向。"④ 一定的价值观念决定了一定的价值追求；而一定的价值追求，又体现了一定的价值观念。价值追求的基础是对所追求目标的重大价值的认识。这种认识从起源来说，产生于价值评价、价值判断。社会建设作为人追求着自己目的的实践活动，只不过是把人"自己的生命活动本身变成自己意志的和意识的对象"⑤ 活动罢了，它从以下几个方面体现着人的价值追求。

首先，社会建设体现着人的价值理想。《礼记》是我国一部重要的古代

---

① 《马克思恩格斯选集》第 4 卷，人民出版社 1995 年版，第 536 页。
② 《马克思恩格斯选集》第 3 卷，人民出版社 1995 年版，第 746 页。
③ 《马克思恩格斯全集》第 2 卷，人民出版社 1956 年版，第 118—119 页。
④ 王伦光：《论价值追求》，载《社会科学辑刊》2006 年第 2 期。
⑤ 《马克思恩格斯选集》第 1 卷，人民出版社 1995 年版，第 46 页。

经典，它反映了我国古代社会建设的思想理论和制度，提出了我国古代社会建设的价值理想——"大同社会"。《礼记·礼运篇》中说："大道之行也，天下为公，选贤与能，讲信修睦。故人不独亲其亲，不独子其子。使老有所终，壮有所用，幼有所长，矜、寡、孤独、废疾者皆有所养。男有分，女有归。货，恶其弃于地也，不必藏于己；力，恶其不出于身也，不必为己。是故谋闭而不兴，盗窃乱贼而不作。故外户而不闭，是谓大同。"① 这就为我国古代社会建设提出了价值目标，社会建设必须"天下为公"，这既是天道运行的规律，也是以人道为核心的社会建设的规律。马克思在谈到未来社会建设时认为，未来的社会是物质财富极大丰富、消费资料按需分配的社会；是社会关系高度和谐，人们精神境界极大提高的社会；是每个人自由而全面的发展，人类从必然王国向自由王国飞跃的社会。马克思认为，那时，人摆脱了自然经济条件下的对"人的依赖关系"，也摆脱了商品经济条件下对"物的依赖性"，实现了人的"自由个性"的发展。他说："代替那存在着阶级和阶级对立的资产阶级旧社会的，将是这样一个联合体，在那里，每个人的自由发展是一切人的自由发展的条件。"② 我们党在《中共中央关于构建社会主义和谐社会若干重大问题的决定》中指出，我们要构建的社会主义和谐社会，是在中国特色社会主义道路上，中国共产党领导全体人民共同建设、共同享有的和谐社会。到 2020 年，社会主义和谐社会建设要实现全面建设惠及十几亿人口的更高水平的小康社会的目标，努力形成全体人民各尽其能、各得其所而又和谐相处的局面。党的十七大报告更加使新时期社会主义和谐社会建设的目标具体化，提出社会建设与人民幸福安康息息相关，要更加注重社会建设，努力使全体人民学有所教、劳有所得、病有所医、老有所养、住有所居，推动建设和谐社会。

其次，社会建设体现着人的价值认同。共同（核心）价值观建设是社会建设的主要目标之一，所以，社会建设的过程就是一个让个体认同共同（核心）价值观的过程。"价值认同是指不同价值主体对某种价值、价值观

---

① 《礼记·礼运》。
② 《马克思恩格斯选集》第 1 卷，人民出版社 1995 年版，第 294 页。

念及其价值理想、价值取向和价值标准等方面的认可、肯定，表现为不同价值主体之间在价值追求、价值取向上的某种一致性、统一性、可接受性。"① 价值认同根源于不同价值主体对共同利益的追求。正如马克思所说："人们奋斗所争取的一切，都同他们的利益有关。"② "没有共同的利益，也就不会有统一的目的，更说不上统一的行动。"③ 价值认同包括观念认同和实践认同，即信和行。价值观念的多元存在是价值认同可能产生的前提条件。价值认同也是一个价值整合的过程，是在众多的甚至相互冲突的价值观念中逐渐形成对某种共同价值观的认同，这种认同既是价值观念交流、冲突的结果，同时又反过来对各种冲突起抑制和消解作用，并且能够使存在差异的多样价值观之间保持必要的张力。自汉以来，我国古代社会就是一个以儒家价值观为核心的价值共同体。儒家价值观作为价值观的主导，体现了人们共同的价值理念，凝聚了人心，促进了社会的有序、稳定发展。特别是儒家的"礼仪"思想，成为管理国家、安定社会、维护社会秩序稳定的根本。"礼，经国家，定社稷，序民人，利后嗣者也。"④ 在西方社会，宗教对资本主义的繁荣则起到了重大的推动作用，成为社会建设的主导价值观。宗教主导其他不同价值观，奠定了西方社会建设的精神根基和力量之源。如艾森豪威尔认为："美国如不具有对上帝的深刻信仰就毫无意义——我倒不介意它是哪种宗教。"⑤ 当前，我们党提出要切实把社会主义和谐社会核心价值体系融入国民教育和精神文明建设全过程，把它转化为人民的自觉追求，要坚持以社会主义和谐社会核心价值体系引领社会思潮，尊重差异，包容多样，最大限度地形成社会思想共识。以马克思主义指导思想、中国特色社会主义共同理想、以爱国主义为核心的民族精神和以改革创新为核心的时代精神和社会主义荣辱观为基本内容的社会主义和谐社会核心价值体系已成为建设中国特色社会主义的根本精神力量。

---

① 王伦光：《论全球化背景下价值冲突与价值认同的根源》，载《理论与改革》2008 年第 3 期。
② 《马克思恩格斯全集》第 1 卷，人民出版社 1956 年版，第 82 页。
③ 《马克思恩格斯选集》第 1 卷，人民出版社 1995 年版，第 490 页。
④ 《左传·隐公十一年》。
⑤ 王瑞荪主编：《比较思想政治教育学》，高等教育出版社 2001 年版，第 162 页。

最后，社会建设体现着人的价值评价。社会建设依靠谁、为了谁，社会建设的成果由谁来享受，是衡量社会建设成效的重要尺度。不同历史时期、不同民族和国家，社会建设的评价尺度不同，社会建设的方向、侧重点、目标和效果也就不同。如先秦时期孟子提出了"民贵君轻"的社会建设思想，他主张在政治上"民为贵，社稷次之，君为轻。"① 经济上主张"制民之产"。孟子认为，只要以民为本，解决了人民的生活问题，人民得到了休养生息，他们就不会造反，统治者的统治就能得以巩固。西汉初期黄老思想盛行，厉行节约、勿夺农时、轻徭薄赋、社会积蓄等评价标准对官方救助制度的形成影响极大。当然，在封建社会，官方救助的目的是为了缓和阶级矛盾，更好地维护统治阶级的根本利益，爱民是为了尊君，救民最终是为了保君。1929—1933 年的经济大危机彻底改变了西方国家长期忽视社会建设的局面，迫使西方国家开始重视完善社会保障制度，关心失业和贫困人口。与此相适应，福利国家理论和福利社会主义理论成为这个时期占主导地位的社会建设理论，人们开始重视全面的社会建设，主张完善社会政策体系，建设福利国家与福利社会。当前，我们构建社会主义和谐社会，提出必须坚持以人为本，始终把最广大人民的根本利益作为党和国家一切工作的出发点和落脚点，实现好、维护好、发展好最广大人民的根本利益，不断满足人民日益增长的物质文化需要，做到发展为了人民、发展依靠人民、发展成果由人民共享，促进人的自由全面发展，充分说明，社会主义和谐社会构建，人民群众是最高的价值评价主体，人民利益是最高的价值评价标准，人民生活的幸福安康是最高的价值追求目标。

任何时期的社会建设都体现着人的价值追求，价值追求是社会建设的精神支柱和力量之源，它决定着社会建设的方向，激励和凝聚着社会建设的主体，是社会建设软实力的重要体现，必须高度重视。

第一，大力加强社会的价值诉求建设，有利于保证社会建设沿着正确的方向前进。社会建设都受一定的价值追求的影响，积极、健康、向上的价值追求会促进社会建设的健康发展，消极、落后的价值追求对社会建设的发展则会产生巨大的阻碍作用。资本主义国家的社会建设除遵循市场经

---

① 《孟子·尽心下》。

济和社会建设的一般规律外，还坚持资产阶级的价值观，宣扬资本主义制度的美好，始终维护资产阶级的统治。马克思认为："统治阶级的思想在每一时代都是占统治地位的思想。这就是说，一个阶级是社会上占统治地位的物质力量，同时也是社会上占统治地位的精神力量。"① 当前，我们构建社会主义和谐社会，必须始终牢牢坚持中国特色社会主义的价值导向，既不能走资本主义社会建设的道路，也不能走民主社会主义的道路，"做到思想上坚信不疑、行动上坚定不移，决不走封闭僵化的老路，也决不走改旗易帜的邪路，而是坚定不移地走中国特色社会主义道路"。②

第二，大力加强社会的价值诉求建设，有利于促进社会建设的公平正义。社会建设是一个复杂、系统的工程，涉及社会的各个主体和各个领域，如果不坚持以人为本、不坚持统筹协调、不坚持民主法治、不坚持共建共享等原则，就会出现诸多社会问题，产生众多社会矛盾，导致社会不和谐、政局动荡，甚至会发生政变、社会革命等现象。社会建设具有公共性，不能从少数人、局部、当前利益出发，必须坚持正确的价值导向，弘扬社会正气，加强制度建设，推进社会公平正义，最大限度地保障最大多数人在政治、经济、文化、社会等方面的权利和利益，增进最大多数人的福祉。

第三，大力加强社会的价值诉求建设，有利于调动最广泛的社会力量参与社会建设。正确的价值诉求具有导向、激励和凝聚功能。社会建设的价值目标正确，以人民利益至上，把人民拥护不拥护、赞成不赞成、高兴不高兴、答应不答应作为制定各项方针政策的出发点和落脚点，尊重人民的主体地位，紧紧依靠人民，就能凝聚人心，激发社会活力，团结一切可以团结的力量，形成万众一心共建美好社会的生动局面。反之，如果在社会建设中见物不见人、见利不见义，拉帮结派，搞小圈子，片面强调一部分人或某一领域的利益，社会建设则不能实现预期的目标。

第四，大力加强社会的价值诉求建设，有利于保障社会建设与其他建设的协调发展。社会建设与经济、政治、文化建设和人的自由全面发展相互联系、相互作用，共同构成社会大发展。如果我们不坚持全面的观点，

---

① 《马克思恩格斯选集》第 1 卷，人民出版社 1995 年版，第 98 页。
② 胡锦涛：《在纪念党的十一届三中全会召开 30 周年大会上的讲话》，人民出版社 2008 年版，第 17 页。

统筹协调的价值导向，社会建设就会失去支撑和基础。任何时候都不能以牺牲社会文明为代价换取经济的一时发展，当然，也不能为了社会文明而忽视了经济建设。我们必须坚持经济、政治、文化、社会四位一体协调发展的理念，统筹经济社会发展，统筹人与人、人与社会、人与自然和谐发展，坚定不移地以经济建设为中心，大力发展生产力，大力推进民主政治建设，加快科技、教育、文化、卫生、体育、社会保障、社会管理等社会事业发展，不断满足人民群众的物质文化需求，实现社会的全面进步，共同发展。

第五，大力加强社会的价值诉求建设，有利于实现社会建设手段和目的的有机统一，最大限度地实现社会建设的目标。社会建设是以人为本、以满足人的社会需要为出发点和归结点的。但是，主体的需求不同，各项事业的发展也不平衡，因此，社会建设不可能满足所有人的所有社会需求，社会建设也不可能一步到位，这就需要我们实事求是，立足当前，着眼长远，量力而行，尽力而为，有重点分步骤地持续推进。要兼顾各方面客观条件和能力，既抓紧解决人们最基本的社会需求和当前最关心的突出问题，又要兼顾更高的需求和长远的需求。既要重视基础设施等社会建设硬件设施，又要搞好社会制度、机制、组织、管理、法规等软件建设，坚持手段和目的的统一，最大限度地实现社会建设的价值目标。

二、核心价值体系建设：社会建设的主题

价值是主客体相互关系的效应，从根本上说在于促进社会主体的发展和完善，使社会主体上升到更高境界，使每一个人自由而全面地发展。[①] 客体对主体的效应包括主体生存、发展、完善的效应。客体对主体生存的效应，是价值的初级本质；客体对主体发展、完善的效应，是价值较深层次的本质。客体对社会主体发展、完善的效应，是价值更深层次的本质，也

---

① 熊晓红、王国银等：《价值自觉与人的价值》，人民出版社2007年版，第111页。

是价值之所以为价值的根本点。① 价值问题，根本上是为了解决人生存和发展的意义。因为，人是一个价值存在物，人的生存发展，就是不断丰富、提升、扩展人和社会的价值的过程。每一个人都有对自身生存和发展意义的理解，每一个人都有对客体价值的评价和认识，每一个人都有自己的价值观念，"价值观念就是在长期价值活动中形成的对某类事物的价值信念、价值目标、价值标准、一般价值规范的稳定的思维模式。"② 价值观念的实质，是主体利益、需要的内化。所以，不同民族、不同阶级、不同时代、不同人群其价值观念不同，甚至相反。即使对同一类客体，主体利益、需要不同，价值观念就不同。价值观念具有社会性、历史性、群体性、稳定性、凝聚性和鲜明的阶级性。价值观念对人的行为、对社会生活具有重要作用：第一，定向功能，最重要的是影响价值对象、道路、手段、方式、方法的选择；第二，动力功能；第三，权衡功能；第四，调节功能；③ 第五，凝聚功能，即决定群体凝聚力。价值观念作用于社会生活主要是通过人们的文化生活，通过种种社会知识和社会观念，如哲学、经济、政治、法律、道德、宗教、艺术或审美或科学以及新闻媒介、社会舆论、社会思潮、社会风俗习惯等形式对社会起导向和规范作用。

价值体系是一定社会生产方式制约下由价值观念所构建的体系。④ 波兰哲学家亚当·沙夫认为，"为了弄清自己生存在什么样的世界，为达到所期望的目标应该怎样行动，人必须拥有一种价值体系，这种价值体系告诉人们什么是善，什么是恶，在活动中应该追求什么和避免什么"。⑤ 价值体系作为人们在一定历史条件下形成的价值观念的系统存在，其实质也是人们根据自身需要和利益对各种事物作出的是非善恶的价值评价，是对人生未来和社会进步表达的理想追求，以及为了实现人和社会的利益而确立的各

---

① 王玉樑：《价值哲学新探》，陕西人民出版社 1993 年版，第 158—159 页。

② 王玉樑：《价值哲学新探》，陕西人民出版社 1993 年版，第 416 页。

③ 王玉樑：《价值哲学新探》，陕西人民出版社 1993 年版，第 425—426 页。

④ 李从军：《价值体系的历史选择》，人民出版社 2004 年版，第 1 页。

⑤ ［波兰］亚当·沙夫：《马克思主义在今天》，俞可平编《全球化时代的"马克思主义"》，中央编译出版社 1998 年版，第 57 页。

种行为规范。① 由于主体利益、需要的不同和生产力发展的不平衡，各个民族、各个国家在不同的时代都有多种价值观念构成的不同价值体系。一个社会价值体系的最终确立，取决于这个社会生产方式的确立。因为建立在一定生产力水平基础上的生产关系，需要有一定的社会意识形态来为自己进行宣传和辩护。"在不同的所有制形式中⋯⋯，耸立着由各种不同情感、幻想、思想方式和世界观构成的整个上层建筑"。② 价值体系的形式和内容取决于生产方式对思想统治的内在要求，从本质上反映一定历史阶段上生产方式的根本特征和发展趋向。

在原始社会，价值体系建立在生产资料的公有制和原始民主制基础之上，由于生产力极不发展，社会关系相对简单，所以，原始社会的价值体系相对单一。"人们对自然界的狭隘关系决定着他们之间的狭隘关系"。③ 在阶级社会，随着社会被分化为统治阶级和被统治阶级两大体系，社会的价值体系也主要表现为统治阶级的价值体系和被统治阶级的价值体系两大类型，被统治阶级的价值体系不占主导地位，统治阶级的基本价值原则在社会关系中处于主宰地位，并以此来作为价值评判的基本准则，以一种观念上的"合理的"表象笼罩着整个社会生活。④ 因此，统治阶级的价值体系在社会其他价值体系中起着主导作用，成为代表这个社会的唯一合法的价值体系。社会主义社会由于消灭了阶级剥削，人们以按劳分配作为价值实现的形式，其价值体系在没有剥削的社会关系上进行构建，已不再是剥削阶级进行阶级剥削的思想工具，体现了人类迄今为止最大程度的人本原则。但由于我国仍处于并将长期处于社会主义初级阶段，随着社会主义市场经济的深入发展，社会经济成分、组织形式、就业方式、经济利益和分配形式日益多样化，社会的价值观念也呈现多样化的态势，因此，大力加强社会主义和谐社会核心价值体系建设，既是社会建设的需要，也是价值观建设的必然。

---

① 周双丽：《论社会主义核心价值体系的理论实质与精神内涵》，载《社会主义研究》2007年第5期。

② 《马克思恩格斯全集》第8卷，人民出版社1961年版，第149页。

③ 《马克思恩格斯选集》第3卷，人民出版社1995年版，第82页。

④ 王世奇：《论我国社会主义核心价值体系的构建》，湘潭大学2008年硕士学位论文，第8页。

价值体系按不同的标准可以划分为不同的类型。如按社会形态可划分为原始社会的价值体系、奴隶社会的价值体系、封建社会的价值体系、资本主义社会的价值体系、社会主义社会的价值体系和共产主义社会的价值体系。按地域可划分为东方社会的价值体系、西方社会的价值体系等。按时间可划分为古代社会的价值体系、近代社会的价值体系和现代社会的价值体系。按地位和作用可划分为核心（主导）价值体系和非核心（非主导）价值体系。一般来讲，一个社会的价值体系，我们主要是从核心和非核心的视角来区分的。

一个社会有多种并存的价值体系，各个价值体系所起的作用也是不同的，在多种价值体系中居核心地位、起主导作用的就是核心价值体系，它决定和制约其他价值观。社会核心价值体系是指"在社会生活中居于统治、引导地位的社会价值体系，它能够有效地制约非核心、非主导的社会价值体系作用的发挥，能够保障社会经济制度、政治制度、文化制度的稳定和发展"。① 任何社会都有自己的核心价值体系，它是这个社会得以运转、社会秩序得以维持的基本精神依托。因此，任何社会的统治阶级，为了维护本阶级的统治地位，为了保障社会的安定与发展，都必然要利用其统治地位的优势，依靠国家的力量，大力倡导代表本阶级根本利益的价值体系，以确保其社会核心价值体系的地位与功能的发挥。

在人类社会发展的过程中，出现过自然本位的核心价值体系、神学本位的核心价值体系、社会（国家）本位的核心价值体系、个人本位的核心价值体系和普世主义的核心价值体系。在我国，古代社会主要是以儒家思想为核心的价值体系，近代则是以救亡图存、民族独立、国家富强、人民幸福作为核心价值体系。新中国成立以后，我们逐渐确立了以富强、民主、文明、和谐为核心的核心价值体系。当前，世界和中国正在发生广泛而深刻的变化和变革，我们党鲜明地提出了马克思主义指导思想、中国特色社会主义共同理想、以爱国主义为核心的民族精神和以改革创新为核心的时代精神、社会主义荣辱观构成的社会主义和谐社会核心价值体系建设战略目标。

---

① 吴潜涛：《社会主义核心价值体系的科学内涵》，载《道德与文明》2007 年第 1 期。

社会核心价值体系是一个社会普遍遵循的基本价值准则，是一种文化区别于另一种文化的基本价值观念。它代表着价值体系的基本特征，主导着其他价值观念，体现着社会价值体系的基本价值倾向，表现出与其他价值体系不同的鲜明特色。

首先，核心价值体系具有鲜明的阶级性、民族性。核心价值体系是社会意识形态的主流，阶级性是社会意识形态的内在表现和本质特征。在有阶级的社会里，核心价值体系就是统治阶级价值观的典型表现。马克思指出："占统治地位的思想不过是占统治地位的物质关系在观念上的表现，不过是以思想的形式表现出来的占统治地位的物质关系；因而，这就是那些使某一个阶级成为统治阶级的关系在观念上的表现。因而这也就是这个阶级的统治的思想"。① 在资本主义社会，资产阶级意识形态占统治地位，其核心价值体系就代表资产阶级的利益；在我国社会主义社会，无产阶级意识形态处于领导地位，社会主义和谐社会核心价值体系就体现了工人阶级和中华民族的共同理想信念和价值追求。

其次，核心价值体系具有普遍的认同性。"认同"即是一种身份确证，即自我与环境相适应的过程。"当人们在确立自己的身份感的时候，他又总要受到一定的利益需求、情感和信仰等问题的影响。进一步说，人们总是认同那些与自己的利益、情感和信仰相一致或相近似的东西，利益、情感和信仰影响着人们对'他者'的评价问题，这就注定了从一开始人们的认同就是一个价值问题。因此，认同说到底是对人的意义感的重新定位和评价的问题，是一个价值认同问题"。② 社会是一个价值多元的体系，人生存在这个世界中，都要思考我们与他人的区别何在，我们是什么人，我们属于什么。核心价值体系作为一个国家、社会民众的价值理念、价值尺度，涵盖了政治、经济、文化、道德的所有层面并且体现在国家的制度、方针、政策、法律的所有规范中，起着统率社会价值理念、社会尺度的核心和灵魂的作用，像一条大河把众多的小溪汇纳起来一样把人的感情和思想融汇起来，成为社会发展的精神支撑，为社会提供生存和发展意义的最高

---

① 《马克思恩格斯选集》第1卷，人民出版社1995年版，第98页。
② 贾英健：《认同的哲学意蕴与价值认同的本质》，载《山东师范大学学报》（人文社会科学版）2006年第1期。

价值。个人作为社会关系的总和，在多样的价值取向中，通过对社会核心价值体系的认同，确证了存在的意义，实现了个体发展与社会发展的有机统一。

再次，核心价值体系具有主导性。一个社会的核心价值体系的形成，是人们以其利益和需要系统为基础，对主客体之间的多种价值关系进行融汇而形成的最优价值关系。它集中体现了一个社会所有利益共同体或利益相关方的共同理想、愿望和需求，它是引领人们思想行为、社会精神风尚和发展方面的灵魂。价值体系多元并存状态是社会发展的一个重要特征，价值体系的冲突也是构成人类文明历史的一个重要内容。价值体系的发展并不单纯是自身的自然演进，它也靠不同价值体系之间的交汇、融合和诱导来发展自身。从一般状态来说，先进的、文明程度高、人本特征强的价值体系，对于那些落后的、低级的价值体系，具有自发的吸引力。[①] 核心价值体系作为主流社会意识形态，主导着社会上其他的价值体系，成为社会发展和社会团结的精神纽带。马克思曾指出："在考察历史进程时，如果把统治阶级的思想和统治阶级本身分割开来，使这些思想独立化，如果不顾生产这些思想的条件和它们的生产者而硬说该时代占统治地位的是这些或那些思想，也就是说，如果完全不考虑这些思想的基础——个人和历史环境，那就可以这样说，例如，在贵族统治时期占统治地位的概念是荣誉、忠诚等等，而在资产阶级统治时期占统治地位的概念是自由、平等，等等。"[②] 核心价值体系主导社会多样的价值观念，增强了社会成员的归属感和向心力，成为一个社会发展的精神主心骨。所以，"无论是否自觉意识到，每一种社会都有一种占统治地位的价值观念体系，正是这种体系，规定着整个社会的运作的内容与方式、运动的目标和方向，规定着整个社会的性质和面貌"。[③]

最后，核心价值体系具有时代性和历史继承性。一定的价值体系是一定社会生产方式的反映，相对来讲，核心价值体系体现了当时先进的社会生产方式，是时代精神的集中表现。同时，每一个社会形态的价值体系既

---

① 李从军：《价值体系的历史选择》，人民出版社1992年版，第257页。
② 《马克思恩格斯选集》第1卷，人民出版社1995年版，第99—100页。
③ 戴茂堂、江畅：《传统价值观念与当代中国》，湖北人民出版社2001年版，第332页。

是社会生活现实形态的反映，又是社会生活历史形态的反映。它既体现了时代的精神需求，又在完成着自身的历史承接。"价值体系的内涵并不是每一个现象都可以从现实社会生活中找到直接的原因，有些要到历史的传统中去寻找对应的方位"。① 所以，核心价值体系又具有历史继承性，是一个民族过去、现在、未来精神的三维反映，体现了核心价值体系包容多样、引领思潮、规范教化的核心统领功能。

核心价值体系的性质和地位，决定了社会建设必须以核心价值体系为主题，着力推进社会精神文化的建设。

第一，是确立和巩固社会建设主流意识形态的需要。任何社会建设都需要有一定的指导思想，都是在主流意识形态的指导下进行的。核心价值体系作为主流意识形态的集中体现，成为社会建设的着力点。古代中国，为了确立和巩固封建统治秩序，统治阶级着力加强以儒家思想为主导的意识形态。在欧洲中世纪，为了维护神学统治，统治者则竭力维护以宗教价值体系为核心的社会意识形态。在当今西方发达资本主义国家，虽然各种思想主张五花八门，但任何主张改变私有制、改变资本主义制度的思想，都会受到攻击和限制，更不允许其占主导地位，也不可能成为主流意识形态。核心价值体系既是上层建筑的重要内容，又对维护上层建筑起着关键作用。实践证明，社会制度的巩固、社会秩序的稳定，需要指导思想或者主导意识形态提供理论指导、价值导向和精神支撑。如果一个社会缺乏统一的、主导的价值导向，社会运转就会陷入混乱，或者陷入停滞，社会发展就会受到影响。所以，对于一个正常的社会来讲，既要允许价值追求的多样性，也要坚持价值导向的一元化，要不断巩固核心价值体系在社会价值体系中的指导地位，夯实人们精神文化生活的主心骨，确保社会建设沿着正确的方向发展。

第二，是打牢和夯实社会建设共同思想基础的需要。社会建设要给人以希望和寄托，要广泛调动各种力量来参与，而共同的思想基础，共同的价值追求、价值目标则是广泛参与的前提和保障。所以，在一定意义上，社会建设主要就是价值共同体建设。历史和现实表明，核心价值体系是一

---

① 李从军：《价值体系的历史选择》，人民出版社1992年版，第256页。

个社会的方向盘和稳定器。如果没有这个最核心的东西，社会就会失去共同的思想基础，导致人心涣散、社会混乱。[①] 共同的思想基础，是一个党，一个国家，一个民族赖以存在和发展的根本前提。没有共同的思想基础，党就要瓦解、国家就要分裂、民族就要解体。我们党历来重视共同思想基础的建设。毛泽东强调党要有"共同语言"，国家要有"统一意志"。邓小平认为社会建设最重要的是人民的团结，而要团结就要有共同的理想和坚定的信念。江泽民指出一个国家没有自己的精神支柱，就会失去凝聚力和生命力。胡锦涛多次指出要增强民族精神，巩固"精神支柱"，巩固"共同思想基础"。[②] 核心价值体系是联系各民族、各阶层的精神纽带，是形成共同思想基础的关键。因此，只有加强核心价值体系建设，才能增强它对社会成员的吸引力，凝聚力，才能主动引领社会其他价值观念，才能形成万众一心共创伟业的社会建设局面。如果核心价值体系建设不力，则会丧失它对社会成员的吸引力、影响力，社会成员就会从其他价值体系，甚至从消极、落后的价值体系中寻求精神慰藉，最终结果就是社会成员思想观念、道德标准的混乱，并危及社会的和谐稳定。

第三，是增强和提升社会建设软实力的需要。各个社会不同的核心价值体系体现不同的社会性质，构成不同文化、文明的精神实质和显著标志。因为核心价值观就是国家文化的灵魂，是一种文化形态与其他文化形态相区别的内在根据。社会建设不仅要着力彰显国家的硬实力，更要增强民族的软实力。中国历史上"礼崩乐坏"是周王朝失败的标志。前苏联丢掉了列宁、斯大林这两把"刀子"，最终免不了社会主义社会的解体。每一个国家和民族都想增强自身的文化软实力，每一种价值观念都在极力扩大自己的解释权和生存权。某种意义上说，国家间的竞争主要就是价值观念的竞争，一国总是希望在竞争中获得优势，希望自己独有的价值体系能够得到它国的认同。哪种价值观念接受的人最多，它就会获得更多的社会力量，最有力量左右社会的发展方向。因此，社会建设必须着力提升核心价值体系的竞争力，着力增强民众对核心价值体系的认同度。人的价值观念是不

---

① 《六个"为什么"——对几个重大问题的回答》，学习出版社 2009 年版，第 21 页。
② 《社会主义核心价值体系学习读本》，学习出版社 2009 年版，第 7 页。

会自动形成的，什么样的价值观念占领了人的心灵，就意味着用这种价值观念引领人们的生活，人们就会采纳相应的价值标准，采取相应的生活方式。如果不用社会独有的核心价值体系去占领人的精神领域，人们就会转向非核心价值体系，就意味着我们只是别人的"传声筒"，是一个"旁观者"，就不能为自身特色的社会建设提供软实力的支撑。价值体系特别是核心价值体系是一个国家、社会得以存在和发展的灵魂。一个国家和民族的强大，不仅体现在经济、军事实力上，而且体现在文化特别是核心价值体系上。

第四，是保障和推进社会建设健康运行和发展的需要。社会是由个人组成的，但它不是个人的机械组合，个人理性不是实现集体理性的充分条件。一方面，"没有价值体系的状态是精神致病的原因，人为了生活和理解，需要价值结构、人生哲学、宗教或宗教代替物，这与需要阳光、钙或爱在意义上大致类似。"① 说明价值体系是人生存和发展的基本要素。另一方面，如果没有核心价值体系的引领，人就会陷入各种价值观念的迷雾，走向价值观的迷失。所以，一个有序、高效运行的社会，依靠的是各主体的理性交往和有机整合，依靠的是对核心价值目标、价值理想的统一追求。如果没有统一的价值共识，甚至相互间的价值目标是冲突的、对抗的，那么社会成员的沟通与合作就难以实现，甚至会出现相互仇视和对抗，这样社会就难以有序运转。确立和维护核心价值体系的主导地位，有利于抑制社会的过度分化，减少和避免社会冲突与矛盾，促进社会走上良性发展的轨道。同时也只有形成强大的核心价值体系，才能真正引领社会成员形成价值共识，规范和制约与核心价值体系不相适应的行为和观念，激发社会活力，增进社会团结和睦，形成人人关心、共同参与、携手共进的生动局面。

---

① 李德顺主编：《价值学大词典》，中国人民大学出版社 1995 年版，第 262 页。

三、和合共生：和谐社会价值
追求建设的核心

价值追求根植于"人的实际生存"，每一特定时代人们的价值追求都来源于他们所生活的社会，是一定社会的物质生产方式、政治法律制度、文化传统等因素濡染、熏陶和塑造的结果。正如马克思所言："人们的观念、观点和概念，一句话，人们的意识，随着人们的生活条件、人们的社会关系、人们的社会存在的改变而改变。"① 和谐社会既是一种社会建设，更是一种价值追求，是一种能够充分体现价值创造、激励价值追求、确立更高价值目标的社会。构建社会主义和谐社会是我们党全面贯彻落实科学发展观，从中国特色社会主义事业总体布局和全面建设小康社会全局出发提出的重大战略任务。它是一个系统工程，涉及经济、政治、文化、社会、自然和主体因素等诸多方面。社会主义和谐社会的构建，必然引起人们价值观念的变化。社会主义和谐社会应当有什么样的价值追求，应当鼓励和倡导什么样的价值追求，才能既达到全社会充满活力，又形成全体人民各尽其能、各得其所而又和谐相处的局面，需要我们进行深入地研究和思考，以保证社会主义和谐社会建设的正确价值取向。

1. 和谐精神是和谐社会价值追求的基本前提

和谐首先是多样性的协调和统一。相同的事物不存在和谐，和谐的本质在于统一体内多种因素的差异与协调。其次，和谐是适度或中庸。"中庸"就是执中，就是为人处事，不偏于极端，追求不偏不倚、无过而无不及的"中和"之道。过度和不及是恶行的特征，适度则是和谐的品德。最后，和谐是一种人与自身、人与人、人与社会、人与自然的有机统一。和谐是相对于不和谐而言的。目前，我国社会总体上是和谐的，但也存在不少影响社会和谐的矛盾和问题。特别要看到，我国社会已进入改革发展的

① 《马克思恩格斯选集》第1卷，人民出版社1995年版，第291页。

关键时期，经济体制变革，社会结构变动，利益格局调整，思想观念变化。这种空前而深刻的社会变革，给我国发展进步带来巨大活力，也必然带来这样那样的矛盾和问题。因此，建设和谐文化，倡导和谐理念，培育和谐精神，巩固社会和谐的思想道德基础，就成为社会主义和谐社会价值体系建设的重要任务。

2. 以人为本是和谐社会的基本价值诉求

人是社会建设的主体，又是社会建设的目的。构建社会主义和谐社会，必须坚持以人为本。这里的以人为本既不同于我国传统文化中的"民本"思想，也不同于西方近代资产阶级的人本主义，本质上是对上述两个方面的提升和升华。所以，以人为本就是要以人民群众为本，就是要始终把最广大人民的根本利益作为党和国家一切工作的出发点和落脚点，实现好、维护好、发展好最广大人民的根本利益。社会主义和谐社会坚持以人为本的价值原则，就是要把"立党为公、执政为民"作为最高价值取向，就是要把人民群众作为构建社会主义和谐社会的最高价值主体，就是要把为人民谋福祉作为最高价值追求，就是要把人的自由全面发展作为构建社会主义和谐社会的最高价值理想。

3. 核心价值体系与多元价值观并存是和谐社会的基本价值态势

和谐社会是一个价值多元社会。"所谓价值多元性就是指同一客体对不同主体或不同时空条件下的同一主体或同一主体的不同方面，具有不同价值的性质。"[①] 因为利益和价值取向的多元化存在，各种价值观相互之间就可能有矛盾、有摩擦甚至冲突。但是价值多元并不一定就导致价值冲突，不同的价值追求通过对话交流、价值认同，也能实现和谐与共存。

价值追求的多样性表现为价值追求的主体是多样的、价值追求的客体是多样的和价值追求的复杂性。价值追求主体的多样性主要是指主体可以是个人，可以是群体，也可以是民族、国家、社会。价值追求客体的多样性主要是指追求的既可以是功利价值、个体价值、物本价值，也可以是道德价值、社会价值、人本价值；客体既可以是物质客体，也可以是精神客体。从根本上说价值追求的多样性、复杂性取决于主体的利益和需要的多

---

① 王玉樑：《当代中国价值哲学》，人民出版社2004年版，第175页。

样性与复杂性。不同的利益和需要决定不同的价值追求，利益和需要的多样性、复杂性，决定价值追求的多样性和复杂性。

承认价值多元性，并不否认价值一元性即以社会核心价值体系为主导。价值一元性是指"同一客体对同一历史时期的社会主体或一定时空条件下的某一具体主体，或对某一具体主体的某一方面，其价值是一元的，确定的，单一的性质。"① 价值多元性是价值的相对性，价值一元性则是价值的绝对性。价值从根本上说是一元的，而在社会生活中的表现则是多元的。价值多元性表现了价值的丰富性、生动性；价值一元性则表现了价值的统一性、稳定性。和谐社会的价值既是多元的又是一元的，既不能只讲价值导向的一元性而否定价值多元性，也不能只讲价值多元性而否认价值一元性。我们既要倡导思想自由、价值多样、包容差异，又要坚持社会主义和谐社会核心价值体系的引领、主导地位，把价值多元性与价值一元性统一起来，使价值多元性成为价值一元性主导下的多元性，价值一元性成为价值多元性基础上的一元性，形成一元主导，多元并存，形成既生气勃勃充满活力，又和谐有序快速发展的良性互动局面。②

4. 人民幸福是和谐社会价值追求的最终目标

社会建设与人民幸福安康息息相关。幸福是人的价值的获得和自我实现，是人的本质力量的确证，最高境界是人的自由全面发展。我们要构建的社会主义和谐社会就是要有效地保障最大多数人的最大幸福。党的十六届六中全会指出，社会和谐是中国特色社会主义的本质属性，是国家富强、民族振兴、人民幸福的重要保证。我们要充分做到发展为了人民、发展依靠人民、发展成果由人民共享，促进人的自由全面发展。实现人民幸福生活的目标，就必须坚持协调发展，加强社会事业建设；必须加强制度建设，保障社会公平正义；必须完善社会管理，保持社会安定有序；必须深化收入分配制度改革，增加城乡居民收入，创造条件让更多群众拥有财产性收入，使家庭财产普遍增加；必须加快覆盖城乡居民的社会保障体系，保障人民基本生活；必须建立基本医疗卫生制度，提高全民健康水平。科学发

---

① 王玉樑：《当代中国价值哲学》，人民出版社 2004 年版，第 175 页。
② 汪东亮：《从价值追求角度看和谐社会的构建》，载《当代社科视野》2008 年第 11 期。

展观更是强调党的一切奋斗和工作都是为了造福人民。这些都充分说明了人的自由全面发展、最广大人民群众的幸福生活，是构建社会主义和谐社会的终极价值目标。

5. 和而不同是和谐社会价值追求建设的核心

"和"的前提是"不同"，是多样性的存在。和而不同是指要承认不同，提倡兼收并蓄，调节社会矛盾，使之达到适度、适时、适当的和谐状态。"和而不同"着力强调包容多样、尊重差异、和合共生。尊重差异，就是要尊重广大群众在思想意识、价值观念上的差异性，既鼓励先进，又照顾多数，根据不同社会群体、社会阶层的思想实际提出不同要求。包容多样，就是要树立多样共生、和而不同的意识，不断扩大核心价值体系的包容度和影响力。① 和谐社会是一个多元社会，多元社会实质上就是指差异主体的有序发展。只有当构成社会的不同秩序处于和谐的状态时，社会才是健康的。因此，和谐作为一种价值取向，强调要从和合共生、协调统一的视角去观察和思考问题，把和合共生作为认识事物，解决矛盾的最基本方法，以追求社会的有序、良性发展。所以，和谐不仅强调包容各方面不同利益，又强调要把错综复杂的利益关系处理妥当，使社会充满创造活力而又生动有序。和谐不仅是一种价值目标，更是一种思维方法，和谐社会强调要用和谐的方法化解社会发展过程中的矛盾和问题，用和谐的方法来看待社会多元价值并存的状态。和合共生是和谐社会价值追求建设的核心。

"和而不同"在价值取向上体现为既倡导核心价值体系的导向作用，又尊重个体的价值选择和价值追求，构建的是整体价值导向一元与个体价值取向多元有机结合的价值体系。在社会主义和谐社会里，容许不同的社会制度、不同的经济形式、不同的政治见解和不同的利益主体。当然，这种不同是在根本利益一致基础上的不同，是在尊重不同、尊重个性，尊重不同主体的独立、自由发展的前提下，追求和谐以共生共长，不同以相辅相成。

从"和而不同"的价值取向出发，我们构建社会主义和谐社会，必须

① 《社会主义核心价值体系学习读本》，学习出版社 2009 年版，第 62 页。

在重视经济建设的同时，要更加注重解决发展的不平衡问题，维护社会公平正义；更加注重经济、政治、文化、社会的协调发展；更加注重人与自然的和谐发展以及整个经济社会的可持续发展；更加积极主动地区分矛盾，化解矛盾，最大限度地增进共识，最大限度减少不和谐因素，努力形成社会和谐人人有责、和谐社会人人共享的良好发展局面。

第一章
价值追求的历史谱系

　　人是希望的存在，是追求着目的的存在物。人类社会发展的历程可以说就是人不断追求自身价值目标、价值理想的过程。中国古代追求"大同社会"，近现代追求民族独立、人民解放、国家富强，当前着力建设社会主义和谐社会。西方古希腊的柏拉图追求"理想国"，近现代追求天赋人权、"三权分立"，当代努力建设"美好社会"①、"福利社会"。这些都是人类对理想价值的追求，是人类孜孜以求的社会理想。建设社会主义和谐社会是马克思主义社会建设理论在当代中国的具体实践，我们不仅要从我国传统社会建设的理论中汲取营养，也要借鉴和吸收西方社会建设理论的积极成果，更要立足于中国特色社会主义建设的伟大实践，在实践中不断创新、丰富、完善马克思主义社会建设思想。

---

　　① 美国著名经济学家约翰·肯尼思·加尔布雷思认为"美好社会"的本质是"所有公民都必须有个人自由、基本的福利、种族和民族平等以及过一种有价值的生活"，参见约翰·肯尼思·加尔布雷思：《美好社会——人类的议程》，王忠宝等译，江苏人民出版社 2009 年版，第3—4 页。

一、中国古代和近代社会的价值追求

我国古代社会的不同学派都有自己的社会价值追求。道家以"小国寡民"为梦想，主张无欲、无为、无争；墨家以"爱无差等"为理想，倡导兼爱非攻、尚同尚贤；法家追求"富国强兵"，倡法治，图实效；佛教以"善地净土"为梦想，强调同体共生、乐善好施。但最具代表性的，还是儒家追求的"大同社会"。近代以来，我国社会发展最主要的价值追求就是独立富强。从戊戌变法到辛亥革命再到五四运动，无不在探索和追求民族独立、人民解放和国家富强。

（一）儒家的"德化"社会

儒家思想是我国古代的主流意识。儒家追求的是一种"德化"社会。"德化"社会坚持"亲亲"、"尊尊"的立法原则，维护"礼治"，提倡"德治"，重视"人治"。

"为国以礼"。孔子认为，周礼被废弃是当时社会秩序混乱的主要原因，要从根本上解决社会问题，最重要是重新恢复西周时期的礼乐典章制度。为此，他提出"复礼"，"为国以礼"[1]，以重建社会的价值体系与道德秩序，把"礼乐崩坏"的无道局面变成"礼乐征伐自天子出"的"有道"之世。按孔子的观点，社会治理离不开礼，只有全面恢复周礼，使社会成员都能依其在社会中的定位，各享其权利，各尽其义务，才能使社会重新获得一种秩序。"上好礼，则民莫敢不敬"，[2]"上好礼则民易使也"。[3] 同时，礼又是一切社会关系的准则，是人们行为的基本规范，提倡"非礼勿视，非礼勿听，非礼勿言，非礼勿动"[4]，以避免行为失范。

---

① 《论语·先进》。
② 《论语·子路》。
③ 《论语·宪问》。
④ 《论语·颜渊》。

"为政以德"。儒家虽然以"复礼"为口号，但其价值追求的精髓是"仁"。"儒家言道言政，皆植本于仁"。① 提倡施行仁政，"推恩而及四海"。认为行仁则得天下，不仁则失天下。"三代之得天下也以仁，其失天下也以不仁。国之所以废兴存在者亦然。"② 做到推己及人，"老吾老，以及人之老；幼吾幼，以及人之幼。"③ "亲亲而仁民"，④ "己欲立而立人，己欲达而达人。己所不欲，勿施于人。"⑤ 认为"为政以德，譬如北辰，居其所而众星拱之。"⑥ "为政以德"，就是要以奴隶主阶级的道德规范和礼制对人民进行教化，一方面受礼的约束，另一方面则受道德的感化。主张德化应先从统治者本身做起，正人先正己，"政者，正也。子率以正，孰敢不正。"⑦ 做到"躬自厚而薄责于人"。⑧ 教化的手段则是"道之以德，齐之以礼"，⑨ 也就是要授之以诗书礼乐以陶冶百姓的身心，又教之以仁义忠信孝悌廉耻等。总之，无论君子、百姓，都要提高自身修养。"人之有道也，饱食、暖衣、逸居而无教，则近於禽兽。圣人有忧之，使契为司徒，教以人伦；父子有亲，君臣有义，夫妇有别，长幼有序，朋友有信。"⑩ 并强调要善待弱势群体，要照顾那些鳏寡孤独等贫困无告者，"老而无妻曰鳏，老而无夫曰寡，老而无子曰独，幼而无父曰孤。此四者，天下之穷民而无告者。文王发政施仁，必先斯四者"。⑪

"行义去利"。儒家价值观的核心是重义轻利，实质是以伦理道德为价值取向和最高标准，以理想化的道德人格为根本价值追求。"行义去利"把"义"视做人之为人的根本，是做人的第一要义。在孔子看来，"义"具有至上的价值。他把追求义还是利作为评判君子和小人的价值标准，"君子喻

---

① 梁启超：《先秦政治思想史》，东方出版社1996年版，第81页。
② 《孟子·离娄上》。
③ 《孟子·梁惠王上》。
④ 《孟子·尽心上》。
⑤ 《论语·颜渊》。
⑥ 《论语·为政》。
⑦ 《论语·颜渊》。
⑧ 《论语·卫灵公》。
⑨ 《论语·为政》。
⑩ 《孟子·滕文公上》。
⑪ 《孟子·梁惠王下》。

于义，小人喻于利"，"君子怀德，小人怀惠"，① "君子谋道不谋食"，"君子忧道不忧贫"。② 也就是说，君子要"安贫乐道"。当生与义不能两全时，主张牺牲生命以实现义的价值，"志士仁人，无求生以害仁，有杀身以成仁。"③ 到了孟子，更是只崇尚道德价值，而否定功利价值。"王何必曰利？亦有仁义而已矣！"④ 他主张一切行为必须以"义"为准绳，"大人者，言不必信，行不必果，惟义所在"，⑤ 认为道德价值高于一切功利价值，只有人的道德意识才是人的内在价值。如果一个人仅仅追求功利价值，就是一个无价值的人。为此，宁可"舍生"也要"取义"。

"制民恒产"。孔子提出"因民之利而利之"⑥，要养民富民，并主张慎用力役。"使民如承大祭"⑦，即在役使百姓时要像承担大祭奠似的慎重。同时，要取民有度，提倡"敛从其薄"。⑧ 孟子认为，使老百姓保持一定的私有财产是社会稳定的重要因素，因此，主张"制民以恒产"，强调"民之为道也，有恒产者有恒心，无恒产者无恒心。苟无恒心，放辟邪侈，无不为已。"⑨ 在他看来，百姓如果没有"恒产"，就有可能"放僻邪侈"，违法犯禁，而等到他们犯了罪，再"从而刑之"，那就是"罔民"⑩，即陷害老百姓。指责统治者不重视"制民之产"，使老百姓"仰不足以事父母，俯不足以畜妻子；乐岁终身苦，凶年不免于死亡"。⑪ 他追求的社会是百姓衣食无忧，能够"乐岁终身饱，凶年免于死"，"养生丧死无憾"。⑫

"大同社会"。西汉的《礼记·礼运》托名孔子而著，首倡"大同"、"小康"之说。它把社会历史的演进分为"大同"之世和"小康"之世两

---

① 《论语·里仁》。
② 《论语·卫灵公》。
③ 《论语·卫灵公》。
④ 《孟子·梁惠王上》。
⑤ 《孟子·离娄下》。
⑥ 《论语·尧曰》。
⑦ 《论语·颜渊》。
⑧ 《左传·哀公十一年》。
⑨ 《孟子·滕文公上》。
⑩ 《孟子·滕文公上》。
⑪ 《孟子·梁惠王上》。
⑫ 《孟子·梁惠王上》。

个阶段，也就是"大道之行"与"大道既隐"两个阶段。首先，认为夏代以前存在着一个"大同社会"，在"大道之行"的"大同"之世，"天下为公，选贤与能，讲信修睦"。"天下为公"，就是说天下非一姓一家之物，而是天下人所共有的。因此，天子位的继承，应该选贤选能，揖让圣德。人与人之间虽有血缘关系，但尚无亲亲、尊尊的宗法等级关系，"故人不独亲其亲，不独子其子，使老有所终，壮有所用，幼有所长，矜寡孤独废疾者，皆有所养。"在这种情况下，社会甚至无需用礼义制度和规范来调节人与人的关系。同时，在"大同"之世，人人劳动，共享财物，因而"货，恶其弃之于地也，不必藏于己；力，恶其不出于身也，不必为己。"人没有私有的概念，"是故，谋闭而不兴，盗窃乱贼而不作，故外户而不闭"。在这种情况下，社会也无需用礼义规定人们的等级地位，实行财物的等级分配。总之，在"大同"之世，既无宗法等级的亲亲、尊尊之别，又无财产为己的私有之制，人们不争不夺，自然和合。接着，《礼记·礼运》阐述了夏、商、西周时期的"小康"社会："今大道既隐，天下为家，各亲其亲，各子其子，……禹汤文武成王周公，由此其选也。此六君子者，未有不谨于礼者也。以著其义，以考其信，著有过，刑仁讲让，示民有常。……是谓小康。"

"大同"是天下为公，是一个没有阶级、没有战争、没有私有财产的最高理想社会，而"小康"则是各自为家、自食其力、人人温饱、温馨和睦、讲究礼仪的亲情社会。《礼记·礼运》关于大同和小康社会的论述，实际上就是希望通过恢复周礼来实现小康，再由小康而至大同。

（二）墨家的"兼爱"社会

墨家作为下层劳动者的代言人，其社会理想是"刑政治，万民和，国家富，财用足。"做到"百姓皆得暖衣饱食，便宁无忧"①，"老而无子者，有所得终其寿；连独无兄者，有所杂于生人之间；少失其父母者，有所放依而长。"② 为了实现其社会理想，主张"尚贤"、"尚同"、"兼爱"和"非攻"。

---

① 《墨子·天志中》。
② 《墨子·兼爱下》。

在用人制度上，倡导"尚贤"。认为"尚贤"是为政之本，"国有贤良之士众，则国家之治厚；贤良之士寡，则国家之治薄。"① "自贵且智者为政乎愚且贱者则治，自愚且贱者为政乎贵且智者则乱。是以知尚贤之为政本也。"② 一个社会要想秩序安宁，必须让贤明而又充满智慧的人来治理国家，否则必将导致混乱。主持国家事务的王公大人，无不希望国家富裕、人口众多、政治清明，但是其结果往往相反，不得富而得贫，不得众而得寡，不得治而得乱，原因就在于这些王公大人在治理国家时，使其既富且贵，不能"尚贤"，不能任人唯贤。所以，提倡举贤不分门第，"不党父兄，不偏富贵，不嬖颜色"。③ 指出"官无常贵而民无终贱。有能则举之，无能则下之。举公义，辟私怨。""虽在农与工肆之人，有能则举之，高予之爵，重予之禄，任之以事，断之以令。"④ 这种能者上、庸者下的思想有利于社会的上下流动。墨家尚贤的政治思想打破了等级制和阶级偏见，体现了下层民众在社会大变革时要求获得政治权力的愿望。

在政策法令上，追求"尚同"。对于分散的小农、手工业者来说，统一政令的国家、和平的社会是其生存、发展的基本社会条件。为此，墨子从国家、政治的发生学角度，论证了政策法令统一的必要性，认为政出多门，让百姓无所适从，是导致社会混乱的主要原因。"明乎天下之所以乱者，生于无政长。是故选天下之贤可者，立以为天子。"⑤ "天"选择"天子"，其目的就是让"天子"统治国家，统一全国意志，解决纷争。有了天子的号令，就应把它当做绝对的是非标准。"上之所是，必皆是之，上之所非，必皆非之。"⑥ 上同于天子就是上同于天。所以说，"天之所治者何也？唯能尚同一义为政故也。"⑦ 老百姓只有绝对服从，不可以另有是非标准，即"上同而下不比"，这样才能"一同天下之义，是以天下治"⑧。

---

① 《墨子·尚贤上》。
② 《墨子·尚贤中》。
③ 《墨子·尚贤中》。
④ 《墨子·尚贤上》。
⑤ 《墨子·尚同上》。
⑥ 《墨子·尚同上》。
⑦ 《墨子·尚同下》。
⑧ 《墨子·尚同中》。

在人际关系上，主张"兼相爱、交相利"。墨子认为，社会动乱的根源是不相爱。"诸侯不相爱则必野战，家主不相爱则必相篡，人与人不相爱则必相贼，君臣不相爱则不惠忠，父子不相爱则不慈孝，兄弟不相爱则不和调。天下之人皆不相爱，强必执弱，众必劫寡，富必侮贫，贵必敖贱，诈必欺愚。凡天下祸篡怨恨其所以起者，以不相爱生也"。① 由此，墨子提出"兼相爱"、"交相利"的主张，提出"有力者疾以助人，有财者勉以分人，有道者劝以教人。若此，则饥者得食，寒者得衣，乱者得治"，② 主张"爱无差等"，要求不分等级、无差别地爱一切人。如果每个人都视人之国若其国、视人之家若其家、视人之身若其身，每个人都去爱别人、利别人，最后自己也就为人所爱所利。

在国与国之间提倡"非攻"。春秋战国时期，战争频繁，土地荒芜，民不聊生，老百姓渴望弥兵息战，休养生息。墨子体察下层民情，提出了"非攻"的主张。他认为，战争是杀人的机器，妇幼老弱一概难于幸免。在《非攻中》篇里，墨子连用八个"不可胜数"，揭露了战争直接杀人和间接杀人的残酷性。战争是政治的继续，具有掠夺性。不是为了权力，就是为了财物，发动战争"必厚作敛于百姓，暴夺民衣食之财"。③ 同时，战争具有欺骗性。发动战争往往冠以美名，竭力掩盖其侵夺的真相。为了避免战争，维护和平，墨子提出了"七不"准则，即"大不攻小也，强不侮弱也，众不贼寡也，诈不欺愚也，贵不敖贱也，富不骄贫也，壮不夺者也"。④ 墨子和他的弟子们，从爱百姓、利百姓的角度出发，极力反对攻伐之战，维护社会的和平稳定。特别是为了实现"七不"目标，他们死不旋踵，赴汤蹈刃，充分显示出墨家弟子崇高的人格力量。

总之，友爱、和平是墨家价值追求的核心。这一社会中，人们遵循着"兼相爱，交相利"的基本原则，社会是一派和平安乐气氛。"若使天下兼相爱，国与国不相攻，家与家不相乱，盗贼无有，君臣父子皆能孝慈，若

---

① 《墨子·兼爱中》。
② 《墨子·尚贤下》。
③ 《墨子·辞过》。
④ 《墨子·天志下》。

此，则天下治。"①

（三）道家的"至德之世"

道家追求的是"小国寡民"的"至德之世"。在这一社会里人人丰衣足食、无忧无虑、和平共处、"财有余而不知其所自来，饮食取足而不知其所从"②。这是一种朴实无华、清静无为、波澜不兴的社会，是一个取消自我意识、与物融为一体的消极和谐社会。它肯定了消极意义上的人与自然的和谐，为我们建设和谐社会在处理人与自然的关系上，提供了一定的借鉴。

社会组织形式上崇尚"小国寡民"。"小国寡民，使有什伯之器而不用，使民重死而不远徙。虽有舟舆，无所乘之；虽有甲兵，无所陈之。使（人）（民）复结绳而用之。甘其食，美其服，安其居，乐其俗。邻国相望，鸡犬之（声）相闻，（使）民至老（死）不相往来。"③ 这是一个组织规模小、自给自足、静态和谐的安定社会，是一个和谐、松散、运转良好的社会。在这个社会里，人都是没有任何印记的自然人，人们固守在自己的园地里，不使用先进的、大型的物质工具，没有任何先进文化的印记，甘其食，美其服，安其居，乐其俗，邻里间鸡犬之声相闻，老死不相往来，每个人都像植物一样固守在自己的园地里，保持一种自然状态。

日常生活倡导清静无为。道家认为，理想的社会，"其民愚而朴，少私而寡欲；知作而不知藏，与而不求其报；不知义之所适，不知礼之所将，猖狂妄行，乃蹈乎大方；其生可乐，其死可葬。"④ "恶乎知君子小人哉？同乎无知，其德不离；同乎无欲，是谓素朴。素朴而民性得矣。"⑤ 在这样的社会里，民愚、事简、清静无为，人们没有私有财产的概念，共同占有、共同享用、安居乐业。人与人之间，不尚贤，不使能，聪明人不鄙视愚蠢人，能力强的不欺侮能力弱的，人人平等，没有君子与小人之分。和睦相

---

① 《墨子·兼爱上》。
② 《庄子·外篇》。
③ 《老子》八十章。
④ 《庄子·山木篇》。
⑤ 《庄子·马蹄》。

处，自由自在，"不知悦生，不知恶死"，①无知无欲，外弃"人为文明"，内弃过分的"自我物欲"和个人竞争能力。社会"不尚贤，使民不争；不贵难得之货，使民不为（盗）；不见（可欲），使民（心）不乱。"②"夫唯不争，故无尤。"③为要达到这种人生境界，从而在心理和思想上消除个人与社会、他人的冲突，庄子提出"心斋"、"坐忘"的人格修炼方法，"无名、无功、无己"以及"外生死"的排遣法。

人际关系提倡人人平等。"人无贵贱，皆天所生。"④《太平经》认为，人生而平等，这种平等体现在三个方面：一是社会成员平等。人各有所长，各有所短，"天地之性，……各有所长短，因以相补，然后天道凡万事，各得其所。是故皇天虽神圣，有所短，不若地之所长，故万物受命于天，反养体于地。……大圣所短，不若贤者所长。人之所短，不若万物之所长。"⑤反对以强凌弱，以智欺愚，"或多智反欺不足者，或力强反欺弱者，或后生反欺老者，皆为逆。故天不久佑之。"⑥二是男女平等。《太平经》继承了先秦道家贵柔守雌的思想，在对待女性问题上持一种平等的态度，反对歧视和虐待妇女，从阴阳平衡的角度提倡男女平等，认为男女平等和谐才能使人类传承不绝。"男女者，乃阴阳之本也。"⑦"男不能独生，女不能独养。"⑧指出男女应该和天地阴阳一样平衡和谐。如果男女不平等，阴阳失衡，将引起诸多灾害。把虐杀妇女看做是"绝地统"、"灭人类"的犯罪行为。"今天下失道以来，多贱女子，而反贼杀之。……天地之性，万二千物，人命最重，此贼杀女，深乱王者之治，大咎在此也。"⑨《太平经》还提出阴阳、男女"两半共成一"的思想，视女性为人类整体之"一"必不可少的一半，认为"男女各出半力，同志和合，乃成一家。"⑩男女共同

---

①　《庄子·大宗师》。

②　《老子》三章。

③　《老子》八章。

④　王明：《太平经合校》，中华书局1960年版，第576页。

⑤　王明：《太平经合校》，中华书局1960年版，第102页。

⑥　王明：《太平经合校》，中华书局1960年版，第695页。

⑦　王明：《太平经合校》，中华书局1960年版，第38页。

⑧　王明：《太平经合校》，中华书局1960年版，第149页。

⑨　王明：《太平经合校》，中华书局1960年版，第34页。

⑩　王明：《太平经合校》，中华书局1960年版，第715页。

构成了人类的整体，男女之间是平等相依的。三是代际公平。《太平经》中的"承负"说，实际上讲的就是代际公平问题。"承者为前，负者为后；承者，乃谓先人本承天心而行，小小失之，不自知，用日积久，相聚为多，今后生人反无辜蒙其过谪，连传被其灾，故前为承，后为负也。负者，流灾亦不由一人之治，比连不平，前后更相负，故名之为负。负者，乃先人负于后生者也。"①"承负"说意味着前人的行为善恶会对其子孙后代产生影响，前人犯有罪过，积过太多，必报应于后人，先人积功很多，必庇护其后人。无论是个人行为，还是国家政治，都有一个善恶或治乱所造成的承负问题。先人的功过，会给后人带来影响。

人与自然主张和谐共生。一是提倡人与自然和谐共生。庄子认为，人类社会最合理的状态应是近于自然状态。这样的状态下，人类与自然万物和谐共处。"彼民有常性，织而衣，耕而食，是谓同德。一而不党，命曰天放。故至德之世，其行填填，其视颠颠。当是时也，山无蹊隧，泽无舟梁；万物群生，连属其乡；禽兽成群，草木遂长。是故禽兽可系羁而游，鸟鹊之巢可攀援而窥。夫至德之世，同与禽兽居，族与万物并"。② 在这样的社会里，人类能与自然界和睦共处，禽兽可以系在身上嬉戏游耍，人类不去侵犯弱小的飞禽如鸟鹊之类，人与自然高度和谐。《太平经》继承并发展了老子的"道法自然"原则，明确提出了"天人一体"的命题，强调了人与自然的和谐统一。讲"道法自然"，就是要求人们效法自然，遵循自然规律，不要破坏自然界的和谐。"自然者，乃万物之自然也。不行道，不能包裹天地，各得其所，能使高者不知危。天行道，昼夜不懈，疾于风雨，尚恐失道意，况王者乎？三光行道不懈，故著于天而照八极，失道光灭矣。"③ 因此，人应该保护自然万物。"上君子乃与天地相似，故天乃好生不伤也，故称君称父也。地以好养万物，故称良臣称母也。人者当用心仁，而爱育似于天地，故称仁也。"④《太平经》还提出了以物种多寡判断贫富的价值观念，认为人类的贫富与物种的多寡休戚相关，世界上有万二千种

---

① 王明：《太平经合校》，中华书局 1960 年版，第 70 页。
② 《庄子·马蹄》。
③ 王明：《太平经合校》，中华书局 1960 年版，第 16 页。
④ 王明：《太平经合校》，中华书局 1960 年版，第 32 页。

物种就是大富，千二百种就是小富，物种都死了，就是贫困。二是倡导人与人和谐相处。认为君臣民处于一种相互依存的统一联系中，构成一个整体。在三者关系中，强调要"以民为本"，"无民，君与臣无可治，无可理也。是故古者大圣贤共治事，但旦夕专以民为大急，忧其民也。"① 认为要保持社会稳定、安宁，首要的是解决百姓的基本生活需求。指出君主要善于听取臣下的意见，取长补短。作为臣民，最重要的是忠、孝、顺，"故人生之时，为子当孝，为臣当忠，为弟子当顺，孝忠顺不离其身，然后死魂魄神精不见对也。"② 反复重申君臣民应当"三合相通，并力同心"，认为"故君而无民臣，无以名为君；有臣民而无君，亦不成臣民；臣民无君，亦乱……，故君臣民当应天法，三合相通，并力同心，共为一家也。"③ 社会动乱不安的原因在于"君臣民失计"，君臣民上下不能相爱相通。只有让君、臣、民各居其位，各尽其职，国家才能长治久安。三是追求各民族平等团结。认为在道法面前各民族一律平等，主张将道法传播到边远少数民族。"天师之书，乃拘校天地开辟以来，前后贤圣之文，河洛图书神文之属，下及凡民之辞语，下及奴婢，远及夷狄，皆受其奇辞殊策，合以为一语，以明天道。"④ "大人治道，以平天下，救四海，恩及夷狄，祸不得起，其善证日生，凶不得来。"⑤ 不仅认为少数民族中有研习道法者，而且认为少数民族也能得道成仙，"夷狄自伏法万种，其类不同，俱得老寿。天地爱之，其身无咎。所以然者，名为大顺之道，道成毕身，与天地同域。"⑥ 强调各民族道徒之间要团结一心，"合为一家，共成一治"。⑦

（四）法家的"法治"社会

法家是先秦各流派中对法律最为重视的一派，代表人物是战国时期的商鞅和韩非。商鞅以法治秦二十余年，为秦后来统一天下打下了坚实的基

---

① 王明：《太平经合校》，中华书局1960年版，第151页。
② 王明：《太平经合校》，中华书局1960年版，第408页。
③ 王明：《太平经合校》，中华书局1960年版，第150页。
④ 王明：《太平经合校》，中华书局1960年版，第348页。
⑤ 王明：《太平经合校》，中华书局1960年版，第730页。
⑥ 王明：《太平经合校》，中华书局1960年版，第725页。
⑦ 王明：《太平经合校》，中华书局1960年版，第678页。

础，韩非则是法家法治思想的集大成者。立法明分、人人守法、各处其宜的"法治"社会是法家的价值追求。

主张立法分明、有法可依。商鞅说，"法令者，民之命也，为治之本也。"① 在他看来，立法明分、有法可依是治国的前提，立法不明、赏罚不定，势必造成社会的混乱。韩非认为，"法"要明显、清晰，使人一望便知，不能藏于深宫。强调明法者强，慢法者弱，如果一国之君不做到立法分明，势必亡国。"家有常业，虽饥不饿；国有常法，虽危不亡。"② "是故先王知自议誉私之不可任也，故立法明分，中程者赏之，毁公者诛之。赏诛之法，不失其义，故民不争。""世之为治者，多释法而任私议，此国之所以乱也。先王县权衡，立尺寸，而至今法之，其分明也。夫释权衡而断轻重，废尺寸而意长短，虽察，商贾不用，为其不必也。故法者，国之权衡也，夫倍法度而任私议，皆不知类者也。"③ 强调法是社会政治生活的唯一标准，是维系群体生活秩序的唯一纽带。要求人们"言不中法者，不听也；行不中法者，不高也；事不中法者，不为也。"④ 即使有善言善行，若与法不相符，也必须予以反对，所谓"法已定矣，不以善言害法"。⑤ 人们的一切社会行为都以法为准绳，"以事遇于法则行，不遇于法则止"，⑥ 人人都必须严格守"法"，而不讲仁义惠爱。韩非指出，立法的目的在废私，"夫立法令者以废私也。法令行而私道废矣。私者所以乱法也。……道和者乱，道法者治。"⑦ 强调以法为公，"法不阿贵"，⑧ 要求"法之所加，智者弗能辞，勇者弗敢争，刑过不避大臣，赏善不遗匹夫。"⑨

倡导守法、轻赏重罚。一是主张轻赏重罚。认为行善守法是公民的份内之事，不需要给予赞赏，所谓"赏善之不可也，犹赏不盗"。⑩ 违法是犯

---

① 《商君书·定分》。
② 《韩非子·饰邪》。
③ 《商君书·修权》。
④ 《商君书·君臣》。
⑤ 《商君书·靳令》。
⑥ 《韩非子·难二》。
⑦ 《韩非子·诡使》。
⑧ 《韩非子·有度》。
⑨ 《韩非子·有度》。
⑩ 《商君书·画策》。

罪行为，故必受罚，所以说"善治者刑不善而不赏善。"① 对于刑赏运用上，刑要多于赏，"治国刑多而赏少，故王者刑九而赏一，削国赏九而刑一。"② 与此相应，还提出严刑重罚的观点，认为法的目的在于止奸禁邪，而"去奸之本莫深于严刑"。③ 商鞅认为，如果对违法者处以重罚，则人们就不敢轻易触犯法律了，这叫"以刑去刑"。④ 韩非子很赞赏商鞅的"重刑"思想，主张用刑威吓唬天下人。他说，"夫严刑者，民之所畏也。重罚者，民之所恶也。故圣人陈其所畏以禁其邪，设其所恶以防其奸，是以国安而暴乱不起。"⑤ 二是倡导自觉守法。要求人人知法、守法，做到"吏不敢以非法遇民，民不敢犯法以干法官。"⑥ 人们都将守法内化为自己的自觉行动，都严格守法而毫无怨言。"至安之世，法加朝露，纯朴不散，心无结怨，口无烦言。"⑦ 人人忠于英明君主的"法"，服从君主的指挥，以至愿为君主献出生命。"贤者之为人臣，北面委质，无有二心。朝廷不敢辞贱，军旅不敢辞难，顺上之为，从主之法，虚心而待令，而无是非。故有口不以私言，有目不以私视，而上尽制之。"⑧

提倡各处其宜、各尽其能。法家认为，只要严格按"法"办事，就能做到"物者有所宜，材者有所施，各处其宜，故上下无为。使鸡司夜，令狐执鼠，皆用其能，上乃无事"。⑨ 各处其宜，各尽其能，社会就出现"无为"、"无事"的安定局面。"明主之国，无书简之文，以法为教；无先王之语，以吏为师；无私剑之捍，以斩首为勇。是境内之民，其言谈者必轨于法，动作者归之于功，为勇者尽之于军。是故无事则国富，有事则兵强，此之谓王资。既畜王资而承敌国之叠，超五帝，侔三王者，必此法也。"⑩

---

① 《商君书·画策》。
② 《商君书·开塞》。
③ 《商君书·开塞》。
④ 《商君书·靳令》。
⑤ 《韩非子·奸劫弑臣》。
⑥ 《商君书·定分》。
⑦ 《韩非子·大体》。
⑧ 《韩非子·有度》。
⑨ 《韩非子·扬权》。
⑩ 《韩非子·五蠹》。

这个"正明法，陈严刑"的社会，可以"救群生之乱，去天下之祸"，① 最终达到"使强不凌弱，众不暴寡，耆者得遂，幼孤得长，边境不侵，君臣相亲，父子相保，而无死亡系虏之患"的太平盛世。②

（五）佛教的"极乐世界"

佛教是以追求超越迷妄、烦恼、痛苦和生死的解脱之道为核心的宗教思想体系，"极乐世界"是佛教的价值追求。"彼土何故名为极乐？其国众生，无有众苦，但受诸乐，故名极乐。"③ 极乐世界就是无苦有乐的世界，是一个物质生活极大丰富、自然条件极其美好、人们道德水平普遍提高、政治清明、社会和平的理想人间。佛教的思想体系在一定程度上代表了一定历史时期人们的一种社会价值追求。

衣食无忧。佛教追求的世界，地生自然粳米，众味具足，财物丰饶，无所匮乏，没有贫穷，没有因财物不足而引起的种种苦恼。当感到饥饿想吃饭时，盛满美味佳肴的七宝之钵便出现在眼前，供人任意取食，其味香美无比，吃毕食钵自然消失。所穿衣装服饰，也都是"应念而至"。这个世界，"五谷丰贱，人民炽盛，财宅丰饶，无所匮乏。""金银宝玉，现于世上，四时和调，不寒不热。其地柔软，元有尘秽，……树木繁茂，花果炽盛。……足蹈地时，地凹四寸，举定还复。……自然粳米，无有糠会，众味具足。时有香树，花果茂盛，果熟时，果自然裂，出自然香，香气馥熏。……"④

和合共生。认为每一事物、每一个人的存在都有其不可替代的独特的价值，万事万物都是和合共生、息息相关的。"此有故彼有，此生故彼生；此无故彼无，此灭故彼灭"，"诸法从缘生，诸法从缘灭"，⑤ 宇宙中的一切事物都是因缘和合而生，因缘散失而灭。宇宙间的万事万物是相互依存、同体共生、不可分割的整体，人与人、人与社会、人与自然之间相互依赖、相互联系，互为因果。倡导众生平等，尊重一切生命权利，将人类与其他

---

① 《韩非子·奸劫弑臣》。
② 《韩非子·奸劫弑臣》。
③ 《阿弥陀经》。
④ 《长阿含经》。
⑤ 《杂阿含经》。

一切生命平等对待，他们相互依存、平等如一。虽然有不同的生命境界，但是，随着因果关系的作用又可以相互转化，并无尊卑高下之分。极乐世界国土如虚空，无边无际，双目所接，无非珍花宝树，两耳所闻，无非歌声妙乐，到处光明一片，香气沁人心脾。《佛说阿弥陀经》说，"其国众生，无有众苦，但受诸乐……彼国常有种种奇妙杂色之鸟……，是诸众鸟，昼夜六时，出和雅音，……彼佛国土，微风吹动，诸宝行树，及宝罗网，出微妙音……"，"国中万物，严净光丽，形色殊特……无量色树，行行相植，茎茎相望，枝叶相向，华实相当，荣色光耀，不可胜视；清风时发，出五音声，微妙宫商，自然相和……泉池交流，湛然香洁……又众宝莲花，周满世界"，① 众生和平相处，其乐融融。

　　政治清明。认为当政者要仁政爱民。当政者应"多愍善恕己，仁爱利养人"，② 要像慈母育婴一样养护人民，"王之养民当如赤子，推干去湿不待其言"。③ 反对暴政苛刑，主张"不以刀仗，以法教令，令得安乐"。④《大萨遮尼乾子经》认为治罚罪犯宜用呵责教育、没收财产或罚款及牢狱系闭、驱逐等方法，不宜用死刑，不应用割截眼耳手足等刑罚。当政者应知人善任，"任贤使能，赏善戒奸"，⑤ 不用邪伪之友、佞陷之臣、妖嬖之妻、不孝之子。但非贤非能、愚贱不肖之人，也自有其用处，不可舍弃，有如"器虽粗弊，不可便弃，各有所贮。"⑥ 应治罚谄诳之人，当政者"若友谄诳人，当失于国位。"⑦ 当政者要"知人好恶"、"于诸臣众若无因缘不单不下"，⑧ 升降赏罚，须有据有理。要求当政者注重自身修养。佛教认为，一个好的当政者"敬长爱少，孝顺奉善"，⑨ 不贪财，不吝啬，不耽溺酒色，不嗜睡眠，不懒惰懈怠，安祥平和，具备一个优秀的修道者尤其是菩萨行

① 《无量寿经》。
② 《中阿含·本起经》。
③ 《大萨遮尼乾子经》。
④ 《长阿含·轮王修行经》。
⑤ 《佛说孛经》。
⑥ 《佛说孛经》。
⑦ 《金光明最胜王经·王法正论品》。
⑧ 《正法念处经》。
⑨ 《佛说孛经》。

者的德性和心理素质，并能以身作则，率导广大民众共趋正道。"譬如牛行，其道正直，余牛皆从。贵贱有导，率下以正，远近伏化，则致太平。"① 总之，一个好的当政者要能率导亿万民众趋向正道，使国泰民安、世界和平。

自觉自律。因果报应论是佛教用以解释世界万物关系的基理，认为人的命运完全由自己行为所决定，"纵经百千劫，所作业不亡，因缘会聚时，果报还自受"。② 不论你的地位、贫富、种族如何，都逃不脱因果律的评判。个人的动机、道德选择、道德行为直至道德评价和道德责任各环节，起决定作用的都是主体自身。人是自己掌握自己的命运，自己对自己的行为负责，恶因结恶果，善因结善果，突出了道德的重要性。因此，佛教文化的基本内涵就是克己、孝亲、去恶行善、慈悲利他，要求信徒克制自己，以消除"烦恼"和摆脱生死轮回的痛苦，在内心确立去恶从善的道德选择，并成为内在的自觉的驱使力量和约束力量。通过劝善止恶，要求人们自觉自律，培植善心，发乎善行，慈悲为怀，人人怀德，心态平和。

（六）洪秀全的"天下共享"

洪秀全追求的"天下共享"社会，是一个"人人不受私，物物归上主"，"处处平均，人人饱暖"的社会，其价值追求主要体现在经济上的均平和人身权方面的平等两个方面。

一是经济上主张"均平"。就是《天朝田亩制度》中说的"有田同耕，有饭同食，有衣同穿，有钱同使，无处不均匀，无人不饱暖"。它以改革土地所有制为核心，在生产资料和消费资料的占有方面，均实行幻想式的绝对平均主义。社会中的"鳏寡孤独"者，"皆颁国库以养"，而且设立"圣库"，并规定"凡天下农民米谷，商贾货本，皆天父所有，全应解归圣库。"把农业空想共产主义理想和战时的军事统筹调配结合起来，实现千百年来农民阶级梦寐以求的"均贫富"理想。二是政治上倡导"平等"。体现在《原道醒世训》中，"天下多男人，尽是兄弟之辈，天下多女子，尽是姊

---

① 《佛说孛经》。
② 《杂阿含经》。

妹之群，何得存此疆彼界之私？何可起尔吞我并之念？"公开提出男女平等。在他的队伍里，女子可以做官，也可以参加考试，实行自由婚姻制度。

"天下共享"社会，实际上就是洪秀全早期提出的"强不犯弱，众不暴寡，智不诈愚，勇不苦怯"的"公平正直之世"①，也就是建立在小农经济基础上的"人间天国"的一种空想蓝图。《天朝田亩制度》虽然曾两度颁布，但是平分土地的规定在战争环境下始终无法实行，圣库制度要推广到整个社会也缺乏现实的可能性。洪秀全也曾一度将构建"天下共享"社会理想付诸实施。1853年攻克南京以后，改名天京，在城内实践建设"小天堂"的蓝图。《天朝田亩制度》所描绘的天下共享蓝图，在这里逐步显现。但由于"小天堂"方案超越了历史发展的进程，它没有发达的社会生产力和丰富的物质产品作后盾，也超越了当时人们的思想觉悟程度，所以，"小天堂"方案施行了两年，难以为继。1855年，杨秀清正式宣告"小天堂"方案破产。

（七）康有为的"大同世界"

康有为的《大同书》是中国历史上最详尽的"大同"方案，充分体现了他"大同世界"的价值追求。康有为依据《春秋》公羊三世说和《礼记·礼运》中的"大同""小康"说，将人类历史划分成三个发展阶段，即据乱→升平（小康）→太平（大同）。他认为，"妄生分别"是造成人世间各种苦难的总根源，如等级差别、贫富差别、家庭差别、男女差别、宗教差别、人种差别等，根治的方法，只能是追求大同。他从"人生之道，去苦求乐而已"的观念出发，设计了"至平"、"至公"、"至仁"、"至治"的"大同之世"蓝图，提出实现"大同之世"的办法在于"去九界"，"第一曰去国界，合大地也；第二曰去级界，平民族也；第三曰去种界，同人类也；第四曰去形界，保独立也；第五曰去家界，为天民也；第六曰去产界，公生业也；第七曰去乱界，治太平也；第八曰去类界，爱众生也；第九曰去苦界，至极乐也。"②"去某界"的前提就是对现存世界的否定，"去

---

① 《原道醒世训》，《太平天国》第1册，神州国光社1952年版，第92页。
② 康有为：《大同书》，古籍出版社1956年版，第52—53页。

某界"的归宿则是对未来的设想。按照康有为的设想，只要破除了"九界"，人类就"超然飞度，摩天戾渊，浩然自在，悠然至乐，太平大同，长生永觉。"①

康有为把落后的封建制度视为人世苦难的主要根源，在设计未来大同图景时，处处表现出与封建专制的对立。他追求的社会是没有国家，没有君主，没有军队，没有监狱，只有民主选举出来的"公政府"。"公政府只有议员，无行政官，无议长，无统领，更无帝王，大事从多数决之"，"有欲为帝王君长者……皆以大逆不道，第一罪恶，公议弃之"。②大同之世，无等级之分，无种族之别，无贵无贱，人人平等。大同之世，家界消失，男女平等，婚姻自由，生儿育女，均由公政府抚养。大同之世，土地公有，科学发达，生产发展，人人劳动，普天下人都过着幸福美满的生活，衣则华美舒适，食则精美丰盛，住则玉楼瑶殿，行则电车飞船，兴致所至皆可纵情玩赏……

由于康有为看不到社会阶级的划分和对立，看不清阶级斗争的深刻社会原因和历史背景，甚至把等级误认为阶级，主张用自上而下的改革办法来实现大同世界，甚至乞求地主和资本家放弃剥削，和平地化私为公，康有为在《大同书》中提出的许多独到见解，也只能是一种乌托邦的空想。正如毛泽东所说，"康有为写了《大同书》，他没有也不可能找到一条到达大同的路。"③

（八）孙中山的"天下为公"

孙中山"天下为公"的价值追求集中体现在其"民生主义"思想中。在研究我国历史和各种各样的社会主义学说后，孙中山提出了主张实施平均地权的民生主义，建立真正"自由、平等、博爱之境域"的共和国。在这个社会里，铁路、矿业、森林、航路由国家经营，土地实行国有，国家收入"取之不竭，用之不尽"，国家大力兴办免费教育、养老、医疗等社会福利事业。虽然也有"劳心"、"劳力"的不同，但是大家一样地在劳动，

---

① 康有为：《大同书》，古籍出版社 1956 年版，第 52 页。
② 康有为：《大同书》，古籍出版社 1956 年版，第 117 页。
③ 《毛泽东选集》第 4 卷，人民出版社 1960 年版，第 1476 页。

人人权利平等。虽然也有官吏和工人的区别，但只是职业的分工，不存在尊卑贵贱的等级。孙中山认为，"共产云者，即人在社会之中，各尽所能，各取所需。如父子昆弟同处一家，各尽其生利之能，各取其衣食所需，不相妨害，不相竞争，郅治之极，政府遂处于无为之地位，而归于消灭之一途。"① 他把实行国有化政策当成了社会主义。"民生主义者，即国家社会主义也。"② 在他看来，"真正的民生主义就是共产主义，就是社会主义"。③ 为建立共和国，他主张"举政治革命、社会革命毕其功于一役。"④ 实行民生主义"平均地权"、"节制资本"、"铁路国有"、"教育普及"的"四大纲"。他幻想在"平均地权"和"节制资本"的前提下，避免中国走资本主义道路，达到所谓"大同主义"。其实，"平均地权"和"节制资本"政策只能促进资本主义的发展，他"毕其功于一役"的革命论则是混淆了民主革命和社会主义革命两个不同的阶段，事实上无法实现。所以，列宁称孙中山的"民生主义"为"主观社会主义"，实质上是一种空想社会主义。

二、西方古代和近现代社会的价值追求

西方早期社会的价值追求主要强调理性、公平、法治和民主。到了中世纪，基督教占据统治地位，其主流思想的价值追求，体现在强制人们的理性服从信仰，社会的和谐与否由上帝掌握，只有皈依上帝，人类才能找到内心与社会的和谐。文艺复兴、宗教改革与启蒙运动使西方人对社会理想有了新的认识。追求人权、自由、平等、个人主义成为西方现代社会的典型特征。卢梭的社会契约理论，奠定了西方现代社会和谐的道德基础。洛克和孟德斯鸠设计的三权分立机制，确立了国家权力运行的平衡和谐。约翰·密尔对私权和公权的界定，设计了公民和政府和谐相处的制度框架。

---

① 《孙中山全集》第 2 卷，中华书局 1982 年版，第 508 页。
② 《孙中山全集》第 2 卷，中华书局 1982 年版，第 339 页。
③ 《孙中山全集》第 9 卷，中华书局 1986 年版，第 386 页。
④ 《孙中山全集》第 1 卷，中华书局 1981 年版，第 289 页。

最后，综合发展成为以自由、民主、平等为核心的西方"自由社会"理念。

（一）柏拉图的"理想之国"

柏拉图是古希腊最有影响的思想家之一。他认为以公平为基础的正义是良序社会建构的原则。所谓最理想、最完美的国家就是实现了正义原则、体现了至高的"善"的国家。在他看来，人的天性有三种：理智、意志和欲望，与之对应的有三种美德：智慧、勇敢和节制。这三种美德表现在不同的人身上，这就决定了人的不同的等级，不同等级的人在城邦中的地位与分工不同，各人都做适合于自己天性的事。具体说，第一等级的人的天性是理智，具有智慧的美德，将成为统治者；第二等级的人的天性是意志，具有勇敢的美德，将成为充当保卫国家的武士；第三等级的人的天性是欲望，具有节制的美德，充当生产的工匠。这种等级分工是国家的构成原则。"虽然一土所生，彼此都是兄弟，但是老天铸造他们的时候，在有些人的身上加入了黄金，这些人因而是最可宝贵的，是统治者。在辅助者（军人）的身上加入了白银。在农民以及其他技工身上加入了铜和铁"。① 柏拉图认为，正义就是上述三个等级的人各安其分，各尽其责。"当生意人、辅助者和护国者这三种人在国家里各做各的事而不相互干扰时，便有了正义，从而也就使国家成为正义的国家了"。② 因此，正义就成为维系社会稳定的纽带，这实际上就是一种秩序。"城邦的正义在于每一个人对于这种秩序的遵从，城邦中的个人的正义则在于对于这种秩序的维护。"③ 可见，柏拉图的正义是等级的正义，秩序是等级的秩序。

在柏拉图看来，由最有智慧的哲学家来统治一个国家是最佳选择。他说，我反复思之，唯有大声疾呼，推崇真正的哲学，使哲学家获得政权，成为政治家，或者政治家奇迹般地成为哲学家，否则人类灾祸总是无法避免的。他认为，在一个理想的国家中，统治者和保卫者之间必须实行一种财产和家庭共有的制度。这样，大家就会有共同的悲欢乐苦，就会"有同一看法，行动有同一目标，尽量团结一致，苦甘与共"。"因为人们之间的

① ［古希腊］柏拉图：《理想国》，郭斌和、张竹明译，商务印书馆1986年版，第128—129页。
② ［古希腊］柏拉图：《理想国》，郭斌和、张竹明译，商务印书馆1986年版，第156页。
③ 唐士其：《西方政治思想史》，北京大学出版社2002年版，第85页。

纠纷，都是由于财产、儿女与亲属的私有造成的。"① 因此，为了实现国家的统一和强盛，为了加强国家内部的团结，柏拉图主张在统治者内部废除家庭和私有制，他们的生活所需物品全部由国家供给，他们应集体居住、集体用餐，他们的居室也应当属于城邦，他们的婚姻也应当由城邦统一安排，其中最优秀者应当让其有机会留下更多的后代。由国家安排出生的孩子应该由国家抚养，不仅不应该让他们知道自己的生父，而且还应竭力不让其生母认出自己的孩子。他认为，一旦废除了家庭和私有制，他们就会全身心地关心国家的利益，就不会"独亲其亲"、"独子其子"，整个国家的凝聚力就会大大提升。在理想的国家中，男女都应当进行教育，通过教育，完全可以把妇女也训练成为哲学家和军人，她们也可以像男子一样对国家做出贡献。

柏拉图的这些主张在很大程度上就是对斯巴达制度的理想化描述。当时的斯巴达统治阶层事实上是实行某种程度的战时共产主义体制，而且柏拉图所主张的也仅仅是统治阶级内部实行共产。他用限制个人欲望的办法来巩固奴隶制度，用心良苦，但在现实生活中是行不通的。他只看到了私有制和个人欲望消极的一面，而看不到它们对历史发展的推动作用，有其局限性。

（二）亚里士多德的"中道社会"

亚里士多德是古代西方政治学的开创者，他出生在希腊城邦日趋式微时期，清楚地看到了城邦解体的过程，怀着与柏拉图同样的苦心，力图挽救城邦的危机。亚里士多德追求中庸、中道社会，就是为了使个人、城邦及其二者之间，各得其所、和衷共济，以达到阶级调和、社会公正和谐、人人幸福、国富民强的目的。这也是亚里士多德奉行政治中庸之道的善旨。

崇尚"轮番为治"的民主制度。"轮番为治"是指公民轮流担任公职，负责国家事务。这从制度上避免了因长期任职形成事实上的权力集中以至于专制独裁的流弊，实际上是在制度上保证了"主权在民"。在他看来，城邦是平等的自由公民的自治团体，它在本性上就是民主的。公民的政治权

---

① ［古希腊］柏拉图：《理想国》，郭斌和、张竹明译，商务印书馆1986年版，第201页。

利是正义的要求，在公民"都具有平等而同样的人格时，要把全邦的权力寄托于任何一个个人，这总是不合乎正义的"。① 只有公民权利平等，"轮番为治"的制度才是正义的，多数人的集体智慧优于个别或少数贤良和专家。公民的普遍参与还是实现城邦稳定的必要条件，"一种政体如果要达到长治久安的目的，必须使全邦各部分的人民都能参加而怀抱着让它存在和延续的意愿。"② 否则，没有政治权利的人就成为城邦和统治者的仇敌，政体也就难以长久。③

在政治权力结构方面，主张混合政体。他认为，"凡能包含较多要素的总是较完善的政体，所以那些混合多种政体的思想应该是比较切合于事理"。④ 具体做法是，将寡头制与平民政体混合起来，集中两者的优点而避免其弊端。它是平民派和寡头派两种偏颇的正义观的中和，既考虑到平民的自由身份，又照顾到财富、能力、品德等因素。不过，他将公民资格限制在很小的范围，是以中产阶级为基础的。

对于城邦的治理，强调法律的作用，提出了法治优于人治的思想。他说："法治应当优于一人之治。遵循这种法治的主张，这里还需辨明，即便有时国政仍须依仗某些人的智虑（人治），这总得限止这些人们只能在应用法律上运用其智慧，让这种高级权力成为法律监护官的权力。"⑤ 一方面，法律没有感情，不会偏私，具有公正性。"虽最好的人们（贤良）也未免有热忱，这就往往在执政的时候引起偏向。法律恰恰正是免除一切情欲影响的神祇和理智的体现。"⑥ 所以，依法办事就不会偏私。另一方面，由于法律是经过众人或众人的经验审慎考虑后制定的，具有更多的正确性，认为"法治应包括两重意义：已成立的法律获得普遍的服从，而大家所服从的法律又应该本身是制定得良好的法律"。⑦

亚里士多德从城邦关系的本位出发，提出"为政应取中道"。他说美德

① ［古希腊］亚里士多德：《政治学》，吴寿彭译，商务印书馆1965年版，第168页。
② ［古希腊］亚里士多德：《政治学》，吴寿彭译，商务印书馆1965年版，第88页。
③ 徐大同：《西方政治思想史》，天津教育出版社2005年版，第56—59页。
④ ［古希腊］亚里士多德：《政治学》，吴寿彭译，商务印书馆1965年版，第66—67页。
⑤ ［古希腊］亚里士多德：《政治学》，吴寿彭译，商务印书馆1965年版，第167—168页。
⑥ ［古希腊］亚里士多德：《政治学》，吴寿彭译，商务印书馆1965年版，第169页。
⑦ ［古希腊］亚里士多德：《政治学》，吴寿彭译，商务印书馆1965年版，第199页。

就在行于中道，适宜于大多数人的最好的生活方式就应该是行于中道，行于每个人都能达到的中道。他认为中道是有理性的人所追求的目标，人人只要依中道而行，就会成就理想的道德人格，道德之人可有效建立起一种稳定的统治秩序。"真正的政治家首先在于研究德行，以求国人为善守法。"① 人人以中道为善行德，社会就和谐有序。他把中道看做国家"绝对不应忽视的公理"，"适用于一切政体的公理。"② 亚里士多德认为，富人拥护寡头政体，穷人拥护平民政体，而这两种政体各有弊端，不利于缓和奴隶主阶级的内部矛盾。因为富人掌权建立寡头政体，以压迫平民为职责；平民掌权建立平民政体，压制富人也不遗余力，这样他们各走极端，使社会趋于极不平衡，所以"凡离中庸之道（亦即最好的形式）愈远的品种也一定是恶劣的政体。"③ 他认为，中产阶级是中庸之道的化身，中产阶级主政可使城邦安定，"就一个城邦各种成分的自然配合说唯有以中产阶级为基础才能组成最好的政体。"④ 在他看来，经济上处于小康状态的中产阶级既不会像穷人那样图谋他人财产，他们的财产也不像富人那样多得足以引起穷人的觊觎；既不对别人要阴谋，也不会自相残害，他们过着无忧无虑、怡然自得的生活。因此，"无过不及，庸言致祥，生息斯邦，乐此中行。"⑤这就是中产阶级统治下国泰民安的景象。

（三）基督教的"上帝之城"

基督教形成于公元 1 世纪中叶，到 4 世纪末，成为罗马帝国的国教，也是唯一合法的宗教。基督教独特的教会组织以及与国家独特的关系，使它对西方的社会结构和政治生活产生了重要影响。由于它确立了一套全新的价值观念，使基督教神学政治观成为西方中世纪的主流，并改变了西方人认识政治问题的方式和对待政治问题的态度。基督教神学的价值追求在"西方神学的典范"、"西方历史哲学之父"奥古斯丁所著的《上帝之城》

---

① ［古希腊］亚里士多德：《尼各马可伦理学》，苗力田译，中国社会科学出版社 1999 年版，第 24 页。

② ［古希腊］亚里士多德：《政治学》，吴寿彭译，商务印书馆 1965 年版，第 273 页。

③ ［古希腊］亚里士多德：《政治学》，吴寿彭译，商务印书馆 1965 年版，第 209 页。

④ ［古希腊］亚里士多德：《政治学》，吴寿彭译，商务印书馆 1965 年版，第 206 页。

⑤ ［古希腊］亚里士多德：《政治学》，吴寿彭译，商务印书馆 1965 年版，第 205 页。

中得以充分体现。

追求"上帝之城"。奥古斯丁认为，每一个社会事实上都是一种价值共同体。基于这样的信念，他提出著名的"上帝之城"与"地上之城"两个概念，即圣俗两种社会。他将人类社会分为"上帝之城"与"地上之城"。内心中具有崇高的信仰和人生价值，热爱上帝，为上帝而生的人组成"上帝之城"；爱自己、为自己而生的人则构成"地上之城"。"两种爱造成了不同的两座城：由自私的爱发展到连上帝也蔑视的爱，造成了地上的城；由爱主的爱，发展到蔑视自己的爱，造成了天上的城。"① 这两种区分是精神上的区分，"上帝之城"和"地上之城"并不是彼此独立的，在现实生活中，它们往往混杂在一起，并不存在绝然的区分。这两类人的命运，要到末日审判时才能区分开。奥古斯丁强调，作为基督徒既是"上帝之城"的"居民"，又是"地上之城"的"旅客"，要从属于天国的和尘世的两种秩序，鼓励基督教徒将自己的灵魂、身心托付给上帝。正如罗素所说，基督徒从一开始即须对教会和国家尽双重忠诚，② 但是这两种忠诚的性质是不同的，他们把现实的世俗世界视为自己精神朝圣旅程中的一个短暂的寓所或涤罪所，灵魂得救才是真正追求的目标。基督徒遵从所在国的法律和习俗，视尘世为寄旅，对苦难泰然处之，置身度外。他们在人间度尽一生，但满心向往天国的生活，因他们自视是天国的公民。耶稣在临刑前对门徒说："我的国不属于这个世界"。③ 这句话典型地反映了基督教与国家和政治生活疏远的态度。这种追求灵魂得救的价值观和对来世的信仰大大降低了国家和政治生活在人们价值体系中的地位，使基督教徒产生了"上帝的选民"与"现实世界"之间鲜明的感性落差，致使他们以一种冷漠、陌生与疏远的心态看待国家。他们没有城邦公民那种对国家或政治共同体的认同感，他们只给予国家有限度的承认，有条件的肯定。

宣扬神权至上。奥古斯丁认为上帝是至高无上的，上帝创造一切，无论是自然界的花草鱼虫、江河树木，还是人类社会的大千世界，一切都来

---

① ［古罗马］奥古斯丁：《上帝之城》，英译本，第14卷，第28章。
② ［英］罗素：《西方哲学史》上卷，何兆武、李约瑟译，商务印书馆1963年版，第381页。
③ 《圣经·约翰福音》，第18章，第36节。

自上帝，上帝是创造万物的主宰。他在《上帝之城》中还提出"神权至上论"，认为国家是由社会交往而联合起来的人群的组织，是一种力量的统治，无真理可言，只有"上帝之城"拥有真理，它是上帝的精神世界，即"天堂"或"天国"，教会是它的象征和在世上的表现。"地上之城"是世俗国家，是世人为了各种需要而组成的。"地上之城"必须接受基督教会的指引，才有希望最后归入"上帝之城"。在"上帝之城"完全取代"地上之城"之前，"上帝之城"先在教会中实现，世俗国家应接受其领导，按教会指示办事，为上帝服务，以完成人类的历史使命，等待天地末日的来临。他把人类的社会发展史归结为基督教的发展史，极力维护罗马帝国的统治，认为罗马帝国是"地上之城"社会秩序的必要的保卫者，罗马帝国以教会为主宰，也属于"上帝之城"。圣安布洛斯宣称"凡是属于上帝的都不隶属于皇权之下"，[①]"主交给彼得治理的不仅是整个教会，而且是整个世界。"[②] 认为上帝具有至高无上的权威，并直接干预人类事务，而人们灵魂得救的事又由"属灵"等级的教士负责。总之，基督教将神的权威与政府的权威相分离，并将神的权威置于人间权威之上。"教会所争取的，首先是独立于世俗权力之上，然后是凌驾于它们之上，这种斗争可以说是中世纪历史的主要动力。在这场争夺中，教会不仅在内部仿照君主集权制，把教权收归教皇统辖，使这种制度达到了登峰造极的地步，而且制造了一种理论，认为教权至高无上，得自神授，超越于世俗统治者之上。这种理论后来成为罗马教会的一贯主张。"[③] 奥古斯丁把这场争斗置于历史的脉络中，坚信天国终将取代地上之国。

鼓励各得其所。奥古斯丁认为，在"上帝之城"，也会有不同的等级，但是人们会满足于上帝的恩赐。"无可置疑的是，会有这样的等级。但在这个方面，幸福之城也看它自身为好，因为等级低的不会妒忌等级高的。没有人想要拥有他没有得到的，他会生活在他已经得到的最平安的恩惠之中。

---

① ［英］罗素：《西方哲学史》上卷，何兆武、李约瑟译，商务印书馆1963年版，第381页。

② ［美］穆尔：《基督教简史》，福建师范大学外语系编译室编，商务印书馆1981年版，第173页。

③ ［美］穆尔：《基督教简史》，福建师范大学外语系编译室编，商务印书馆1981年版，第164页。

因此，有些人会得到较大的恩赐，但每个得到恩赐的人都不会祈求他所拥有的恩赐以外的东西。"① "上帝之城" "有真正的和平，没有人会遭受冲突之苦，不论是他自己造成的还是来自旁人的……神都是个永福之地，……无论天分高低，每个人都会继续得到满足，但不会渴望得到他不该享有的东西。"② 而"地上之城"却不同，它只能树立人的权威，在人与人之间划分出主奴、强弱、贵贱，国家成了不同的人为实现其个体欲望的争夺之地，"取胜的时候，它会骄傲自大，但这样的胜利只会带来死亡。……它不可能永远统治那些被它的胜利征服的人。"③

（四）人道主义的价值追求

14 至 16 世纪文艺复兴时期，新兴的资产阶级针对以神为中心的中世纪神学政治观，提出了以人为中心的人道主义思想。人道主义主张以人性反对神性，以人道反对神道，肯定人自身的价值和现实生活的意义，提倡人的意志自由和个性的全面发展。作为文艺复兴运动旗帜的人道主义，不仅是一种文化思想，而且是一种社会政治思潮，是资产阶级的世界观、价值观，体现了新兴资产阶级追求世俗幸福和现实的社会价值的强烈要求。

提倡人性，反对神性。人道主义思潮的理论依据是人的自然本性的基础作用。它通过对人的自然本性的推崇，在人与上帝的对立中，确立了人对上帝的主导地位；在世俗生活与精神生活的对立中，确立了世俗生活对精神生活的主导地位。强调人具有既不同于神，又不同于物的本质和存在方式，应当把人当人看，而不应当把人神化或物化。每个人都应该享有合乎人的本性的生产、生活条件，满足现实的欲望和需求。"人类的一切机构，所有科学和艺术——如果它具有合理性——的唯一的目的，就是使我们人类人道化"。④ 但丁说："人的高贵，就其许许多多的成果而言，超过

---

① ［古罗马］奥古斯丁：《上帝之城》英译本，第 22 卷，第 30 章。
② ［古罗马］奥古斯丁：《上帝之城》英译本，第 22 卷，第 30 章。
③ ［古罗马］奥古斯丁：《上帝之城》英译本，第 15 卷，第 4 章。
④ 周辅成编：《从文艺复兴到 19 世纪资产阶级哲学家政治思想家有关人道主义人性论言论选辑》，商务印书馆 1966 年版，第 604 页。

了天使的高贵。"① 人"既不愿为上帝，也不愿为撒旦进行战斗"。② 人就是人本身的目的，只为自己而活着。所以，要完整地尊重人，"既尊重人的肉体，也尊重人的思想"。③ 莎士比亚也说："人类是一件多么了不起的杰作！多么高贵的理性！多么伟大的力量！多么优美的仪表！多么文雅的举动！在行为上多么像一个天使！在智慧上多么像一个天神！宇宙的精华！万物的灵长！"④ 人的宝贵与尊严，是人道主义的中心价值，鼓励人类发挥自己的创造性并实现其愿望，抛弃一切贬低人、压制人、使人丧失个性的、宗教的意识形态和道德的准则。

追求人的幸福，反对禁欲主义。文艺复兴时期，人们在观念和精神上开始背离上帝，转而重视尘世的事务，对人类尊严和世俗的道德观念的追求随之出现，确立了"现世"对"来世"的主导地位，把人、人的自由意志、人的尘世生活要求提到第一位，把人的"感性欲望"，即肉体的快乐放在突出重要的地位。"为了人的幸福"、"人是人的最高价值"、"人是目的而不是手段"等成了人道主义的核心价值观，认为追求感性快乐是人的本性（或天性），禁欲主义是违背人的天性的。意大利人本主义者马内蒂指责"禁欲主义者们把人变成了石头，他们不是歌颂而是消灭人性"。⑤ 彼得拉克说，"我不想变成上帝，或者居住在永恒中，或者把天地抱在怀里。属于人的那种光荣对我就够了。这就是我所祈求的一切；我自己是凡人，我只要求凡人的幸福。"⑥ 他们认为，人是自然的一部分，人应当按照自然的本性去生活，有权享受人生欢乐，满足物质上和精神上的需要。如果生活中没有欢乐，就不配称做生活。享受是真正的幸福，也是普遍的道德原则。托马斯·莫尔在《乌托邦》中指出，享受尘世生活的幸福是符合理性的，也是符合自然的意向的。"一个人在应该追求什么和应该避免什么这类问题

---

① 《从文艺复兴到十九世纪资产阶级文学家艺术家有关人道主义人性论言论选辑》，商务印书馆1971年版，第3页。

② ［意］加林著：《意大利人文主义》，李玉成译，北京三联书店1998年版，第66页。

③ ［意］加林著：《意大利人文主义》，李玉成译，北京三联书店1998年版，第75页。

④ ［英］莎士比亚：《哈姆雷特》第2场，人民文学出版社1957年版，第63页。

⑤ ［意］加林著：《意大利人文主义》，李玉成译，北京三联书店1998年版，第55页。

⑥ 《从文艺复兴到十九世纪资产阶级文学家艺术家有关人道主义人性论言论选辑》，商务印书馆1971年版，第11页。

上听从理性的吩咐，这就是追随自然的意向。"① 正如法国著名文学家拉伯雷在他的《巨人传》中所写的，顺从你的意欲而行，想做什么，便做什么。

追求人人平等，反对等级制度。人道主义不仅追求人生快乐、现世享受，还提出"人性自由"、"个性解放"和"人人平等"，强调人在社会生活中的主体地位，提倡自由、平等、人权，反对专制主义和等级秩序。但丁提出，自由的第一原则就是意志自由，谁为了自己的目的而不是为了别人的目的而生存，谁就是自由的。法国《人权宣言》明确规定，"在权利方面，人们生来是而且始终是自由平等的"，"任何政治结合的目的都在于保存人的自然的和不可动摇的权利。这些权利就是自由、财产、安全和反抗压迫"。② 意大利人道主义先驱薄伽丘认为，人的贵贱不取决于等级，而取决于人的品德高低。他在《十日谈》中说："我们人类是天生一律平等的，只有品德才是区分人的标准，发挥大才大德的人才当得起一个'贵'，否则就只能是'贱'。"人人平等是人道主义处理同类关系的最基本要求。人人平等主要体现在两个方面：一是权利平等。即不分性别、种族、职务、家庭出身、宗教信仰、财产状况等，每个人都享有平等的权利，承担同样的义务。二是机会平等。社会各阶层的人有平等的竞争环境，使每个人的所得同他们的付出相对应。人人平等是人道主义者在文艺复兴时期提出的响亮口号，它反映了新兴市民阶级要求冲破封建的人身依附关系和等级秩序的束缚，建立自由流动、平等竞争的现代社会的实际要求。

（五）洛克的"分权社会"

洛克崇尚"分权社会"，是第一个提出分权原则的英国哲学家和政治思想家，是近代意义分权思想的首创者。"以一种科学的态度和自由主义眼光来研究权力制约问题，严格来说，是从洛克开始的。"③ 他的分权理论，对近代和当代的政治理论有极大的影响。

实现法治。洛克认为，法律是自由的基础，法律尊重人民的自由权利，

---

① ［英］托马斯·莫尔：《乌托邦》，戴镏龄译，三联书店1956年版，第83页。
② 董云虎，刘武萍：《世界人权约法总览》，四川人民出版社1990年版，第296页。
③ ［美］乔治·霍兰·萨拜因：《政治学说史》下册，刘山等译，商务印书馆1986年版，第103页。

能保护人民更好地实现自由。"法律的目的不是废除或限制自由，而是保护和扩大自由。""哪里没有法律，那里就不能有这种自由。"① 在法治社会中，国家的最高权力是有限度的。第一，国家对人民的生命和财产不是并且也不可能是绝对专断的；第二，立法或最高权力机关不能滥用权力，不能以临时的专断命令进行统治，而必须以颁布过、经常有效的法律，必须是国家立法机关根据自然法制定基于人民同意的、颁布的"明文的法"，并且由有资格的著名法官执行司法和判断臣民的权利；第三，国家未经本人同意，不能取任何人财产的任何部分，法的最终或唯一目的在于实现个人的生命、自由和财产权；第四，立法机关不能把制定法律的权力转让给任何他人。② 法治的社会还是平等的社会。在法治社会，每个人被赋予的权力是相同的，任何人都不享有多于别人的权利。人与人之间是平等的，不存在服从或隶属关系，任何人都不得侵害他人的生命、健康、自由和财产。公民包括立法机关内部成员"一起平等的受制于他本人作为立法机关的一员所制定的那些法律"，"公民社会里的任何人都不能免受法律制裁"③。在法治社会，大家都遵循法律和理性，每个人的自由得以实现。

建立分权政体。洛克的分权思想虽然并未像孟德斯鸠的三权分立学说那样系统和完整，但他首次把国家权力进行了划分，并设定了不同权力之间的关系，因此，其分权学说仍然具有开创性的意义。洛克强调，权力必须被分解，因为"如果同意一批人既拥有制定法律的权力又拥有执行法律的权力，那样就会给人们的弱点太大的诱惑，使人们往往急于攫取权力。他们就可以倚仗那种权力使自己免于服从他们自己制定的法律，并且在制定和执行法律时，使法律适合于他们自己的私人利益，"④ 从而违背社会和政府的目的。为此，他把国家权力分为立法权、行政权和对外权。其中立法权属于议会，行政和外交属于君主。因此很多人也说洛克是二权分立。立法权就是制定和公布法律的权力，行政权就是执行法律的权力，对外权

---

① ［英］洛克：《政府论》下篇，叶启芳、瞿菊农译，商务印书馆1964年版，第36页。
② ［英］洛克：《政府论》下篇，叶启芳、瞿菊农译，商务印书馆1964年版，第92页。
③ ［英］洛克：《政府论两篇》，赵伯英译，陕西人民出版社2004年版，第184页。
④ ［法］皮埃尔·莫纳：《自由主义思想文化史》，曹海军译，吉林人民出版社2004年版，第59页。

就是进行外交（包括宣战、媾和与订立条约等）的权力。这三种权力不是平等并列的，而有主次轻重。立法权高于行政权和对外权，是一个国家的最高权力。"立法权，不论属于一个人或较多的人，不论经常或定期存在，是每一个国家中的最高权力。"① 任何其他权力都源自并从属于立法权。"这个立法权不仅是国家的最高权力，而且当共同体一旦把它交给某些人时，它便是神圣的和不可变更的；如果没有得到公众所选举和委派的立法机关的批准，任何人的任何命令，无论采取什么形式或以任何权力做后盾，都不能具有法律效力和强制性。因为如果没有这个最高权力，法律就不能具有其成为法律所必需的条件，即社会的同意。"② 但立法权本身也受限制，立法权仅限于保护公众福利，人民的权利才是绝对的最高的权力。由于享有立法权的立法机关没有必要长期存在，而执行权却成为一种经常性的权力，这种相对最高的权力和经常性的权力有可能被滥用。为了降低滥用权力的可能性、限制权力的扩张，洛克将最终的裁决权交给人民。当议会或君主的权力侵犯了他人而进入了战争状态时，一切反抗的行动都是合法的行为。"不仅反抗的权力被赋予人民，而且由于公民社会和政府都最终来自个体的自然权利，拥有不可剥夺的自然权利的公民个体也成为反抗暴政的主体"③。

限制政府权力。洛克的自然权利理论、社会契约理论和分权制衡理论构成了有限政府理论的核心。洛克是最早论证私有财产合法性的学者，他通过财产权贯穿整个政治社会的起源、政府的目的、权力的范围、政府的职能乃至政府解体的原因，强调私有财产权利的神圣不可侵犯，提出了有限政府的理念。洛克认为，人们通过放弃权利，达成契约，进入政治社会，但没有放弃生命、自由、财产权。"人们联合成为国家并受制于政府的一个主要的重大目的，是保护他们的财产"④，因此，政治社会的起源和目的就是保护人民的财产。即使人民通过委托组建了政府，"他们选择一个立法机关并授予权利的目的"，仍"是希望由此可以制定法律和确立准则，以维护

---

① ［英］洛克：《政府论》下篇，叶启芳、瞿菊农译，商务印书馆1964年版，第83页。

② ［英］洛克：《政府论》下篇，叶启芳、瞿菊农译，商务印书馆1964年版，第82页。

③ 高建：《西方政治思想史》第3卷，天津人民出版社2005年版，第303页。

④ ［英］约翰·洛克：《政府论两篇》，赵伯英译，陕西人民出版社2004年版，第201页。

全社会的财产，限定社会每个部分和每个成员的权力，并节制他们的支配权。"① 虽然他强调立法权是最高权力，但 "对于人民的生命和财产，它不是，也不可能是绝对专断的"，"未经本人同意，最高权力不得夺走任何人的任何一部分财产。"② 因此，政府的职权不是无限的，而是有限的，立法机关的权力必须在人民授予的限度内行使。权力有限的政府的职能也仅仅是 "在最大范围内，实现与保护社会的公众福利"，③ 政府权力的性质实质上是一种委托权，一旦政府违反了授权的契约，人们就有权撤回权力。人民是主人，而政府只是受托者。如果政府 "企图侵犯臣民的财产，使他们自己或社会的任何部分成为人民生命、权利或财产的主宰者和任意处置者"，④ 人民就会收回委托，使政府面临瓦解的危险。

洛克的分权思想反映了英国君主立宪制的实际，它要从封建君主手中为资产阶级争权，这也是对英国资产阶级与封建贵族妥协并分享政权的确认。所以，恩格斯称它为 "1688 年阶级妥协的产儿。"⑤

（六）孟德斯鸠的 "自由社会"

孟德斯鸠是近代分权学说的确立者，也是近代法理学和社会学的奠基人，他崇尚 "自由社会"，政治自由是其社会理想的最高境界。孟德斯鸠对自由的阐述，是近代西方整个革命时代和启蒙时代最全面、最系统、最具体的，他使自由价值的追求走向实践的诉求。同时又具体限定了政治自由的范围和向度，政治自由并不是愿意做什么就做什么，强调自由的实现要受法律的制约。

倡导政治自由。孟德斯鸠之前的近代思想家留下的自由遗产是，自由是天赋人权，自由的路向应指向经济自由、思想言论自由。孟德斯鸠关于自由的界定，既有继承，又有超越。他没有从政治哲学的维度追问自由的价值和意义，也没有赋予自由以新的价值和意义，而是以现实关怀为标

---

① ［英］约翰·洛克：《政府论两篇》，赵伯英译，陕西人民出版社 2004 年版，第 254 页。
② ［英］约翰·洛克：《政府论两篇》，赵伯英译，陕西人民出版社 2004 年版，第 210 页。
③ ［英］约翰·洛克：《政府论两篇》，赵伯英译，陕西人民出版社 2004 年版，第 207 页。
④ ［英］约翰·洛克：《政府论两篇》，赵伯英译，陕西人民出版社 2004 年版，第 254 页。
⑤ 《马克思恩格斯全集》第 37 卷，人民出版社 1971 年版，第 489 页。

尺，具体限定了政治自由的范围和向度。他认为政治自由是公民的一种心境平安的状态。因为，对公民来说，"政治上的自由是一种心理上的抚慰，这种心理抚慰是基于从都认为自身是安全的观点而产生的。为了获得这种自由，就得有这样的政府，在它的治理下，公民相互之间没有恐惧感。""政治自由的关键在于人们享有安全，或者人们认为自己享有安全。"① 当然，"政治自由并不是愿意做什么就做什么"，"在一个国家里，也就是说，在一个有法律的社会里，自由仅仅是：一个人能够做他应该做的事情，而不被强迫去做他不应该做的事情"。② 什么是一个人应该做的事情呢？他解释道："自由是做法律所许可的一切事情的权利；如果一个公民能够做法律所禁止的事情，他就不再有自由了，因为其他的人也同样会有这个权利"。③ 因此，"要享有这种自由，就必须建立一种政府，在它的统治下一个公民不惧怕另一个公民……"。④ 政治自由的实质是国家或政府通过法律的实施，使守法公民获得安全和处于心境平安状态，使破坏者受到惩处。政治自由首先关涉到国家的政治体制。孟德斯鸠认为，政治自由只能存在于宽和的国家里，而国家权力不被滥用是政治宽和的前提。如果国家权力被滥用，社会和国家将强迫人们去做法律并不强制他做的事，而禁止他们去做法律许可的事情，这会使他们失去心境的平安状态，从而失去政治自由。

实现分权与制衡。要保证公民的政治自由，国家权力就必须分开掌握，分开使用。孟德斯鸠认为，无分权就无自由，因为公民感到安全，就在于不必惧怕一个大权在握的人。他说："一切有权力的人都容易滥用权力，这是万古不易的一条经验。"⑤ 而且，权力使用一直到遇有界限的地方才休止。为防止掌权者滥用权力，他创立了三权分立理论。

孟德斯鸠的分权理论由国家权力划分和国家权力制约两个相互联系的理论组成。一是将国家的权力划分为立法权、行政权和司法权三种。立法

---

① ［法］孟德斯鸠：《论法的精神》上册，张雁深译，商务印书馆1961年版，第188页。
② ［法］孟德斯鸠：《论法的精神》上册，张雁深译，商务印书馆1961年版，第154页。
③ ［法］孟德斯鸠：《论法的精神》上册，张雁深译，商务印书馆1961年版，第154页。
④ ［法］孟德斯鸠：《论法的精神》上册，张雁深译，商务印书馆1961年版，第155—156页。
⑤ ［法］孟德斯鸠：《论法的精神》上册，张雁深译，商务印书馆1961年版，第154页。

权就是制定、修正或废止法律的权力；行政权包括了对外权，它是指媾和和宣战，派遣或接受使节，维护公共安全，防御侵略的权力；司法权是惩罚犯罪或裁决私人诉讼的权力。二是让立法权、司法权和行政权相互制约。三种权力分别由不同的人和不同的机构来行使，一个人或机构不能同时行使两种权力。三种权力之间相互制衡，行政权制约立法权、立法权制约行政权、司法权制约立法权、立法权也制约司法权。国会中的贵族院和平民院之间也互相制约。孟德斯鸠优先关注立法权和行政权的互相制约的关系。一方面，它们是分立的，而且地位不同。立法权是一个国家的最高权力，是制定、修正和废止法律的权力，而行政权是接受立法权的委托实施法律、维护公共安全的权力。另一方面，它们相互制约、相互渗透。相互制约表现为行政权有确定立法机关集会和闭会的权力，还有权制止立法机关的越权行为；而立法机关有权审查行政机关对于立法机关所制定法律的实施情况。相互渗透表现在行政权能够通过"反对法"参与立法，但不能参加立法事项的辩论。主张司法独立，强调司法权应该由选自人民阶层中的人员，在每年一定的时间内，依照法律规定的方式，组成一个法院来行使。这样，法院就不会为一个特定的阶级或某一特定职业所专有，而属于社会整体。孟德斯鸠把权力分立的思想变成政治结构各个组成部分在法律上相互制约与平衡的体制，使权力法律化、制度化、组织化而成为政治自由的护卫者。三权分立体制对政治自由保证的关键，不是分权，而是权力制衡。权力的分立只是手段，权力的制衡才是目的，只有相互制衡并分立的权力才能成为政治自由的保障。

（七）卢梭的"契约社会"

卢梭是18世纪法国著名的思想家和资产阶级民主共和国理论的主要奠定人，他的政治理想是建立民主共和国，社会平等是其政治法学理论的终极目标，自由平等、主权在民的"契约社会"是他所追求的理想社会模式。在《社会契约论》中，卢梭明确地宣称，"如果我们探讨，应该成为一切立法体系最终目的的全体最大的幸福究竟是什么，我们便会发现它可以归结为两大主要的目标：即自由与平等。自由，是因为一切个人的依附都要削弱国家共同体中同样大的一部分力量；平等，是因为没有它，自由便不能存在。"①

追求自由平等。自由平等思想是卢梭政治思想的核心。对平等问题的关注是 18 世纪法国政治思想的共同特点，启蒙思想家们试图证明人是生而平等的，却又承认和粉饰现实存在的不平等现象，仅仅把人人平等归结为一种人格上的平等和在法律面前人人平等，而对现实社会因财产而产生的压迫现象保持沉默，没能将平等的原则坚持到底，并贯彻到社会经济领域。与此相比，卢梭的平等思想要比他们走得远得多。卢梭认为，自由是人的本质，保全生命和维护财产绝不能以丧失自由为代价。"放弃自己的自由，就是放弃自己做人的资格，就是放弃人类的权利，甚至就是放弃自己的义务。"② 在卢梭看来，自由比生命更重要。卢梭把自由提到如此的高度，这是此前任何思想家所望尘莫及的。他认为，要实现个人自由，离不开平等，因为没有平等，"自由便不能存在"。他说："人是生而自由的，那就是说，人能够遵从自己的意向做任何有利于自我保全和追求舒适的事情；平等，也就是说，没有一个强人可以宣称控制他，他没有服从的义务。"③ 卢梭所追求的新社会是以平等为原则建立起来的，他明确阐述了自己对"平等"的理解："至于平等，这个名词绝不是指权力与财富的程度应当绝对相等；而是说，就权力而言，则它应该不能成为任何暴力并且只有凭职位与法律才能加以行使；就财富而言，则没有一个公民可以富得足以购买另一个人，也没有一个公民穷得不得不出卖自身。"④ 这就是新社会的平等。政治权利不是人压迫人的工具，也不是一种特权，而是一种由职位和法律加诸于权利拥有者的义务；财富也不再是促使人与人之间不平等的媒介。

借助契约建立公共权力。卢梭认为，人们尽管是生而自由平等的，但现实生活中人们是不平等的，只有通过自由契约缔结政治社会，才能使人获得政治社会生活的权利和效率，才能根本解决不平等的问题。这个契约本身的要求：第一，"每个结合者及其自身的一切权利全部都转让给整个的

① ［法］卢梭：《社会契约论》，何兆武译，商务印书馆 1980 年版，第 69 页。
② ［法］卢梭：《社会契约论》，何兆武译，商务印书馆 1980 年版，第 15—16 页。
③ Allan Bloom, Rousseau—The Turning Point. p. 211.
④ ［法］卢梭：《社会契约论》，何兆武译，商务印书馆 1980 年版，第 69—70 页。

集体",① 因为，"每个人都把自己全部地奉献出来，所以对于所有的人条件便都是同等的。"② 第二，权利的"转让既是毫无保留的，所以联合体也就会尽可能地完美，而每个结合者也就不会再有什么要求了"。③ 第三，"每个人既然是向全体奉献出自己，他就并没有向任何人奉献出自己；而且既然从任何一个结合者那里，人们都可以获得自己本身所渡让给他的同样的权利，所以人们就得到了自己所丧失的一切东西的等价物以及更大的力量来保全自己的所有。"④ 这种契约"能以全部共同的力量来卫护和保障每个结合者的人身和财富，并且由于这一结合而使每一个与全体相联合的个人又只不过是在服从自己本人，并且仍然像以往一样的自由。"⑤ 人们借助契约建立公共权力，也是为了获得一个和平安全的生存环境，保护自己的生命、自由和财产权利。这是立国之宗旨，政治之真谛。基于契约，人们不但获得了政治自由，而且为自由提供了前所未有的可靠保障。在卢梭看来，只有在这样的社会契约下，人类现实生活中的不平等才能得到真正改变。"基本公约并没有摧毁自然的平等，反而是以道德的与法律的平等来代替自然所造成的人与人之间的身体上的不平等；从而，人们尽可以在力量上和才智上不平等，但是由于约定并且根据权利，他们却是人人平等的。"⑥ 卢梭试图通过这样的"社会契约"，来为平民设计一个理想的"契约社会"。

人民共同行使主权。卢梭从社会契约论出发得出人民主权学说。虽然主张权力在民的启蒙思想家并非仅卢梭一人，但他是启蒙学派中唯一一位从社会契约论出发，彻底得出人民主权学说的思想家。霍布斯从国家起源于契约的观点出发，认为一旦契约成立，人们就永远把他们所有的一切权利都交给了政府，并且必须对政府绝对服从，结果，契约的成立使人们的一切权力交到了一个人（如君主）手里，人民却失去了权利。与霍布斯不同，卢梭认为国家的最高权力属于人民。他指出，"如果人民单纯是诺诺地服从，那末，人民本身就会由于这一行为而解体，就会丧失其人民的品质；

---

① ［法］卢梭：《社会契约论》，何兆武译，商务印书馆 1980 年版，第 23 页。
② ［法］卢梭：《社会契约论》，何兆武译，商务印书馆 1980 年版，第 24 页。
③ ［法］卢梭：《社会契约论》，何兆武译，商务印书馆 1980 年版，第 24 页。
④ ［法］卢梭：《社会契约论》，何兆武译，商务印书馆 1980 年版，第 24 页。
⑤ ［法］卢梭：《社会契约论》，何兆武译，商务印书馆 1980 年版，第 23 页。
⑥ ［法］卢梭：《社会契约论》，何兆武译，商务印书馆 1980 年版，第 34 页。

只要一旦出现一个主人，就立刻不再有主权者了，并且政治体也从此就告毁灭"。① 在他看来，社会契约是人民自己缔造的，因此，由契约而产生的主权者只能是人民自己。但享有主权的既非"个别的人民"，亦非"部分的人民"，而是作为整体的人民，人民作为整体来说是主权者。社会契约决不是表示人民不仅把自己现在的命运，而且把将来的命运托付给某个首长，决不是表示缔结契约的人本身转让了主权，或者把主权转交给了别的什么人。通过社会契约所构建的政治共同体是一个主权者，"主权既然不外是公意的运用，所以就永远不能转让；并且主权者既然只不过是一个集体的生命，所以就只能由他自己来代表自己；权力可以转让，但意志却不可能转移。"② 主权属于构成主权者的所有成员。全体成员的共同意志——公意构成了至高无上的秩序和律令，主权就是公意的运动，人民共同行使主权，即主权在民。人民主权具有不可转让、不可分割、不可代表以及绝对性和至高无上性等四个基本原则。政府受托于人民行使行政权，政府官员是人民的公仆，人民有推翻现有政府的革命权。他的主权在民思想绘制了一幅理想的资本主义民主共和国的政治蓝图，肯定了人民在国家政治生活中举足轻重的作用。

（八）康德的"永久和平"

康德是德国古典哲学的奠基人。作为哲学家，他对政治观念进行了哲学分析，探求一种与合理的、先验的原则相符合的"永久和平"的理想国家。他的政治思想带有浓厚的伦理色彩，矛盾、调和、妥协是他政治思想的基本特征。

中世纪乃至近代的欧洲是战争多发的地区，人们对战争带来的灾难进行了深刻反思，从理性上提出在国家关系中也应实行"和平、自由、民主、平等"。康德的《永久和平论》应时而作，表明了他对和平与进步的理想追求。康德的政治思想中，把实现永久和平视为最高目标，作为最高的政治和道德的善。在《永久和平论》中，他把道德法则、法治原则和制度原

① ［法］卢梭：《社会契约论》，何兆武译，商务印书馆1980年版，第36页。
② ［法］卢梭：《社会契约论》，何兆武译，商务印书馆1980年版，第35页。

则用于国家关系中，认为战争是人类的最大灾难，永久和平是人类的目的，在各国间确定永久和平乃是历史发展的必然趋势。他为人类的永久和平筹划出一个由民主国家到自由的国际联盟最终达至世界公民状态的整体图式，并具体提出了一个消除战争、保障各国人民永久和平的计划和方案。按康德设计的模式，首先，每个国家的公民体制都应该是共和制。按康德的理解，共和制是可以导向永久和平的唯一体制，因为在共和体制下，统治者的活动只能在公民共同意志许可的范围内进行，所以很难想像共和制国家会具有很强的侵略性。"如果为了决定是否进行战争而需要由国家公民表示同意，那么最自然的事就莫过于他们必须对自己本身作出有关战争的全部艰难困苦的决定（其中有：自己得作战，得从自己的财富里面付出战争费用，得悲伤不堪地改善战争所遗留下来的荒芜；最后除了灾祸充斥而外还得自己担负起就连和平也会烦忧的、由于新战争不断临近而永远偿不清的国债负担），他们必须非常深思熟虑地去开始一场如此之糟糕的游戏。"[1]由于战争所带来的各种后果需要公民来承受，所以公民必然在选择战争上非常地谨慎。认为共和制能特别有效地防止非正义的战争，共和制自然地具有和平的天性。其次，国际权利应该以自由国家的联盟制度为基础。当国家之间的关系处在自然状态中时，各个国家追求自身权利的方式只能是战争。为了消除战争，同时又保持各个国家的自由，只能建立"国际联盟"。按康德的设想，一个强大而开明的民族首先建成为共和国，由于共和制的本性，该国家必定会倾向于永久和平，这就为其他国家提供一个联盟的中心点，使它们可以和它联合，并遵照国际权利的观念来保障各个国家的自由状态。以这种方式联盟渐渐扩大，直至扩展到所有国家，最终各国放弃战争而代之以和平的协商或一定的诉讼程序来实现自身的权利。其三，世界公民权利将限于普遍的友好为其条件。世界公民权利是基本的人权。普遍的友好，指一个陌生者来到另一个土地上不会受到敌视，他之所以具有此种访问的权利正是由于人人都有的共同占有地球表面的权利[2]。康德认为，所有人是平等的，不论其民族、种族、信仰及发展程度如何。

---

① ［德］康德：《永久和平论》，何兆武译，商务印书馆1996年版，第107页。
② ［德］康德：《永久和平论》，何兆武译，商务印书馆1996年版，第115页。

（九）功利主义的"最大幸福社会"

边沁是英国法学家、政治思想家，功利主义学说的创立者和主要代表。密尔是英国著名的功利主义哲学家和经济学家，19 世纪颇具影响的古典自由主义思想家。功利主义作为一种有严密论证的理论体系，在 18 世纪末和 19 世纪初，由边沁建立、密尔完成。功利主义的社会价值追求是"最大幸福的社会"。

倡导趋乐避苦。边沁认为，能够给利益攸关的当事人带来快乐（幸福、利益、好处、善良）或防止痛苦（危害、邪恶、不幸福）的事物特性叫做功利。简言之，所谓功利就是追求快乐，避免痛苦。"自然把人类置于两个强有力的评价的控制之下：痛苦和快乐。只有它们才能向我们指出应当做什么，并决定了会做什么。"① 自然既使人类承受痛苦与磨难，也使人类获得快乐与幸福。人都追求能使人产生快乐、善和幸福的外物，逃避将使人产生痛苦、恶或不幸的外物，求乐避苦、求福避祸是人类的共同本性。在他看来，评价人们行为是非和道德善恶只能依据于快乐和痛苦，快乐就是善，痛苦就是恶。凡是能够促进快乐的就是善事，相反，给人增加痛苦的就是恶事。同样，判断一种行为（个人行为和社会行为）是否符合道德，是否符合人间正义和社会公正，也只要看这种行为及其后果是否能够增加人们的快乐或减少人们的痛苦，这就是功利原则。按照边沁的定义，"功利原则指的就是：当我们对任何一种行为予以赞成或不赞成的时候，我们是看该行为是增多还是减少当事者的幸福；换句话说，就是看该行为是增进或者违反当事者的幸福为准。"② 如果当事者是个人，就以个人的幸福为标准，如果当事者是政府，就以社会幸福为标准。

把"最大多数人的最大幸福"当做国家立法和政府施政的准绳。功利主义除了要求得个人最大的幸福外，还要考虑求得最大幸福的社会人数。如果大多数人都能争得最大幸福，这也就达到了最大多数人的最大幸福。边沁认为，社会是由个人和物所组成的一个想象的团体，社会利益是组成

---

① Bentham, Introduction to the Principle of MoralsandLegislation, London, 1923, p. 24.

② 周辅成编：《从文艺复兴到十九世纪资产阶级哲学家政治思想家有关人道主义人性论言论选辑》，商务印书馆 1966 年版，第 582 页。

社会成员利益的总和，而个人利益则是在于增加生活快乐之总和或减少其生活痛苦之总和。每个人只要都能追求并实现个人利益，那么整个社会也就实现了其利益最大化。而实现个人利益最大化要以"最大多数人的最大幸福"的实现为目标，即个人利益的最大化是动机和起点，社会利益最大化是目标和归宿。边沁的结论是，"最大多数人的最大幸福"是衡量国家法律和制度好坏的根本价值标准，是国家立法和政府施政的准绳，也是功利主义理论的根本原则。他认为，政府为了社会利益而设立，政府的职责就是以奖惩的办法提高社会的幸福，政府必须以"增加全民的幸福"为目的制定和完善法律。立法者的职责就是正确认识人的本性，考察人们最大幸福之所在，从而制定出适应人的本性和需要的法律和制度。他把政府活动和立法的目的（即社会利益或最大多数人的最大幸福）具体化为四个目标：生存（口粮）、富裕、安全与平等。他认为这四项目标实现得越完全，社会的幸福就越大。密尔把功利原则称为最大幸福主义。"承认功用为道德基础的信条，换言之，最大幸福主义，主张行为的是与它增进幸福的倾向为比例；行为的非与它产生不幸福的倾向为比例。"[①] 他对最大幸福主义的解释是"功利主义认为行为上是非标准的幸福并不是行为者一己的幸福，乃是一切与这行为有关的人的幸福。……待人像期望人待你一样，爱你的邻人像爱你自己，做到这两件，那就是功用主义道德做到理论的完备了。"[②]

　　凭借良心和法律实现内外制裁。功利主义认为，为了增进个人利益和社会利益，在社会生活中，必须遵守一定的道德准则，对违背道德准则的人必须制裁。密尔提出两种制裁方式：一是外部制裁，即社会法律和道德舆论制裁。法律的目的就是为最大多数人谋求最大量的福祉，增进整个社会的好处。而惩罚的首要目的是防止发生类似的犯罪。已经实施的犯罪仅涉及某一个人，类似的犯罪将可能影响整个社会。尽管犯罪能获得很大的快乐，但是，惩罚所造成的痛苦应超过实施犯罪获得的快乐。一是内部制裁，即良心制裁。密尔认为，良心是一种感情，主要是一种社会感情。当人做出违反义务的行为后，人的良心就会转化为一种悔恨的特殊感情，从

---

① ［英］密尔：《功利主义》，唐钺译，商务印书馆1957年版，第7页。
② ［英］密尔：《功利主义》，唐钺译，商务印书馆1957年版，第7页。

而对人的行为产生一种内在的钳制力，令人感到痛苦，起到内部制裁的作用。两种制裁的目的都是为了协调个人利益和社会利益的矛盾，"法律与社会组织应该使个人的幸福或（从实际方面说）利益，尽量与全体利益调和。"① 公正的法律应当保证人人有追求自己利益和幸福的权利，防止人们在追求自己利益时去损害他人和社会的利益。良心的作用，就在于使人们彼此间照顾对方和大家的利益，以达到社会的和谐。

（十）空想社会主义的"乌托邦"

19世纪西欧正处于由工场手工业向机器大工业的急剧转型时期，社会政治秩序混乱，两极分化严重，阶级矛盾突出。面对西欧经济社会发展的混乱状态，西方空想社会主义者在批判揭露资本主义制度的基础上，提出了超越资本主义社会的"乌托邦"社会价值理想。

协作生产，统一管理。空想社会主义者普遍认识到资本主义生产无政府状态的危害，所以在他们所设计的未来社会中处于第一位的是生产的有组织、有计划性。圣西门提出，为了克服生产的无政府状态，社会生产应由社会机关主持，不再由各个实业家指挥。国家在一定程度上使各个实业家的活动服从于统一的计划，并把它纳入一定的轨道，促进生产迅速发展。傅立叶设计的理想社会基层组织——"法郎吉"，不仅工业劳动、农业劳动和商业劳动要联合协作、统一管理，而且家务劳动、教育劳动、科学劳动、艺术劳动也要联合与协作。欧文为公社制度制定的《新协和公社组织法》，把每个公社都作为一个由农、工、商、学结合起来的大家庭，这个大家庭由公社总理事会统一管理。魏特林则把整个社会管理分为两大系统，一是劳动或业务系统，主要负责安排生产劳动；一是享受或家庭系统，主要负责安排分配、交换、消费。为了保证社会和谐，这两大系统要由最高管理机构三人团统一管理协调。

发展生产，增加财富。19世纪空想社会主义者敏锐地看到大工业发展的前景，普遍要求发展科学技术，繁荣文化教育，提高社会生产力，增加社会财富。圣西门把"满足人们的需要"、"为民族造福"规定为实业制度

---

① ［英］密尔：《功利主义》，唐钺译，商务印书馆1957年版，第18页。

唯一而长远的目的，把"尽善尽美地运用科学、艺术和工艺的现有知识"看做满足人们需要和造福民族的手段。他预言，在实业制度下，"国家的繁荣昌盛将以最快的速度得到发展，人们将会享有只有人的本性才敢想望的各种个人幸福和公共幸福"。① 傅立叶认为，要使人类最终摆脱一切苦难的折磨，就要创造大规模的生产、高度的科学和优美的艺术。欧文认为，公社制度是将"利用最近一百年来的发明和发现，根据科学原理组织社会，并以简单而合理的平等和正义原则进行管理社会，人们就有可能在每天不到四小时的有益而愉快的劳动条件下，使社会拥有大量品质优良的产品。"②

权利平等，自由发展。针对资本主义社会的权利地位不平等和人的畸形发展，空想社会主义者吸收了西方启蒙思想家的人权思想，强调权利平等，并把它推广到社会生活的各个领域。一是劳动权利平等。一切有劳动能力的人都有参加劳动的权利和义务，有选择工种的自由。圣西门指出，和谐社会"将找出最可行和生效最快的手段来保证生产者大众经常有工作。"③ 傅立叶认为，在和谐社会，劳动成了人们的爱好，成了一种享受，一切人都有平等的劳动机会，一切人都应平等地参加劳动。魏特林则强调，未来社会的管理人员必须和其他人一样承担体力劳动或脑力劳动的义务，不能有任何特权。二是政治权利平等。他们大都向往民主共和制度，认为未来社会人们的"智力已经相当发展，他们的预见力已经相当的敏锐，足以毫无困难地建立起一个使他们成为权利平等的社会成员的社会组织体系"。④ 在未来社会中，实行民主政治，权力受到有效的制约。公职人员由人民定期选举产生，滥用职权者会及时受到惩罚。最高权力属于社会全体成员，社会成员政治地位平等，管理者没有任何特权，他们只是人民利益的代表。圣西门主张把"选举能够担任人类的伟大领袖职责的权力交给全体人民"，⑤ 未来社会的领导者应当以自己的才能为人类造福。在选举问题

---

① ［法］圣西门：《圣西门选集》第2卷，商务印书馆1982年版，第70—71页。
② ［英］欧文：《欧文选集》下卷，商务印书馆1965年版，第12页。
③ ［法］圣西门：《圣西门选集》下卷，商务印书馆1962年版，第207页。
④ ［法］圣西门：《圣西门选集》下卷，商务印书馆1962年版，第197页。
⑤ ［法］圣西门：《圣西门选集》第1卷，商务印书馆1979年版，第22页。

上，设想"妇女可以参加选举，也能当选"①。三是所有人都有平等地获得劳动成果的权利、平等的享受权利和平等的受教育权利，还有男女平等的权利。在和谐社会，劳动生产率高度发达，劳动已经不是谋生的手段，而是一种享受，旧式分工不复存在，每一个社会成员都不必终身被束缚在一种职业上，可以根据自己的个性爱好，自由地发展自我。

合理分配，保障福利。空想社会主义者普遍反对平均主义，认为每个人的能力及其对社会的贡献是不同的，在分配上应有差别。傅立叶提出"按比例分配，并且使贫困阶级能分得这种不断增加的收入"的原则，②指出"协作制度是绝对不主张平均主义的"，"在和谐制度下，任何平均主义都是政治的毒药。"③认为应该按照资本、劳动和才能来确立分配。他认为，在和谐制度下，"每人都在公正的分配中得到他个人的利益，也只有在这样的条件下他才会主持公道。"④圣西门提出了每个人的收入也应当与他的才能和贡献成正比的思想，认为最有利于社会的分配方式是使每个社会成员按其贡献的大小，各自得到最大的富裕和福利。魏特林则把劳动产品分成"生活必需品"和"舒适的产品"两类，生活必需品，原则上实行平均分配，"舒适的产品"原则上按能力和贡献大小分配。

空想社会主义者还主张消灭城乡对立、脑力劳动与体力劳动对立和差别，把工业和农业、脑力劳动与体力劳动结合起来，大力发展教育、科学，实现经济社会的和谐发展，促进人的自由全面发展。空想社会主义者的和谐社会思想，是社会主义思想宝库中的重要组成部分，对我们构建社会主义和谐社会仍然具有十分重要的理论价值和实践意义。"虽然三位思想家的学说含有十分虚幻和空想的性质，但他们终究是属于一切时代最伟大的智士之列，他们天才地预示了我们现在已经科学地证明了其正确性的无数真理。"⑤

（十一）新自由主义的价值追求

20世纪80年代以来，随着高科技革命的兴起和生产力的巨大发展，资

---

① ［法］圣西门：《圣西门选集》第1卷，商务印书馆1979年版，第23页。
② ［法］傅立叶：《傅立叶选集》第1卷，商务印书馆1979年版，第84页。
③ ［法］傅立叶：《傅立叶选集》第3卷，商务印书馆1964年版，第23、15页。
④ ［法］傅立叶：《傅立叶选集》第2卷，商务印书馆1981年版，第174页。
⑤ 《马克思恩格斯全集》第18卷，人民出版社1964年版，第566页。

本主义由国家垄断向国际垄断发展。与之相应，新自由主义也开始由理论、学术层面向政治化、国家意识形态化转变，并成为美英国际垄断资本推行全球一体化理论体系的重要组成部分，其标志性事件即 1990 年出笼的"华盛顿共识"。美国学者诺姆·乔姆斯基在他的《新自由主义和全球秩序》一书中指出，"新自由主义的华盛顿共识指的是以市场经济为导向的一系列理论，它们由美国政府及其控制的国际经济组织所制订的，并由它们通过各种方式进行实施。"在该书的导言中，罗伯特·W.迈克杰尼斯对"华盛顿共识"的本质作了简明概括："华盛顿共识"具有经济体制、政治体制和文化体制三种特性。"华盛顿共识"的出笼，标志着新自由主义嬗变为美国的国家意识形态和主流价值观念，它既包含强制性的经济价值判断和价值决断，还有扩张性的政治价值判断和政治决断。

经济上宣扬"三化"。一是"自由化"。认为自由是效率的前提，主张实行外贸自由化、投资自由化和金融自由化，主张一切经济现象由"看不见的手"调节，一切事情要放手让经济主体和行为主体自己做主、自由决定。哈耶克认为，自由是追求文明社会的崇高目标和私人生活安全的保证。按照自由主义原则，应尽量运用自发力，而尽量少用强制力处理事物。反之，"若要让社会裹足不前，最有效的办法莫过于给所有的人都强加一个标准"。① 二是私有化。在新自由主义者眼中，私有制是世界上最好的制度。只有实行私有制，个人自由才能得到保障；只有个人自由得到保障，市场机制才能发挥作用；只有在市场的自发调节之下，经济才能够自动地实现均衡，达到绩效最优。而在公有制社会里，穷人不得不蜷缩于庞大的国家管理机构的重压之下，根本不是公有财产的主人。哈耶克说："私有制是自由的最重要的保障，这不单是对有产者，而且对无产者也是一样。只是由于生产资料掌握在许多个独立行动的人的手里，才没有人有控制我们的全权，我们才能够以个人的身份来决定我们要做的事情。"② 强调私有制是自由的最重要的保障，个人的"积极性"只有在私有制的基础上才能得到充分发挥。三是市场化。新自由主义认为，国家干预经济是缺少效率的，离

---

① ［英］哈耶克：《自由宪章》，杨玉生等译，中国社会科学出版社 1998 年版，第 75—76 页。
② ［英］哈耶克：《通往奴役之路》，王明毅、冯兴元等译，中国社会科学出版社 1997 年版，第 101 页。

开了市场就谈不上经济，就无法有效配置资源。他们极其推崇并无限夸大市场机制的作用，反对任何形式的国家干预，认为市场机制的作用就是客观经济规律的具体体现，符合"自然秩序"的要求。如果对私有财产进行限制和管理，用国家干预代替市场作用，将会扰乱市场的自我完善、自我调节的能力，并引发一系列的社会、经济问题，其结果不仅是效率的损失、个人"积极性"的受挫、资源配置的失调，而且最后会走向"极权主义统治"，走向对个人的"奴役"。

政治上坚持三个"否定"。一是否定公有制。几乎所有的新自由主义者都一致地认为，"当集体化的范围扩大之后，'经济'变得更糟而不是具有更高的'生产率'。"① 因此，不能搞公有制。私有化是保证市场机制得以充分发挥作用的基础，私人企业是最有效率的企业，现有的公共资源都应该进行私有化改革。二是否定社会主义。在新自由主义者们看来，社会主义就是对自由的限制和否定，必然导致集权主义。"集权主义思想的悲剧在于：它把理性推到至高无上的地位，却以毁灭理性而告终，因为它误解了理性成长所依据的那个过程"，② 因此，是一条"通往奴役之路"。哈耶克在他的代表作《通往奴役之路》中，把社会主义和法西斯主义都归结为极权主义。他认为，社会主义只是乌托邦，如果抛弃资本主义下的自由主义传统，背离以市场经济原则为基础的自由选择道路，走社会主义道路，就是和纳粹主义"走着同一条道路"，都是一条"通往奴役之路"。三是否定国家干预。在他们看来，由国家来计划经济、调节分配，破坏了经济自由，扼杀了"经济人"的积极性，只有让市场自行其是才会产生最好的效果。

文化上极力鼓吹一体化。新自由主义极力鼓吹以超级大国为主导的全球经济、政治、文化一体化，即全球资本主义一体化，旨在用以西方价值观为主导的所谓普世价值来消解民族性和各国特色。按照美国国务院1999年的人权报告解释，全球化即经济全球化、技术全球化、民主和人权全球化。按照西方国家某些官员和学者的解释，全球化还包括法律全球化、文化全球化和语言全球化，实质是企图把西方国家特别是美国的政治制度、

---

① ［美］詹姆斯·布坎南：《财产与自由》，韩旭译，中国社会科学出版社2002年版，第50页。
② ［英］哈耶克：《通往奴役之路》，王明毅、冯兴元等译，中国社会科学出版社1997年版，第49页。

法律制度、意识形态和文化以至语言强加给其他国家和民族，用西方国家的法律、文化、价值观统一全球。

新自由主义就其本质而言，是为当代国际垄断资本主义追求利益的最大化而服务的，"它实际上是在继承古典自由主义经济理论的基础上，以反对凯恩斯主义为主要特征，适应国家垄断资本主义向国际垄断资本主义转变要求的思想路线和政策主张。"①

（十二）新保守主义的价值追求

新保守主义是 20 世纪 60 年代末 70 年代初在美国崛起的政治思潮。它浓缩了美国自由主义和保守主义这两大传统政治思想，既有深厚的保守主义渊源，又有浓厚的自由主义背景，是保守主义和自由主义融合的衍生物，对美国的国内政治、经济和外交政策都产生了深远影响。

经济上推崇自由市场机制。在经济上，新保守主义反对政府的过度干预，推崇自由市场机制，主张有限政府或小政府，认为最小的政府是最好的政府。他们认为，不适当地扩大政府的权力，不但会引发一系列社会问题，同时还将侵害个人的自由权利，导致政府的信任度降低。要解决社会问题，政府应是最后底线，只有当社会问题无法通过市场机制解决时，才由政府出面解决。市场的自动调节不仅能够达到资源的合理配置，还能最大限度地调动人们创造财富的积极性，激励人们把才智投入到生产活动中。同时，市场机制还可以分散社会的决策权力，有效地防止全能国家的出现，最大限度地保障个人自由。② 在分配上，新保守主义反对福利国家，主张机会平等。认为福利国家实际上是以平均主义为价值导向的，所追求的是一种结果上的平等，这种政策是一种奖懒罚勤的措施，会形成不思进取、依赖福利的价值观念，从而阻碍社会生产力的发展。国家应该让每个人都平等地享有发展的机会和追求自己的利益，应该按照人们的社会贡献给予不同的报偿，允许存在差异，而不应该通过福利政策人为地予以拉平。

政治上主张"有限民主"。针对 20 世纪 60 年代末 70 年代初美国民主

---

① 陈岱孙：《西方经济学与我国社会主义经济改革》，载《求是》1996 年第 2 期。

② 彭新万，彭春艳：《美国的新保守主义》，载《国际关系学院学报》1999 年第 3 期。

运动、反战运动、民权运动、反种族歧视和女权运动等激进力量的进攻，新保守主义者挺身而出，极力维护美国政府和美国的民主制度。贝尔和亨廷顿指出，当代最突出的问题是"民主过剩"、"民主混乱"，人们向政府提出过多要求，造成政府因"超载"而丧失合法性或权威性，从而危及社会秩序的稳定。他们提出"有限民主论"，认为有限制的民主才是民主制度正常运转的基础，强调崇尚有序的自由，主张政府干预个人的生活，认为社会动乱是民主过度的产物。要维护资产阶级的统治，就必须节制民主，限制公众参政的程度和范围，既要尊重个人自由，又要尊重政府的权威性。

文化上维护传统价值观念。以古德曼、马尔库塞和弗洛姆等为代表的美国"新左派"对资本主义制度及其传统进行了猛烈的抨击和批判，认为资本主义的道德和文化在本质上是压抑人性的，应该在社会上倡导一种以个人主义为导向、以追求快乐为目的的新文化运动。新保守主义则积极捍卫美国的基本道德和文化，捍卫美国的基本制度和价值观，强调权威的重要性及对传统的高度认同，尊重道德、宗教和精神的价值，要求人们重建对传统道德观和价值观的信仰，承担起自己的道德责任和社会义务，以增强社会的凝聚力。同时，新保守主义还要求家庭、社区、学校、教会等社会组织，发挥在维护传统道德观念和价值观念方面的积极作用，共同抵制"新左派"的文化革命。

外交上坚持强硬原则。新保守主义认为，现代国际关系处于一种"丛林里的状态"，弱肉强食，人类的良知或国际法都是无用的。在这种情况下，"如果狮子和羊不得不在一个世界里相处，对美国来说最重要的就是成为一头狮子。"① 他们信奉"美国特殊论"，认为美国社会优越于其他任何社会，美国比其他任何国家都更有资格主导国际事务，美国应利用它的政治军事优势保持现有的单极独霸地位。在他们看来，美国是普世价值体系的具体代表，应该运用一切力量和手段，推广美国的价值观念和民主模式，并当仁不让地"为世界秩序制订规则并确保这些规则得到贯彻执行"。② 美国作为当今唯一超级大国，在追求自己的战略目标过程中必须当之无愧地

---

① David Frown. The Righter Than News The Atlantic Monthly, March, 1995.

② CharlesKrauthammer, "The Unipolar Moment", p. 29, 33.

行使自己的权力，无须接受别国和任何国际规则或国际组织的制约。① 新保守主义者本·魏登堡公开主张美国应当向全世界推行其民主模式，并宣称只有美国才有责任和能力完成这项使命。这种所谓的优越性和使命感，为美国外交路线的制定提供了理论合法性基础，也催生和强化了美国在世界舞台上的霸道行径。随着美国社会的日趋保守，新保守主义逐渐成为美国的主流政治思想和高层的外交理念，开始主导美国对内对外政策。

三、马克思主义社会建设的价值追求

马克思主义社会建设思想是马克思主义理论的重要组成部分。在马克思的历史唯物主义、资本主义批判及市民社会批判、人与社会发展理论、社会生活观、社会主义及共产主义等思想中，都包含着丰富的社会建设思想。马克思恩格斯"自由人联合体"理想为社会主义和谐社会建设奠定了哲学基础，也为社会主义和谐社会建设提供了方法论的支撑和指导。从毛泽东的"人民共和"到邓小平的"富裕社会"，再到江泽民的"小康社会"和胡锦涛的"和谐社会"，无不是马克思主义社会建设基本理论在中国的具体体现和丰富发展。

（一）马克思恩格斯的"自由人联合体"

"自由人联合体"是马克思对社会有机体的最高价值追求。"代替那存在着阶级和阶级对立的资产阶级旧社会的，将是这样一个联合体，在那里，每个人的自由发展是一切人的自由发展的条件。"②

1. 高度发展生产力，社会产品极大丰富

马克思恩格斯指出，"自由人联合体"是以生产力的巨大增长和高度发展为前提的。"生产力的这种发展……之所以是绝对必需的实际前提，还因

---

①　IrvingKristoL，　"Foreign Policy in an Age of Ideology"，The National Interest，Fall 1985，pp. 13—14.

②　《马克思恩格斯选集》第 1 卷，人民出版社 1995 年版，第 294 页。

为如果没有这种发展，那就只会有贫穷、极端贫困的普遍化；而在极端贫困的情况下，必须重新开始争取必需品的斗争，全部陈腐污浊的东西又要死灰复燃。"① 它也是一个科学技术高度发达和普及的社会，科技的作用越来越突出，"日益使自然力服从于人类。这种无穷无尽的生产能力，一旦被自觉地用来为大众造福，人类所肩负的劳动就会很快地减少到最低限度。"② 为适应高度发展的社会化大生产的需要，未来社会将彻底废除私有制，实行普遍的生产资料公有制。这种所有制的基本内涵就是："许多生产工具必定归属于每一个个人，而财产则归属于全体个人。现代的普遍交往，除了归全体个人支配，不可能归各个人支配"。因为"占有只有通过联合才能实现"，③ 而"随着联合起来的个人对全部生产力的占有，私有制也就终结了"。④ "设想有一个自由人联合体，他们用公共的生产资料进行劳动，并且自觉地把他们许多个人劳动力当作一个社会劳动力来使用。……在那里，人们同他们的劳动和劳动产品的社会关系，无论在生产上还是在分配上，都是简单明了的。"⑤ 这种所有制使自由平等的劳动者联合体共同占有和使用生产资料，将大大促进社会生产力的发展，使社会产品极大丰富，从而使个人消费品的分配实现"各尽所能，按需分配"的方式。"在共产主义社会高级阶段，在迫使个人奴隶般地服从分工的情形已经消失，从而脑力劳动和体力劳动的对立也随之消失之后；在劳动已经不仅仅是谋生的手段，而且本身成了生活的第一需要之后；在随着个人的自由全面发展，他们的生产力也增长起来，而集体财富的一切源泉都充分涌流之后，——只有在那个时候，才能完全超出资产阶级权利的狭隘眼界，社会才能在自己的旗帜上写上：各尽所能，按需分配！"⑥

2. 消灭阶级与剥削，社会关系高度和谐

在"自由人联合体"中，由于生产的高度发展已经使所有人的物质利益都得到了保障，分工不再具有经济利益划分的性质，全体社会成员根本

① 《马克思恩格斯选集》第1卷，人民出版社1995年版，第86页。
② 《马克思恩格斯全集》第1卷，人民出版社1956年版，第616页。
③ 《马克思恩格斯选集》第1卷，人民出版社1995年版，第129页。
④ 《马克思恩格斯选集》第1卷，人民出版社1995年版，第130页。
⑤ 《马克思恩格斯全集》第23卷，人民出版社1972年版，第95—96页。
⑥ 《马克思恩格斯选集》第3卷，人民出版社1995年版，第305—306页。

利益是一致的，社会已不再会因为经济利益的不同而划分为不同的社会集团并进行相互间的斗争了。于是，阶级消灭了，阶级剥削和压迫不复存在，阶级斗争也随之消失。与之相应，国家也将消亡，作为阶级压迫工具的军队、警察、监狱等将失去作用。"随着阶级的消失，国家也不可避免地要消失。在生产者自由平等的联合体的基础上按新方式来组织生产的社会，将把全部国家机器放到它应该去的地方，即放到古物陈列馆去，同纺车和青铜斧陈列在一起。"① 随着国家的消亡，人类第一次作为统一的社会而存在和发展，各民族和国家的历史发展为统一的世界历史。这个社会不仅社会是和谐的，而且社会与自然之间也达成了和谐。同时，由于阶级消灭、国家消亡和"三大差别"消除，社会关系实现了高度和谐，人们的精神境界也得到极大提高。人的精神境界表现在许多方面，集中体现在对于他人、集体、社会和自然的态度上。高尚的精神境界表现为自觉地为他人为社会服务和奉献，乐意为社会公共事业作出贡献。

3. 消除异化劳动，实现人的自由全面发展

实现人的自由而全面的发展，是马克思主义追求的根本价值目标，也是"自由人联合体"的根本特征。在这个社会，人的发展是自由的发展，是建立在个体高度自由自觉基础上的发展，而不是强迫的发展。"自由人的联合体"与历史上一切社会形态的区别在于，它从根本上改变了劳动的性质。马克思认为，阶级社会把劳动变成了对于人的奴役，"这同单个人隶属于分工是同类现象，这种现象只有通过消灭私有制和消灭劳动本身才能消除"。② "自由人的联合体"要消灭的正是这种被异化的劳动。当人们有可能随"自己的心愿今天干这事，明天干那事"时，劳动已经不是原来意义上的劳动了，"生产劳动就不再是奴役人的手段，而成了解放人的手段，因此，生产劳动就从一种负担变成一种快乐"。③ 那时，人摆脱了自然经济条件下的对"人的依赖关系"，也摆脱了商品经济条件下对"物的依赖性"，实现了人的"自由个性"的全面发展。④ 这种发展主要包括体力和智力得

---

① 《马克思恩格斯选集》第4卷，人民出版社1995年版，第174页。
② 《马克思恩格斯选集》第1卷，人民出版社1995年版，第118页。
③ 《马克思恩格斯选集》第3卷，人民出版社1995年版，第644页。
④ 《马克思恩格斯全集》第30卷，人民出版社1995年版，第107—108页。

到发展、各方面的才能得到发展、人的社会联系和社会交往得到发展以及人的自由个性得到全面发展。这种发展指的是全体社会成员的发展，社会的每一成员都能完全自由地发展和发挥他的全部才能和力量，每个人成为自由发展而又各具特性的人。"人终于成为自己的社会结合的主人，从而也就成为自然界的主人，成为自身的主人——自由的人"，① 实现了人类从必然王国向自由王国的飞跃。

（二）毛泽东的"人民共和"

把半殖民地半封建社会的旧中国从经济贫困和政治、文化落后的灾难中拯救出来，建立一个独立自主的人民共和国，是以毛泽东为核心的党的第一代领导集体社会建设的价值追求。

实现人民民主。人民共和国的核心内涵是人民民主。毛泽东指出："我们的民主不是资产阶级的民主，而是人民民主，这就是无产阶级领导的、以工农联盟为基础的人民民主专政。"② 人民民主的主体是掌握政权的广大人民群众，其实质是人民当家作主。人民当家作主就是人民享有民主选举权、民主决策权、民主管理权和民主监督权等基本的民主权利。在人民和国家的关系上，毛泽东认为，人民是权力的主体，国家的一切权力属于人民。他多次强调人民在国家中的主人翁地位，强调要实行真正的人民民主，切实保障人民当家作主。国家政权组织形式采用人民代表大会制度，其根本目的也是为了保障人民的民主权利，保障人民有权参与国家的公共事务，参与国家的管理。"管理国家、管理军队、管理各种企业、管理文化教育的权利。实际上，这是社会主义制度下劳动者最大的权利，最根本的权利。没有这种权利，劳动者的工作权、休息权、受教育权等等权利，就没有保证"。③ 在共产党和各民主党派的关系上，毛泽东指出，中国共产党是社会主义事业的领导核心，是执政党，而各民主党派则是致力于社会主义建设的参政党，中国共产党和民主党派合作的基本方式是民主协商，共产党的领导主要是政治原则、政治方向和重大方针政策的领导，而民主党派则参

① 《马克思恩格斯选集》第 3 卷，人民出版社 1995 年版，第 760 页。
② 《毛泽东选集》第 5 卷，人民出版社 1977 年版，第 127 页。
③ 《毛泽东文集》第 8 卷，人民出版社 1999 年版，第 129 页。

与国家大政方针的制定，参与国家事务的管理，从而形成了有中国特色的中国共产党领导的多党合作和民主协商制度，体现了共和协商一致、互相监督的思想。在民族关系上，毛泽东提倡民族平等和民族团结，在少数民族聚居的地方实行民族区域自治。主张各个民族，不论人口多少，不论发展程度如何，都一律平等，尊重少数民族的语言、习俗、宗教，反对大汉族主义。

人民是社会建设的主体。毛泽东提出，人民，只有人民，才是历史创造者。认为人民是社会生产力的主要承担者，不仅是物质财富和精神财富的创造者，也是社会变革的决定力量。在人民群众中，蕴藏着巨大的物质力量和无限的创造力。"人民群众有无限的创造力。他们可以组织起来，向一切可以发挥自己力量的地方和部门进军，向生产的深度和广度进军，替自己创造日益增多的福利事业。"[1] 正因为人民是历史的创造者，是社会建设的主体，所以他历来主张团结群众、依靠群众，实行党的群众路线，即从群众中来，到群众中去，集中起来，坚持下去。"应该使每一个同志懂得，只要我们依靠人民，坚决地相信人民群众的创造力是无穷无尽的，因而信任人民，和人民打成一片，那就任何困难也能克服，任何敌人也不能压倒我们。"[2] 他深刻地把党与群众的关系比做鱼水关系，"共产党员要善于同群众商量办事，任何时候也不要离开群众。党群关系好比鱼水关系。如果党群关系搞不好，社会主义制度就不可能建成；社会主义制度建成了，也不可能巩固"。[3] 认为社会主义建设的关键在于调动、发挥和保护人民群众的积极性。社会主义现代化建设的"力量的来源就是人民群众"[4] "人民群众是历史发展的决定性力量"、"人民已经成为自己的命运的主人，在马克思列宁主义政党的领导下，就能够做出翻天覆地的事业。"[5] 在这种思想指导下，中国以惊人的速度实现了国民经济的恢复和社会主义改造。

一切为了人民的利益。坚持人民本位，就要坚持人民的利益高于一切。

---

① 《毛泽东选集》第 5 卷，人民出版社 1977 年版，第 253 页。
② 《毛泽东选集》第 3 卷，人民出版社 1991 年版，第 1096 页。
③ 《毛泽东选集》第 5 卷，人民出版社 1977 年版，第 460 页。
④ 《毛泽东文集》第 8 卷，人民出版社 1999 年版，第 324 页。
⑤ 《建国以来毛泽东文稿》第 8 卷，中央文献出版社 1993 年版，第 234、589 页。

毛泽东把共产党人的价值取向规定为全心全意为人民服务，把人民的根本利益作为一切工作的出发点和归宿。他认为："我们共产党人区别于其他任何政党的又一个显著的标志，就是和最广大的人民群众取得最密切的联系。全心全意地为人民服务，一刻也不脱离群众；一切从人民的利益出发；而不是从个人或小集团的利益出发。向人民负责和向党的领导机关负责的一致性；这些就是我们的出发点。"① 他强调共产党人的一切言论行动，必须以合乎最广大人民群众的最大利益，为广大人民群众所拥护为最高标准。指出要"教育每一个同志热爱人民群众，细心倾听群众的呼声。"② "我们的责任，是向人民负责。每句话，每个行动，每项政策，都要适合人民的利益，如果有了错误，定要改正，这就叫向人民负责。"③ 毛泽东经常告诫党内外一切同志，无论职务高低，都是人民的勤务员，都是为人民服务的。"如果把自己看作群众的主人，看作高踞于'下等人'头上的贵族，那末，不管他们有多大的才能，也是群众所不需要的，他们的工作是没有前途的。"④ 毛泽东不仅是为人民服务的倡导者，更是为人民服务的实践者，他一生中时时刻刻都在用实际行动为人民服务，为我们党树立了光辉的榜样。

（三）邓小平的"富裕社会"

"文革"破坏了社会的正常秩序，政治、经济都处于瘫痪状态，思想领域更是一片荒芜。面对既穷又乱的社会现状，邓小平认为，要去乱求治，稳定压倒一切。"中国的问题，压倒一切的是需要稳定。没有稳定的环境，什么都搞不成。"⑤ 国家要稳定，富裕是基础，民主是保证。所以，追求富裕、追求民主，成了以邓小平为核心的党的第二代领导集体社会建设思想的核心。

贫穷不是社会主义。"什么是社会主义，怎样建设社会主义"是邓小平社会建设理论的首要的基本问题。促使邓小平对这一问题进行锲而不舍思

---

① 《毛泽东选集》第3卷，人民出版社1991年版，第1094—1095页。
② 《毛泽东选集》第3卷，人民出版社1991年版，第1044页。
③ 《毛泽东选集》第4卷，人民出版社1991年版，第1128页。
④ 《毛泽东选集》第3卷，人民出版社1991年版，第864页。
⑤ 《邓小平文选》第3卷，人民出版社1993年版，第284页。

考的基点是他对人的生存发展状况的关怀。他认为，消除贫困，满足人民的物质需要是社会主义社会发展的首要目标。"经济长期处于停滞状态总不能叫社会主义。人民生活长期停止在很低水平总不能叫社会主义"①。社会主义不是贫穷，人们生活处于贫困状态绝不是社会主义。"社会主义的特点不是穷，而是富。"他说，"根据我们自己的经验，讲社会主义，首先就要使生产力发展，这是主要的。只有这样，才能表明社会主义的优越性。社会主义经济政策对不对，归根到底要看生产力是否发展，人民收入是否增加。这是压倒一切的标准。"② 所以"社会主义的首要任务是发展生产力，逐步提高人民的物质和文化生活水平。"③ "贫穷不是社会主义，社会主义要消灭贫穷。不发展生产力，不提高人民的生活水平，不能说是符合社会主义要求的。"④ 他以非凡的智慧和勇气正视了我国的贫穷事实，在我党历史上第一次明确提出"贫穷不是社会主义"的科学论断，为社会主义社会建设找到了科学的现实基点。

实现共同富裕。共同富裕是社会主义社会建设的重要价值目标。党的十一届三中全会后，以邓小平为核心的党的第二代中央领导集体，深刻总结我国社会建设正反两方面的经验，果断地把党和国家的工作重点转移到社会主义现代化建设上来，明确提出了社会主义的根本目标是实现共同富裕。他说，"社会主义的目的就是全国人民共同富裕，不是两极分化。"⑤ "社会主义最大的优越性就是共同富裕，这是体现社会主义本质的一个东西"。⑥ "社会主义原则，第一是发展生产，第二是共同富裕。"⑦ 在南方谈话中，他更是强调"社会主义的本质，是解放生产力，发展生产力，消灭剥削，消除两极分化，最终达到共同富裕"。⑧ 由此，把共同富裕上升到社会主义的本质、最终目标和根本原则的高度，对社会主义价值目标和共同

---

① 《邓小平文选》第 2 卷，人民出版社 1994 年版，第 312 页。
② 《邓小平文选》第 2 卷，人民出版社 1994 年版，第 314 页。
③ 《邓小平文选》第 3 卷，人民出版社 1993 年版，第 116 页。
④ 《邓小平文选》第 3 卷，人民出版社 1993 年版，第 116 页。
⑤ 《邓小平文选》第 3 卷，人民出版社 1993 年版，第 110—111 页。
⑥ 《邓小平文选》第 3 卷，人民出版社 1993 年版，第 364 页。
⑦ 《邓小平文选》第 3 卷，人民出版社 1993 年版，第 172 页。
⑧ 《邓小平文选》第 3 卷，人民出版社 1993 年版，第 373 页。

富裕的关系作出了新的概括。邓小平把社会建设的价值目标确定为共同富裕，符合我国的国情，使我国社会主义社会建设的价值追求更科学、更具有现实性。

发扬社会主义民主。没有民主就没有社会主义，民主是社会建设的现代诉求。在总结"文革"的沉痛教训时，邓小平深刻认识到，"文革"之所以会发生，除了指导思想和政治路线的错误是根本原因之外，也与我国缺乏良好的民主政体有关。他在《党和国家领导制度的改革》一文中，揭示了我们党和国家的领导制度和干部制度方面种种弊端，并分析这些弊端存在的原因，认为"我们过去发生的各种错误，固然与某些领导人的思想、作风有关，但是组织制度、工作制度方面的问题更重要。这些方面的制度好可以使坏人无法任意横行，制度不好可以使好人无法充分做好事，甚至会走向反面。……领导制度、组织制度问题更带有根本性、全面性、稳定性和长期性。这种制度问题，关系到党和国家是否改变颜色，必须引起全党的高度重视。"① 他还说，"社会主义愈发展，民主也愈发展。"② "我们这个国家有几千年封建社会的历史，缺乏社会主义的民主和社会主义的法制。现在我们要认真建立社会主义的民主制度和社会主义法制。"③ 同时，他认为"民主和法制，这两个方面都应该加强，过去我们都不足。要加强民主就要加强法制。没有广泛的民主是不行的，没有健全的法制也是不行的"，"为了保障人民民主，必须加强法制。必须使民主制度化、法律化，使这种制度和法律不因领导人的改变而改变，不因领导人的看法和注意力的改变而改变。"④ 所以，在邓小平的社会建设视野里，始终有一个民主的目标。他认为，"我们政治体制改革总的目标是三条：第一，巩固社会主义制度；第二，发展社会主义社会的生产力；第三，发扬社会主义民主，调动广大人民的积极性。"⑤ 民主建设是搞好社会建设的重要保证，只有推进政治体制改革，发展和健全民主与法制，破除束缚人们发展的各种禁锢，才能极

---

① 《邓小平文选》第 2 卷，人民出版社 1994 年版，第 333 页。
② 《邓小平文选》第 2 卷，人民出版社 1994 年版，第 168 页。
③ 《邓小平文选》第 2 卷，人民出版社 1994 年版，第 348 页。
④ 《邓小平文选》第 2 卷，人民出版社 1994 年版，第 189、146 页。
⑤ 《邓小平文选》第 3 卷，人民出版社 1993 年版，第 178 页。

大地调动人的积极性，使人的才能得到重视和开发，才能有效促进物质文明和精神文明建设。"政治体制改革同经济体制改革应该相互依赖，相互配合。只搞经济体制改革，不搞政治体制改革，经济体制改革也搞不通，因为首先遇到人的障碍。"① 因此，"我们要在大幅度提高社会生产力的同时，改革和完善社会主义的经济制度和政治制度，发展高度的社会主义民主和完备的社会主义法制。"② 邓小平始终把民主政治建设同社会主义社会建设联系在一起，同社会主义现代化建设联系在一起，认为民主越发展，制度的活力越大，社会主义的优越性才能发挥得越充分，也才能使社会主义社会建设持续健康发展。

（四）江泽民的"小康社会"

"三步走"发展战略的实施，使我国综合国力明显增强，人民生活总体达到了小康水平。但"三步走"主要强调了经济指标的实现，社会指标很少涉及，"现在达到的小康还是低水平的、不全面的、发展很不平衡的小康"。③ 江泽民审时度势，提出了"全面建设小康社会"的奋斗目标，明确指出，社会主义不仅要实现经济繁荣而且要实现社会的全面进步。"我们要在本世纪头二十年，集中力量，全面建设惠及十几亿人口的更高水平的小康，使经济更加发展、民主更加健全、科教更加进步、文化更加繁荣、社会更加和谐、人民生活更加殷实。""可以肯定，实现了全面建设小康社会的目标，我们的祖国必将更加繁荣富强，人民的生活必将更加幸福美好，中国特色社会主义必将进一步显示出巨大的优越性。"④ 物质上富足了更需要提升精神的境界，社会文明能为国家富强提供动力源泉、良好环境、制度保证。因此，全面建设小康社会成了以江泽民为核心的党的第三代领导集体社会建设的价值追求。

江泽民认为，全面建设小康社会需要从三方面着手。一要实现政治、经济、文化的全面协调发展。"三个代表"重要思想体现了政治、经济、文

① 《邓小平文选》第 3 卷，人民出版社 1993 年版，第 164 页。
② 《邓小平文选》第 2 卷，人民出版社 1994 年版，第 208 页。
③ 江泽民：《在中国共产党第十六次代表大会上的报告》，载《人民日报》2002 年 11 月 18 日。
④ 江泽民：《在中国共产党第十六次代表大会上的报告》，载《人民日报》2002 年 11 月 18 日。

化全面协调发展的要求。以江泽民为核心的第三代中央领导集体，以"三个代表"重要思想为指导，较好地解决了我国在社会建设中遇到的一系列重大疑难问题。在党的十五大报告中，江泽民进一步阐明了什么是社会主义初级阶段有中国特色社会主义的经济、政治、文化，怎样建设社会主义的经济、政治、文化等问题。这些论述，有力地推进了我国经济、政治、文化建设实践的全面协调发展。二要实现人的自由全面发展。江泽民认为，社会全面进步和人的自由全面发展是一个互动的历史过程，"推进人的自由全面发展，同推进经济、文化的发展和改善人民物质文化生活，是互为前提和基础的。人越全面发展，社会的物质文化财富就会创造得越多，人民的生活就越能得到改善，而物质文化条件越充分，又越能推进人的自由全面发展。"① 在 2001 年"七一"讲话中，江泽民第一次将促进人的自由全面发展与社会主义本质统一起来，全面阐述了社会主义初级阶段人的自由全面发展问题。"我们建设有中国特色社会主义的各项事业，我们进行的一切工作，既要着眼于人民现实的物质文化生活需要，同时又要着眼于促进人民素质的提高，也就是要努力促进人的自由全面发展。这是马克思主义关于建设社会主义新社会的本质要求。我们要在发展社会主义社会物质文明和精神文明的基础上，不断推进人的自由全面发展。"② 江泽民的科学论断，把人的自由全面发展从共产主义延伸到社会主义初级阶段，构建了实现人全面发展的整体框架，提出了实现人全面发展的具体思路。三要实现可持续发展。江泽民在十四届五中全会闭幕讲话中明确指出，"在现代化建设中，必须把实现可持续发展作为一项重大战略，要把控制人口、节约资源、保护环境放到重要位置，使人口增长与社会生产力的发展相适应，使经济建设与资源、环境相协调，实现良性循环。"③ 这次会议通过的《中共中央关于制定国民经济和社会发展"九五"计划和 2010 年远景目标的建议》对控制人口增长，加强环境、生态、资源保护提出了具体要求，并且

---

① 江泽民：《江泽民论有中国特色社会主义专题摘编》，中央文献出版社 2002 年版，第 383—384 页。

② 江泽民：《在庆祝中国共产党成立八十周年大会上的讲话》，人民出版社 2001 年版，第 42—43 页。

③ 江泽民：《江泽民论有中国特色社会主义专题摘编》，中央文献出版社 2002 年版，第 279 页。

首次提出了实施可持续发展战略的任务。1997 年，可持续发展战略被正式写入党的十五大报告。在 2002 年 3 月的中央人口资源环境工作座谈会上，江泽民又提出，"要促进人和自然的协调与和谐，使人们在优美的生态环境中工作和生活。""努力开创生产发展、生活富裕、生态良好的文明道路。"①

　　社会形态是一个有机整体，它由生产力、生产关系和上层建筑三个部分构成。社会实践也是一个有机的整体，主要包括经济建设、政治建设和思想文化建设三项基本内容。我国的小康社会建设实际上也就是中国特色的社会主义经济、政治、文化建设。以江泽民为核心的党中央，在社会主义物质文明、精神文明协调发展的基础上，坚持与时俱进的马克思主义理论品质，提出并深刻论述了社会主义政治文明的内涵，强调指出社会文明是社会建设的重要标志和价值目标，不断促进社会主义物质文明、政治文明和精神文明的协调发展，是全面建设小康社会的重要目标。在 2001 年 1 月 10 日的全国宣传部长工作会议上，江泽民第一次提出了"政治文明"的概念，并在论述"依法治国"与"以德治国"的关系时指出，"法治属于政治建设、属于政治文明，德治属于思想建设、属于精神文明。二者范畴不同，但其地位和功能都是非常重要的。我们要把法制建设与道德建设紧密结合起来，把依法治国与以德治国紧密结合起来。"② 2002 年 5 月 31 日，在中央党校省部级干部进修班毕业典礼上，江泽民进一步明确指出，发展社会主义民主政治，建设社会主义政治文明，是社会主义现代化建设的重要目标。2002 年 7 月 16 日，江泽民在中国社会科学院考察时强调指出，建设有中国特色社会主义，是我国经济、政治、文化全面发展的进程，是我国物质文明、政治文明、精神文明全面建设的进程。在十六大报告中，又把发展社会主义民主政治、建设社会主义政治文明列为"全面建设小康社会的重要目标"，把政治文明作为建设中国特色社会主义事业必须完成好的三项重大任务之一，指出全面建设小康社会、开创中国特色社会主义事业新局面，就是要在中国共产党的坚强领导下，发展社会主义市场经济、社

---

　　① 江泽民：《江泽民论有中国特色社会主义专题摘编》，中央文献出版社 2002 年版，第282—283 页。

　　② 《江泽民文选》第 3 卷，人民出版社 2006 年版，第 200 页。

会主义民主政治和社会主义先进文化，不断促进社会主义物质文明、政治文明和精神文明的协调发展，推进中华民族的伟大复兴。

江泽民把社会文明的内在结构划分为物质文明、精神文明和政治文明，并在此基础上强调认识、研究和建设"三大文明"的重要性，具有重大的理论意义和实践意义，使我国的社会主义建设开启了全面建设的步伐，从而开创了全面建设小康社会的新局面，也使中国特色社会主义建设走上了发展的快车道。

（五）胡锦涛的"和谐社会"

世界各国发展经验表明，经济发展水平进入人均 GDP1000—3000 美元的阶段，既是"黄金发展时期"，又是"矛盾凸显时期"。这一时期容易出现社会经济失调、社会心理失衡、社会矛盾激化、社会冲突加剧。本世纪初，我国已步入这一发展阶段，确实存在着"城乡、区域、经济社会发展很不平衡，人口资源环境压力加大等问题；就业、社会保障、收入分配、教育、医疗、住房、安全生产、社会治安等方面关系群众切身利益的问题比较突出。"[1] 这些问题处理不好，会严重影响我国经济社会稳定发展。基于面临的新形势，以胡锦涛为总书记的党的新一代领导集体提出了构建社会主义和谐社会的新任务，和谐公正成了这一时期社会建设核心的价值追求。

胡锦涛在 2005 年省部级主要领导干部专题研讨班上，提出了构建社会主义和谐社会的重大任务，并系统阐明了社会主义和谐社会的基本内涵、基本特征，回答了什么是社会主义和谐社会这一基本问题。党的十六届六中全会通过的《中共中央关于构建社会主义和谐社会若干重大问题的决定》，全面深刻地阐述了社会主义和谐社会的性质和定位，强调我们构建的社会主义和谐社会，是中国共产党领导全体人民共建、共享的和谐社会，指明了构建社会主义和谐社会的指导思想、目标任务、工作原则和重大部署，勾勒了和谐社会建设路径图。

从某种意义上讲，和谐社会建设就是和谐社会关系的建设，核心在于

---

① 《中共中央关于构建社会主义和谐社会若干重大问题的决定》，载《光明日报》2006 年 10 月 19 日。

利益分配。"社会——不管其形式如何——究竟是什么呢？是人们交互作用的产物。"① 社会无非是"个人彼此发生的那些联系和关系的总和"。② 人是社会的主体，社会是人的社会，人与人之间的关系是构成社会的基本要素，人类社会的一切关系都是人与人之间关系的表现。和谐社会建设可以说就是和谐社会关系的建设，也就是和谐人际关系的建设，而人际关系的核心在于利益分配。利益是"人民生活中最敏感的神经"，③ 追求利益是人类一切活动的动因，利益纠纷是人际冲突的根源，社会各阶层间的隔阂、不信任、抵触和冲突是社会最大的潜在动荡因素。但"一个社会只要能够提升其公正程度，那么，社会问题出现的种类与强度均为减少或减小，同时社会也可以增强解决已经出现的社会问题的力度。"④ 公正是建立合理的利益分配机制的前提，是协调利益冲突、利益纠纷的杠杆，是协调社会各个阶层相互关系的基本准则，也是社会凝聚力、向心力和感召力的道义源泉。

公正是和谐社会的核心价值取向。公正意味着社会各方面的利益关系得到妥善协调，人民内部矛盾和其他社会矛盾得到正确处理，社会公平和正义得到切实维护和实现，意味着使每个社会成员都能得到他应得的或有权得到的东西，意味着社会成员所得利益的相对平衡。公正包括权利公平、机会公平、分配公平和司法公正。在我国构建和谐社会的过程中，首当其冲的就是要消除一些不合理的制度，促进社会公平正义，协调人际关系，以利于调动全社会的积极性，激发整个社会的创造活力。《中共中央关于构建社会主义和谐社会若干重大问题的决定》，把保障社会公平正义放到了突出位置予以强调，从收入分配、利益调节、社会保障、公民权利保障等环节入手，合理调整国民收入分配格局，完善社会保障体系，加强民主法制建设，逐步解决地区之间和社会成员之间收入差距过大的问题，建立起以权利公平、机会公平、规则公平、分配公平为主要内容的社会公平保障体系，保证社会成员都能平等参与市场竞争和社会生活，形成全体人民各尽所能、各得其所而又和谐相处的局面。正如胡锦涛所指出的，"维护和实现

---

① 《马克思恩格斯全集》第 27 卷，人民出版社 1972 年版，第 477 页。
② 《马克思恩格斯全集》第 46 卷（上），人民出版社 1979 年版，第 220 页。
③ 《列宁全集》第 16 卷，人民出版社 1988 年版，第 136 页。
④ 吴忠民：《社会公正论》，山东人民出版社 2004 年版，第 2 页。

社会公平和正义，涉及最广大人民的根本利益，是我们党坚持立党为公、执政为民的必然要求，也是我国社会主义制度的本质要求。"① 我们"要坚持把最广大人民的根本利益作为制定和贯彻党的方针政策的基本着眼点，正确反映和兼顾不同地区、不同部门、不同方面群众的利益，在促进发展的同时，把维护社会公平放到更加突出的位置，综合运用多种手段，依法逐步建立以权利公平、机会公平、规则公平、分配公平为主要内容的社会公平保障体系，使全体人民共享改革发展的成果。"② 只有这样，才能使社会成员各尽其能、各得其所，一个繁荣、祥和、友爱的和谐社会才能真正出现。

① 胡锦涛：《在省部级主要领导干部提高构建社会主义和谐社会能力专题研讨班上的讲话》，载《人民日报》2005 年 6 月 27 日。
② 胡锦涛：《在省部级主要领导干部提高构建社会主义和谐社会能力专题研讨班上的讲话》，载《人民日报》2005 年 6 月 27 日。

第二章
价值追求的本质和类型

　　价值追求是价值主体用积极的行动实现或达到某种价值目标的活动和愿望。价值追求产生于价值评价、价值判断，实现于价值创造的实践活动。有什么样的价值追求，就有什么样的价值标准和实现价值的手段。价值追求是理性因素和非理性因素的统一。价值追求的本质是客体主体化和主体客体化的有机统一。

　　价值追求直接与人的需要和利益相联系。人在需要和利益的刺激下，形成一定的价值目标，制定出思想上的行动计划，然后按照计划采取一定的行动来满足自己的需要，实现自己的价值追求。价值存在的形式是多种多样的，价值追求的类型也是各式各样的。马克思和恩格斯把人的需要分为生存需要、享受需要和发展需要，与此相适应人的价值追求也就表现为生存价值追求、享受价值追求和发展价值追求。按照价值意识的发展水平，价值追求可划分为价值自发与价值自觉两个基本层次，价值自发是价值追求的低级阶段，价值自觉是价值追求的高级阶段。价值追求层次的高低，反映了人们价值意识的成熟和健康与否。自觉的价值追求是人、社会和人类发展的内在精神动力。

一、价值追求的本质

价值追求主要涉及"什么有价值和什么没有价值"、"什么是值得的和什么是不值得的"、"我们应该追求什么样的价值和不应该追求什么样的价值"等问题，所以正确理解和把握价值、价值的本质及价值追求的本质，有利于我们树立正确的价值观，有利于形成健康向上的价值追求。

（一）价值与价值观念

价值是主客体相互作用的产物，是客体对主体的效应，是一种客观存在。价值存在决定价值意识，价值意识是价值存在的反映。价值意识包括知、情、意三方面，即包括价值认识、价值情感和意志，价值情感和意志属于价值心理。所以，从内容上说，价值意识包括价值认识（价值认知与评价）和价值心理。严格地讲，价值意识有三个层次，即价值心理、价值观念、价值观。但学术界和现实生活中，价值观念与价值观一般是通用的，价值观念、价值观中都包含着一定的价值认识（价值认知与评价）。价值观念是人们有关价值和价值关系的一种观念系统，是人们进行价值评价、决定价值取向、确定价值追求的内在依据。

1. 价值与价值本质

什么是价值？通俗地说，价值就是意义、作用、影响。哲学上的价值，是功利价值、知识价值、道德价值、审美价值等各种价值的一般本质的概括，是利与害，真、善、美与假、恶、丑的一般本质的概括。价值包括正价值和负价值，通常讲的价值指的是正价值，如有价值，即有正价值，这是狭义的价值。价值的本质是客体主体化，是客体对主体的效应，促进主体发展完善，使主体更美好。人的价值是人作为客体对主体的效应。作为主体的人，可以是社会、群体、个人（他人或自我）。作为客体的人，也包括社会、群体、个人（他人或自我）在内。在社会生活中，人既是客体，又是主体。我们所说的人的价值，是人作为客体对作为主体的人的价值，是社会价值和自我价值的统一。人的社会价值，是人作为客体对社会主体的效应，其本质在于促进社会主体发展、完善。人的自我价值，是人作为客体对自身的效应，其本质在于促进自我健康地发展，使自我更加完美。所以，价值的本质在于促进事物发展，人的价值在于促进人的发展完善，在于促进社会的发展完善。[①]

2. 价值与价值观念

价值作为一种客观存在，反映到人的意识中就产生价值意识。价值意识作为价值存在的反映，包括对一切价值、价值关系、价值现象的反映。价值观念则是人们在长期的社会生活、实践中形成的对某一方面的价值信念、价值目标、价值标准、价值规范的稳定的观念模式，它是人们价值生活的知识和经验在头脑中的积淀而形成的有关价值和价值关系的一种观念系统，是一定社会的实际价值取向的反映，是人们进行价值评价、决定价值取向的内在依据。价值观念主要涉及的是"什么有价值和什么没有价值"、"什么是值得的和什么是不值得的"等内容，如《庄子·秋水》篇中说的"然则我何为乎？何不为乎？吾辞受取舍，吾终奈何？"价值观念的核心是价值信念、价值目标、价值理想等因素。从一个人的价值观念，可以看出他（她）在价值信念、价值目标、价值理想等方面的状况，从而了解到一个人的总体价值取向。价值信念、价值目标决定价值标准，价值观念不同，就意味着价值标准不同。价值观念具有阶级性，一定社会中占统治地位的价值观念，往往是在社会中占统治地位的阶级的价值观念。价值观念随着历史的发展而发展，具有历史性。价值观念还具有民族性，不同民族，由于其具体的历史文化传统和生活实践，形成各具特色的价值观念。

（二）价值追求及其本质

1. 价值追求的内涵与功能

价值追求是对一定的价值目标的执著向往并力图达到此目标的强烈驱动倾向。价值追求产生于价值评价、价值判断。在社会实践中，人们对各种事物都要进行价值评价，作出价值判断，在价值判断中，认为是好的东

---

①　王玉樑：《价值哲学新探》，陕西人民出版社 1993 年版，第 158—159 页。

西，就产生好感、羡慕、欢迎。随着对事物的重大价值的认识的深化，人们便由倾慕积淀而形成执着的向往和强烈的愿望，千方百计地努力达到此目标，这样便形成了价值追求。

价值追求有三种形式，一是情感上的向往、思念、倾慕的强烈愿望，二是认识上的千方百计努力实现价值目标的坚定信念和设想，三是实践上为实现一定价值目标而不懈地努力，采取实际行动，努力克服各种困难，去实现价值目标。真正的价值追求都是知、情、行三个方面的统一，没有付诸实践的价值追求是空想或者是价值追求不够强烈的表现。价值追求的力量也在于从情感、认识上的追求化为实践的追求，化为坚定的意志。

价值追求不仅是一种价值意识，更是一种价值实践，与人们的实践活动紧密相联，推动着人们的实践去实现自己追求的价值目标和远大理想。所以价值追求是推动实践前进的强大动力，它对人的实践有着重大的导向、动力、调控、承受功能。

首先，价值追求对人的实践有着重大的导向作用。有什么样的价值追求，人们就向什么样的价值目标前进，所以价值追求为人们指出前进的方向。其次，价值追求是人们前进的巨大动力，是实践的巨大动力，它强烈地要求人们千方百计地去实现价值目标，有力地推动着人们去战胜困难。价值追求就其内容来说，是对主体利益的追求，因而能激发主体的热情和意志，鼓舞主体的斗志，推动主体的行动，促使主体决定应当做什么，不应当做什么，应当坚持什么，应当反对什么，从而推动、激励主体向着一定的价值目标前进。其三，价值追求有调控作用，它能把主体各方面的活动统一起来，协调主体各种活动，在实践中随时调控自己的行为，使之不偏离主体的价值目标。最后，价值追求有巨大的承受力。一个有着坚定的价值追求的人，他能忍受各种艰难困苦，能直面各种曲折、反复，忍受各种委屈、坎坷和经受各种失败挫折，始终保持坚定的意志，一往无前地去努力实现价值目标。

价值追求是对价值目标的追求。价值目标是对价值主体具有重要价值并需要经过努力才能实现的未来的理想客体的观念模型。价值目标有正确与错误之分。正确的价值目标是客观规律与主体利益的统一，是主体长远需要、利益与近期需要、利益的统一，是全局利益与局部利益的统一。违背客观规律，只顾眼前、局部利益的价值目标是错误的价值目标，追求错误的价值目标就会把实践引入歧途，就会有害于主体的健康发展。

2. 价值追求的本质

价值是客体对主体的效应，这种效应是建立在主客体间关系之上的，主客体之间相互作用是价值产生的基础。价值追求产生于价值评价、价值判断，实现于价值创造的实践活动。价值创造过程是一个客体主体化和主体客体化的互动过程。价值追求的本质是客体主体化和主体客体化的有机统一。客体主体化，指客体从客观对象的存在形式转化为主体生命结构的因素或主体本质力量的因素，客体失去对象化的形式，变成主体的一部分，即客体作用于主体，对象化为主体本质力量的过程。主体客体化，指主体通过实践使自己的本质力量转化为对象物，即主体通过对象性活动向客体的渗透和转化，也就是主体本质力量对象化。主体客体化与客体主体化是价值创造实践活动中两个不可分割的方面。主体在价值创造实践活动中，运用物质力量作用于物质客体，改造客体，使主体本质力量对象化；同时，客体属性、规律也作用于主体，内化为主体机体和主体本质力量，使主体得到改造、充实和发展。前者是主体客体化，后者是客体主体化，二者互为条件，统一于具体的价值创造实践活动中。在实践活动中，没有主体客体化，就没有客体主体化；没有客体主体化，也不可能有主体客体化。主体的客体化过程，同时进行着客体主体化过程。主体客体化的程度，制约着客体主体化的程度，反之亦然。所以，在一定程度上，价值追求的本质就是主体本质力量的对象化。它不仅受社会客观物质条件的制约，更主要的受价值观念、生活经历、传统习俗、文化背景及兴趣爱好等主体性因素的影响，是主体各种社会关系的产物。

二、价值追求的类型

价值存在的形式是多种多样的，价值追求的类型也是各式各样的，分类依据不同，分类结果也不同。依照价值追求的主体、对象、层次、领域，分别可以划分为人的价值追求与社会的价值追求、物质的价值追求与精神的价值追求、自发的价值追求与自觉的价值追求和世俗的价值追求与宗教的价值追求。

（一）人的价值追求与社会的价值追求

1. 人的价值追求

人的内涵是极其丰富的，人的价值追求的表现形式也是多种多样的。依据不同的划分标准，人的价值追求可以划分为自我价值与社会价值、功利价值与人道价值、享有价值与奉献价值、生命价值与死亡价值和金钱价值与自由价值、尊严价值等。

自我价值与社会价值。自我价值就是人作为客体对自我（主体）的效应，也就是人作为客体其言行对自身生存、发展、完善的作用和影响。自尊、自爱、自重、自信、自强、自立等都是个人自我价值的表现。自我价值的本质就在于人作为客体在推动社会发展、完善的基础上促进自我健康地发展，使自我更加完善。社会价值就是人作为客体对社会的效应。人的社会价值是多方面的，作为物质生产者和消费者，个人具有物质价值；作为精神生产者和享用者，个人具有精神价值；作为人类种系延续的环节，个人的生命存在本身也具有社会价值。个人社会价值的本质，在于对社会的贡献。个人社会价值在其理想形态上应该是个人作为社会客体与作为社会主体的统一，即个人的社会客体责任与个人的社会主体权益的正确结合。

功利价值与人道价值。功利价值是指人的行为给人们带来实际的利益和好处，是对人实现一定目的的价值。人的功利价值也就是人的手段价值，即人作为手段对实现一定目的的价值，或者说，人作为客体对作为主体的人有什么功用。在这个意义上，人的功利价值就是人作为客体的价值。我们常说人作为客体，其价值在于对社会、他人的贡献，这种贡献也就是对社会、他人的功用，就是人的功利价值。人的功利价值的大小就看他对社会、他人贡献的大小。无贡献就无功利价值，损害社会和他人利益就是负的功利价值。人道价值指人的生命存在、尊严、自由、权利等价值。尊重人的基本权利，把人当人看待的思想和观点，反对和禁止蔑视人格尊严，反对歧视和虐待人的思想和行为，都符合人道主义原则。凡是符合人道主义原则的行为，都具有人道价值。是否具有人道价值是衡量和评价人们行为的最起码和最重要的标准。人道价值同功利价值相比，是人的行为的深层内涵，是更高的价值形式。人的功利价值是人的客体价值，而人道价值则是人的主体价值的重要方面，是人的目的价值。

享有价值与奉献价值。享有价值指为个人的生存和发展所获取、享用、消费的物质价值和精神价值等。个人不仅仅是社会价值的客体，同时也是社会价值的主体，享有价值是人的主体价值。个人作为社会的主体是个人成为客体的前提。如果人不是首先作为主体，他就不可能创造，也不可能奉献社会；如果他不是主体，不享受主体的权利，不享有社会价值，那么个人也就没有充当客体的责任。奉献价值即人的客体价值，指人为社会的生存和发展创造必要的物质价值、精神价值和提供的服务的价值等，就是人对社会、他人的贡献的价值。这种奉献可以是物质上的，也可以是精神上的；可以是经济的、政治的，也可以是道德的、文化艺术的和科学的。个人为社会创造的价值越多，其奉献价值就越大。

生命价值与死亡价值。生命价值指人的生命对于人、对于社会所具有的效应。社会是由个人组成的，个体生命的存在，是人类社会存在、发展的基础和前提，许多个体生命的存在是人类存在的表现。"全部人类历史的第一个前提无疑是有生命的个人的存在。"[1] 生命对个体来说具有自我价值，是人生的物质基础；对社会来说，具有社会价值，是社会存在、延续、发展的前提。死亡也有价值，死亡价值在于它能换来他人或更多的人的生存和幸福。司马迁说过："人固有一死，或重于泰山，或轻于鸿毛。"[2] 有时死亡的价值不仅在于它直接换来的生命的价值，更重要的在于他的崇高精神作为一种道德风范对社会的影响。生命有价值，如果死得其所，死亡也有价值，死亡所以有价值，是因为有些人的死使人们生活得更加美好。

工具价值与目的价值。人对于自己的同类而言，既是工具又是目的。人作为工具的价值是远远高于物作为工具的价值的。人的工具价值指人作为工具而服务于他人时所创造的物质价值和精神价值，这些价值能够满足

---

① 《马克思恩格斯选集》第 1 卷，人民出版社 1995 年版，第 67 页。
② 《史记·报任安书》。

他人的需要。人在开发和创造物质、精神价值时，作为工具的价值就现实地存在了，而当他创造的东西实实在在被人享用之后，作为工具的价值便终于得到确证——正因为他人享用到他所创造的价值，他作为工具的创造活动才使消费者成为他的目的，他的创造活动也才显出意义。人既是物质价值、精神价值的创造者，也是物质价值、精神价值的享用者。人的目的价值是指人通过享用他人创造的物质价值和精神价值发展和完善自己，实现自身的价值。所以，物只需作为单纯工具就能显示出对人的意义，人则只有在既作为目的又作为工具时，其存在和活动才具有完整的意义和完整的价值。① "每个人只有作为另一个人的手段才能达到自己的目的；每个人只有作为自我目的（自为的存在）才能成为另一个人的手段（为他的存在）；每个人是手段同时又是目的，而且只有成为手段才能达到自己的目的，只有把自己当作自我目的才能成为手段。"② 这说明，人的工具性价值与目的性价值是统一的，人不仅只有成为目的才成为工具，而且也只有成为工具，才成为目的。

金钱价值与自由价值、尊严价值。金钱价值是指金钱作为人的生存和发展的主要手段而具有的价值。人为了生存、发展，首先需要物质生活资料和文化生活资料，需要通过劳动去创造这些资料，并通过劳动取得报酬即金钱去购买所需的资料。我们通过诚实劳动，获取报酬、获得盈利是正当的，也是社会发展所需要的。但金钱只是手段而不是目的，金钱是为人的自由、尊严、人格、发展服务的，绝不能为了金钱出卖自由、失去尊严、人格和影响人的发展。自由价值指自由作为价值客体对人们生存和发展的价值。自由作为一种权利，它既具有生存价值又具有发展价值。从人类学意义上说，自由的价值是作为人的一种基本属性和本质规定对人的价值。人作为人，就在于他能够在一定条件下进行自由的选择，具有选择的自由。这种自由的价值，对个人主体而言是一种自我价值，对社会而言则在于能创造价值的价值，促进社会发展和多样化的价值。尊严价值就是人作为主体，其生命、自由、权利、人格受到尊重而体现出的价值。人作为主体，

---

① 易小明：《人的工具价值及其目的化处理》，载《天津社会科学》2006 年第 4 期。
② 《马克思恩格斯全集》第 46 卷（上），人民出版社 1979 年版，第 196 页。

要受到社会尊重，首先应当自尊、自爱、自立、自强。一个人失去了尊严，低三下四、奴颜婢膝、仰人鼻息，那就不是主体，而是奴才，就失去人格。人的尊严是人格的体现，其价值就是维护主体的人格。

2. 社会的价值追求

在我国古代，"社会"两个字原先是分开使用的，"社"指祭神的地方；"会"为聚集之意。后来两字连用意指人们为祭神而集合在一起。"社会"一词最早出现于唐代的《旧唐书·玄宗上》（本纪第八），书中记载："礼部奏请千秋节休假三日，及村闾社会。"宋代程伊川《二程全书》中也有"乡民为社会"的记载。这里的"社会"是一个动名词，是村民集会的意思，指的是一定数量、规模的人群在一定空间范围内的结合。这时，它已经包含了许多现代社会概念的内涵和规定的萌芽。在西方，英语和法语中的社会一词源于拉丁语 socius，意为伙伴。英语中的 society 一词是指 16 世纪以来被广泛使用的市民社会概念的母体。而德语中的 Gesellschaft 在中世纪后期表示为人与人的结合，形成了社会的概念。日语中的社会一词是英语 society 的译词。日本学者在明治年间最先将英文中的"society"一词译为汉字"社会"。后来我国学者也采用了这种译法。可见，我国古籍中"社会"基本上是指民间的、有一定联系的人形成的社会活动的形式，而在西方"社会"一词多指各类人群。

马克思则抓住了物质生产关系这一核心，科学地阐述了社会的含义，指出"社会——不管其形式如何——是什么呢？是人们交互活动的产物。""在人们的生产力发展的一定状况下，就会有一定的交换和消费形式。在生产、交换和消费发展的一定阶段上，就会有相应的社会制度、相应的家庭、等级或阶级组织，一句话，就会有相应的市民社会。有一定的市民社会，就会有不过是市民社会的正式表现的相应的政治国家。"① 即社会的本质是人们交互作用中产生的各种社会关系的总和。它有两方面的内涵：其一，社会是人们相互交往的产物，是全部社会关系的总和。社会不是单个个人的简单相加，它是人们的联系或关系，是人们相互交往的产物，是全部社会关系的总和。其二，生产关系是社会的基础和本质。物质资料的生产是

① 《马克思恩格斯选集》第 4 卷，人民出版社 1995 年版，第 532 页。

社会赖以生存的基础，人们的交往首先是在生产、分配、交换、消费中发生的经济交往，因此，人们之间最基本的、决定其他一切的关系是生产关系。总之，社会是由人群组成的，是人们相互交往、相互作用的产物，是以共同的物质生产活动为基础而相互联系的人们的有机总体，是人类生活的共同体。

社会具有以下特征：第一，社会是由人群组成的。人是社会系统最基本的要素，没有人也就无社会可言。人是社会生活的开拓者、社会活动的发起者、社会关系的承担者和社会发展的推动者。第二，社会以人与人的交往为纽带。人与人的多方面的联系，形成了整个社会系统。人与人之间的联系可以分为两种：一是横向联系，即同一时代人们之间的联系。二是纵向联系，即历史联系，它表现为人类文明前后相继的无止境发展过程。第三，社会是有文化、有组织的系统。人类社会与动物结群不同，社会创造出了原来自然界中所没有的文化与文化体系。文化形成后，又成为社会的最主要构成要素，这样社会便按照一定的文化模式而组织起来。第四，社会是以人们的物质生产活动为基础的。由于物质资料的生产活动是社会系统活动中的基本活动，所以人们在这一活动中所结成的生产关系就成为社会系统的基础和本质。第五，社会系统是一个具有主动性、创造性和改造能力的机体。一方面，社会的主体——人具有主观能动性，能主动地发现社会自身以及社会与自然之间的不平衡，并主动进行调节。另一方面，社会不断创造着维持自身生存和发展的物质条件，在这种创造性活动当中，社会具有自我再创造能力，具有改造自然与自身的能力。

社会的功能主要体现在四个方面：一是整合功能。社会的整合功能是指社会将无数单个的人组织起来，形成一股合力，调整种种矛盾、冲突与对立，并将其控制在一定范围内，维护统一的局面。二是交流功能。社会创造了语言、文字、符号等人类交流的工具，提供了人类交往的场所和规范，使个人之间、家庭之间、群体之间、国家之间的交往不仅成为可能，而且能够合理地、得体地进行。三是导向功能。社会有一整套的行为规范，用以维持正常的社会秩序，调整人们之间的关系，规定和指导人们的思想、行为的方向。这种导向可以是有形的，如通过法律等强制手段或舆论等非强制手段进行；也可以是无形的，如通过习惯等潜移默化地进行。四是继承和发展的功能。人的生命是短暂的，而社会则是长存的。人类创造的物质和精神文化通过社会而得以传承和发展。

社会是多种多样的，划分依据、标准不同，社会的类型也不同。马克思主义经典作家依据生产关系和阶级关系，按照时间的顺序把社会划分为原始社会、奴隶社会、封建社会、资本主义社会和共产主义社会，作为后两者之间的过渡形态，又有社会主义社会。

社会的价值追求是社会意识形态和精神文化建设的核心内容，更是主导社会理想、信念、精神、风气的内在灵魂。它是人类生活的精神支柱，决定着人们以什么样的方式去追求生活的意义，开创什么样的生活，因而对于人类实践活动具有根本性的导向意义。社会的价值追求随着人类社会的发展而变化发展，不同的社会形态内含着不同的价值追求。

原始社会的价值追求。原始社会是人类第一大社会形态，原始社会的生产力水平极为低下，所有制结构是部落所有制，人们共同劳动，平等互助，产品平均分配，因而自然而然形成了朴素的集体观念。团结互助、维护集体利益，就成为原始社会占主导地位的价值追求。正如马克思所说："在生活资料由社员共同生产和共同分配的原始公社里，共同的产品直接满足公社每个社员，每个生产者的生活需要，产品或使用价值的社会性质这里正是在于其共同的性质。"① 这种"共同的性质"，本质上决定了原始社会价值追求的深度和广度。原始社会价值追求的最大特点是生存性。氏族通过神话、图腾崇拜、禁忌等形式增强氏族认同感、集体凝聚力，从而维护氏族的生存和社会生活的正常运行。

奴隶社会的价值追求。奴隶社会是人类第一个阶级社会，也是人类历史上第一个人剥削人的社会。这个时期奴隶主占有生产资料并完全占有奴隶，奴隶毫无人身自由。奴隶只是会说话的工具，可以任意宰杀买卖，奴隶要绝对服从奴隶主阶级的统治。因此，在经济上占统治地位的奴隶主阶级不仅垄断了社会的物质生产，也垄断了社会的精神生产，奴隶主阶级的价值追求，就是当时社会占统治地位的价值追求。奴隶社会的价值追求以等级、门第、特权为本位，以维护奴隶对奴隶主的人身依附和绝对屈从为

---

① 《马克思恩格斯全集》第 19 卷，人民出版社 1963 年版，第 413 页。

基本内容。这一时期，个人只是与整体不可分离的一个部件，个人湮灭于社会之中，被看成是微不足道的。作为社会象征的国家，可以无条件地压制和剥夺个人，代表统治阶级利益的等级制度、宗教例律、血缘出身、道德规范凌驾于公众之上被神秘化，成为不可动摇和怀疑的永恒"和谐秩序"。正如亚里士多德在《政治学》中所言，"国家是个人的本质"，"国家高于个人"，"人是政治动物"，"我们不应该认为每个公民属于他自己，他们都属于城邦"。

封建社会的价值追求。在封建社会，地主阶级占统治地位，地主阶级通过封建土地所有制形式统治社会其他阶级，地主阶级的价值追求就是社会占主导地位的价值追求。极力倡导权力本位、道德本位、家族本位的价值理念，如以儒家思想"仁"、"义"、"礼"、"智"、"信"为核心的价值追求，就成为当时主导社会发展的主流意识形态。儒家认为治国安邦要强调等级、秩序，"君君、臣臣、父父、子子。"① "谦权量，审法度、修废官，四方之政行焉；兴灭国，继绝世，举逸民，天下之民归心焉"②。也要求统治阶级要怀仁、施仁，"宽则得众，惠则足以使民"，③ "子为政，焉用杀？"④ "百姓足，君孰与不足？百姓不足，君孰与足？"⑤ 这些思想符合封建统治阶级的需要，有益于社会的治理和国家的稳定，因此，上升为统治阶级意识形态，构成中国封建社会核心的价值追求。

资本主义社会的价值追求。资本主义社会中占统治地位的是资产阶级的价值观念体系，是以资产阶级的生活经验和信念为基础的社会评价标准体系。资本主义社会的价值追求以个人主义为核心，以金钱为价值本位，以求利、致富为终级目标。这种价值追求相对封建主义而言具有历史进步性，曾对社会发展起过积极的推动作用。但它以人与人之间赤裸裸的金钱关系和市场竞争为现实根据，反映了资本主义弱肉强食的价值取向，是为维护资本主义的剥削和资产阶级所有制服务的。它最显著的特征是虚伪性

① 《论语·颜渊》。
② 《论语·尧曰》。
③ 《论语·阳货》。
④ 《论语·颜渊》。
⑤ 《论语·颜渊》。

和欺骗性，表面上标榜自由、平等、博爱、正义、民主、人道，实质上却是以资产阶级的利益为出发点，是为资产阶级的专政和压迫剥削所作的辩护。①

社会主义社会的价值追求。社会主义社会的价值追求是广大人民群众集体价值意识的体现。它建立在生产资料公有制和人民群众当家作主的基础上，以人的全面发展和社会的全面发展相和谐为价值目标，以全面提高人民群众的物质文化生活为准则，是迄今为止最为先进的价值观念体系。为人民服务是社会主义价值追求的核心。毛泽东指出："全心全意为人民服务，一刻也不脱离群众；一切从人民的利益出发，而不是从个人或小集团的利益出发；向人民负责和向党的领导机关负责的一致性"② 这就是我们的出发点。邓小平指出："全心全意为人民服务，一切以人民利益作为每一个党员的最高准绳。"③ 江泽民也在庆祝中国共产党成立80周年大会上的讲话中指出，我们想问题、办事情的出发点和落脚点，始终要考虑人民群众的根本利益。以胡锦涛为总书记的新一届中央领导集体进一步继承和发展了我们党的为民思想，提出了权为民所用，情为民所系，利为民所谋的思想，给全党明确了新时期全心全意为人民服务的具体途径。为人民服务把个人利益与集体利益、国家利益有机地结合起来，这是与我国社会主义生产方式相一致的，与社会主义生产的目的性和制度的优越性相一致的，充分体现了社会主义社会不同于以往任何社会制度的价值追求。在当前发展社会主义市场经济条件下，我们更要提倡为人民服务和集体主义的精神，提倡尊重人、关心人、热爱集体、热心公益、扶贫帮困，为人民为社会多做好事，反对和抵制拜金主义、享乐主义和极端个人主义。

共产主义社会的价值追求。共产主义社会的价值追求是共产主义社会人们的价值目标和价值理想，也指社会主义社会中以共产主义思想原则为核心的以人的全面自由发展与社会的全面发展相和谐为基本尺度的价值追求。现阶段它还只是一种对未来社会的价值理想。

---

① 李德顺主编：《价值学大词典》，中国人民大学出版社1995年版，第990页。
② 《毛泽东选集》第3卷，人民出版社1991年版，第1093页。
③ 《邓小平文选》第1卷，人民出版社1994年版，第257页。

（二）物质的价值追求与精神的价值追求

物质的价值追求就是价值主体按照物质客体的属性、功能和发展规律，对物质客体对于主体的效应的开发和创立的过程。物质的价值追求是通过对物质价值的创造得以实现的。物质价值指物质客体的功能、属性被主体享受对主体产生的效应。物质客体是否具有物质价值，关键在于看它能否对人们产生积极的效应。无论是自然物还是人工创造物，只要对人们产生积极的效应，就具有物质价值。客体所具有的物质价值的大小，取决于它产生的积极效应的程度。物质价值不同于物的价值。物的价值是泛指非人的与人相区别的客体对人的各种价值，既包括物质价值，也包括精神价值；物质价值则专指客体对人们产生的物质效应。另外，精神的东西如知识、科学、技术等也是生产力，也能促进创造物质财富，也可以间接地产生积极的物质效应，具有某种物质价值。按照物质客体的特点，可以将物质价值分为自然价值（即天然物的价值）、人化自然价值和社会存在价值。依据物质价值的不同用途，物质价值可以分为物质生产价值和物质消费价值。物质生产价值是指客观对象对人们物质资料生产所产生的效应，它体现着物质生产活动中人与对象之间的物质关系，它产生、存在和实现于人们的物质生产活动中。物质生产价值归根到底是能够创造更多的物质消费价值。物质消费价值是指客观对象对人们物质生活（消费）所产生的效应。凡是物质生活资料都具有物质消费价值。一定对象的物质消费价值可能基于自然物的固有属性，但大部分来自于物质生产活动中人们的创造。①

精神的价值追求就是价值主体按照精神客体的属性、功能和发展规律，对精神客体对于主体的效应的开发和创立的过程。精神的价值追求是通过对精神价值的创造得以实现的。精神价值指的是客体对人的精神的效应。不仅是精神现象产品具有精神价值，一些物质实体如自然景观、精巧的建筑等也往往具有一定的精神价值，如审美价值。精神价值的客体都有其物质载体，所以，物质价值与精神价值是紧密联系的。客体是否具有精神价值，关键在于看它能否对人们的精神生活产生积极效应，即是否对人们的

① 王玉樑：《价值哲学新探》，陕西人民教育出版社 1993 年版，第 321—326 页。

精神生活具有某种意义。知识价值、道德价值、审美价值、信仰价值等都属于精神价值。知识价值是指各种知识对人的精神生活和物质生活的效应。知识对人的价值是多方面的，知识既能满足人们求知的精神需要，提高人的精神创造力和精神境界；又能满足人们实践活动的需要，指导实践活动，提高人的物质生产活动的能力。道德价值指道德作为价值客体而产生的对于社会和个人的效应。道德作为调整人与人之间以及个人与群体之间的行为规范的总和，它的价值首先是社会价值，即对于社会主体的价值，主要表现为维护社会的一定秩序，将社会矛盾冲突限制在一定范围内并起到缓冲剂的作用，教育和影响个体使之服从社会需要。一定道德对社会的价值，根本的要看它是否促进了社会的发展，是否有利于人的发展和完善。审美价值是审美客体的属性对主体的效应，是对象的特定的自然属性与主体的审美需要相联系时显示出来的对人的有效性。由于主体的审美需要本质上是一种人类表现自己生命的需要，是从这种生命表现中获得享受的需要，因此只有能与主体审美感受器相对应的物的自然属性才能构成客体的审美价值属性。信仰价值是一定事物或某种思想观念对主体的效应，是人们从信仰角度衡量的客观事物或某种思想观念的价值。无论是客观事物还是某种思想观念，凡是能够成为人们信仰的对象，对主体产生效应的东西都具有信仰价值。信仰是人们对某一事物、某种思想观念的信赖、推崇和崇拜。信仰本身分为科学信仰和盲目迷信，信仰价值也包括科学信仰和盲目迷信两种。科学信仰具有正价值，盲目迷信具有负价值。[1]

物质价值和精神价值各自有相对独立性，但无论是人类社会的发展，还是个人的发展，都既需要享受一定的物质价值，又需要享受一定的精神价值，人类社会发展要求两者和谐统一。所以，一个人不仅应追求丰富的物质价值，更应努力追求高境界的精神价值。

（三）自发的价值追求与自觉的价值追求

价值追求按照价值意识水平的高低可划分为自发的价值追求（即价值自发）与自觉的价值追求（即价值自觉）两个基本阶段或层次，价值自发

---

[1] 李德顺主编：《价值学大词典》，中国人民大学出版社 1995 年版，第 832 页。

是价值追求的低级阶段，价值自觉是价值追求的高级阶段。

1. 价值自发

所谓价值自发，就是人们在不认识事物的本质和规律的情况下，不假思索，不用别人暗示，盲目地追求某种价值的状态，它是一种由自发心态或由本能决定的价值追求。

价值自发表现为三个方面。

首先，价值本质理解的主观性。价值范畴是价值哲学的逻辑起点和基石，对价值本质的不同理解，表明人的价值追求处于不同的层面。把价值的本质理解为是满足主体的需要，或把价值理解为是人们欲望的东西、人们兴趣的对象，或把价值理解为使人的情感产生愉快的东西等，都是主体自发性在价值理论上的表现。任何一个人，他都自发地以是否满足自己（主体）需要去确定价值，认为凡能满足自己（主体）需要，就有价值，不能满足需要就无价值，不论把需要理解成客观的还是主观的，都是一样。以满足主体需要或者以满足主体的欲望、兴趣、使主体愉快去确定价值，都是人们的一种不假思索、不用人暗示的自发倾向，是人的自发性的表现。

其次，价值理论的逻辑矛盾性。崇拜自发性，就必然忽视逻辑一贯性。例如，认为价值是对主体需要的满足，但事实上，主体需要并非天然合理。张岱年先生曾说，"需要也有高下之分"。① 主体需要有健康的与不健康、合理的与不合理的、有益与有害的之分，这是无可否认的事实，满足主体不健康的需要就不仅没有价值，而且是负价值。所以，把价值理解为满足主体需要，存在着内在的逻辑矛盾。认为价值是兴趣的对象的观点也是如此，因为兴趣有好的、有益的兴趣，也有邪恶的兴趣，作为邪恶的兴趣的对象的东西显然有负价值，这说明兴趣说也存在着内在的逻辑矛盾。同样，欲望说、情感说也有一个欲望、情感是否健康的问题，也包含内在的逻辑矛盾。

再次，价值追求的单纯功利性。认为价值是客体对主体的有用性，或认为价值是满足主体的需要、兴趣的对象，而不管需要是否健康、兴趣是否有益等，都是只重视功利价值、工具价值，只重视眼前局部的直接的需

---

① 张岱年：《论价值的层次》，载《中国社会科学》1990 年第 3 期。

要或兴趣的满足，忽视长远的、根本的、整体的价值，忽视真善美的价值，忽视人的自由而全面的发展。忽视价值理性，是市场经济的特点。在市场经济中，一些人往往为追求功利价值，而忽视环境价值、道德价值、人格价值。人们总是自发地首先追求眼前直接的功利价值、工具价值，只有当这种追求带来不良后果，损害长远的根本价值时，才开始反思自己价值追求的不足，才开始克服单纯追求工具理性的局限，才在追求工具理性的同时，进一步追求价值理性。

2. 价值自觉

所谓价值自觉，就是人们在正确认识事物的本质和规律基础上，积极、主动、深思熟虑和理性地追求功利与真善美的统一，追求社会与自然的和谐发展，追求有利于人的健康、全面发展的价值。

价值自觉是人们在认识事物本质和规律的基础上形成的，其前提条件是主体意识的觉醒。人的主体意识是指人在认识和改造外部世界和人本身并创造着自己历史的活动中表现出来的能动性、创造性和自主性。能动性是人的主体意识最基本的内涵，它是指人所具有的自觉地、主动地认识世界的特性。创造性是主体能动性的突出表现，是指人能够根据人类生存发展的需要，在认识客观事物及其规律的基础上，通过对客观世界原有事物加以改造，或对现存的可以利用的材料进行加工制作，造就出新的事物来。自主性是人的主体意识的最高层次，指作为主体的人在认识和实践活动中，能够依据主客观条件和自身的需要最大限度地支配自己的活动，主导客观对象的发展变化。自主性，实质上也就是"根据对自然界的必然性的认识来支配我们自己和外部自然"。①

价值自觉表现在三个方面。

首先，价值本质理解的科学性。价值自觉是人们在认识事物本质和规律基础上的价值追求，也是对价值本质科学理解基础上的价值追求。科学地理解价值本质问题，最有代表性的是邓小平提出的"三个有利于"的价值标准，即以发展生产力、增强综合国力、提高人民生活水平作为衡量社会建设各项工作的根本的价值标准。"三个有利于"的价值标准，以对人民

---

① 《马克思恩格斯选集》第3卷，人民出版社1995年版，第456页。

利益，对社会发展进步，特别是对社会生产力发展的实际效益、效果去确定价值，从是否给人民增加幸福，使人民物质和精神生活更加美好去理解价值，科学地揭示了价值的本质。"三个有利于"的价值标准包含了生产力标准、综合国力标准、人民利益标准和实效标准或实践标准。价值是主客体相互作用而产生的效益、效果，这种效益、效果是一种客观的事实，用实效、效益、效果作价值标准，就是拿事实来说话，这样就保证了对价值本质理解的客观性。在邓小平的"三个有利于"标准的指导下，我国经济持续快速发展，综合国力显著增强，人民生活水平大幅度提高，这一切充分证明邓小平的价值观的科学性。

其次，价值理论的逻辑一贯性。价值自觉既然是对价值本质的正确认识基础之上的价值追求，与之相应，价值标准也就体现出逻辑一贯性。在社会主义社会，用"是否有利于发展社会主义社会的生产力，是否有利于增强社会主义的综合国力，是否有利于提高人民的生活水平"作为衡量工作好坏的根本价值标准，体现了社会主义的本质和价值评价的客观性、科学性。在"三个有利于"的价值标准中，价值主体是社会主义社会、社会主义国家和人民，在社会主义社会里提高生产力、增强综合国力，归根到底是为了人民的利益，是以人民为价值主体。凡是符合人民利益的就有价值，凡是不符合人民利益的就无价值或是负价值，体现了逻辑一贯性。"三个有利于"的价值标准是生产力标准、综合国力标准和人民利益标准三者的统一，表现了价值理论的严谨性。

再次，价值追求的全面性。与价值自发追求单纯功利性、直接性不同，价值自觉在价值追求上表现为全面性、深远性。人的价值追求包含工具理性和价值理性两个方面，工具理性是对工具价值的理性追求，价值理性是对目的价值的理性追求。具体地说，工具理性是对功利价值、工具价值、手段价值的理性追求，是对某种直接快感的追求，而价值理性则是对真善美的追求，对人的自由而全面的发展，对人类社会与自然和谐发展，对人类社会的物质生活和精神生活的全面发展进步的追求，是对更高层次价值的理性追求。价值理性是一种价值性诉求。真正的价值自觉应该是工具理性与价值理性的统一，在价值理性的指导下，去追求工具理性，就是追求利（功利）与真善美的统一。把价值理解为客体对主体生存、发展、完善的积极效应，主要是对主体，特别是对社会主体发展完善的积极效应。价值不仅在于对主体有用，有功利价值，最根本地在于能使主体发展完善，使主体更美好，使人类社会发展完善，使广大人民生活更加美好，使每一个人自由而全面地发展。这样理解价值，能较好地体现出价值理性主导下价值理性与工具理性的统一，体现了价值追求境界的全面性。

严格说来，要使整个社会的价值追求实现工具理性与价值理性的统一，只有人类社会发展到高级阶段即共产主义阶段才有可能。因为只有到了这个阶段，人才是以一种联合的方式而不是一种竞争的方式来进行生产，是以一种合理的非异化的方式来进行生产，意味着他使生产置于自己的控制之下，而不让生产作为一种盲目的力量来统治自己，意味着个人积极地参与制定计划和实行计划，意味着人们已学会正确而又全面地处理人与自然、人与人、人与社会、人与自我的关系。到了这阶段，人已经具有高度的自觉性，人能认识自然、认识社会、了解自我，能相互合作、协调发展，人的行为是合规律性与合目的性的统一，人已有条件开始发展属于生活的目的的东西，发展作为人类本身的能力，开始真正的自由王国。人们自己掌握自己的命运，人不仅是自然的主人，社会的主人，更是自己的主人，人开始向自身、向社会的人的复归。

现阶段我国还处于社会主义初级阶段，我国的经济体制是社会主义市场经济，市场经济的价值追求是利润最大化，偏重于追求工具理性而忽视价值理性。我国社会主义市场经济对于发展社会主义生产力，增强综合国力，提高人民生活水平，促进人的自由全面发展具有重要价值。市场经济追求工具理性，有其历史作用。与此同时，我们也要清醒认识到市场经济片面追求工具理性，忽视价值理性，有其局限性。在社会主义建设实践中，我们要努力提高价值自觉水平，把工具理性和价值理性结合起来。坚持"三个有利于"的价值标准，坚持以人为本的科学发展观，坚持经济社会全面协调可持续发展，努力促进每个人全面而自由的发展，就是现阶段坚持价值自觉，把工具理性与价值理性结合起来的体现。

3. 价值自发与价值自觉的关系

价值自发与价值自觉，它们既相互区别，又相互联系，人的价值追求是一个从自发到自觉的发展过程。

（1）价值自发与价值自觉的区别

价值自发与价值自觉在价值本质的理解、价值理论的逻辑性和价值追求的境界等方面存在着根本区别。价值自发是价值追求的低级阶段，是由人的本能或自发心态决定的对主体直接的外在的感官快乐和物质功利的价值追求。从认识上说，是不了解价值本质而对价值现象的追求，是人的价值追求的幼稚的、不成熟的表现。而价值自觉则是价值追求的高级阶段，是人们在全面思考各种价值关系及其后果的基础上，对眼前价值与长远价值，局部价值与全局价值，个人价值与社会价值，自我价值与他人价值，经济价值与社会效益，社会进步与自然发展，人的活动与人的自由全面发展的统一等深思熟虑的追求，是在深刻理解价值本质的基础上的价值追求，是人的价值追求逐渐趋于成熟的表现。从根本上说，价值自觉就是全面、辩证、科学的价值追求。

（2）价值自发与价值自觉的联系

首先，价值自发是价值自觉的基础，是价值追求过程中一开始必然产生的现象。人们总是首先从本能，从自发心态，从眼前直接利益、需要出发去追求近期利益、感官快乐和功利价值。这种自发的价值追求，虽然也会产生一些良好影响，但也往往会产生一些损害自己的长远利益或损害社会、他人利益的不良后果，使自己吃了苦头，受到惩罚或谴责，于是迫使主体反思自己的价值追求，认识到自发价值追求的局限性，逐渐地过渡到价值自觉。价值自发为价值自觉作了准备，价值自觉是在价值自发的基础上逐渐发展起来的。如人们为了多生产粮食，毁林开荒，导致生态恶化，土壤荒漠化，威胁到人类的生存，于是人们才开始认识到要可持续发展，人要与自然和谐发展。

其次，价值自觉是对价值自发的扬弃，它内在地包含、吸收了价值自发的一些合理因素，而不是一概否定价值自发追求的内容。如价值自发往往只追求功利价值、经济价值，而忽视社会价值、社会效益，价值自觉则既追求经济价值、经济效益，又追求社会价值、社会效益，把二者统一起来。价值自发只追求工具理性、直接的眼前的价值，而忽视价值理性，忽视长远的价值，价值自觉则把工具理性与价值理性、直接的眼前价值与间接的长远价值统一起来。价值自发往往只追求个人的感官快乐、物质享受，而忽视人的健康向上的发展，忽视人的自由而全面的发展，价值自觉则把个人健康的娱乐活动，合理的健康的物质享受和精神文化享受与人的自由而全面的发展、人的健康向上的发展统一起来，努力提高人的各种素质。价值自觉使价值追求从片面走向全面。

（3）从价值自发到价值自觉是一个无限发展的矛盾过程

人的价值追求是从价值自发到价值自觉转化的过程，但人的价值追求从自发到自觉的转化是有条件的，而不是无条件的。转化的条件主要包括两个方面：一是认识客观事物的本质和规律；二是从价值自发产生的后果中吸取经验教训，追求真理，勇于改正错误，奋发向上，不断进取，具有彻底的批判精神。没有这样的条件，就不会实现由价值自发到自觉的转化。

人们在实践中经过曲折、反复、失败、挫折，认识了事物的本质和规律，认识了价值自发的局限性，从价值自发进到价值自觉。但一个人对客观事物的本质和规律的认识是一个永无止境的过程，人们从价值自发到价值自觉的转化，也不是一劳永逸的。实践是发展的，在新的实践中，人们又会遇到新的问题，在新的问题面前，当人们还不认识其本质和规律时，不免又会陷于价值自发。只有在新的实践中，新的价值自发又受到挫折，人们才在反思中逐渐认识新问题的本质和规律，从而使新的价值自发进到新的价值自觉。从价值自发到价值自觉、再由新的价值自发进到新的价值自觉，如此循还往复，以至无穷，这就是人们价值追求的无限过程。在这个过程中始终充满价值自发与价值自觉的矛盾，这个矛盾的不断产生与不断解决，就是人类认识客观事物的本质与规律的过程，就是从必然中获得自由的过程，就是实现人的自由而全面发展的过程。

（四）世俗的价值追求与宗教的价值追求

1. 世俗的价值追求

世俗是对现世的追问，是立足于现实的生活图境。世俗化使普遍主义与理性原则取代了神学教条，撕破了宗教信仰主义的神秘面纱，使人类生活摆脱了虚幻状态。世俗化意味着关注现世生活，肯定感官享受，重视大众在社会生活中的地位与作用，表现出以物质功利为追求、以感官享受为满足、以眼前利益为目标等价值取向。

关注现实。认为人生的目的和意义就在于现实生活本身，强调人活着不是为了死后的"永生"，而是现世的享受。人的自然欲望不是罪恶，无需压抑，而是正当的要求，应予满足。男女之间的爱情不是丑事，无需隐讳，而是人生高尚的感情，应以歌颂。正如著名诗人彼特拉克所言，"我自己是凡人，我只要求凡人的幸福。"① 注重现实生活的质量，生活需求由单一性向多元性、本能性向文化性状态转化。崇尚快乐，尽情享受人生的喜悦、轻松、自由和幸福，消除厌烦和困惑，使生活游戏化。"如果你把生活中的欢乐去掉，那么生活成了什么呢？它还配得上称作生活么？"② 总之，此世、此生、此时、此在成为人们奋斗的目标。

重视个体。世俗化主体意识凸显，强调自我设计、自我奋斗、自我实现、自我满足和自我享受。一是强调个人的主体地位。认为个人是社会历史活动的决策主体、行为主体和责任主体，个人必须对自己的生存和发展承担责任，"主体自我成为衡量一切事物的标准并且对其自身的行为和社会地位自我负责。"③ 个人的权利意识强，知道自己要什么，自己拥有什么样的权利。认为个人的思想和行为是他自己的，不应该受到别人的干涉，能够做和想他所喜欢的任何事情——按照他自己的方式去追求他自己的利益，不受外部力量所左右，政府干预人们生活应保持在最小限度。二是重视个人的价值与尊严。认为一切个人在道义上都是平等的，每个人都没有接受他人的统治、奴役和听任他人损害的义务。每个个体的存在都和他人的存在有同等意义，每个个体的欲望、要求都和他人的欲望、要求有同等的价值。所以，在不对他人造成损害的前提下，每个人的合理欲望、要求都应得到满足，每个个体的人格、尊严都应得到尊重。三是谋求自我发展。每个人都应该以不同的方式表现自己的独特人格和个性，每个人都可以根据自己的意愿、特点选择适合自己的发展道路。

崇尚科学。倡导理性化的思维方式，以理性对抗迷信，确立了重实证、重分析、重经验的精神，强调按客观规律办事，认为只有自然科学才是真

---

① 转引自金增嘏：《西方哲学史》，上海人民出版社1983年版，第361页。

② 转引自金增嘏：《西方哲学史》，上海人民出版社1983年版，第368页。

③ ［德］P·科斯洛夫斯基：《资本主义的伦理学》，王彤译，中国社会科学出版社1996年版，第9页。

理的唯一判断者。对于像死亡、战争、洪水、干旱等现象应当从自然科学的规律与社会科学的规律中去寻找解释，科学研究不再是为了显示上帝的伟大成就，而是为了了解自然规律和创造一个越来越接近"人造的世界。"

2. 宗教的价值追求

宗教是一种超世的信仰。宗教的本质在于关注人类精神家园，借助于超人间的力量，为人类寻求心理慰籍，给人类以终极关怀。宗教所具有的虚幻性、超现实性，所追求的心灵安宁、灵魂救赎，为尘世中受苦受难的人们指出了一个理想的天国、幸福的彼岸世界，使芸芸众生对来世充满希望。宗教既是一种世界观，也是一种价值观，不同的宗教派别有不同的价值评判标准，但不同的宗教派别也有其共性的价值追求。

（1）人人平等

平等是人类永恒的价值追求，追求人人平等几乎一直伴随着宗教文明的发展史。

伊斯兰教认为，真主安拉是唯一的，安拉是人和宇宙万物的创造者和主宰者。"众人啊！我确已从一男一女创造你们，我使你们成为许多民族和宗教，以便你们相互认识。"[1] "世人原是一个民族"，[2] 人都是相互平等的。组成人类的个体，虽然有性别、职业、肤色、信仰、种族、民族和国籍等的不同，但并无高低贵贱之别。人不分部落、民族、种族、肤色、地域、阶层、身份、贫富、强弱、智愚，在人格上一律平等。就整个人类而言，只有性别、民族和信仰三个基本层面的区别，没有地位高低之分。"阿拉伯人与波斯人毫无区别，黑种人和白种人谁也不比谁优越。"[3] 伊斯兰教的人类平等观包括民族间相互平等、穆斯林与非穆斯林相互平等和男女平等。

佛教倡导人人平等，不以等级、出身、贫富论人的高下、贵贱，强调以道德的高低、智慧的深浅论人的成就大小，而以道德、智慧的修持进入人生理想境界。认为人的出生都是赤条条的来，没有差别，在人世修善积德信佛，死后都可以进入西天极乐世界，作恶造孽死后就下地狱。[4] 古代印

---

① 《古兰经》49：13。
② 《古兰经》2：213。
③ 转引自马明良：《伊斯兰教简史》，经济日报出版社 2001 年版，第 81 页。
④ 杨荔薇：《佛教的"众生平等"思想及其现代意义》，载《河北大学学报》2005 年第 2 期。

度严格奉行等级森严的种姓制度，释迦牟尼极力主张打破这种不平等，建立平等的种姓关系。如当时的婆罗门认为"婆罗门种最为第一，余者卑劣；我种清白，余者黑冥。"① 佛叱责此论者是"愚冥无识，犹如禽兽，虚假自称"，② 并宣称："今我无上正真道中，不须种姓，不恃吾我憍慢之心，俗法须此，我法不尔。"③ 要求出家沙门"不录前名，更作余字，犹如彼海，四大江河皆投于海而同一味，更无余名。"④

基督教认为，信徒之间是平等的。《圣经》中说，"上帝是全人类的慈父，如同阳光的普照，不可能偏施恩宠，一切人都是兄弟——不论是罪人或上帝爱的子女——在圣父眼里都是一样的。""我的母亲，我的弟兄。凡遵行我天父旨意的人，就是我的弟兄、姐妹和母亲了。"⑤ 即"上帝面前人人平等"。人在政治上是平等的。耶稣训诫使徒说："你们知道，外邦人有尊为君王的，治理他们，有大臣掌权管束他们。只是在你们中间，不是这样。你们中间，谁愿为大，就必作你们的用人；在你们中间，谁愿为首，就必作众人的仆人。"他"不是要受人的服侍，乃是要服侍人，并且要舍命，作多人的赎价。"⑥ 人在经济上也是平等的。原始基督教实行财产共有制，体现了他们物质生活上的平等或平均思想。他们要求所有的信徒都要变卖自己的田产家业，凡物公用，照各人所需用的分给各人。"大家共有的大地上将不再用墙和篱笆隔开，将没有穷人，也没有富人，也没有暴君，也没有奴隶，也不再有大小尊卑之分。"⑦ 这种经济生活中的平等又引申出互助互济的平均思想。"我原不是要别人轻省，你们受累，乃要均平，就是要你们的富余，现在可以补他们的不足，使他们的富余，将来也可以补你们的不足，这就均平了。"⑧

（2）宽大为怀

虔诚的宗教信徒都怀有一颗宽容之心，做到宽厚、忍让、包容。

---

① 《长阿含经》。
② 《长阿含经》。
③ 《长阿含经》。
④ 《增一阿含经》。
⑤ 《圣经·马可福音》12：49
⑥ 《圣经·马可福音》10：42—45。
⑦ 《彼得启示录·附录》。
⑧ 《圣经·哥林多后书》8：13—14。

宽容是伊斯兰教的基本精神。《古兰经》说，"善恶不是一样的。你应当以最优美的品行去对付恶劣的品行，那末，与你相仇者，忽然间会变得亲如密友"。① 强调不对别人的态度斤斤计较、耿耿于怀，不因自己吃点亏而烦恼不安。伊斯兰教倡导的宽容理念包含两层意思：一是对自己宽容，二是对他人宽容。对自己宽容，鼓励人们可以满足正当的需要，"可以吃大地上所有合法而且佳美的食物"②，"凡为势所迫，非出自愿，且不过分的人，[虽吃禁物]，毫无罪过。"③ 也就是说，当人受到胁迫或是在饥饿所迫的情况下，吃禁物是无罪的，是教法特许的。对他人宽容，认为人是不完美的，都是有缺点的，由于人性的弱点，人难免会犯错误，会有过失。"人类犯有错误，因而被称作人类，既被称作人类，难免常犯过失。"④ 错误是可以改正的。对于犯罪后能认真悔改的人，应当原谅和宽恕。"宽容忍让地对待对你轻率鲁莽的人，原谅对你不公正的人，向对你刻薄的人施恩，与跟你断绝关系的人保持友谊。"⑤ 认为对他人的宽容是对自己的奖赏，有利于促进人与人之间关系的和谐。

基督教的宽容精神主要体现在"爱人"。强调要爱人如己、克己和宽恕，不论是同胞还是外地人、教徒还是异教徒、朋友还是仇敌都要爱。基督教强调的爱是一种超越血缘、地缘、信仰的爱，爱人主要不是因为他是可爱的和善的，而是意在使他成为善的。爱人主要表现为忘我的服务、克己和宽恕，尤其强调爱仇敌，"你们的仇敌，要爱他；恨你们的，要待他好；咒诅你们的，要为他祝福；凌辱你们的，要为他祷告。有人打你这边的脸，连那边的脸也由他打；有人夺你的外衣，连里衣也由他拿去。"⑥ 即对待仇敌不能"以牙还牙"，要以宽恕的胸怀对待仇敌，以仁慈的态度原谅仇敌，以博大的爱心化解仇恨。对仇敌的爱是指排除恶意憎恨报复的心态，将爱的原则延及一切。基督教的"爱是恒久忍耐，又有恩慈；爱是不嫉妒，

---

① 《古兰经》41：34。
② 《古兰经》2：168。
③ 《古兰经》2：173。
④ 优素福·哈斯·哈吉甫：《福乐智慧》，郝关中等译，新疆科学技术出版社 2006 年版，第58 页。
⑤ 转引自马明良：《伊斯兰文化新论》，宁夏人民出版社 1999 年版，第 88 页。
⑥ 《圣经·路加福音》6：27—29。

爱是不自夸，不张狂；不做害羞的事，不求自己的益处，不轻易发怒，不计算人的恶，不喜欢不义，只喜欢真理；凡事包容，凡事相信，凡事盼望，凡事忍耐。"①

佛教的宽容表现在"忍"。主张在面对他人的叱骂、锤打、恼害、嗔呵、侮辱时能够安然顺受，不生嗔恨。按《佛教大词典》的解释，忍辱就是"于侮辱或迫害等能忍耐，心平气和不起嗔恚之念。"佛陀在《佛遗教经》中告诫弟子："能行忍者，乃可名为有力大人。若其不能欢喜忍受毁谤、讥讽、恶骂之毒，如饮甘露者，不名入道智能人也。"唐朝两位诗僧的对话把佛教的这种宽容精神表达得淋漓尽致。某日，寒山问拾得："今有人辱我，冷笑笑我，藐视目我，毁我伤我，嫌恶恨我，诡谲欺我，则奈何？"拾得回答说："子但忍受之，依他，让他，敬他，避他，苦苦耐他，装聋作哑，漠然置他。"寒拾对话中还引用弥勒菩萨偈语："有人骂老拙，老拙只说好。有人打老拙，老拙自睡倒。涕唾在面上，随他自干了。"强调为了生存，必须忍受生活中的各种酸甜苦辣、饥渴苦乐，不怨天尤人。与人交往要宽恕别人的过错，对于污辱、诽谤、坑害等施辱行为，要怜其愚痴，不予计较，不论他有多坏，不论他伤你有多深，你一定要放下，要克制自我，牺牲自我，宽大为怀。做到"忍人所不能忍，行人所不能行！"② 正像弥勒佛"大肚能容，容天下难容之事；开口便笑，笑世间可笑之人"。

（3）因果报应

所有宗教都强调善恶的因果报应，一个人转世的形态取决于他在世时的行为，在世时积什么样的因来世就会有什么样的果。今生行善的酬报一定是快乐（天堂、极乐世界），行恶的报应一定是苦难（地狱）。

佛教认为人的善恶行为与来生命运存在必然的因果关系。"三界之内，凡有五道：一曰天，二曰人，三曰畜生，四曰饿鬼，五曰地狱。全五戒则人相备，具十善则生天堂；全一戒者则亦得为人。人有高卑，或寿夭不同，皆由戒有多少。反十善者，谓之十恶，十恶毕犯，则入地狱。抵突强梁，

---

① 《圣经·哥林多前书》13：4—7。
② 《观微子》。

不受忠谏，及毒心内盛，询私欺绐，则或堕畜生，或生蛇虺。悭贪专利，常苦不足，则堕恶鬼。其罪差轻少，而多阴私，情不公亮，皆堕鬼神。虽受微福，不免苦痛，此谓三途，亦谓三恶道。"① 就是说，奉行十善的上天堂，奉持五戒或一戒的为人，由于持戒多少有别，人也就有地位尊卑不同。违反十善者下地狱，其他虽非十恶全犯，但只要有不善，则视情况或为畜生，或为饿鬼。一个人生前行善或作恶，决定了下世的命运，善有善报，恶有恶报，善必受乐，恶必受苦。②

基督教的善恶报是通过"最后的审判"来实现的。《新约·启示录》第 22 章宣称，上帝"要照各人所行的报应他"，"他必照各人的行为报应各人。……凡恒心行善，寻求荣耀、尊贵和不能朽坏之福的，就以永生报应他们；惟有结党不顺从真理，反顺从不义的，就以忿怒、恼恨报应他们。将患难、困苦加给一切作恶的人；……却将荣耀、尊贵、平安加给一切行善的人。"③ "那些洗净自己衣服的人有福了！可得权柄能到生命树那里，也能从门进城。"④ 而"城外有那些犬类，行邪术的、淫乱的、杀人的、拜偶像的，并一切喜好说谎言、编造虚谎的"⑤，"他们的份就在烧着硫磺的火湖里，这是第二次的死"⑥。行善者得进"永生"之城，作恶者则在火湖里"第二次死"，"因为人所作的事，连一切隐藏的事，无论是善是恶，上帝都必审问。"⑦ 基督教奖惩分明，倡导善恶报，目的在于劝导人们弃恶从善、扬善抑恶。

伊斯兰教也讲天堂地狱及善恶报应，其因果报应思想主要体现在《古兰经》的"两世幸福"说。《古兰经》指出，"谁赞助善事，谁得一份善报；谁赞助恶事，谁受一份恶报。真主对于万事是全能的。"⑧ 在今世，人的所作所为都将被详细记录在案。在后世，真主赏罚严明，奖惩分明。今

---

① 《奉法要》，见《弘明集》卷一三，《四部丛刊》影印本。
② 方立天：《中国佛教伦理思想论纲》，载《中国社会科学》1996 年第 2 期。
③ 《圣经·罗马书》2：6—10。
④ 《圣经·启示录》22：14。
⑤ 《圣经·启示录》22：15。
⑥ 《圣经·启示录》21：8。
⑦ 《圣经·传道书》12：14。
⑧ 《古兰经》4：85。

生一旦违规，即使没有受到法律应有的制裁，但在后世，真主是绝对清算其前世行为的，必将给予他应有的惩罚。认为后世幸福与今世幸福构成的两世幸福浑然一体，"你应当借真主赏赐你的财富而营谋后世的住宅，你不要忘却你在今世的定分。"① "两世幸福"说告诫人们怎样才能进入乐园而得以享受末日的永恒幸福，如何便一失足成千古恨，获罪入住永恒的火狱。"这些是真主的法度。谁服从真主和使者，真主将使谁入那下临诸河的乐园而永居其中，这是伟大的成功。谁违抗真主和使者，并超越他的法度，真主将使谁入火狱，而永居其中，他将受凌辱的刑罚。"② 与基督教不同的是，伊斯兰教并不仅仅将奖惩完全寄托于最后的审判，"善的报酬"也可以在今生兑现。真主宣称："谁想获得今世的报酬，我给谁今世的报酬；谁想获得后世的报酬，我给谁后世的报酬。"③

（4）救世济民

宗教大都热衷于社会公益事业，历来把行善济困、救世济民当做自己应尽的职责。

伊斯兰教倡导关爱弱势群体。穆罕默德强调，在斋月里，"要周济贫苦的人，探望病人，关心有困难的人，分担他们的疾苦。"④ 并让穆斯林以斋戒方式经受精神道德与肉体本能的双重锻造与考验。尤其在忍饥耐渴中，令富者体验贫者与旅人的饥渴之苦，培养怜贫济困的恻隐之心，积极行善济困。"敬畏的人，在康乐时施舍，在艰难时也施舍，且能抑怒、又能恕人。真主是喜爱行善者的。"⑤ 要将"所爱的财产施济亲戚、孤儿、贫民、旅客、乞丐和赎取奴隶。"⑥

基督教鼓励人们对穷人慷慨。强调要扶持孤儿、寡妇、有病的、行动不便者，以及那些因信仰被迫解雇或被放下监的人。"向你地上困苦穷乏的弟兄松开手"，⑦ "给饿的吃，给渴的喝，留客旅住，给赤身露体的穿，看

① 《古兰经》28：77。
② 《古兰经》4：13—14。
③ 《古兰经》3：145。
④ 叶海亚·艾麦利克：《伊斯兰学》，阿立·蒋敬译，内部资料，第152页。
⑤ 《古兰经》3：134。
⑥ 《古兰经》2：177。
⑦ 《圣经·申命记》15：11。

顾病的和在监里的。"① "给缺乏的，贫穷的人身体所需用的。"② "有求你的，就给他；有向你借贷的，不可推辞。"③ 对那些不舍得自己财产的富人表示极大的蔑视，认为他们的灵魂要进入天堂，比骆驼穿过针鼻还要困难。耶稣还要求施舍的人要行在暗处，不让人知道，更不图人表扬和回报，只当为主舍的。"你施舍的时候，不要叫左手知道右手所作的；要叫你施舍的事行在暗中，你父在暗中察看，必然报答你"。④

佛教倡导慈悲济世。在实践中突出体现为布施，一是财施，二是法施，三是无畏施。财施又分为外财施和内财施两种。外财是指钱财物品，即货币形态和物化劳动。内财是指知识、经验、技术、智慧、学说等，即非货币形态和非物化的劳动。法施主要是对出家人而言，即顺应人们要求，说法教化，或将自己礼颂功德回馈众生。无畏施是指急人所难，随时助人排忧解难，并使人在趋向解脱之途上勇敢无畏。佛教认为越是难以做到的布施，功德越大，并主张必须尽自己所能满足任何人的任何乞化要求，包括布施自己的肢体。而且，布施是不图回报的，在佛教中，布施的最高境界是三体轮空，即要忘记自己，忘记施物，忘记受者，就是要"施时不选有德无德；施时不说善恶；施时不择种姓；施时不轻求者；施时不恶口骂詈"⑤。佛教的慈悲精神鼓励着人们用赤诚的爱心、慈心、同情心、侧隐心和怜悯心去关爱众生，关爱宇宙万物，以慈悲柔和的心怀去体谅、帮助他人，去造福社会、造福百姓。

（5）关爱自然

宗教认为宇宙万物与人一样都是神创造的，都是神智慧的表现，人对万物要心怀敬意，用平等、友善的态度对待大自然。

伊斯兰教认为，真主创造了世界，创造了人和宇宙万物。人作为自然界的一部分，与自然万物也是平等的，人应该心存博爱，应该以平等、友善、合作的态度对待大自然。《古兰经》说，"在大地上行走的兽类和用两

---

① 《圣经·马太福音》25：35—40。
② 《圣经·雅各书》2：15—17。
③ 《圣经·马太福音》5：42。
④ 《圣经·马太福音》6：3—4。
⑤ 《优婆塞戒经》。

翼飞翔的鸟类，都跟你们一样，各有种族的……。"① 动植物的生命同人类一样，是有感觉、有意识的。"对一只动物之善行与对人之善行同样可贵；对一只动物之暴行与对人之暴行有同样的罪孽。"② 人们要保护大地上一切生物的生存和发展，而且这种保护不能局限于肉体，还应扩展到精神上的关怀与体谅。要珍惜土地和土地上的一草一木，禁止乱捕滥杀、乱砍滥伐。因为"在主那里，万物是各有定量的"，③ "创造天地，是比再造人类更难的，但世人大半不知道。"④ 因此，伊斯兰教主张人类对自然资源的取用应以不过分为原则，人类应该把握自然的本质和规律，通过对自然界进行合理的开发利用，为人类造福。

基督教认为万物都是神的智慧和爱的表现，所有生物（包括人类和非人类）都是上帝全善的体现，都是神圣而有价值的。《圣经》说，"神看着一切所造的都甚好。"⑤ "上主的一切化工都是美好的，到了时候，必然供应它们的需要。你不应该说：'这一件事，不如那一件事。'因为一切事物在适当的时候，必有它的特长。"⑥ 人只是神的受托者、代理人，人对自然界的统治同时包含管理、照顾之意，人类只是与自然合作而已。一切存在物都有其内在的善和价值，人应当以欣赏、尊重和照管的态度对待它们，与它们共生。肆意破坏自然戕害生物意味着对神的爱的背叛和亵渎，意味着削弱人对神的爱和神对人的爱，最终影响到人类的生存和得救。⑦

佛教认为，万物都有佛性，都有平等的价值。万物既包括有生命有情识的动物，也包括植物和无机物。大自然的一草一木都是佛性的体现，都蕴含着无穷禅机。"唯识论云，唯识无境界，明山河草木皆是心想，心外无别法，此明理内一切诸法依正不二。以依正不二故，众生有佛性，则草木

① 《古兰经》6：38。
② 《布哈里圣训实录》（善行篇）。
③ 《古兰经》13：8。
④ 《古兰经》40：57。
⑤ 《圣经·创世纪》1：31。
⑥ 《圣经·德训篇》39：39—40。
⑦ ［德］卡尔·白舍客：《基督宗教伦理学》，静也，常宏译，上海三联书店2002年版，第811—829页。

有佛性。"① 强调人对万物应给予尊重和爱护。佛教对自然界生命的关怀，最为集中的体现是普渡众生的慈悲心肠，其中最典型的表现是素食、放生。"凡杀生者多为人食，人若不食，亦无杀事，是故食肉与杀同罪。"② 不杀生是佛教的首戒，是指不杀人、不杀鸟兽虫蚁，还指不乱折草木，也就是善待一切有生命的东西。佛教的自然观蕴含了人类与万物平等、万物皆有其价值的朴素的伦理思想。

总之，宗教作为文化的中心要素，其合理的价值追求为人的思想、情感和行动提供了方向和依归，它规约、引导着人的自我理想、行为取向与价值实现。正如当代著名基督教神学家约翰·希克所说，"爱、慈悲、舍己为人、仁慈和宽恕——我们已看到他们构成了各大（宗教）传统的基本伦理原则——并非由超自然的权威强加的不相容的理念，而是产生于我们人性的理念，我们的人性在宗教传统中被加强、净化和提升到新的层次。"③

三、价值追求的意义

人的发展和社会的发展、人类的发展是一个辩证运动过程。人在不同历史形态、不同社会，有不同的价值追求。在"人的依赖关系"形态追求勇敢、能力或地位、权力；在"以物的依赖性为基础的独立性"形态追求金钱；在"自由个性"形态追求人的自由全面发展。人的价值追求是人全面发展的内在动力，作为高层次价值追求的价值自觉是人全面发展的关键。

（一）价值追求与人的发展

人的发展与人的价值追求是不可分割的两个方面。人的价值追求是人全面发展的内在动力，人的发展归根到底是在价值创造和价值实现过程中

---

① ［日］高楠顺次郎编：《大正新修大藏经》，大正一切经刊行会，大正十五年. T45，第40c页。
② 《大乘入楞伽经》卷六。
③ ［英］约翰·希克：《宗教之解释：人类对超越者的回应》，王志成译，四川人民出版社1998年版，第381页。

实现的,人只有有了正确的价值追求,才能获得健康的发展,而人的自由全面发展则是人的价值追求的根本目标。

1. 人发展的历史形态与价值追求

人发展的历史过程也是社会发展的历史过程。"全部人类历史的第一个前提无疑是有生命的个人的存在。"① 人通过自身的活动不仅创造出自己的生产力,同时也创造出自己的社会关系。人类社会的发展表征着人的发展,人类社会发展的历史,就是人自身发展的历史。马克思认为,在人类社会发展的历史进程中,人的发展大致经历了三个历史形态,即"人的依赖关系(起初完全是自然发生的),是最初的社会形态,在这种形态下,人的生产能力只是在狭窄的范围内和孤立的地点上发展着。以物的依赖性为基础的人的独立性,是第二大形态,在这种形态下,才形成普遍的社会物质变换,全面的关系,多方面的需求以及全面的能力的体系。建立在个人全面发展和他们共同的社会生产能力成为他们的社会财富这一基础上的自由个性,是第三个阶段。"②

人的本质是社会关系的总和,也是价值关系的结合体。人的发展与人的价值是不可分的,人的发展归根到底是在价值创造和价值实现过程中实现的。价值离不开人,人是一切价值的主体,一切价值都是人类活动所追求和创造的价值,都是对人的生存、发展和完善的价值。但是,人能创造出什么样的价值,在什么水平上创造价值,则决定于他的发展程度。

人在不同历史形态即不同的发展阶段,有不同的价值追求。

(1)"人的依赖关系"形态——追求地位、权力

"人的依赖关系",是人发展的最初历史形态,这一阶段包括原始社会、奴隶社会和封建社会。原始社会,由于生产力极其低下,自然条件在人的生存中起着至关重要的作用。在这样的情况下,凭单个人的力量,很难和自然界抗争,很难独立生存,只能依靠以血缘关系为纽带而结成的氏族与部落。"我们越往前追溯历史,个人,从而也是进行生产的个人,就越表现为不独立,从属于一个较大的整体。"③ 这种依赖关系制约和决定着人们的

① 《马克思恩格斯选集》第 1 卷,人民出版社 1995 年版,第 67 页。
② 《马克思恩格斯全集》第 46 卷(上),人民出版社 1979 年版,第 104 页。
③ 《马克思恩格斯全集》第 46 卷(上),人民出版社 1979 年版,第 21 页。

行为方式和活动范围。在奴隶社会和封建社会，虽然生产力水平在不断提高，但这种依赖关系仍然没有摆脱，奴隶只不过是会说话的工具，奴隶没有任何自由，奴隶主可以随意买卖、处死奴隶。农民只有很少的生产资料，只能依附于封建地主，受地主的剥削和压迫。

这一阶段，不论是原始社会，还是奴隶社会或封建社会，人都缺乏必要的独立性、自主性，人与人之间的关系具有一个共同的特征就是依赖性。原始人依赖并归属于共同体，奴隶社会和封建社会，人则依赖并归属于不同的阶级、集团，且彼此间存在着统治与被统治、占有与被占有的关系，如奴隶对奴隶主、农奴对封建主的人身依赖与归属。正如马克思所说的，"虽然个人之间的关系表现为较明显的人的关系，但他们只是作为具有某种［社会］规定性的个人而互相交往，如封建主和臣仆、地主和农奴等等，或作为种姓成员等等，或属于某个等级等等。"① 在这种人身依附与归属的关系下，奴隶和农奴没有人身自由，没有独立人格，他们的活动都离不开这个阶级或集团规定的范围，个人只能是这一特定集团中的一分子，按照自己所在集团地位再生产自己，不存在个性发展的社会空间和条件。总之，在这个历史阶段，"无论个人还是社会，都不能想象会有自由而充分的发展，因为这样的发展是同［个人和社会之间的］原始关系相矛盾的"。②

人的价值问题是随着人类产生而逐步发展起来的。在原始社会里，各个氏族都要推选自己的氏族领袖，推选怎样的人当自己氏族的首领？这就产生了一个价值标准问题。根据原始社会的生产力发展水平，人们推选部落首领时，主要看能否为部落服务，是否勇敢、有能力等等。可见，原始人能把他人加以比较，确定其对自我、对原始人群的价值，表明在原始社会人们的观念中已经有了关于人的价值的某些看法。到了奴隶社会，随着私有制和阶级的产生，人被分为若干等级。"天有十日，人有十等"③，人的等级成了衡量人们价值的尺度。王公贵族、奴隶主是高贵的人，奴隶只是会说话的工具，一匹马可以换几个奴隶，奴隶的价值不如牛马。封建社会也是等级森严的社会，封建统治者把等级、"门第"作为衡量人的价值尺

---

① 《马克思恩格斯全集》第 46 卷（上），人民出版社 1979 年版，第 110 页。
② 《马克思恩格斯全集》第 46 卷（上），人民出版社 1979 年版，第 485 页。
③ 《左传》昭公七年。

度。在我国封建社会，九五至尊的皇帝是最高等级，以下分为王、公、大臣、州和县官吏等封建官僚及世俗地主，而农民则生活在最底层。"奴隶社会和封建社会一般以门第和权利确定人的价值大小"，① 因此，在"人的依赖关系"形态下，地位和权力就成了人们价值追求的主要取向。

（2）"以物的依赖性为基础的人的独立性"形态——追求金钱

"以物的依赖性为基础的人的独立性"，即资本主义社会时期，是人发展的第二大历史形态。和"人的依赖关系"形态相比，这一阶段出现了人的相对独立性。一方面，在资本主义社会，由于劳动工具的革新，科学技术的运用，社会生产力有了极大的发展，人和自然的关系发生了根本性的变化。人不再依附、屈从于自然，而是成为自然的征服者、统治者，把外部自然改造成为服从、服务于人的生存与发展的"现实世界"，这是"生产过程从简单的劳动过程向科学过程的转化，也就是向驱使自然力为自己服务并使它为人类的需要服务的过程的转化。"② 由于这一转化，人类不再受自然控制，不再依附于一定的集体，首次确立起自己的独立地位。另一方面，在资本主义生产方式下，劳动力也成为商品，需要劳动者有独立支配自身劳动的权力，成为自由的劳动者，因此，人身依附关系被解除，等级制度被打破，人拥有了独立性，这是人类向独立自主和全面发展迈出的一大步。但是，这种独立性是相对的。资本主义大工业生产创造出了人支配自然的强大主体能力的同时，由于它的生产特点使社会分工不断细化，社会中每个人的活动和能力根据其所处的岗位呈片面化、畸形化发展的趋势，每一个人都成为机器化大工业生产体系中的一个"部件"。这些"部件"为维持其生存，只好不断地出卖自己的劳动。每个人劳动的直接目的都是为了换得货币，而每个人需要的产品也都要用货币来换取。"活动和产品的普遍交换已成为每一单个人的生存条件，这种普遍交换，他们的互相联系，表现为对他们本身来说是异己的、无关的东西，表现为一种物。在交换价值上，人的社会关系转化为物的社会关系；人的能力转化为物的能力。"③ 人们之间的关系建立在商品金钱之上，甚至"撕下了罩在家庭关系

---

① 齐振海、袁贵仁主编：《人的价值问题探索》，教育科学出版社 1995 年版，第 120 页。
② 《马克思恩格斯全集》第 46 卷（下），人民出版社 1979 年版，第 212 页。
③ 《马克思恩格斯全集》第 46 卷（上），人民出版社 1979 年版，第 103—104 页。

上的温情脉脉的面纱，把这种关系变成了纯粹的金钱关系"。① 有了钱就有了一切，"金钱确定人的价值：这个人值一万英镑，就是说，他拥有这样一笔钱。谁有钱，谁就'值得尊敬'，就属'上等人'，就'有势力'，而且在他那个圈子里在各方面都是领头的。"② 在资本主义市场经济条件下，个性独立是相对的、表面的，是建立在对物的依赖关系基础上"以物的依赖性为基础的独立性"。物（货币）统治着人，人对物（货币）严重依赖，离开了对物（货币）的依赖，这种"独立性"则无从谈起。总之，"以物的依赖性为基础的独立性"本身，就意味着人的自由发展受到了新的限制，并不是真正意义上的个性独立。正因如此，商品拜物教和拜金主义控制着人的精神世界，物欲横流、享乐至上成为资本主义社会最普遍的现象，金钱成了资本主义社会人的价值标志，成了资本主义社会人们主要的价值追求。

（3）"自由个性"形态——追求人的自由而全面的发展

"自由个性"是人发展的第三大历史形态，相当于马克思恩格斯所设想的共产主义社会。"建立在个人全面发展和他们共同的社会生产能力成为他们的社会财富这一基础上的自由个性"，③ 是该阶段人的发展的集中体现。按照马克思恩格斯的理解，只有到了共产主义社会，才具备了实现人的自由而全面发展的全部条件。从生产力角度看，到了共产主义社会，随着科学技术的日益进步，生产力高度发达，物质财富极大丰富，人们只需用少量时间就能解决生活问题，因而有较多的空闲时间去从事他所愿意从事的事情。从社会分工角度看，在共产主义社会，虽然社会分工依然存在，但由于科技的高度发达，社会各行业从业的共通性将进一步强化，人们可以在各种职业间自由流动，旧式分工将被打破，强迫化、片面化、固定化的活动范围将不复存在。从人的主体意识看，阶级和阶级差别的消灭，私有制和剥削制度的消灭，脑力劳动和体力劳动之间、城乡之间和工农之间三大差别的消灭，使作为个体的人真正做到了自主和独立，真正实现了人与人的平等，个人的主体意识得到全面确立，人们在完全相同的起点上发展

---

① 《马克思恩格斯选集》第1卷，人民出版社1995年版，第275页。

② 《马克思恩格斯全集》第2卷，人民出版社1957年版，第566页。

③ 《马克思恩格斯全集》第46卷（上），人民出版社1979年版，第104页。

自身。因此，马克思、恩格斯指出，共产主义社会是个人的独创和自由的发展不再是一句空话的唯一社会，人以一种全面的方式，作为一个完整的人，占有自己的全面的本质。人们周围统治着人们的生活条件，将受到人们的支配和控制。人们第一次成为自然界的自觉的和真正的主人，因为他们已经成为自己的社会结合的主人了，只是从这时起，人们才完全地自己创造自己的历史。这是人类从必然王国进入自由王国的飞跃。

当人类社会进入共产主义，即人的发展进入"自由个性"形态后，生产资料所有制、人们间的相互关系和产品的分配都发生了实质性的变化，人的劳动不再是谋生的手段，而成为完全自由的劳动，成为人生活的第一需要，"生产劳动就从一种负担变成一种快乐"。① 旧有的商品生产和交换将不复存在，社会生产直接满足全体社会成员的需要，人与人之间关系中物化的经济元素被消除，使物的价值从属于人的价值，人对物的追求变成人对自身全面发展的追求。可以说，人的发展形态进入"自由个性"形态后，人的价值追求的最高目标，在于他自身的自由而全面的发展，人们创造巨大的、丰富的物质价值和精神文化价值，充其量不过是人获得最高价值的基础和前提。

总之，在人发展的第一形态，由于生产力水平极度低下，为求得自身的生存，人们只能依赖并归属于共同体或一定的阶级、集团，并没有人的独立性，人的价值追求的目标只是在集团中的权力和地位，不可能提出人全面发展的要求。在人发展的第二形态，由于生产工具的改进和科学技术的发展，生产力得到较大发展，促进社会生产对人的素质提出多方面的要求，而人的需求也不断扩大，因而就提出了人全面发展的要求，但由于存在物的依赖性，人没有真正的独立性，人的自由全面发展不可能实现。在人发展的第三形态，由于生产力高度发达，人摆脱了第二形态下对物的依赖性，实现了真正意义上的独立，从而使人完全摆脱了对人和物的依赖关系，而把人的价值追求定位在人自身自由而全面的发展，实现了人全面发展必要性和可能性的统一。

共产主义是人自由而全面发展的社会，但是，人自由而全面的发展并

---

① 《马克思恩格斯选集》第 3 卷，人民出版社 1995 年版，第 644 页。

不是在共产主义社会突然实现的，它是一个渐进的历史过程，是一个渐进性与飞跃性、量的积累与质的升华相统一的过程。社会主义社会是共产主义的初级阶段，在这一特殊阶段，社会生产力在第二形态基础上得到进一步发展，社会生产关系也得到根本变革，它为彻底消灭阶级和剥削制度，实现人的全面发展开辟了广阔的前景，人类开始步入全面发展的历程。虽然社会主义社会还不能完全实现人的全面发展，但它为实现人的全面发展创造着各方面的条件，提供了现实的可能。因此，社会主义社会是实现人的全面发展的必经阶段。

当前，我国还处于社会主义的初级阶段，经济文化相对落后。在这样的历史条件下，是否需要提出人的全面发展问题、人的全面发展是否可能实现？可能的话，又如何来实施个人全面发展的战略？这些都是人们普遍关注的重要问题。对此，毛泽东、邓小平、江泽民都有过深刻论述。毛泽东说："应该使受教育者在德育、智育、体育几方面都得到发展，成为有社会主义觉悟的有文化的劳动者。"① 根据我国社会主义两个文明建设的需要，邓小平对培养全面发展的人才，提出了"有理想、有道德、有文化、有纪律"的"四有"要求。江泽民在这基础上，对人的全面发展问题作了更为深刻的论述。在2001年"七一"讲话中，江泽民第一次将促进人的全面发展与建设有中国特色社会主义统一起来，全面阐述了社会主义初级阶段人的全面发展问题。他强调指出，人的全面发展既是共产主义的理想目标，也是"社会主义新社会的本质要求"；既是教育方针，也是发展先进文化和建设社会主义精神文明的方针。而且，针对社会主义初级阶段的实际和人的全面发展的基本要求，江泽民构建了实现人的全面发展的整体框架，提出了实现人的全面发展的具体思路。"我们建设有中国特色社会主义的各项事业，我们进行的一切工作，既要着眼于人民现实的物质文化生活需要，同时又要着眼于促进人民素质的提高，也就是要努力促进人的全面发展。这是马克思主义关于建设社会主义新社会的本质要求。我们要在发展社会主义社会物质文明和精神文明的基础上，不断推进人的全面发展。"② 江泽

---

① 《毛泽东选集》第5卷，人民出版社1977年版，第385页。

② 江泽民：《在庆祝中国共产党成立八十周年大会上的讲话》，人民出版社2001年版，第42—43页。

民的论述，把人的全面发展从共产主义社会扩展到社会主义初级阶段，从青少年学生扩展到广大人民群众，并把人的全面发展作为社会主义社会的重要目标提到全党工作的重要议事日程。同时，江泽民还指出，共产主义社会和人的全面发展的实现，既是人类所向往的伟大历史目标，又是一个漫长而艰巨的历史过程。"共产主义只有在社会主义社会充分发展和高度发达的基础上才能实现。共产主义社会，将是物质财富极大丰富，人民精神境界极大提高，每个人自由而全面发展的社会。必须看到，实现共产主义是一个非常漫长的历史过程。"① "人的全面发展程度也是逐步提高、永无止境的历史过程。"②

我国社会主义制度的建立，为人的全面发展开辟了广阔前景。全面建设小康社会、加快推进现代化，为人的全面发展提供了现实可能性。所以说，在我国社会主义初级阶段，人的全面发展既是一个理想目标，同时又是一个现实目标。

在社会主义初级阶段，坚持不懈地追求人的自由而全面发展的目标，也是社会主义本质的必然要求和社会主义制度优越性的体现。社会主义的本质是解放生产力，发展生产力，消灭剥削，消除两极分化，实现共同富裕。这种本质要求为人的全面发展提供了充分的发展空间和可能性。"解放生产力和发展生产力"为人的全面发展从生产力方面创造了必要的前提。"消灭剥削，消除两极分化，最终达到共同富裕"，为人的全面发展从生产关系方面创造了必要的前提。我党解放思想、实事求是的思想路线为人的全面发展解除了精神枷锁。当然，在现阶段由于政治、经济和文化等各种条件的影响，人的全面发展只能达到它的低级层次，只有当人类社会进入共产主义，人的自由全面发展才能最终实现。

2. 人的价值追求与人的全面发展

人发展的过程也是人类价值创造和价值实现的过程，人价值创造和实现的动力源于人的价值追求。人们价值追求的目的是要提高和实现人的价值，人的全面发展是人价值追求的根本目标，人的价值追求是人全面发展

---

① 江泽民：《在庆祝中国共产党成立八十周年大会上的讲话》，人民出版社2001年版，第41页。
② 江泽民：《在庆祝中国共产党成立八十周年大会上的讲话》，人民出版社2001年版，第44页。

的内在动力，作为高层次价值追求的价值自觉是人全面发展的关键。

（1）人的全面发展是人的价值追求的根本目标

"人的全面发展"是马克思在描述未来社会时提出的一个重要思想。严格地说，马克思和恩格斯并未给人的全面发展下过完整的定义，但他们在阐述人的全面发展的实现条件时，对此进行了大量的论述。关于马克思主义人的全面发展学说的内涵及其本质问题，人们理解不一，提出了许多不同的观点。有的认为"人的全面发展"指人（生产者）的"能力"方面的全面发展，即人的体力和智力方面广泛的、充分自由的发展。有的指智力、体力得到充分发展和人的个性的彻底解放。还有的指人的全面发展，不仅打破体脑分工，还要打破各生产部门、各工种之间的固定分工，人们了解整个生产体系，能够从一个生产部门转入另一个生产部门……等等。我们认为，马克思"人的全面发展"指的是人的本质和特性的全面发展，它主要包括人的劳动能力、社会关系、人的需要、自由个性及人的素质等的全面发展。

人的全面发展的内涵是十分丰富的，人的价值追求的类型也是多种多样的。当人的劳动能力、社会关系、需要和人的自由个性的发展达到至真、至善、至美境界的时候，就是人的全面发展实现之时，这也是人价值追求的最高境界、根本目标。因为，从某种意义上讲，人的价值追求是对真、善、美的追求，最高境界就是至真、至善、至美，也就是力图达到人全面自由发展的理想境界。首先，价值中的"真"，是人全面发展的物质基础。人对"真"的价值追求，是为了认识客体、把握客体本质，实现主体客体化，追求"真"体现着人与人的和谐统一。"真"可以转化为无穷的实用价值和功利价值，造福于人类和推动社会的进步，帮助人类改善自己的实际处境，净化人们的心灵和完善人的德性，从而使人们从必然王国升华到自由王国，并确证人的本质力量，体现人的创造智慧、才能和生命，促进人的全面自由发展。其次，价值中的"善"，是人全面发展的精神支撑。"善"一可以调整行为主体之间的合作关系，保持社会生活安定有序；二可以使行为主体按照一定的社会规范行事，以保证人的活动目的、方式、过程及其结果的正当性和合社会性，从而保证实践创造活动的有序性；三可以强化行为主体的社会责任感，坚定其扬善抑恶的进取意志，提升理想境界，塑造理想人格，从而创造出人与自然、与社会等彼此协调和谐的氛围，使人全面地实现自己的价值和尊严。其三，价值中的"美"，是人全面发展的环境保障。"美"是一个社会文明的标志，是衡量社会进步水平的标尺，表现着一个社会认识和改造世界的力量。对"美"的追求和选择，一有利于全面强化人的本质力量，激发人挖掘自身的潜能，提高自身的创造能力；二可美化社会环境，丰富人们的生活，陶冶道德情操，升华精神境界，促使劳动者的身心全面发展，提高社会与人自身的文明程度，塑造更加完美的人的世界。价值追求实现真、善、美的统一，努力达到至真、至善、至美的境界，就是实现人的发展由必然王国向自由王国的飞跃，实现了人价值追求的根本目标——人的自由全面发展。

（2）人的价值追求是人全面发展的内在动力

恩格斯说："推动人去从事活动的一切，都要通过人的头脑……外部世界对人的影响表现在人的头脑中，反映在人的头脑中，成为感觉、思想、动机、意志，总之，成为'理想的意图'，并且以这种形态变成'理想的力量'"[1] 理想是人对未来的希望或对于达到某种美好境界的向往，它以人生的经验和知识为基础，形成一个充满人的意志、情感和愿望的实践"蓝图"，为人们指出前进的目标，推动和鼓舞人们满怀信心、目标坚定地去进行将其变为现实的实践活动，鼓舞人们为达到这一目标而奋斗。远大的理想对于发挥人的潜能，推动人的发展具有巨大的激励作用。

人的价值追求是一种为实现自身价值最大化的理想追求，是主体本质力量的重要表现，是人全面发展的内在动力，对自身价值理想的实现具有极大的激励作用。人的价值从根本上来源于人的创造，衡量每个人价值的大小主要是根据其创造的物质财富和精神财富的多少来确定。人的价值创造是在人不断地追求人的价值过程中实现的。在一定程度上讲，人的价值追求的一根标尺，就是真、善、美。因为价值的本质在于促进事物发展，它决定了价值追求不能主观任意地实施，而要立足"真"，按照"真"的方向合乎规律地探索、求证，又要根据"善"的要求来自我调节和约束，同时还要按照"美"的规律来创造。也就是说，价值追求能够而且必须按

---

① 《马克思恩格斯选集》第4卷，人民出版社1995年版，第232页。

照真、善、美的尺度进行，进而达到三者的统一。实现价值追求的理想境界是一个渐进的过程，人类每向它靠近一步，它就会在相应的程度上推动着人类的进步，包括人的劳动能力提高、社会关系的丰富、人的需要的提升和自由个性的完善。不断地超越自身，经过否定——肯定——再否定——再肯定……螺旋式上升的发展过程，逐步达到人发展的最高境界——人的全面发展。

（3）价值自觉是人全面发展的关键

人的发展是一个随着社会历史发展而逐步由片面到全面、由不自由到自由、由自发到自觉的错综复杂的历史过程。决定人的发展的因素，概括地说，可分为两类，一类是客观因素，一类是主观因素。

从客观因素来看，首先，人的发展决定于生产力发展水平。只有到了生产力高度发达，劳动不再是谋生的手段而是生活的第一需要时，人们有了充分的自由时间，人才可能克服物的依赖性，实现自由而全面的发展。其次，人的发展决定于生产关系和其他社会关系的发展。只有到了共产主义阶段，各尽所能，按需分配，才能实现人的自由而全面的发展。同时，上层建筑的发展水平，也制约着人的发展。在专制社会，缺乏民主、法制，人的自由权利得不到保证，也很难得到全面发展。此外，扩大交往，特别是扩大世界交往，克服个人自身、职业、地域、民族和社会关系的局限，也是促进人的全面发展的重要条件。其三，科学教育发展水平也制约着人的发展。科学教育不发展，愚昧无知，就谈不上全面发展。其四，人的身体素质，包括大脑结构、神经系统、先天遗传因素等，也是人的发展的自然物质条件。

在既定的客观条件下，人的发展情况如何，取决于主观因素。影响人的全面发展的主观因素很多，如心理素质、能力素质、智力和知识素质、道德素质、文化素质等。人的主观素质具有可塑性，在客观条件相同的情况下，人的素质的发展，决定于人的主观努力。

"历史不过是追求着自己目的的人的活动而已"。① 人的一切活动，都是由目的支配的，目的决定人活动的方向、手段、方式、方法。人的价值

---

① 《马克思恩格斯全集》第 2 卷，人民出版社 1957 年版，第 118—119 页。

追求就是对一定价值目标的追求，如果一个人没有自我发展的价值追求，只满足于眼前的生活，不思进取，那就不会有人的发展，而只会得过且过，庸庸碌碌，无所作为。所以人的发展，从主观上说，首先要有自我发展的价值追求，要为自我发展作出艰苦努力。没有这方面的价值追求，不作出主观努力，人的发展就是一句空话。在相同时代、相同的客观条件下，人们的价值追求不同，主观努力不同，人的发展情况也不同。

价值自发是价值追求的低级阶段，价值自觉是价值追求的高级阶段。当人们的价值追求处于价值自发状态时，人们就会偏重追求眼前的、直接的、近期的感官快乐或物质功利，追求金钱、享受，损害长远的利益、整体利益、他人利益，甚至为了金钱、享乐而搞假冒伪劣、坑蒙拐骗，贪污盗窃，行贿走私。这样的价值追求，只能使自己陷入泥潭中而不能自拔。具有这样价值追求的人，就不可能全面发展。要促进人的全面发展，必须要有正确的价值追求，实现价值自觉。只有达到价值自觉，人们才能在认识事物本质和规律的基础上，正确处理好眼前价值与长远价值、局部价值与整体价值、个人价值与社会价值、自身价值与他人价值、社会发展与自然保护、知识与能力、知识与道德、物质生活与人的发展等社会发展与人的发展中的各种关系，避免因片面追求金钱、物质功利、享乐而影响人的全面发展。当今世界，坚持经济、社会的可持续发展，努力实现人与自然和谐发展，已成为各国人民的共识，这就是价值自觉。邓小平提出"三个有利于"，坚持经济效益与社会效益的统一；江泽民提出"三个代表"的重要思想，坚持先进生产力标准、先进文化标准和最广大人民利益标准的统一；党的十六大提出要使物质文明、政治文明、精神文明协调发展，经济发展要坚持速度与结构、质量、效益相统一，经济发展和人口、资源、环境相协调，坚持依法治国与以德治国相结合，正确处理改革、发展、稳定的关系，积极推进西部大开发，促进区域经济协调发展，坚持以人为本、全面协调、可持续发展的科学发展观和构建社会主义和谐社会等都是价值自觉的表现。有了这样的价值追求，就有利于促进人的全面发展。

人的全面发展离不开人的实践，只有在实践中锻炼才能促进人的发展。但实践也有一个方向或导向的问题，有一个用什么思想指导的问题。如果以自发的价值追求作为指导，片面追求金钱、享乐或凭个人兴趣、爱好、情感出发，只顾眼前不顾长远，只顾自己不顾他人，只顾感官快乐，而忽视人的道德品质，忽视全面发展，那么，人们的实践就必然陷入泥沼中，并越陷越深，最终导致人的畸形发展。只有努力实现价值自觉，以全面、辩证、科学的价值追求为指导，才能促进人的全面发展。由此可见，在一定的客观条件下，能否推进人的全面发展，最重要的在于要有正确的价值追求。价值自觉是推进人的全面发展的关键。

（二）价值追求与社会的发展

社会理想模式的设计实质上是一种有关社会建设的价值建构和价值追求，属于价值论范畴，离不开价值判断、价值评价和价值选择。由于不同主体对"价值"的理解不同，因而追求旨趣各异，存在着不同的价值取向或维度。社会的变迁都是以价值观念的转变为先声，又以其转变为完成标志的。社会发展模式的设定实际上都隐含着关于人性的假设。对人性的根本理解构成了民族文化发展中建立具有普遍合理性价值体系的依据，同时也是社会理想模式设计的前提。不同的人性预设导致不同的政治文化与制度安排，对社会发展产生直接而深远的影响。

1. 中西方思想家关于人性问题的探讨

中西方思想家关于人性问题的探讨可谓源远流长。总体上看，我国儒家文化主张性善，西方文化则主张性恶。对这两种人性观进行比较研究，可发现中西方文化精神与社会理想目标诉求的内在理路。

儒家的性善论在我国传统文化中占居主导地位。性善论萌芽于被誉为"群经之首，大道之源"的《周易》，发展于孔子的仁学，并在孟子那里获得完整的理论形态。孟子是儒家性善论思想的集大成者，他的思想对世世代代的中国人影响极大。

善是人的本性，这是儒家性善论的逻辑起点和第一原则。孔子认为"仁者人也"，[①] 就是说有仁爱之心的人才是人，仁是人性的特殊规定性。孟子认为人生来就有一些基本的、共同的秉赋天性，人天生就有四种善端，"恻隐之心，仁之端也；羞恶之心，义之端也；辞让之心，礼之端也；是非

———————
① 《中庸》。

之心，智之端也。"① 这里的"端"即"善端"、善的萌芽。这四种善端是人性本善的根据，也是人的基本道德品质的源泉。把它引伸出来就是仁义礼智等伦理道德规范，把它发挥出来就是善行善德，它是人性的重要表征。"人性之善也，犹水之就下也。人无有不善，水无有不下。"② 在孟子看来，性善是人的天性，犹如水之下一样是一种客观规律。荀子虽然主张性恶，但也认为"义"是人与动物相区别的标志，坚信人"皆可以成尧舜"，"涂之人可以成禹。"③ "人能群，彼不能群也。人何以能群？曰：分。分何以能行？曰：义。"④ 即人之所以能合群，在于人有分工合作，人之所以能够在分工合作中和谐相处，在于人有"义"。"义"即道德，就是说人的本质在于人的道德性。正因为人性先天具有道德的潜质，因此，人性必然是善的，而且必然是向善、趋善的。董仲舒、韩愈、二程、朱熹、王守仁，尽管他们在具体阐述上各有差别，但就其思想实质而言，都是对性善论的认同。甚至佛教理论中的"众生皆具佛性"也是儒家"人人皆可成尧舜"思想的直接继承，"本觉论"强调人身上具有"自觉"之能，实际上也就是对孟子"良知"说的发挥。在大众文化层面，《三字经》的首句就是"人之初，性本善"，也是对人性善理论的认同或者说是以该理论作为其价值信念基础的。⑤

西方文化以性恶论为基础。性恶论作为一种系统理论在西方文化中出现，起源于古罗马时期的基督教。基督教人性观认为，"每个人都是上帝所造，都有灵魂，故都有其不可侵犯的尊严。另一方面，人又有与始俱来的一种堕落趋势和罪恶潜能。"⑥ 因为人的原罪使人有着根深蒂固的堕落性，只有依靠上帝的恩典才能得到拯救。人和神之间有不可越逾的鸿沟，人永远无法变得完美无缺，人性是有限的和欠缺的。奥古斯丁指出，由于人类的始祖亚当和夏娃在伊甸园里犯了罪，就造成人的本性的堕落。"我们一定不要幻想在我们自身没有恶习，因为如使徒所说的：'肉体之所欲，反抗心

---

① 《孟子·公孙丑上》。
② 《孟子·告子上》。
③ 《荀子·性恶》。
④ 《荀子·王制》。
⑤ 肖群忠：《论中国传统人性论思想的特点与影响》，载《齐鲁学刊》2007年第3期。
⑥ 张灏：《张灏自选集》，上海教育出版社2002年版，第3页。

灵'……我们在现世里无论如何不能够达到至善的。"① 加尔文说，"我们的本性不仅没有任何的善，而且却富有着一切的恶，这使它不能不做坏事。"②

性恶论最典型的代表是意大利政治思想家马基雅维利。他认为，人的本性是邪恶的，世上的人全是自私自利、唯利是图、见利忘义的。"人们是恶劣的，而且对你并不是守信不渝的，因此你也同样地无需对他们守信。"③ "人们忘记父亲之死比忘记遗产上的损失还来得快些。"④ 在《君主论》中，他从性恶论出发，教导君王为了保存自我，必须学会作恶，而且要善于作恶。他觉得对君王来说，被人爱戴远不如被人畏惧好，只有这样，才能保持住自己的权力。他公然宣称，君王根本不需要遵守什么信义，"我们时代的经验表明，那些不重视信义的君主们完成了伟大的事业，善能运用狡猾的方法使人们思想混乱，并且最后把那些以信义为本的人们征服了。"⑤ 英国思想家霍布斯认为，利己主义是人类的天性，在国家出现之前的自然状态中，人与人之间的关系是敌对的，"当人类居住在没有共同的权力来把他们都压服的时候，他们是在所谓战争的状态中，而这种战争乃是人人互相为敌的战争。"⑥ 在自然状态中，由于人类极端利己主义的恶性发作，造成了人人自危、谁都无法自保的局面。所以，人们就通过法律的中介作用，订立契约而进入社会状态。休谟认为，人性大都是自私的，自私是我们的组织和结构中固有的，是和人性不可分的。在人性的诸多自然性情中，自私是最大的。"在自然性情方面，我们应当认为自私是其中最重大的。"⑦ "人类因为天性是自私的。或者说只赋有一种有限的慷慨，所以人们不容易被诱导了去为陌生人的利益作出任何行为。"⑧ 人性的根本特征是

① 周辅成：《西方伦理学名著选辑》上卷，商务印书馆 1964 年版，第 356—357 页。
② 周辅成：《西方伦理学名著选辑》上卷，商务印书馆 1964 年版，第 488—489 页。
③ ［意］尼科洛·马基雅维利：《君主论》，潘汉典译，商务印书馆 1996 年版，第 43 页。
④ 《从文艺复兴到十九世纪资产阶级哲学家政治家有关人道主义人性论言论选辑》，商务印书馆 1966 年版，第 77 页。
⑤ 《从文艺复兴到十九世纪资产阶级哲学家政治家有关人道主义人性论言论选辑》，商务印书馆 1966 年版，第 79 页。
⑥ 周辅成：《西方伦理学名著选辑》上卷，商务印书馆 1964 年版，第 661 页。
⑦ ［英］休谟：《人性论》下册，关文运译，商务印书馆 1980 年版，第 527 页。
⑧ ［英］休谟：《人性论》下册，关文运译，商务印书馆 1980 年版，第 559 页。

自爱，对他人的爱，只不过是自爱的扩充延伸。

卢梭也认同性恶论。他说，"人性的首要法则，是要维护自身的生存，人性的首要关怀，是对于其自身所应有的关怀……。每个人都生而自由、平等，他只是为了自己的利益，才会转让自己的自由"。① 黑格尔以人性恶为基础，进一步提出了唯有"恶是历史发展的动力。"他指出，"人性本恶这一基督教的教义，比其他教义说人性本善要高明些，因此，应该依据这一教义的哲学上解释来把握它。人作为精神是一种自由的本质，他具有不受自然冲动所规定的地位。所以处于直接的无教养的状态中的人，是处于其所不应处的状态中，而且必须从这种状态解放出来。原罪说就具有这种意义，否则基督教就不成其为自由的宗教了。"② "在黑格尔那里，恶是历史发展的动力借以表现出来的形式。"③ 结果，"恶是历史发展的动力"——这一命题成了西方强势民族对其他弱小民族进行血腥的侵略征服和残酷掠夺的借口，成为帝国主义、殖民主义行径的辩护词。费尔巴哈公开宣布利己主义是永恒的，并大力宣扬"我欲故我在"。④ 他首先把人作为感性的存在和神对立起来，认为宗教是作为肉体、感性存在的人想象出来的，所谓的宗教道德就是人类道德的异化，是对人类本性的压抑。而人的本性也就在于他的感性、自然的存在。从这个人性论前提出发，费尔巴哈认为，利己是"不可克服的"，追求幸福是人的自然的合理的欲望。

2. 中西方价值取向之比较

"人性问题是各种文化与社会历史哲学的元问题。一个民族对人性的基本认识和理论假设是形成一定民族文化特质的理论基础，对民族文化和社会治理会产生很大的影响。"⑤ 中西方思想家对人性问题的不同看法，形成了中国以集体主义为核心、西方以个人主义为核心的两种异域文化，同时也衍生了两种不同的价值观念系统，在价值取向上显现出各自不同的特点。

① ［法］卢梭：《社会契约论》，何兆武译，商务印书馆1980年版，第9—10页。
② ［德］黑格尔：《法哲学原理》，范扬、张企泰译，商务印书馆1961年版，第28—29页。
③ 《马克思恩格斯选集》第4卷，人民出版社1995年版，第237页。
④ 《费尔巴哈哲学著作选集》（上卷），商务印书馆1984年版，第391页。
⑤ 肖群忠：《论中国传统人性论思想的特点与影响》，载《齐鲁学刊》2007年第3期。

（1）整体主义与个人主义

性善论把人本身看做是社会关系、社会角色的总和，认为一人只是身，"仁"才是人心，"仁者，人也。"① "仁，人心也；义，人路也。"② 就是说只有在人与人的关系中才能确定人是什么。仁是人之本心，义是人之正路，人心只存在于人与人之间的社会关系中，这必然导致一种社会本位主义的文化。这一文化背景奠定了中华民族整体主义的价值导向，使中华民族在整体思维、整体趋同方面表现突出，一切从整体着眼、从宏观入手，重视国家、民族、群体的利益，强调个人无条件地服从国家、民族、家庭，提倡忠孝，高扬群体而贬低个体，倡导为民族、为国家献身而压抑个性。

在个人与社会的关系上，我国传统文化倡导"自我抑制"、"自我舍弃"和"自我牺牲"的克己无我精神，强调整体主义。"无我……是中国最古老的价值之一。它以各种形式存在于道家和佛学尤其是儒学之中。无我的人总是愿意把他们自身的利益或他所属的某个小群体（如一个村庄）的利益服从于更大的社会群体的利益。"③ 因此，"儒家的自我在诸种社会角色所构成的等级结构背景中不可避免地会淹没于集体之中了。"④ 强调整体价值高于个人价值，个人要自觉地服从这种价值观。"以天下为己任"，"天下兴亡，匹夫有责"，"先天下之忧而忧，后天下之乐而乐"，"苟利国家生死以，岂因祸福趋避之"，为了民族和历史的进步事业，可以"杀身成仁"、"舍生取义"，为了家庭，要传宗接代，要成就事业，要光宗耀祖。一人得道，鸡犬升天，一人犯法，九族连坐。在政治和社会秩序上，表现为强烈的国家意识。无论是"仁"、"义"、"礼"、"智"、"信"，还是修身、齐家、治国、平天下，总体上都是以"家"、"国"为轴心，以这个轴心为起点形成大一统的社会局面，即社会制度一统、社会秩序一统、社会文化一统、社会伦理一统，达到"车同轨、书同文、行同伦"⑤ 的境界。

---

① 《中庸》。

② 《孟子·告子》。

③ Munro, D. J, Concept of Man in Contemporary China, Ann Arbor, Mich.：University of Michigan Press, 1979, p. 40.

④ Tu, Weiming, ConfucianThought：Selfhood as Creation of Transformation, Albany, NY：State University of NewYork Press. 1985, pp. 10 – 11.

⑤ 《中庸》。

总之，家族主义、整体主义是中国儒家文化价值取向的基本特点。这种特点的形成固然有其复杂的社会基础和历史文化背景，但中国文化中对人性善的基本认识和基本假设与这种价值取向的形成是直接相关的。

个人主义是西方文化最基本的精神特质。个人主义是"一种强调个人自由、个人利益，强调自我支配的政治、伦理学说和社会哲学。实质上是一种从个人至上出发，以个人为中心来看待世界，看待社会和人际关系的世界观。"① 从性恶论出发，西方文化极度推崇个人主义，一切以个人为中心，其他都不过是满足个人追求的手段。

在西方，个人的价值、尊严是至高无上的。"我们相信个人的尊严，乃至个人的神圣。我们为自己而思考，为自己而判断，为自己而作决定，按自己认为适当的方式而生活。"② 在个人与他人的关系上，西方把自我、个体当成是价值观念的核心，作为衡量价值的尺度和标准。一切价值行为以及对价值的判断、选择、评价都要通过个人来实现，都以是否符合特定的个人的目的、需要和利益为标准。正如培根所言，自爱是第一位的，利他是第二位的，社会公益只是一种抽象的利益，个人的利益才是具体的、根本的。个人与家庭之间也只存在暂时性的纽带关系，个人不依附家庭，也不依附他人，而是倾向于自我依赖。在个人与社会的关系上，强调个人是整个国家或政府的本原和终极意义，强调个人尊严、权利、自由、财产等不可侵犯。强调个人利益高于社会利益，认为个人利益具有绝对的优先性。认为个人本身就是目的，具有最高价值，社会不过是个人的集合，只是达到个人目的的手段。正如卢梭所言，"人是最高贵的存在物，根本不能作为别人的工具。"③ 康德说，"人是目的，不是手段"。④ 他们所倡导的社会"是一种具有自发内聚力的社会，那里有着平等的个人权利、有限政府、自由放任、自然正义和公平机会及个人自由、道德发展和尊严。"⑤ 翻开欧洲

---

① 冯契：《哲学大辞典》，上海辞书出版社 1992 年版，第 78—79 页。

② 转引自江畅、戴茂堂著：《西方价值观念与当代中国》，湖北人民出版社 1997 年版，第 303 页。

③ [法] 让－雅克·卢梭：《朱丽叶，或新爱洛伊丝》（1761 年），书信 2，D·莫尼特编，巴黎，1925 年，第四卷，第 22 页。

④ [德] 康德：《道德的形而上学基础》，载《西方伦理学名著选辑》下卷，商务印书馆 1987 年版，第 370 页。

⑤ [英] 卢克斯：《个人主义》，江苏人民出版社 2001 年版，第 24 页。

文明史，无论是洛克、斯密、卢梭、康德，还是密尔、萨特和孟德斯鸠等无不在探求个人的自由、尊严、平等和解放。

但个人主义仅仅从价值论的角度理解绝对化、普遍化、抽象化了的个人，而不是从存在论的角度把握个人以及个人与社会的关系。它仅仅抽象地强调个人的价值与权益，强调个人的独立与自由，而不是把这些方面放到具体的历史、社会和文化情境中，放到各种关系中理解，其结果只能扭曲个人与社会的关系。

（2）重义轻利与重利轻义

重义轻利与重利轻义是中西方价值取向的一个分界岭。一切从道义出发，把义与利、公与私对立起来，重义轻利，是中国的传统价值取向。一切从利益出发，重利轻义，是西方的价值取向。

我国的道义论始于孔子。儒家价值观念的核心是重义轻利，实质是以伦理道德为价值取向。"纳国家于伦理，合法律于道德，而以教化代政治。自周孔二三千年，我国文化趋重于此"，"久据中国而不可去者，是伦理理念。"① 这种价值观以伦理道德为最高标准，以理想化的道德人格为根本价值追求，把"义"视做人之为人的根本，是做人的第一要义。在孔子眼里，义具有至上的价值，是判断行为善恶的根本标准，是否合乎义也是划分君子与小人的根本依据。"君子喻于义，小人喻于利"，"君子怀德，小人怀惠"，② "君子谋道不谋食"，"君子忧道不忧贫"，③ 即君子要"安贫乐道"。在一定条件下，甚至当生与仁不能两全时，主张牺牲生命以实现仁的价值，"志士仁人，无求生以害仁，有杀身以成仁。"④ 孟子主张一切行为必须以义为准绳，"大人者，……唯义所在"。⑤ 为此，宁可"舍生"也要"取义"。"生，亦我所欲也；义，亦我所欲也，二者不可得兼，舍生而取义者也。"⑥ 到汉代，汉武帝在思想领域独尊儒术，使重义轻利的价值观念取得

---

① 梁漱溟：《中国文化要义》，学林出版社 1987 年版，第 139，259 页。
② 《论语·里仁》。
③ 《论语·卫灵公》。
④ 《论语·卫灵公》。
⑤ 《孟子·离娄》。
⑥ 《孟子·告子》。

了至高的地位。董仲舒的"正其谊不谋其利，明其道不计其功"①，程颢"大凡出义则入利，出利则入义"，② 朱熹"存天理，灭人欲"，③ 他们强调的都是义、理，把义提到了至高无上的地位。总之，如何做人，如何修身，如何通过自我完善使自身的道德、人格趋于完美，是儒家思想的基本命题。儒家价值观重气节，重内省修养，重义轻利，"内圣外王"、"志士仁人"是儒家追求的最高理想人格。"天行健，君子以自强不息"，"地势坤，君子以厚德载物"，④ 直道而行，不趋邪曲，居仁由义，尚礼贵信，急公义，贱私利，成为中华民族数千年来一贯的精神传统。孟子的"富贵不能淫，贫贱不能移，威武不能屈"⑤，陆九渊所说"轻重荣辱惟义与否"⑥ 等等，影响了一代又一代的中华儿女。

在西方，重利轻义思想始终占居统治地位。无论是快乐主义、功利主义，还是后来的利己主义、利他主义，都从利益出发来讨论价值取向，认为利益就是价值的基础，道德是谋求某种利益的手段，谋求利益是一切行为的终极目的。视金钱为最高价值，认为在人世间的所有价值物中钱的价值最重要，对人最有意义，它高于一切、超越一切。其他事物、其他价值，无论是良心、正义、荣誉、声望还是家庭、民族、朋友、爱情，与金钱相比都是次要的，当它们与金钱发生冲突时，理所当然地选择金钱。马克思指出，资本主义"使人和人之间除了赤裸裸的利害关系，除了冷酷无情的现金交易，就再也没有别的联系了。"⑦ 把金钱看成是万能的，它可以购买、替代其他一切价值。有了钱任何愿望都能实现，甚至单单有钱本身，就可使人获得巨大的满足，弥补缺少道德、知识、家庭等等的一切缺憾。正如莎士比亚在《雅典的泰门》中所写的，"金子！黄黄的，发光的，宝贵的金子！这东西只这一点点儿，就可以使黑的变成白的，丑的变成美的，错的变成对的，卑贱变成富贵，老人变成少年，儒夫变成勇士……使受诅

---

① 《汉书·董仲舒传》。
② 《河南程氏遗书》卷十一。
③ 《朱子语类》（卷四）。
④ 《周易》。
⑤ 《孟子·滕文公下》。
⑥ 《陆九渊集》卷十三。
⑦ 《马克思恩格斯选集》第 1 卷，人民出版社 1995 年版，第 275 页。

咒的人得福，……使窃贼得到高爵显位，使苍老寡妇重做新娘……"。① 在西方人眼里，人生的价值就是为自己赚钱，赚到钱的人生是有意义的充实的，没赚到钱的人生是苍白的凄惨的。"资产阶级以金钱确定人的价值，这个人值一万英镑，就是说，他拥有这样一笔钱。谁有钱，谁就'值得尊重'，就属'上等人'，就'有能力'，而且在他的圈子里，在各个方面都是领头的。""在资产阶级看来，世界上没有一样东西不是为了金钱而存在的……，除了快快发财，他们不知道还有别的幸福，除了金钱的损失，他也不知道还有别的痛苦。"② 总之，"一切生活关系都以能否赚钱来衡量，凡是不赚钱的都是蠢事，都不切实际，都是幻想。"③

（3）天人合一与天人相分

中华传统文化倡导"天人合一"、人与自然和谐相处，强调自然环境不仅是人类生存的外在条件而且还有内在价值，提倡赋万物以情、泛爱万物。西方文化则强调"天人相分"，认为人是主体，自然是客体，自然不过是人的陪衬，人有能力而且必须征服自然以获取生存的条件。

"天人合一"强调人是自然界的一部分，人要与自然打成一片，融为一体。"天人合一"的提法，最早出现在《易·系辞下》："《易》之为书也，广大悉备，有天道焉，有人道焉，有地道焉，兼三才而两之……"。意思是说，《易经》这部书，广大而无所不包，其中包括天道、人道、地道，并且以三级爻位来代表天、地、人三才，所以一卦具有六爻……这说明，卦形的三划，上划为天，中划为人，下划为地，是天地和人"三才"之象。"天本诸阳，地本诸阴，人本中和。"④ 是说"人"在中间，仰则观"天"，俯则察"地"。"以天地准"⑤，是说人生活在世上应以自然阴阳变化为准则。这便从一开始就确立了天地（自然）与人（社会）之间虽是"各一"的个体，更是"合一"的整体。儒家文化中包含不少对自然的客观认识，但主要方面不是提倡认识自然的本质和客观规律，而是体验人与自然界万

---

① ［英］莎士比亚：《莎士比亚全集》第8卷，朱生豪译，人民文学出版社1978年版，第176页。

② 《马克思恩格斯全集》第2卷，人民出版社1957年版，第564页。

③ 《马克思恩格斯全集》第2卷，人民出版社1957年版，第565页。

④ 《替书论·本训》。

⑤ 《易·系辞上》。

物的息息相通，和谐交融。

"天人合一"的思想就是把天与人作为一个统一的有机整体来思考，强调人与自然的统一，人的行为与自然的协调。一是人为天所生，人要按照自然规律安排生活。《周易·序卦》中说："有天地，然后有万物；有万物，然后有男女；有男女，然后有夫妇。"这从天地万物生长的时序上肯定了人类是自然界的产物，是自然界的一部分，要求人道顺应天道，把小我融入大我之中，以达到"天地与我并生，万物与我为一"① 的境界。《周易》认为，人应"与天地和其德，与日月和其明，与四时和其序。"② 儒家的道德原则也是"顺应于天"，所谓"顺乎天而应乎人。"③ 孟子更是明确提出"顺天者存，逆天者亡。"④ 而且人应该拥有宽广的胸怀，泛爱万物。"恩，足以及禽兽"，"亲亲而仁民，仁民而爱物。"⑤ 使万物在我们共同的世界里和悦共生、协调相处。自然万物不应该只当做可供开发、利用的资源对象，而应该看做人类可与之对话的、有情感、有意志的亲密伙伴。二是利用自然要遵循自然的可持续发展规律。孔子说："钓而不纲，弋不射宿。"⑥ 孟子认为，"不违农时，谷不可胜食也；数罟不入洿池，鱼鳖不可胜食也；斧斤以时入山林，林木不可胜用也。"⑦ 三是强调自然具有至高无上的价值，人对自然要有道德情怀。"人法地，地法天，天法道，道法自然。"⑧ 这是老子的价值等级。他主张"道法自然"，天地人三者一以贯通，人生追求的目的不是认识和征服自然，而是泛爱万物。张载认为，"乾称父，坤称母，予兹藐焉，乃混然中处，故在地之塞，吾其体；天地之帅，吾其性。民吾同胞，物吾与也。"⑨ 因此，中国人富有人情味，赋万物以情，寻求人与自然的沟通。

---

① 《庄子·齐物论》。
② 金景芳，吕绍纲：《周易全解》，吉林大学出版社 1989 年版，第 31 页。
③ 《易·革·象辞》。
④ 《孟子·离娄上》。
⑤ 《孟子·梁惠王上》。
⑥ 程树德：《论语集释》，中华书局 1990 年版，第 489 页。
⑦ 焦循：《孟子正义》，中华书局 1990 年版，第 54—55 页。
⑧ 高明：《帛书老子校注》，中华书局 1990 年版，第 353 页。
⑨ 《正蒙·乾称》。

西方主要用主客二分式来处理人与自然的关系，强调对自然的征服与改造，以求得人类自身的生存与发展。他们把人看成是主体，把自然界看成是客体，以人为主体来认识自然界的本来面目和客观规律，从而改造、征服自然，使自然为人服务，进而发展出科学理性精神。在西方哲学史上，柏拉图的"理念说"把理念世界和感性世界对立起来，打破了以"物活论"为代表的人与自然不分的原始的"天人合一"观，在本体论上初步具有了主体与客体的思想成分。文艺复兴时期，人"发现了自然和自己"，①为"天人相分"的提出奠定了基础。笛尔卡在"我思故我在"命题中认为，思维是人的本质，"我"是能思的"主体"，由此推出了与主体相对的另一个实体即客体，并明确形成了西方哲学史上的"主客二分"模式，确立了人的主体性地位。"主客二分"模式，加剧了人与自然的对立。对理性的崇尚使人们相信，拥有理性知识的人类能够发现和制定一切普遍有效的方法来认识和操纵自然。黑格尔曾说："希腊人处处都要求对于'自然的'东西有一种明白的表示和解释。"②培根提出了知识就是力量的著名口号，认为人们追求知识的目的就是为了在行动中支配自然。康德认为，认识自然的必然性同人的自由是对立的，所以，人"要这样行动，无论是对你自己或别的人，在任何情况下把人当作目的，决不能只当作工具"。③总之，在人与自然的价值关系上，西方人认为只有人才是一切价值的主体，是一切价值的创造者和承担者，而不承认自然物的内在价值，只承认其对于满足人类需要的工具价值，认为离开人类，自然界就没有价值可言，因此，人与自然之间只有使用与被使用的关系，不存在道德关系。在生态实践上，主张人有对自然物的占有权，因此，人类可以随心所欲地对自然界的万物进行占有、支配、控制和使用，自然物对人类而言不存在权利，它们只能作为人类的资源被使用、被掠夺、被杀戮，其自身是没有生存权的。至于行为上的义务，道德上的义务，都是相对于社会和人类自身而言的，与自然界毫不相干。

---

① ［德］黑格尔：《哲学史讲演录》第 4 卷，商务印书馆 1981 年版，第 3 页。
② ［德］黑格尔：《历史哲学》，上海书店出版社 1999 年版，第 243 页。
③ ［德］康德：《道德形而上学基础》，转引自周辅成：《西方伦理学名著选辑》（下卷），商务印书馆 1987 年版，第 371 页。

（4）中庸和谐与自由竞争

"中庸"之道是儒家人生哲学的核心，"执其两端而用中"①，强调不偏不倚、折中调和的处世态度。西方人崇尚独立自主、倡导个人奋斗，"物竞天择，适者生存"被看做是天道公理，自由竞争是西方社会中的不二法则。

历代儒家都把中庸和谐看做是道统正传。"中庸"一词，最早见于《论语》。孔子说："中庸之为德也，甚至矣乎！民鲜久矣。"② 他强调中和、和谐，用"叩其两端"来把握事物，过犹不及、固执一端会失之偏激或片面，这成为儒学的主要思想方法，同时中庸也成为儒学的道德原则。《礼记》中说，"教而不中礼，谓之逆，……礼乎礼，夫礼所以制中也。"程颐把"中庸"解释为"不偏之谓中，不易之谓庸。中者，天下之正道，庸者，天下之定理。"③ 朱熹认为，"中者，不偏不倚，无过不及之名。庸，平常也。"④ 冯友兰先生则用"极高明而道中庸"一句话概括了"中庸"之道的实质。可见，"不偏不倚"、"以和为贵"正是"中庸"之道的本质所在。"中庸之道"重视人际和谐，要求人们谦让宽容，和谐相处。《中庸》指出，"喜怒哀乐之未发，谓之中，发而皆中节，谓之和。中也者，天下之大本也；和也者，天下之达道也。致中和，天地位焉，万物育焉。"认为人的心性修养能达到"中和"境界，就能与天地万物相和谐，使天地万物获得秩序、顺利长育。孔子的"礼之用，和为贵"⑤，孟子提出"天时不如地利，地利不如人和"⑥ 的思想，也都体现出对和睦、和平、和谐，以及社会的秩序与平衡的价值追求。当然，"中庸"之道并非不讲原则地一味做老好人，而是一种高明的处世哲学，是营造和谐的人际关系，避免和克服片面性与极端性的基本原则。"中庸之道"的核心是"执其两端而用中"⑦，主张做人办事，应无过无不及，只有适中才是最好的。处理矛盾和冲突，要适度，要有分寸，引导事物向最好的方向发展。

---

① 《中庸》。

② 《论语·雍也》。

③ 《河南程氏遗书》第七。

④ 《四书集注·中庸章句》。

⑤ 《论语·学而》。

⑥ 《孟子·公孙丑下》。

⑦ 《中庸》。

　　儒家学说的"中庸之道"是通向和谐目标的途径。"以和为贵"是儒家倡导的重要价值理念。"和"指两种或两种以上事物间的和谐关系，也指事物多样性的统一，是形成事物的法则。儒家所讲的"和"，有包容、和谐、适中、恰到好处等意思，讲究的是"和而不同"、"和而不流"。西周末年的太史史伯说："夫和实生物，同则不继。以他平他谓之和，故能丰长而物归之。若以同裨同，尽乃弃矣"。① 认为两种以上不同事物形成多样性统一的和谐关系，确实能产生出新事物来，而相同事物加在一起并不能产生新事物。因而史伯反对"去和而取同"②。孔子则提出"君子和而不同，小人同而不和"③ 的著名命题，肯定差异性事物间的和谐关系。荀子则进而把"和"的观念引申到万物生成的高度，"和则一，一则多力，多力则强，强则胜物。"④ "万物各得其和以生，各得其养以成。"⑤ "和而不同"的思想肯定事物是多样性的统一，主张以博大的胸襟去容纳万物。

　　自由竞争是西方文化的核心。西方文化具有鲜明的个人自由的价值取向，认为人是有理性的动物，自由乃人的天赋权利，人人应当享有"自由"的权利。自由是他们的命根子，也是他们生活所追求的主要目标之一。他们强调自由能发挥个人潜力，促进社会发展。在个人自由价值取向的支配下，每一个人似乎都相信，他们是神圣的、与众不同的，是具有无限潜能的自足自治的个体，只要通过自己不断的努力，没有什么事情是不可能的。

　　西方崇尚自由竞争，崇尚弱肉强食的丛林法则，"物竞天择，适者生存"被看做是天道公理。西方社会到处充满竞争，任何人要在社会上生存必须学会竞争，赢得竞争。个人不依附于家庭，也不依附于他人，而是倾向于自我依赖。"他要自己思考，自己做决定，并且用自己的双手以自己的能力开辟自己的前途。"⑥ 对个人来说，"世界上不存在他可以依赖而又无损其自尊的人或神，成功是他自己的幸福，失败则成为他自己的重负。他能招请整个世界的人来庆祝他自己的幸福，但却不能让其家庭和亲友分担

---

　　① 《国语·郑语》。
　　② 《国语·郑语》。
　　③ 《论语·子路》。
　　④ 《荀子·王制》。
　　⑤ 《荀子·天论》。
　　⑥ 许烺光：《宗族、种族、俱乐部》，华夏出版社1990年版，第3页。

他的不幸。"① 西方人注重通过竞争赢得成功，赢得事业的胜利，主张通过勤劳获取物质财富，从而实现个人价值，因此，人们总是以积极的态度踊跃参加到激烈的竞争中去，凭着自尊、自信去全力拼搏，使自己成为竞争中的强者。他们认为"个人竞争"是适者生存的过程，是促进社会进步的机制，是指导生活的哲学。这与中国文化的"和为贵"、"与世无争"的处世哲学形成了鲜明对照。

3. 中西方社会发展模式之比较

"任何一种社会制度，作为一种约束和协调人们行为的规范体系，都隐含着对人性的规定性以及人的行为取向的某种主观预期和理论假设。这种预设往往在很大程度上影响着公共权力规范建构的思维方式以及制度选择的可能性空间。"② 制度分析的实质是对人性的分析，有什么样的人性假定就相应地会有什么样的价值取向和制度安排。"性善"与"性恶"两种人性预设，形成了中国以集体主义为核心、西方以个人主义为核心的两种价值体系，导致了中西方"德治"与"法治"不同的政治文化与制度设计。

儒家对人性至善的乐观预设使中国政治文化形成了以德治为核心的政治哲学理念及传统德治的制度安排。

"政者正也"。儒家把道德视为治国之本，把实行仁政作为治理国家的基本原则。孔子认为，"政"本身包含有"德"，"政者正也"。③ "为政以德，譬如北辰，居其所而众星共之。"④ 当政者以德行来治理国家，就像北极星一样安坐在自己的位置上，自然会受到众人的拥戴。"王如施仁政于民，省刑罚，薄税敛，深耕易耨，壮者以暇日修其孝悌忠信，入以事其父兄，出以事其长上，可使制梃以挞秦楚之坚甲利兵矣。"⑤ 在孟子看来，如果统治者对百姓施行仁政，少用刑罚，减轻赋税，让年轻人在耕种之余学习孝亲、敬兄、忠诚、守信的道理，在家侍奉父兄，在外敬重尊长，就可以无敌于天下。"万乘之国行仁政，民之悦之，犹解倒悬也。"⑥ "不以仁

---

① 许烺光：《宗族、种族、俱乐部》，华夏出版社1990年版，第238页。
② 何显明：《儒家政治哲学的内在理路及其限制》，载《哲学研究》2004年第5期。
③ 《论语·颜渊》。
④ 《论语·为政》。
⑤ 《孟子·梁惠王上》。
⑥ 《孟子·公孙丑上》。

政，不能平治天下。"① 董仲舒认为，"以德为国者，甘于饴蜜，固于胶漆。是以圣贤励而崇本而不敢失也。"② 朱熹也强调，"德与政非两事。只是以德为本，则能使民归。若是'所令反其所好'，则民不从。"③ "德"与"政"不是两码事，它们在根本上是一致的。因此，儒家认为，在处理政务、治理国家方面，必须遵从一定的道德准则，重视道德对人们行为的规范作用。

"以德导民"。在孔子看来，道德教化远胜于政令与刑罚的强制。"道之以政，齐之以刑，民免而无耻；导之以德，齐之以礼，有耻且格。"④ 以政令来教导，以刑罚来管束，百姓会因求免于刑罚而服从，但不知羞耻；以德行来教化，以礼制来约束，百姓会知道羞耻并且可以走上正善之途。孟子说："不教民而用之，谓之殃民。殃民者，不容于尧、舜之世。"⑤ 他还说："仁言不如仁声之入人深也，善政不如善教之得民也。善政，民畏之；善教，民爱之。善政得民财，善教得民心。"⑥ 仁德的言辞不如仁德的声望深入人心，良好的政治不如良好的教育能获得民心。良好的政治，百姓害怕（违背）它；良好的教育，百姓乐于接受它。良好的政治能聚敛到百姓的财富，良好的教育能赢得民心的拥护。《汉书·董仲舒传》中说，"夫万民之从利也，如水之走下，不以教化堤防之，不能止也。是故教化立而奸邪皆止者，其堤防完也；教化废而奸邪并出，刑罚不能胜者，其堤防坏也。古之王者明于此，是故面南而治天下，莫不以教化为大务。"这些都阐明了"以德导民"在社会治理中的作用和意义。儒家认为，要有效地做到"以德导民"，实现道德教化的社会目标，为政者必须以身作则，身体力行，为百姓树立榜样。对于统治者的道德示范作用，贾谊作了充分论述："人主仁而境内和矣，故其士民莫弗亲也；人主义而境内理矣，故其士民莫弗顺也；人主有礼而境内肃矣，故其士民莫弗敬也；人主有信而境内贞矣，故其士民莫弗信也；人主公而境内服矣，故其士民莫弗戴也；人主法而境

---

① 《孟子·离娄上》。
② 《春秋繁露·立元神》。
③ 《朱子语类》卷二十三。
④ 《论语·为政》。
⑤ 《孟子·告子下》。
⑥ 《孟子·尽心上》。

内轨矣，故其士民莫弗辅也。"①

"以民为本"。儒家认为百姓是国家之根本，富民才能固邦，治国之道，必先富民。孟子指出，"民为贵，社稷次之，君为轻。是故得乎丘民而为天子。"② 刘牧则认为，"山以地为基，厚其地则山保其高。君以民为本，厚其下则君安于上。"③ "为君之道，必须先存百姓。若损百姓以奉其身，犹割股以啖腹，腹饱而身毙。"④ 宋朝胡瑗说："盖国以民为本，本既不立则国何由而治哉？"⑤ 认为君既然要以民为本，就要爱民、亲民、惠民，而不能下民、劳民和与民争时、争利，"道千乘之国，……节用而爱民，使民以时。"⑥《钦定周官义疏》则把国与民、民与谷、食足与教化、教化与国治、国治与守器的关系联系起来考察，"国以民为本，民以食为天。民食足而后教化兴、教化兴而后国治安，国治安而后祖宗之器得以常守弗坠。是民谷之数重于守器也。"⑦

"治国以礼"。"礼"是行为准则，儒家主张人的一切行为都应"齐之以礼"，⑧ 即置于"礼"的规范和约束之下，"非礼勿视，非礼勿听，非礼勿言，非礼勿动。"⑨ 强调"父子有亲，君臣有义，夫妇有别，长幼有序，朋友有信。"⑩ 认为人的行为不能离开"礼"的规范，否则，尽管自以为很恰当，其实效果并不好。因为"礼"是人们的行为准则，举手投足不容偏离。"不学礼，无以立。"⑪ "文之以礼乐，亦可以为成人矣。"⑫ "礼"是立身之本，它能够规范人的行为。"礼"是社会规范，在中国古代社会，尊卑、贵贱、长幼、亲疏是最主要的社会关系，"礼"的主要功能就是区分、

① 贾谊：《新书·道术》。
② 《孟子·尽心下》。
③ 《周易费氏学》引。
④ 《贞观政要·君道》。
⑤ 《周易口义》卷五。
⑥ 《论语·学而》。
⑦ 《钦定周官义疏》。
⑧ 《论语·为政》。
⑨ 《论语·颜渊》。
⑩ 《孟子·滕文公上》。
⑪ 《论语·季氏》。
⑫ 《论语·宪问》。

规范、确认并维护这些社会关系。《礼记·曲礼上》说："夫礼者，所以定亲疏，决嫌疑，别异同，明是非也。""礼"就是用来序等级的，并由此来避免社会秩序的混乱。董仲舒说，"礼者所以'序尊卑、贵贱、大小之位，而差外内、远近、新故之级者也。'"① 反之，"贵贱无序，何以为国?"②"非礼无以辨君臣、上下、长幼之位也，非礼无以别男女、父子、兄弟之亲，婚姻疏数之交也。"③ "礼"以等级名分为内在规定，它渗透到社会制度的各个方面，制约着国家规章制度与法令的颁布。"礼"对人们身份地位的标示，使得人们的等级关系明朗化、确定化，使人们各就其位、各司其职，社会秩序井然。"礼"也是国之纲纪，儒家把"礼"当做治理国家的总纲、大法。"礼，国之纪也";④ "礼，经国家，定社稷，序人民，利后嗣者也。"⑤《礼记·经解》指出，"礼之于正国也，犹衡之于轻重也，绳墨之于曲直也，规矩之于方圆也。"没有这些标准和依据，治理国家就无从下手，其国必乱。"人无礼则不生，事无礼则不成，国家无礼则不宁……礼之所兴，众之所治也；礼之所废，众之所乱也。国之治乱，全系于礼之兴废"。⑥ 认为礼是国之所以昌，人之所以立的根本。在儒家看来，"礼"是唯一的治国之具，没有"礼"，治国将寸步难行。

性恶论是西方法治思想的逻辑起点，是西方法治主义的根基，也是分权制衡制度设计的基石。因为人性是恶的，人之本性在于趋利避害，自我保全，人人都有一种与生俱来的堕落趋势和罪恶潜能，所以，必须有某种制度化的东西对其加以约束，即实行法治、分权。

坚持法律至上原则。因为人性是恶的，所以需要用法来约束人，连君主也不例外。法治作为一种治国方略起源于古希腊、罗马的奴隶制度共和国，一般认为西方法治观念始于梭伦变法。在梭伦看来，人类的邪恶、狂妄的思想和对财富的贪婪必然导致混乱，因此，需要通过法律来对人的邪恶野心进行限制。公元前549年，梭伦变法以后，雅典城邦从此"进入法

---

① 《春秋繁露·奉本》。
② 《左传·昭公二十九年》。
③ 《礼记·哀公问》。
④ 《国语·晋语四》。
⑤ 《左传·隐公十一年》。
⑥ 《荀子·修身》。

律统治，亦即希腊语所称优兽米亚时代……希腊城邦制度中的法治传统，遂于此奠定"。① 德谟克里特是希腊思想家中最早从人性恶论证法治必要性的人，他认为人与人之间总是相互敌视、相互倾轧和相互嫉妒，人性的这些弱点往往是把社会引向分裂和内乱的根源，因此需要制定法律来约束。建立法治不是因为人的善，而是因为人存在恶。柏拉图说，"人类的本性将永远倾向于贪婪与自私、逃避痛苦、追求快乐而无任何理性，人们会考虑这些，然后才考虑到公正和善德。"② "如果一个国家的法律处于从属地位，没有权威，我敢说，这个国家一定要覆灭；然而，我们认为一个国家的法律如果在官吏之上，而这些官吏服从法律，这个国家就会获得诸神的保佑和赐福。"③ 古希腊法治思想的集大成者，后世法治理论的奠基人亚里士多德主张，"法律是最优良的统治者。""法治应当优于一人之治。"④ 他的这一论断，也是由人性恶推导出来的。他说："人在达到完美境界时，是最优秀的动物，然而一旦离开了法律和正义，他就是最恶劣的动物。"⑤ 这是因为，法律是"理性的体现"，它"是完全没有感情的"，能够避免"一切情欲的影响"，⑥ 而"人类的本性（灵魂）对谁都有感情"，⑦ 所以每个人都应该在"法律统治"下生活。西塞罗在《为反对暴君的自由而辩护》中明确提出，法律来自于人民，是国王的上司。国王任何时候都必须合法地统治，国王对他的一切行为都要对法有所交待。马基雅维利提出，为了克服或对付人性的弱点，才需要建立国家并制定相应的法律。他指出，"无论谁要想建立一个国家并制定相应法律，都必须从所有人都是恶的，并且只要有机会，他们总是准备表现自己邪恶的本性这一假设出发。"⑧ 斯宾诺莎在《神学政治论》中提出，政府前社会是一种自然状态，自然状态下的人们为各自的欲望所驱使，不惜一切手段达到自己的目的，因而人们生活在一种

---

① 顾准：《希腊城邦制度——读希腊史笔记》，中国社会科学出版社 1982 年版，第 125 页。
② 《西方法律思想史资料选编》，北京大学出版社 1983 年版，第 27 页。
③ 《西方法律思想史资料选编》，北京大学出版社 1983 年版，第 25 页。
④ ［古希腊］亚里士多德：《政治学》，吴寿彭译，商务印书馆 1997 年版，第 167—168 页。
⑤ ［古希腊］亚里士多德：《政治学》，吴寿彭译，商务印书馆 1997 年版，第 171 页。
⑥ ［古希腊］亚里士多德：《政治学》，吴寿彭译，商务印书馆 1997 年版，第 169 页。
⑦ ［古希腊］亚里士多德：《政治学》，吴寿彭译，商务印书馆 1997 年版，第 163 页。
⑧ ［意］尼科洛·马基雅维利：《君主论》，潘汉典译，商务印书馆 1996 年版，第 112 页。

极为不安定的环境中，"每个个体应竭力以保存其自身，不顾一切，只有自己，这是自然的最高的律法与权利"。① 霍布斯强调人的本性就是趋利避害，自我保存。在人的全部欲望或嫌恶的情感中，最容易引起智慧差异的主要是权力欲、财富欲、知识欲和名誉欲，而其中，"首先作为全人类共有的普遍倾向提出来的便是，得其一思其二、死而后已、永无休止的权势欲"。② 所以，人类第一个共同的欲望就是争夺权力，而且永无止境。洛克觉得在自然状态下，人们都有自然处罚权，"偏袒他们的朋友，而在另一方面，心地不良、感情用事和报复心理都会使他们过分地惩罚别人，结果只会发生混乱和无秩序。"③ 正因如此，斯宾诺莎、霍布斯、洛克等都认为，必须通过订立契约，建立社会和政府，制约人的无尽欲望。由于人性的恶与自利，如果没有外在的约束，人的活动势必危害他人和社会的公共利益，因此必须以法律来规范和约束民众，使所有人的行为都遵守公共法则。正是认为人性是恶的，所以，西方人提出法治国家的概念，主张确立法律至高无上的地位。

坚持分权、制衡原则。西方思想家认为，权力一旦掌握在一人或少数人手中，就会有滥用的可能，就会产生专制，所以，所有的权力都应当受到制约、监督。为此，他们在法治的基础上，进一步提出分权思想。在亚里士多德的《政治学》中，就已经有了权力制约的思想。亚里士多德把国家权力划分为议事机能、行政机能和审判机能三部分，因为人性恶，所以他倡导不让任何人在政治方面获得脱离寻常比例的超越地位，而必须用法律来约束拥有权力的人。古罗马波里比阿首次明确提出以权力制约权力，才能避免权力专横和蜕变趋向的主张。西塞罗发展了分权制衡的理论，他进一步设计了国家各权力机构相互制衡的模式，"从法律上规定了国家权力机构之间的制衡关系，为共和政体制定了一整套具有宪法性质的法律制度。……依靠法律的力量，用法律的形式明确各个权力机构、各种政治势力的权力，具有不容违反的强制性。"④ 在近代，分权制衡成为法治国家的重要标志。洛

---

① ［荷兰］斯宾诺莎：《神学政治论》，温锡增译，商务印书馆1996年版，第212页。
② ［英］霍布斯：《利维坦》，黎思复、黎廷弼译，商务印书馆1996年版，第72页。
③ ［英］洛克：《政府论》下篇，叶启芳、瞿菊农译，商务印书馆1996年版，第9页。
④ 蔡拓：《西方政治思想史上的政体学说》，中国城市出版社1991年版，第93页。

克提出，"如果同一批人同时拥有制定和执行法律的权力，这就给人们的弱点以绝大诱惑，使他们动辄要攫取权力，借以使他们自己免于服从他们所制定的法律，并且在制定和执行法律时，使法律适合于自己的私人利益，因而他们就与社会的其他成员有不同的利益，违反了社会和政府的目的。"① 人性"恶"和权力"恶"相结合，侵权制衡就成为必要。孟德斯鸠是近代分权学说的完成者，他在洛克提出的二权分立的基础上，系统地提出了当代西方政治制度中最基本的原则——三权分立与制衡原则。"人人都可能作非正义之事，因为这样做，对他们有利；他们宁愿满足自己，不愿满足别人。一切举动，均出于对自己的考虑；没有一个毫无所为的坏人。必定有一个理由决定一切，而这理由，总不外乎利益"。② 因此，他主张立法权、行政权和司法权必须分离，否则自由就会因一人独揽这三权而毁灭。"一切有权力的人都容易滥用权力，这是万古不易的一条经验。有权力的人使用权力一直到遇有界限的地方才休止。"③ "从事物的性质来说，要防止滥用权力，就必须以权力约束权力。我们可以有一种政制，不强迫任何人去做法律所不强制他做的事，也不禁止任何人去做法律所许可的事"。④ 他提出的三权分立的政治制衡原则，成为绝大多数资产阶级国家实际奉行的政治制度的一条根本准则。

（三）价值追求与人类的发展

人类作为唯一有意识的高级动物，其发展历程实质上就是一部意识发展史、观念发展史。正是在不断追求自身目的的过程中，人类改造了外在世界也改造了自身。价值追求作为人类意识的典型形式，随人类实践活动的发展变化而变化，同时价值追求又引导人类向着既定的目标前进。不同历史阶段、不同社会形态中，人类价值追求的方式和内容具有不同的特征，这是因为价值主体处在不同的物质生产方式的地位上。所以，人类的价值追求既体现着主体性，又是内在地按照一定的客观规律发生和发展的。正

---

① ［英］洛克：《政府论》下篇，叶启芳、瞿菊农译，商务印书馆1996年版，第89页。
② ［法］孟德斯鸠：《波斯人信札》，罗大冈译，人民文学出版社1984年版，第145页。
③ ［法］孟德斯鸠，《论法的精神》，张雁深译，商务印书馆1961年版，第154页。
④ ［法］孟德斯鸠，《论法的精神》，张雁深译，商务印书馆1961年版，第154页。

如恩格斯所说："在社会历史领域内进行的活动的，全是具有意识的、经过思虑或凭激情行动的、追求某种目的的人；任何事情的发生都不是没有自觉的意图，没有预期的目的的。"① 随着经济的全球化发展，人类的价值追求不论是对作为群体的人类还是对个体的人的生存和发展都具有非常重要的意义。

1. 全球化与全球问题

全球化带来全球问题。20 世纪下半叶，随着科技的不断进步，生产的日益国际化，各国不同程度地被纳入全球化进程中，相互依赖性增强。这种依赖性使得一国经济一旦有所波动或出现危机，马上就会产生扩散效应，影响到与其经济联系密切的国家，造成各国都得被迫面对全球化的经济风险，进而影响世界经济格局。1997 年始于泰国的汇率危机和 2008 年始于美国的金融风波，就给世界各国带来严峻的经济困境。全球化还间接引起人口问题、资源问题、生态问题、环境问题、经济增长问题、战争与和平问题等等，这些都是需要全人类共同努力、协同解决的共同问题。全球问题主要有四个特征：一是广泛性。这些问题在几乎所有国家和地区都普遍地存在着，问题本身已完全超越了社会制度的差异和意识形态、宗教信仰的不同。二是紧迫性。全球问题已经严重地危害人类的发展，而且危害程度在不断加深，迫切需要尽早解决。特别是核武器、能源危机、环境问题等正在极大地损害着人类，直接威胁全人类的生存和发展，关系到全人类的根本利益。三是整体性。这些问题之间的联系日益密切、相互缠绕，形成一个不可分割的问题系统，呈现出整体相关性特征，一个问题往往是另一个或另一些问题的原因或结果。四是协作性。全球问题的解决只有靠全人类的共同努力。"环境污染、毒品、人权问题和恐怖活动是急剧增加的跨国政策问题关注的中心，而这类跨国政策的制定超越了领土管辖权和现存的全球政治同盟，并要求进行国际合作，以便有效地解决问题。"②

全球化使一个国家的发展比以前任何时候都更加依赖于其他国家，要解决好全球化带来的全球性问题，就要求人类真正作为一个整体来生存、

① 《马克思恩格斯全集》第 21 卷，人民出版社 1965 年版，第 341 页。
② ［英］戴维·赫尔德：《全球大变革：全球化时代的政治、经济与文化》，杨雪冬等译，社会科学文献出版社 2001 年版，第 70 页。

活动和发展，真正开始以共时态意义上的类主体身份来面对自然、整治社会和正视自身，关注整个人类的生活，确立全球理念。

2. 全球化与价值认同

全球化为各种价值观提供了一个展示、交流、碰撞的平台。全球化进程的不断加快，使得各种价值观的碰撞与冲突日趋激烈。全球化也是一个多样与同一并存的过程，它既呈现出一种特殊化、异质化的特征，也包含有一种普遍化、同质化和一体化的趋向。正如罗兰·罗伯森所言，"社会在有些（主要是经济和技术）方面在趋同，在有些（主要是社会关系）方面在趋异。"① 全球化背景下，不同民族、国家、地区之间的价值冲突难以避免，但冲突不是绝对的、唯一的，不同价值主体之间也可能产生价值认同，"与其他一切群体活动水平上的社会行为或社会运动一样，全球化也是以某种价值认同为前提和基础的。"② 价值冲突根源于不同价值主体复杂、多样的价值追求，根源于不同价值主体对不同利益的追求。与此相应，价值认同则根源于不同价值主体价值追求的同一性、一元性，从根本上说源于不同价值主体对共同利益的追求。

首先，全球化的互动性、渗透性、交融性、开放性等特点，使不同价值主体的利益密切相连，命运息息相关，发展相互促进。一个国家一个民族自身利益的实现越来越离不开其他国家和民族利益的实现。全球化过程中经济交往的广泛深入也使双方或多方互动的"动力密度"增加，"让远距离的社会事件和社会关系与地方性场景交织在一起"，③ 使"过去那种地方的和民族的自给自足和闭关自守状态被各民族的各方面的相互往来和各方面的相互依赖所代替了……民族的片面性和局限性日益成为不可能。"④ 民族、国家逐步认识到世界整体利益与本民族、本国利益的依存关系。全球化也使人类的活动空间和思维空间不断扩大，推动着不同价值主体在世界范围内的普遍联系和交往，人力、资本、服务、信息、技术的流动，政

① ［美］罗兰·罗伯森：《全球化：社会理论和全球文化》，梁光严译，上海人民出版社2000年版，第16页。

② 汪信砚：《全球化中的价值认同和价值观冲突》，载《哲学研究》2002年第11期。

③ 李德顺：《普遍价值及其客观基础》，载《中国社会科学》1998年第6期。

④ 孙伟平：《普遍价值：可能性及其限度》，载《天津社会科学》2001年第5期。

治、文化、艺术、科学、教育的交流、碰撞、融合，使人的生存方式、生存境遇在许多方面公共化，并日益将多元、差异的生存主体联结在一起。"地域性的个人为世界历史性的、经验上普遍的个人所代替"，①"世界公民"、"全球治理"、"共生共荣"等一系列新理念正在出现，特别是电子计算机、互联网的兴起和发展使得全球文化交流达到了前所未有的广度和深度，推动和促进了不同文化之间的交往和融合。各民族的文化通过交流合作走向世界，成为人类共享的"公共财产"，使其中那些合理、先进的因素在文化交流、评判、选择中获得广泛认可并被其他民族吸收、借鉴，成为其自身的重要组成部分。这样，不同民族文化之间的共性会逐渐增大，在某些问题上会取得共识，呈现出一种全球互动的态势。各国各民族在共同利益基础上的关系结构也呈现出紧密、融合和趋同的倾向，它将国家行为从矛盾和冲突引向追求共同的利益和相互依存，为价值认同的产生提供了前提条件。

其次，全球问题的产生突出了人的类意识，促成了"类主体"的形成。环境污染与生态失衡、资源与能源的短缺、人口爆炸与粮食危机、种族冲突、恐怖主义、毒品犯罪、疾病流行、核战争与生化武器等全球问题的出现和单方面应对能力的失效，使各国之间的依赖性进一步增强，人类要考虑作为一个整体来生存、活动和发展，从而使各个主权国家产生了共同化解危机的意识，这就促成了"类主体"的形成，即人类在整体上成为一个有相对独立意义的、权利与责任统一的现实主体，使整个人类能够像一个人一样地进行判断和选择。"人类今天面临的基本任务就是需要去促进关于我们相互依存的一种全球性的伦理上的自我意识，以及去缓和妨碍这种共识达成的强硬态度。"②"类主体"的形成促使人们站在人类发展的高度去认识共同价值问题，促成了人类共同利益的形成，并使这种共同利益在更广阔的领域和范围内越来越真实地凸显出来。共同的利益追求和需要是一切价值认同和价值选择的起点，面对共同的世界问题，基于共同的利益，不同价值主体会形成共同的价值追求。

全球性共同利益的驱动推动着价值认同，各价值主体利益一致性的范

---

① 《马克思恩格斯选集》第 1 卷，人民出版社 1995 年版，第 86 页。
② ［美］保罗·库尔兹：《21 世纪的人道主义》，肖峰等译，东方出版社 1998 年版，第 408 页。

围越广，相互认同的范围也就越广。价值认同的根源就在于各价值主体（民族国家）追求利益（包括经济利益、政治利益和文化利益等）的共同性和一致性。

3. 价值追求与人类的发展

全球化将人类联结成为一个利益互渗、风险共担的共同体，全球问题的不断滋生蔓延又将人类共同体置于生死存亡的危机之中。为了应对人类危机，促进人类共同发展，人类需要有共同的价值追求。

和平稳定。邓小平指出，"现在世界上真正大的问题，带全球性的战略问题，一个是和平问题，一个是经济问题或者说发展问题。和平问题是东西问题，发展问题是南北问题。"① 由于种种原因，和平与发展这两大问题还没有得到根本解决。各种矛盾、各种不安定因素依然存在，世界还不太平，霸权主义、强权政治时有表现，局部冲突和热点问题此起彼伏，传统和非传统的安全威胁相互交织，对世界和平与发展构成现实威胁，建设一个持久和平、安全、稳定的和谐世界成为各国人民的共同追求。要追求和平、稳定，一要以和平方式解决国际争端。各国应恪守公认的国际法和国际关系的基本准则，坚持以和平方式，通过对话、协商和谈判解决争端与冲突，反对任意使用武力或以武力相威胁；加强联合国作用、维护安理会权威，树立互信、互利、平等、协作的新安全观和建立公平、有效的集体安全机制，促进世界各国和睦相处；坚决反对各种形式的霸权主义和强权政治，努力消除恐怖主义的根源，推动人类的和平进程。二要以合作精神处理国际事务。当今国际社会面临着许多跨国问题，解决诸如裁军、防扩散、保护环境、缩小南北差距等，没有各国，特别是大国之间的合作，是不可能的。只有坚持多边主义，促进国际关系民主化，保障各国参与国际事务的平等权利，以合作精神来处理国家关系，以合作精神来实践人类的共同愿景，这个世界才会和谐、才能发展。

民主平等。民主平等是发展各国之间友好关系、促进世界和平的基础。"民主"意味着各国互相尊重，各国内部的事情由各国人民自己决定，世界上的事情由各国平等协商解决。"平等"意味着每个国家不仅获得平等参与

---

① 《邓小平文选》第3卷，人民出版社1993年版，第105页。

国际事务的权利，而且有权选择自己的发展道路，不受外来干涉。国际旧秩序的本质和特点最突出的就是霸权主义和强权政治。在这种国际秩序中，广大发展中国家处于受剥削、受压制的不平等地位，它们的正当权利与要求得不到保障与实现。世界要和谐，需要建立新的国际秩序，形成新的国际关系。国际新秩序是一个平等的国际秩序，国际关系应当从以统治和服从为特征的强权型向以独立自主、平等参与为特征的民主型转化，所有主权国家不论大小、强弱、贫富，在国际法中都享有同等的权利与义务。世界事务应以多边主义为基础，通过共同对话和协商决定。相互尊重主权和领土完整、互不侵犯、互不干涉内政。任何国家，均无权直接或间接干涉其他国家的内政和外交，不得使用经济、政治或任何其他形式的方法，胁迫他国在行使其主权时屈从于自己或从该国获取任何利益。反对强权政治和单边主义。正如法国总统希拉克所说的，"我们对未来世界的看法是一致的。我们希望世界是多极的，而且每一极在解决问题时都应采取平衡各方利益、可以保障和平与民主的方法。"①

互利合作。一个落后的世界不是一个和谐的世界，一个贫富分化的世界也不是一个和谐世界。和谐世界所追求的是各国的普遍发展和共同繁荣，是普遍、协调、均衡发展的世界，是人人都能享受发展成果的世界。因此，在经济上，就要求各国间加强合作、互利双赢、协调发展，倡导各国"相互合作、优势互补，共同推动经济全球化朝着均衡、普惠、共赢方向发展"。② 各国应该积极推动建立健全开放、公平、非歧视的多边贸易体制，进一步完善国际金融体制，为世界经济增长营造健康有序的贸易环境和稳定高效的金融环境。加强全球能源对话与合作，共同维护能源安全和市场稳定。发达国家应该为实现全球普遍、协调、均衡发展承担更多责任，妥善应对经贸摩擦及与新兴大国的竞争，加大对发展中国家的援助，拓展合作领域，开放市场，转让技术，减免债务，努力推动南南合作和南北对话，让它们在全球市场中共同参与、平等竞争，在全球发展中共同受益，共享繁荣。③

---

① 转引自江西元：《中国和平崛起》，中国社会科学出版社2004年版，第116页。
② 胡锦涛：《高举中国特色社会主义伟大旗帜，为夺取全面建设小康社会新胜利而奋斗——在中国共产党第十七次全国代表大会上的报告》，人民出版社2007年版，第47页。
③ 杜雁芸：《和谐世界理念的新思考》，载《长江论坛》2008年第3期。

开放包容。世界各个国家和民族在自己的生产生活实践中，经过长期、繁衍，形成了自己的文化风格，显示出独特魅力。各国人民在漫长的历史进程中创造的文明，都有自己的特色和长处，也存在着这样或那样的不足。各种文明只有历史长短之分，而无高低优劣之别。正如胡锦涛在联合国成立 60 周年的首脑会议上所说，"文明多样性是人类社会的基本特征，也是人类文明进步的重要动力"。在人类社会发展史上，各种文明都在以不同的形式促进着人类的进步与发展，各国各民族应本着"和而不同"、"求同存异"、"和衷共济"的精神来处理彼此关系，充分尊重文明的多元性、多样性、差异性。多样性的文明应在竞争比较中取长补短，在求同存异中共谋发展。各国应该维护世界的多样性和发展模式的多样化，倡导开放和包容的文明观，以平等开放的精神，加强各种文明交流对话，协力构建各种文明兼容并蓄的和谐世界。"和谐而又不千篇一律，不同而又不相互冲突。和谐以共生共长，不同以相辅相成"，这是"人类各种文明协调发展的真谛。"① 美国著名学者塞缪尔·亨廷顿也认为，"在未来的岁月里，世界上将不会出现一个单一的普世文化，而是将有许多不同的文化和文明相互并存"，"所有文明都必须学习共存"②。

可持续发展。人与自然的和谐相处是人类文明发展的前提。人类社会发展史上，不少古文明由兴盛走向衰败的一个重要原因就是对自然界肆意开发和掠夺，最终导致自然对人类的惩罚，酿成了文明的悲剧。在当代，最突出的问题是全球生态问题。全球生态问题迫使人类开始克服对自然的狂妄，反思人与自然的关系，不再把人类当做主宰自然的主人，可以毫无顾忌地改变自然的一切，而应该尊重自然生态自身的平衡，保护自然生态的完整性，肯定自然本身的价值和权利，改变发展模式，按照自然发展规律来发展经济，不能以牺牲环境为代价求得经济增长。关爱自然，善待自然，关系到全人类的共同利益。一个失衡的地球是支撑不起现代文明大厦的，只有在全球范围内实现人与自然之间的和谐，人类文明才能持续发展。各国必须相互帮助、协力推进，努力保护全球的生态、资源和物种，共同

---

① 2002 年 10 月 24 日江泽民在乔治·布什总统图书馆的演讲。

② ［美］塞缪尔·亨廷顿：《文明的冲突与世界秩序的重建》，周琪等译，新华出版社 2002 年版，中文版序言第 2 页。

呵护人类赖以生存的家园。

　　总之，全球化条件下，要促进世界和平稳定、健康可持续发展，各国人民"应该遵循联合国宪章宗旨和原则，恪守国际法和公认的国际关系准则，在国际关系中弘扬民主、和睦、协作、共赢精神。政治上相互尊重、平等协商，共同推进国际关系民主化；经济上相互合作、优势互补，共同推动经济全球化朝着均衡、普惠、共赢方向发展；文化上相互借鉴、求同存异，尊重世界多样性，共同促进人类文明繁荣进步；安全上相互信任、加强合作，坚持用和平方式而不是战争手段解决国际争端，共同维护世界和平稳定；环保上相互帮助、协力推进，共同呵护人类赖以生存的地球家园。"①

---

　　① 胡锦涛：《高举中国特色社会主义伟大旗帜，为夺取全面建设小康社会新胜利而奋斗——在中国共产党第十七次全国代表大会上的报告》，人民出版社 2007 年版，第46—47 页。

第三章

人的价值追求与社会的价值追求

在古希腊德尔斐的一所古老的神庙前，一块石碑上刻着一句箴言："认识你自己"。十八世纪法国启蒙思想家卢梭深有感慨地说，"我觉得人类的各种知识中最有用而又最不完备的，就是关于'人'的知识。"① 关于人的知识中，非常重要的一个方面，是对人生目的和人的价值追求的认识。因此，研究和把握人的价值追求对和谐社会构建具有非常重要的意义。

人的价值追求的主体是多样的，可以是个体，也可以是社会。从根本上说，价值追求的主体是人。人的价值追求和社会的价值追求是互为前提和基础的。人的价值追求越丰富、越高尚，社会的价值追求也就越文明、越进步；社会的价值追求积极、健康、科学，也就能引领和促进人的价值追求，促进人的全面发展。人的价值追求和社会的价值追求是一个逐步提高、永无止境的历史过程，二者互相依赖、互相促进，共同推动了人的全面发展和社会的文明进步。

---

① ［法］卢梭：《论人类不平等起源和基础》，李常山译，商务印书馆1979年版，第62页。

一、人的价值追求的实现与评价

人类历史不外是人的价值追求的不断改变而已。人是一个价值存在物，正是在价值追求的历史更替中，人成为了人自己，社会也不断改变自身的形式。马克思说："历史不过是追求着自己目的的人的活动而已。"① 由于人的价值观念、生活经历、文化背景、兴趣爱好的不同，因而，人的价值追求也是不同的，是多种多样、错综复杂的。从根本上说，人的价值追求的多样性取决于主体的利益和需要的多样性。不同的利益和需要决定不同的价值追求，利益和需要的多样性、层次性，决定价值追求的多样性和层次性。所以说，人的需要是人的价值追求的根源，利益是价值追求的动力，价值认同是价值追求的基础。人的价值追求的实现是一个辩证运动过程，既取决于主体的自觉努力，又取决于社会发展的客观环境。对人的价值追求的评价既要有历史的眼光，又要有发展的眼光，要坚持个人尺度与社会尺度、主体尺度与客体尺度、道德尺度与历史尺度相统一的原则，全面促进人在价值追求的历史过程中实现自身、他人和社会的和谐发展。

（一）人的价值追求的结构

人的价值追求依据不同的标准，可划分为不同的类型。按照价值追求的对象，可分为经济价值追求、政治价值追求、文化价值追求等。按价值意识的发展水平，可分为自发的价值追求和自觉的价值追求。按价值追求发生发展的现实运动过程，可分为"第一是情感上对一定价值目标的执着向往、思念、倾慕和实现一定价值目标的强烈愿望。第二是认识上千方百计努力实现价值目标的坚定信念和设想。第三是实践上采取实际行动，克服各种困难，为实现一定价值目标而不懈努力。"② 即人的价值追求的情

① 《马克思恩格斯全集》第 2 卷，人民出版社 1957 年版，第 118—119 页。
② 王伦光：《论价值追求》，载《社会科学辑刊》2006 年第 2 期。

感、价值追求的认识、价值追求的实践。按人的价值追求的境界高低，可划分为功利价值追求、道德价值追求和天地价值追求。按人的价值追求的功用，可划分为生存的价值追求、享受的价值追求、发展的价值追求。按年龄的不同，可分为未成年人的价值追求、青年人的价值追求、中年人的价值追求和老年人的价值追求。同时，人的价值追求，还可以从人发展的历史形态、人生存的不同民族国家、人不同的宗教信仰等角度来划分。

1. 对象结构

人的价值追求的对象结构，主要包括物质财富和精神财富两大类。物质财富是由使用价值构成的物质实体，包括生产资料和生活资料。物质财富在任何社会形态下都存在，是由人的具体劳动作用于物质资料而形成的。物质财富是人类生存和发展的必要条件，正如马克思所说："人们为了能够'创造历史'，必须能够生活。但是为了生活，首先就需要吃喝住穿以及其他一些东西。因此第一个历史活动就是生产满足这些需要的资料，即生产物质生活本身。"[①] 精神财富主要指人类的文化知识、经验和技能的总和，包括哲学、自然科学和社会科学理论、文学艺术和文化遗产等。精神财富是无形的观念的东西，是人们对自然界、社会历史及人类自身规律的认识结晶。物质财富是精神财富的基础，没有创造物质财富的生产活动和科学研究，也就没有精神财富。马克思指出："从物质生产的一定形式产生：第一，一定的社会结构；第二，人对自然的一定关系。人们的国家制度和人们的精神方式由这两者决定，因而人们的精神生产的性质也由这两者决定。"[②] 精神财富不仅包括科学理论、文艺作品、文化遗产等，还包括人的道德品质、文化素养和人生经验等。精神财富能够促进、引领、推动物质财富的创造。一个人不应该只把自己的价值追求停留在物质财富的基础上，以为拥有物质财富就有了人生的一切。其实，物质财富只能满足人生基本所需，是生命的低级需求。人生的"幸福不在于占有畜群，也不在于占有黄金，它的居处是在我们的灵魂之中。"[③] 如果一个人只会追求物质财富，那只能说明他的生命层次很低。一味停留于物质财富的追求，其生命层次

---

① 《马克思恩格斯选集》第 1 卷，人民出版社 1995 年版，第 79 页。
② 《马克思恩格斯全集》第 26 卷第一分册，人民出版社 1972 年版，第 296 页。
③ 《古希腊罗马哲学》，商务印书馆 1961 年版，第 113 页。

永远无法提升。所以，当一个人的物质财富可以满足基本生存时，应该进而追求精神财富，不断提升自己的价值追求的层次。

2. 主体结构

人的价值追求的主体可以按不同的标准来划分，在这里我们主要依据年龄划分为未成年人的价值追求、青年人的价值追求、中年人的价值追求和老年人的价值追求。人的价值追求不仅在不同历史发展阶段不同，而且在不同年龄阶段也呈现出其差异性。在一定意义上，个体的发展史是类发展历程的浓缩，因此，从个人不同的成长进程来了解人的价值追求的变化，具有非常重要的意义。孔子所说的，"吾十有五而志于学，三十而立，四十而不惑，五十而知天命，六十而耳顺，七十而从心所欲不逾矩。"① 就充分说明了这个道理。

韦政通先生认为，"人生的发展有不同的阶段，每一阶段都是再生的过程，再生的意义是指在不同阶段里应发展出不同的人格特性，并达成他的目标，满足他的需要。"② 研究表明，年龄与人的价值追求有一定的关联，"年轻人有着更高的自我取向愿望，中年人有着更强烈的工具性价值观倾向，而老年人则更倾向于终极性价值观。"③

未成年人的价值追求，主要指的是儿童的价值追求。儿童的活动主要以家庭和学校为主，因此，家庭和学校的价值导向对他们的价值追求的确定起着重要的作用。在这个意义上，可以说儿童的价值追求是未成熟的、被动的。当前，随着电视、互联网等电子媒介的普及发展，媒体等社会价值导向对儿童的价值追求起着至关重要的影响，有人甚至提出，电子信息环境正在让儿童"消逝"，认为"工业革命时代的儿童，除了了解自己生活的恐怖之外，对其他的知之甚少。凭借符号和电子这样的奇迹，我们自己的孩子知道别人所知道的一切，好的、坏的、兼收并蓄。没有什么是神秘的，没有什么是令人敬畏的，没有什么是不能在大庭广众下展示的。"④所以，要促进儿童的价值追求向着健康、文明的方向发展，就必须花大力

---

① 《论语·为政》。
② 韦政通：《伦理思想的突破》，中国人民大学出版社 2005 年版，第 81 页。
③ 岑国桢编著：《青少年主流价值观：心理学的探索》，上海教育出版社 2007 年版，第 14 页。
④ ［美］尼尔·波兹曼：《童年的消逝》，吴燕莛译，广西师范大学出版社 2004 年版，第 138 页。

气改善儿童等未成年人的成长环境，优化电视、网络、手机等媒介和社会环境，尊重儿童等未成年人的权益，树立儿童不是父母和社会的工具，而是值得尊重的发展中的个人观念，真正使儿童自由、快乐的成长。

青年是人生发展的黄金时期，开始对自己的价值选择负责。青年的价值追求是指青年对价值追求、评价、选择的一种倾向性态度，也就是以什么样的态度来对待"人为什么活着"、"怎样活着才有意义"等人生根本问题，并作出选择和追求。青年的价值追求具有强烈的主体性和显著的变动性。一般来说，青年阶段主要的价值追求有"（1）独立与进取之培养；（2）职业之选择与准备；（3）自己性别角色之接受与满意；（4）同辈团体之参加；（5）婚姻与家庭生活之准备。"① 当前，我们必须从青年的立场出发，尊重青年，关心青年，为青年的健康发展创造更加宽松和良好的条件，坚持价值引导与自主建构的有机统一，努力使青年更好地服务于社会，服务于人民。

中年期是人生最长的一个阶段，也是人的生理、心理都已成熟，逐步趋向成功的阶段。中年人的生活是家庭生活和职业生活。职业生活是家庭生活的保障，家庭生活是职业生活的动力和源泉。中年人除了为自己外，更要为家庭和别人着想，因此，这个时期人的价值追求主要应表现为责任和奉献。人的成就的大小，主要看尽责的多少和奉献的大小。青年人应知进取，中年人应求成功。人到中年，在家庭生活中应孝顺父母、关心妻儿，进一步增强家庭观念、增进家庭和谐幸福；在职业生活中应努力进取、克己奉公，不为金钱、权利、美色所诱惑，不断加强自身人生修养，努力追求高尚的精神财富，做一个好人好公民，好父好母好朋友。

老年阶段是人生的最后阶段，此时最大的价值追求是能安度晚年。如果说年轻人吸引人要靠外表，中年人是靠成功，老年人则靠智慧。老年阶段人的价值追求更趋理性、成熟，亲情、友情对老年人显的更为重要。在现实生活中，老年人应学会舍得，学会宽容，学会知足常乐，以更加积极的态度热爱生活，坚持节操，做一些力所能及的有益的事，努力以乐观、平和、务实的态度走过人生最后的幸福时光。

---

① 韦政通：《伦理思想的突破》，中国人民大学出版社 2005 年版，第 92 页。

3. 层次结构

人的价值追求的层次，可分为自发的价值追求和自觉的价值追求。自发、自觉作为人的价值追求的基本层次，它们既有共同性又相互区别。它们之间的共同性主要表现在：第一，无论自发的活动还是自觉的活动，它们都具有一定的方向性。第二，它们都与活动对象或事物本身的本性、内在逻辑、互动趋势相联系。它们的区别主要表现在：第一，对客观规律的认识和掌握不同。自发是指人们没有认识和掌握一定客观规律时的活动，是一种盲目的本能活动。① 自觉是指人们正确认识并掌握一定客观规律时的有计划的、有远大目的的活动。第二，对活动后果的预计不同。自发活动最基本的特征就是不能预料其行为所引起的社会后果，它们或导致直接行为的失败，或者产生长远的消极的社会影响，或者两者兼而有之。在自觉活动中，人们则一般都能预见其活动的后果。第三，表现特征不同。自觉活动表现为预见性，自发活动表现为盲目性、非预见性。自发的价值追求是人的价值追求的低级阶段，是由人的本能或自发心态决定的，是主体直接的外在感官快乐和物质功利的局部的眼前的价值追求。从认识上说，是不了解价值本质，而对价值现象的追求。它是人的价值追求的幼稚的、不成熟的表现。自觉的价值追求是价值追求的高级阶段，是人们在全面思考各种价值关系及其后果的基础上，对长远价值与眼前价值，全局价值与局部价值，个人价值与社会价值、他人价值，人与自然、人与人、人与社会持续协调发展深思熟虑的追求。从认识上说，是在深刻理解和掌握价值追求的本质和规律的价值追求，它是人的价值追求逐渐趋于成熟、理性的表现。

由自发的价值追求到自觉的价值追求，是人的价值追求发展的客观趋势或走向。实现二者之间由低级到高级的转化，是一个复杂的过程。同时，自发和自觉也是相对的，决定了人的价值追求不同层次之间的转化也是一个永无止境的过程。从自发的价值追求到自觉的价值追求，再由新的自发的价值追求进到新的自觉的价值追求，如此循环往复，以至无穷，这就是人的价值追求的无限发展过程

---

① 熊晓红、王国银等：《价值自觉与人的价值》，人民出版社 2007 年版，第 7 页。

4. 目的结构

人的价值追求的目的，可分为生存、享受和发展三个方面。人追求价值、创造价值都是具有一定目的的，因为人的一切活动都是有目的的自觉的活动，这是人活动的一个重要特点，也是人的主体性的重要表现。马克思曾说："劳动过程结束时得到的结果，在这个过程开始时就已经在劳动者的表象中存在着，即已经观念地存在着。他不仅使自然物发生形式变化，同时他还在自然物中实现自己的目的，这个目的是他所知道的，是作为规律决定着他的活动的方式和方法的，他必须使他的意志服从这个目的。"①马斯洛从"需要层次理论"解释了人的价值追求的目的，他认为人进行价值追求，主要在于满足五种基本需要。第一，生理需要，包括食欲、性欲、睡欲等基本需要；第二，安全需要，包括安定、保障、居住、免于恐惧等；第三，友爱需要，即感情、恋情、归属等需要；第四，尊重需要，包括成就、名誉、威望、地位等需要；第五，自我实现的需要，即希望充分发挥自己潜能，实现自己理想的需要。马斯洛认为，"追求自我实现的人主要不是受到基本需要激励的，他们主要是受到超越性需要——存在价值的超越性激励。"②这说明马斯洛认为满足自我实现的需要，是人的价值追求的最高目的。美国心理学家大卫·麦克凯兰认为人的价值追求的目的主要在于：一是成就需要，二是权力需要，三是合群需要。成就需要，使人期望把某事做得更好，超过他人。权力需要，使人期望超出其他人拥有控制力量。合群需要，则使人乐于参与社会组织和社会生活。马克思和恩格斯则认为人的价值追求的目的，主要在于满足生存需要、享受需要和发展需要。

人的价值追求的最基本目的是为了生存需要。生存需要是人求得自身存在的欲望和要求，包括维持主体生命和延续后代的需要，它是人生存和发展最初始、最基本的内容。人作为自然有机体，为了维护个体的存在和延续种族，就必须需要食物、睡眠、婚配等基本的生活资料和适当的生存条件。生存需要的满足同社会生产的发展水平有关。"在文化初期，已经取得的劳动生产力很低，但是需要也很低，需要是同满足需要的手段一同发

---

① 《资本论》第1卷，人民出版社1975年版，第202页。
② ［美］马斯洛：《人性能达的境界》，林方译，云南人民出版社1987年版，第305页。

展的，并且是依靠这些手段发展的。"① 同时，生存需要的满足在不同历史时期，不同的国家是不同的。马克思指出："生活所需要的生活资料，在不同的国家，不同的文明状况下当然是不同的。衣、食、住和取暖这些自然需要本身的多少，取决于不同的气候。同样，因为所谓的第一生活需要的数量和满足这些需要的方式，在很大程度上取决于社会的文明状况，也就是说，它们本身就是历史的产物。"② 享受需要是指建立在一定生存条件基础上的人对于物质生活和精神生活进一步满足的追求。享受是一种对生活质量的要求，即人对舒适的物质生活和愉快的精神生活的需要。人作为一个充满欲望的存在物，在条件许可的情况下，不仅要求吃得饱，还要求吃得好，不仅要求穿得暖，还要求穿得美，不仅要求有房住，还要求住得舒适。正是这种不断地对生活的新要求，客观上促进了社会向前发展。享受作为人生的一项基本内容，其质和量又是历史地变化着的，它总是与人的生存需要相比较而存在。例如，拥有私家车曾经是一种享受生活的标志，但现在已逐渐成为人们最基本的生活需要。所以，随着生产力和生活水平的提高，人对享受生活的要求会更高。享受作为人与动物区别的标志之一，又需保持一定的"度"，即享受生活要有节制，要符合社会生产力的发展水平和自身的实际状况，不能一味地追求超前享受，或仅仅把满足人的生理本能、感官快乐视作是人生的唯一目的和主要追求。正如古希腊智者赫拉克利特所说："如果幸福在于肉体的快感，那么就应当说，牛找到草料吃的时候是幸福的。"③ 人应该有高尚的精神追求，做一个宁静淡泊、志存高远的人。

发展需要是人的价值追求的最高目的。"发展"作为哲学范畴，指的是事物由小到大、由简单到复杂、由低级到高级的变化。把它与人的价值追求相联系，表达的是人追求价值满足的最高级、最深刻的社会需要。人追求价值的目的不仅仅在于生存和享受，更重要的在于有所创造、有所发展。发展需要显示了主体的创造性力量和人类社会生活不断前进的趋势，是人的一种实现自我价值的欲望和追求。发展不仅表现在创造性地认识和改造外部世界，而且表现在人对人自身认识和改造的超越，成为真正自由自主

① 《马克思恩格斯全集》第 23 卷，人民出版社 1972 年版，第 559 页。
② 《马克思恩格斯全集》第 47 卷，人民出版社 1979 年版，第 43 页。
③ 《古希腊罗马哲学》，商务印书馆 1961 年版，第 18 页。

的人。发展包括个人发展和社会发展，个人发展是个人对充分发展自己的体力和智力等方面的需要和活动，社会发展主要指一定社会政治、经济、文化等方面的发展。个人发展是社会发展的前提和基础，但个人发展又受到社会发展状况的制约。个人发展的追求与社会发展的方向和目标相适应，则有利于促进个人发展目标的实现，反之，个人发展可能会遭到许多困难。

生存、享受、发展分属于人的价值追求的不同目的，它们相互依赖、相互影响、相互作用，共同构成了人生完整的一幅动态图景。

（二）人的价值追求的辩证运动过程

人的价值追求的产生、发展和实现是一个辩证运动过程。从外在表现形式上看，表现为价值情感到价值认同再到价值实践的过程。从内在本质看，表现为主体客体化和客体主体化的双向过程。

1. 人的价值追求的外在表现形式的辩证运动过程

人的价值追求的现实运动是一个极为复杂的过程，从外在表现形式上来讲，主要表现为情感——认同——实践的过程，是一个情、知、意、行相互转化，内在统一的过程。

价值情感是指价值主体基于现实生活中的价值关系和价值实践活动而产生的一种情绪态度，是价值主体对价值实践中的价值目标是否得到满足而产生的情绪体验，是一种情感性价值诉求。价值情感或情感性价值诉求是人所特有的一种高级形态的情感，是对价值关系的"前理性"、"前意志"的直接反应，是价值追求产生的内在驱动力。人的任何行为都是以一定的情感为前提和基础的，人的价值追求也不例外。正如舍勒所言："我身处于一广大得不可测量、充满着感性和灵性事物的世界，这些事物使我的心灵和激情不断动荡。我知道，一切透过我观察及思维所能认知的事物，以及所有我意志抉择、以行动作成的事情，都取决于我心灵的活动。因此，在我生命及行为中的每一良善或邪恶，完全取决于在驱使我去爱、去恨以及倾慕或厌恶众多事物的感情中，到底有没有一客观的合意秩序，也取决于到底我能否将这爱与恨的秩序深印在我心中的道德意向中。"[①] 充分说明

---

① 刘小枫：《舍勒选集》，上海三联书店1999年版，第739页。

价值情感是包括价值追求在内的所有价值活动在心灵上的根据。一个人对对象没有产生快乐或不快乐的情绪，从而去赞成或谴责对象，对象自身就不会有任何价值。凡是能给人以快乐并引起满意情感的行为和对象，就是善的，值得去追求的，反之亦然。情感是人的一种存在方式，它回答着"价值是什么，价值如何可能"的问题，所以，"情感既是价值的基础——对事物、客体的比较、选择、顾问和追求，一言以蔽之，态度——又是价值本身。"① 情感既为人的价值追求提供了动力，又为它规定了方向。马克思说："激情、热情是人强烈追求自己的对象的本质力量。"② 当情感以兴趣或好奇心的形式将人的精神导向追求的对象时，情感是理性的发端，而渗入理性的情感才会定性和明晰化，成为认识的动力；当情感以愿望、动机或决心的形式将人的精神导向行动和实践时，情感的定向化便体现为意志，渗入意志的情感才会强化，成为了行动的动力。可见，在人的价值追求的知、情、意、行几个要素中，情感是在先的，核心的部分，没有情感，无论是求知还是行动都失去了自己的动力。价值情感或情感性价值诉求可分为积极的和消极的两种。前者表现为对符合价值目标的思想和行为的赞许、肯定、羡慕、热爱等积极的情感体验，后者则表现为对不符合价值目标的思想和行为的反对、否定、失望、憎恨等消极的情感体验。情感的变化趋势可以在一定程度上影响和制约价值追求的变化趋势。积极的价值情感可以诱导主体积极主动地去追求价值目标，消极的价值情感则在一定程度上阻止、压抑、限制主体追求价值目标。所以在人的价值追求活动中，我们必须高度重视人的价值情感的培育和引导。

"认同"概念最早是由威廉·詹姆斯和弗洛伊德提出，主要是指个体潜意识地向别人模仿的历程，是一个人向另一个人或团体的价值、规范的模仿、内化并形成自己的行为样式的过程。认同实际上表征着一种关系，③ 它不仅包括认知，而且也包括对认同对象的接受和肯定。认同对人的存在起着重要的作用，是人精神稳固的源泉之一。认同可区分为个体认同和社会

---

① 王伦光：《论价值与情感》，载《哲学研究》2009 年第 8 期。

② 《马克思恩格斯全集》第 42 卷，人民出版社 1979 年版，第 169 页。

③ 贾英健：《认同的哲学意蕴与价值认同的本质》，载《山东师范大学学报》（人文社会科学版）2006 年第 1 期。

认同，"个体认同是指对个人的认同作用，或通常说明个体具体特点的自我描述，是个人特有的自我参照；而社会认同是指社会的认同作用，或是由一个社会类别全体成员得出的自我描述。"[1] 价值认同是指价值主体对某一种价值规范、价值目标的自觉接受、自觉遵循的态度，是价值规范、价值目标内化为主体自觉意识的过程，是一种规范性价值诉求。价值认同也可分为个体价值认同和社会价值认同。个体价值认同是指个体在实践活动中，以某种价值规范、价值目标为追求，并自觉内化为自己的价值取向。社会价值认同是指"不同价值主体对某种价值、价值观念及其价值理想、价值取向和价值标准等方面的认可、肯定，表现为不同价值主体之间在价值追求、价值取向上的某种一致性、统一性、可接受性。"[2] 价值认同具有自主性、过程性。[3] 自主性是指价值主体主动地、自愿地对某种价值规范、价值目标的追求。过程性是指价值主体在进行价值选择的过程中由于受到多种主客观因素的限制，因而这种选择并不是一劳永逸的，相反，这经常表现为一个逐步实现的渐进过程。人的价值追求，必须以主体的价值认同为基础，主体只有确认客体、价值目标对于自己有意义、有效用，能够满足自己的一定需要，才会形成对于客体和价值目标的追求的动机，激发主体的实践行为，力图使自己的价值追求得以实现。一个人如果面对客体、一定的价值目标没有基本的价值认同，他就不会对此客体、价值目标产生价值追求，此客体、价值目标对他来说就是无意义的。由于主体的需要具有多样性，客体的属性也具有多样性，所以，主体的价值追求也具有多样性。主体一般会根据自身利益和实际情况，通过权衡作出价值选择，或者"一箭双雕"，同时追求多种价值；或者区分主次，主要追求某一种价值，或者一心一意，就追求某一个价值目标。

主体对于客体价值目标的追求一旦在头脑中形成，就会进一步转化为具体动机，渗透于主体的实践目的之中，激发和支配实践活动，从此形成价值实践。价值实践，简单地说就是对主体追求的价值目标的践行。一定

---

[1]　张莹瑞、佐斌：《社会认同理论及其发展》，载《心理科学进展》2006 年第 3 期。

[2]　王伦光：《论全球化背景下价值冲突与价值认同的根源》，载《理论与改革》2008 年第 3 期。

[3]　贾英健：《认同的哲学意蕴与价值认同的本质》，载《山东师范大学学报》（人文社会科学版）2006 年第 1 期。

程度上，实践活动只不过是对人的价值追求的实现罢了。人的价值追求规定着实践活动的方向和目标，价值追求对人的诱惑力越大，人实践活动的动力也就越强。马克思曾指出："一旦有适当的利润，资本就胆大起来。如果有10%的利润，它就保证到处被使用；有20%的利润，它就活跃起来；有50%的利润，它就铤而走险；为了100%的利润，它就敢践踏一切人间法律；有300%的利润，它就敢犯任何罪行，甚至冒绞首的危险。"① 价值追求作为一种价值关系，它不是在人的头脑中主观"构造"、"建造"、想象出来的，价值追求本质上是实践的，需要在人的实践活动过程中实现。实践活动是指导人的价值追求转化为现实价值的活动。"人的现实世界不是给予的世界，而是经人自己的活动参与创造的世界……在这种活动中，人以物的方式从事活动，换来的则是物以人的方式的存在。实践活动不仅创造了人和人的活动，也创造了人的生活世界和对象世界。"② 正是在实践活动中，人将自己的价值追求、价值目标加之于实践对象之上，按照自己的意志和要求改造对象，使对象成为满足自己目的、需要的"为我之物"。在这一过程中，人不仅使对象发生了变化，而且也变革了人自身，使对象与自身都体现着自己的目的需要与意志。所以，人作为一种目的性动物，一种价值性存在，人的任何实践活动都不是无目的、无意义的，而是一种有指向性的价值活动，是人们追求价值、创造价值和实现价值的过程。人围绕着价值追求思考和筹划具体的实践手段、实践步骤、实践方法和预期的实践结果，形成一整套的实践计划或实践方案。在人们的实践活动中，价值追求发动实践行为、手段、步骤等，同时又规范、控制实践行为。实践活动一方面使主体的价值追求转化为客观的现实，另一方面又促使主体产生新的价值追求。价值追求、实践活动、新的价值追求，正是在这无限的发展过程中，人不断地创造出物质财富和精神财富，推动了人的发展和社会的不断进步。

人的价值追求是由价值情感、价值认同、价值实践等要素构成的，价值情感是前提，价值认同是基础，价值实践是根本，三者相互独立，各有

---

① 《资本论》第1卷，人民出版社1975年版，第829页。
② 高清海：《高清海哲学文存》第1卷，吉林人民出版社1997年版，第136—137页。

其特定的内容和作用，又互相联系，相互影响，相互渗透。没有价值情感、价值认同，就不可能产生价值实践活动，而价值情感、价值认同所倾向和追求的价值目标离不开价值实践活动去实现。所以，三者的相互区别、相互联系，共同构成了人的价值追求的动态辩证运动过程。

2. 人的价值追求的内在本质的辩证运动过程

人的价值追求，从其内在规定性来看，表现为两个方面：一方面，从价值主体来看，价值追求的实质就是主体客体化，主体本质力量对象化的过程；另一方面，从价值追求的客体来看，就表现为客体主体化，客体满足主体需要、促进主体发展完善的过程。所以，人的价值追求又体现为主体客体化和客体主体化相统一的辩证运动过程。

所谓主体客体化是指主体通过能动而现实的实践活动对客体的作用、影响和改造，以及将主体自身的各种本质力量和主体性结构积淀、物化、凝聚到客体之中，使客体成为一种属人的存在，成为主体结构的有机组成部分，成为确证和体现人的主体性的"作品"的过程。① 所以，价值追求过程中主体的客体化就是主体的价值理想、价值目标等观念的东西，通过人的实践活动，凝结、体现在作为活动结果的对象上的运动，也就是人的价值追求的外化、对象化的过程。马克思说："人有现实的、感性的对象作为自己的本质即自己的生命表现的对象；或者说，人只有凭借现实的、感性的对象才能表现自己的生命。"② "对象如何对他来说成为他的对象，这取决于对象的性质以及与之相适应的本质力量的性质。"③ 这就是说主体客体化，既决定于对象的性质，又决定于人的本质力量的性质。人本质上是一种对象性的存在物。人只有在同外部对象世界的关系和作用中才能形成、展示自己的本质。离开了对象，离开了人所处的周围世界，人也不能拥有自己的本质。价值追求的过程，就是人在实践活动中通过价值选择、价值创造把潜在价值转化为现实价值的过程。就是主体根据价值追求的目标，作用于客体，认识客体，选择客体，改造客体，创造出合乎主体需要的对象的过程。总之，主体的客体化就是主体合目的地对客体的规定和利用，

---

① 魏忠英、秦志勇：《哲学与现实》，中国人民大学出版社1994年版，第51页。
② 马克思：《1844年经济学—哲学手稿》，人民出版社1985年版，第124页。
③ 马克思：《1844年经济学—哲学手稿》，人民出版社1985年版，第82页。

就是主体将自己的本质力量现实地外化到客体结构之中，从而使客体愈来愈赋有主体的本性和结构，愈来愈表现着主体的本质力量，愈来愈人化的过程。

所谓客体主体化，就是客体通过各种途径和方式对主体所产生的一种反向性的作用和影响，并且使客体的属性、规律等内化为主体的体力、智力的过程。[①] 马克思说："在生产中，人客体化，在消费中，物主体化。"[②] 客体主体化主要表现在两个方面：一是客体通过满足主体多方面的需要，从而不断提高主体的体力和智力，不断丰富人的本质力量。二是客体在制约主体的同时，又为主体的发展提供了可能。因此，客体的主体化就是客体对主体的规定、制约和作用，就是客体的东西转化为主体性的东西的过程。价值追求活动中的客体主体化主要是指价值追求的目标、对象对主体的规定、制约的影响。人的实践活动既是主体客体化的过程，又是客体主体化的过程，即人们在改造客观世界的同时也改造着自身。马克思说在实践活动中，"生产者也改变着，炼出新的品质，通过生产而发展和改造着自身，造成新的力量和新的观念，造成新的交往方式，新的需要和新的语言。"[③] 在对象化活动中，主体形成新的力量、新的观念，从而使自身得到进一步提高。而主体及其本质力量的丰富和发展，必然会提出新的更高的价值目标和价值追求。

主体客体化和客体主体化共存于人的实践活动之中，它们不是分离的两个过程，而是同一实践活动中不可分割的两个方面，二者互为前提、互为媒介，共同发展。主体客体化和客体主体化双向运动的过程表明，人是一个价值存在物，正是在变化着的价值追求的感召下，人不断地丰富和提升了人自身和人的生活。

（三）人的价值追求的实现条件

人的价值追求的实现是一个动态的、现实的、具体的过程，是在社会关系和社会活动过程中实现的，它受政治、经济、文化等多种因素的影响。

---

① 魏忠英、秦志勇：《哲学与现实》，中国人民大学出版社1994年版，第52—53页。
② 《马克思恩格斯全集》第46卷（上），人民出版社1979年版，第26页。
③ 《马克思恩格斯全集》第46卷（上），人民出版社1979年版，第494页。

概括地讲，人的价值追求的实现主要受主观和客观两方面因素的影响。

1. 客观因素

生产力水平。恩格斯指出："人们自己创造着自己的历史，但他们是在既定的、制约着他们的环境中，在现有的现实关系的基础上进行创造的，在这些现实关系中，经济关系不管受到其他关系——政治的和意识形态的——多大影响，归根到底还是具有决定意义的。"[①] 这就是说，人的创造活动是受着一定社会历史条件的限制，特别是受社会经济条件的制约。每一个历史时代的生产力对于当时人们创造社会财富的活动都具有决定的意义。在不同的生产力状况下，人们的价值追求不同，社会提供给人们满足价值追求的条件也不同，因而实现什么样的价值追求、怎样实现价值追求的表现形式也就是不同的，如封建社会由于生产力水平低下，妇女主要被束缚在生育和家务劳动上，就很难实现男女平等和女性全面发展的价值追求。现代科学技术日新月异，生产力水平极大提高，把妇女从家务劳动中解放出来，从而为追求独立、自主、全面发展提供了可能。

政治制度。在不同的政治制度下，由于对生产资料的占有关系不同，在生产过程中所处的地位不同，人们的价值追求及其实现形式也就不一样。在封建社会、资本主义社会里，广大劳动群众不仅在经济上受到剥削，而且在政治上受到压迫，没有民主权利，他们的积极性和创造性受到极大的压抑和摧残，他们的聪明才智得不到应有的发挥，因而他们的价值目标和实现条件就受到很大程度的限制。在社会主义社会，无产阶级和劳动人民掌握了国家政权，成为国家和社会的主人，这就为广大人民群众发挥聪明才智、创造社会财富、实现人生价值追求提供了前所未有的机会和条件。当前，在构建社会主义和谐社会中，我们尊重劳动、尊重知识、尊重人才、尊重创造，充分发挥人民群众的首创精神，使全社会创造能量充分释放、创新成果不断涌现、创业活动蓬勃开展，鼓励和支持包括全体社会主义劳动者和社会主义建设者积极为经济社会发展贡献力量，营造了万众一心共创伟业的生动局面，为人多样化的价值追求的实现创造了全新的政治环境。

文化环境。文化环境是指人一切活动所赖以进行的诸种文化条件的总

---

① 《马克思恩格斯选集》第 4 卷，人民出版社 1995 年版，第 732 页。

和，包括科学技术水平、文化教育、传统习俗等。人在某种意义上可以说是一种文化动物，因为任何人都是生存在一定的文化环境中，为一定的文化氛围所锻造的。离开了一定的文化环境，人既不能创造价值，更不能实现价值。一般来说，科学文化水平高的人可能创造出更多的物质财富和精神财富；反之，没有科学文化或科学文化水平比较低，在创造物质财富和精神财富时，就会受到限制。同时，科学文化水平高的人，他的价值追求也就越多样，越可能以更加合理、民主的方式去实现。例如，在对 20 世纪 80 年代初欧洲人的价值观进行调查后显示，"受教育越多的人，就越是喜欢议论政治，越是力求说服他人赞同自己的观点。他们常常感到自己同某个政党的观点相近，如果这个政党是左翼政党，那么只要时机合适，受教育多的人要比受教育少的人更积极地参加其行列。受教育多的人也更多地参加个人抗议活动。"[①] 文化为人的价值追求的实现提供了一种背景，在不同的文化背景中，人们往往以不同的方式实现自身的价值追求。文化同时也为人的价值追求的实现，提供了一种中介。正是文化使人成为价值主体与价值客体、价值创造与价值享受的统一体。人正是吸取了人类的文化成果，才具有了创造价值、认识价值和实现价值的能力。[②] 所以，文化环境的好坏直接影响着人的价值追求的实现程度。

除上述因素外，影响人的价值追求实现的客观因素还包括自然条件，自然条件不同，在一定程度上限制了人价值追求实现的方式和途径。如池塘垂钓在南方是普通百姓日常生活中很普通的一件事，而在北方的山区，它则成为人们的一种奢望。

2. 主观因素

认知能力。缺乏对价值目标的了解和对价值实现规律的把握，人的价值追求就很难实现。如果要欣赏交响乐、欣赏京剧、欣赏美术作品，就必须要有一定的欣赏能力、知识和素养，只有具备某方面知识的人，才能发现某种知识的价值；只有理解道德作用的人，才能认识道德的价值。无知不可能发现人才，不可能发现物质价值、知识价值、道德价值、审美价值

---

① ［法］让·斯托策尔：《当代欧洲人的价值观念》，陆象淦译，社会科学文献出版社 1988 年版，第 135—136 页。

② 齐振海、袁贵仁：《人的价值问题探索》，教育科学出版社 1995 年版，第 197 页。

和艺术价值。一个没有知识，不懂现代科学技术的人，要想为社会作出较大贡献，也是很困难的。所以，在当代社会，掌握知识，把握事物发展的规律，是主体实现自身价值追求的一个不可缺少的条件。为了能够更好地掌握科学知识，把握事物发展的规律，把握价值追求实现的规律，主体就必须顽强地刻苦学习，努力提高自身的认识能力，用最先进的科学知识来武装自己。

顽强意志。千里之行，始于足下。有了远大的价值目标，还必须脚踏实地，从实际出发，从眼前的小事做起，一步一个脚印去实现自身的价值追求。宋朝大文学家苏轼说："古之立大事者，不惟有超世之才，亦必有坚忍不拔之志。"① 贝弗里奇说："几乎所有有成就的科学家都有一种百折不回的精神，因为大凡有价值的人，在面临反复挫折的时候，都需要毅力和勇气。"② 司马迁也在《报任安书》中说："古者富贵而名摩灭，不可胜计，唯倜傥非常之人称焉。盖文王拘而演《周易》，仲尼厄而作《春秋》；屈原放逐，乃赋《离骚》；左丘失明，厥有《国语》；孙子膑脚，兵法修列；不韦迁蜀，世传《吕览》；韩非囚秦，《说难》、《孤愤》。《诗》三百篇，大抵圣贤发愤之所为作也。此人皆意有所郁结，不得通其道，故述往事，思来者。"没有顽强的意志，遇到困难就退缩不前，很难达到预期的目标，这样的人很难实现远大的价值追求。道德品质不好，以个人为中心，自私自利，就很难尽心竭力地为社会工作，他的知识和能力被私心所束缚，也就很难发挥出来，很难为社会充分贡献自己的聪明才智。由此可见，顽强的意志和良好的品德是一个人实现自己远大价值目标的重要条件。

实践能力。实践是人的存在方式，人不仅在实践活动中把自己从自然界、从他人中分离了出来，而且在实践活动中，实现了自己的价值追求，推动了社会的发展。人要实现自身的价值追求，就必须勇于实践和善于实践。只有实践才能创造价值，只有实践才能使人的内在价值转化为外在价值，使人的潜在价值变为现实价值。一个只说不干的人，是永远不会实现自身价值追求的；同样，一个肯干而不会干的人，也难以充分实现自身的

---

① 《晁错论》。
② ［英］威·伊·比·贝弗里奇：《科学研究的艺术》，陈捷译，科学出版社1979年版，第144页。

价值追求。实践不仅是创造价值的根本途径，也是实现价值追求的根本条件，价值追求的目标能否实现，需要主体创造性的实践活动，不实践既不能创造价值，也不能实现自身的价值追求。所以，实践能力是主体实现自身价值追求不可缺少的主观条件。

自我评价。主体的自我评价对于主体的价值追求的实现有重要影响。主体只有正确地估计自己，充分肯定自己、相信自己有能力实现自身的价值追求目标，才能够积极地投入实际的价值创造活动之中，进而实现自身的价值目标。一个自暴自弃，对自己的能力评价过低，对完成艰苦工作缺乏信心的人，是不可能积极地投入为社会创造价值的活动中的，从而也就难以实现自身应有的价值目标。

（四）人的价值追求的评价

所谓评价，就是对客体价值或客体与主体的价值关系的分析评定，是主体根据一定的评价标准对客体价值作出的判定。对人的价值追求的评价，就是主体对人的价值追求的层次的高低、价值目标实现的程度以及价值追求对个人、他人和社会作用大小的评估和判定。在人的价值追求活动中，价值评价起着至关重要的作用。一个正确恰当的评价，可以积极引导人的价值追求的选择、确立和实现，充分调动人的价值创造的积极性、主动性，有利于促进人的发展。相反，一个错误的评价和决定，则可能导致人的价值目标追求的虚无、价值创造活动的无意义和失败，并带来巨大的负价值，甚至浪费人的生命，严重阻碍社会的发展。如古代社会对女性"三从四德"的价值评价，就错误地引导了女性的人性价值追求，极大地束缚了女性的价值创造和价值实现。当前有些人"笑贫不笑娼"及"宁可坐在宝马车里哭，也不坐在自行车上笑"的价值评价，助长了拜金主义和一些社会丑恶现象的滋生和蔓延，给人的发展尤其是青少年的健康成长带来极为不利的影响。

1. 人的价值追求评价的特点

对人的价值追求的评价是一个复杂的、受多方面因素影响的过程。概括地讲，人的价值追求的评价具有综合性、相对性、历史性等特点。

综合性。人的价值追求是多样的、多层次的，对人的价值追求的评价不仅包括自我评价、他人评价和社会评价，还包括对价值追求层次的功利评价、道德评价和审美评价以及对价值追求影响的短期评价和长期评价等。所以，我们在对人的价值追求进行评价时，绝不能因为具有某方面的价值而简单地肯定其全部价值，如有的人只讲物质价值追求，忽视精神价值；或有的人只讲精神价值追求，忽视物质价值，都不能全面地对其进行肯定性评价。同时，也不能因为具有某方面的"负价值"而简单地否定其全部价值。我们应当综合地、多方面地对人的价值追求进行评估和判定。

相对性。一方面，由于评价主体的不同，对同一个评价对象往往表现出不同的评价结论，这既有个体的价值立场问题，又有个体的心理、价值标准等差异。评价及标准的反差现象正好体现出对人的价值追求评价的相对性特征。另一方面，社会文化的多样性，也是形成对人的价值追求评价相对性的一个重要因素。价值评价，就其内容而言，它是由文化来表征的。生活在不同的文化背景下，人们对人的价值追求的认识、感受、理解是不同的，因而人们对评价标准所涵盖的内容不能不存在着文化上的特殊性。因此，当人们依据一种通用的评价标准衡量另一种文化类型中的价值对象时，往往会出现很大的差异甚至完全相反的现象，不仅如此，在同一种文化类型的不同区域中也同样会出现这种现象。同时，对人的价值追求评价的相对性还表现在人与人之间的价值大小对比的相对性、价值追求层次高低的相对性，如功利价值追求与审美价值追求的相对性，如果大家都像庄周那样把一切都看穿了，都去追求个人的自由与潇洒，与天地合一，那人类社会就不可能有什么创造，有什么进步。因此，对人的价值追求的评价也只能是相对的。

历史性。社会历史的发展是一个动态的过程，评价标准也是在历史发展过程中具体形成的，是发展变化的、具体的、历史的。在特定历史条件下，主体对人的价值追求也不可能完全认识，一是因为人是一个未完成的评价对象，对其价值追求的评价也就不可能"一步到位"；二是因为一个人的价值追求不可能在某个时候完全正确地为社会所承认、所确定。历史上既有"盖棺定论"之说，同时也有"盖棺"未能"定论"之说。由于多方面的原因，有些人的价值追求或人的有些价值追求的是非对错，往往是随着社会的往后推移逐渐显示出来的。所以，从整体上讲对人的价值追求的评价是一个历史的过程。

2. 人的价值追求评价的类型

依据不同的标准，可以将人的价值追求的评价划分为不同的类型。

从评价主体的角度划分，可以将对人的价值追求的评价分为自我评价、他人评价和社会评价。

自我评价是个体对自身的价值追求的评估和判定，是人的自我意识和良心的一种表现，是自我完善的一个重要环节。主体两重化是自我评价活动的显著特征。自我作为主体，又作为客体，既处于主体地位，又处于客体地位，是主体和客体的统一。自我评价活动就是主体对主体自身的评价活动，是"主体从自身生存发展完善的效应出发来看待作为客体的主体属性的过程，也就是主体把经过选择的对主体生存发展完善的效应与作为客体的主体属性之间所形成的价值关系反映到主体意识中来的过程。"① 自我评价对于人的价值追求具有非常重要的意义。古人说："人贵有自知之明。"还说："知人者智，自知者明。"② 只有正确的自我评价才能作出正确的价值选择，实施正确的价值创造，才能扬长避短发挥优势，促进人的价值追求的全面实现。相反，不论过高评价自己，还是过低评价自己，都不利于价值追求的健康发展。自我评价的方法主要是内省，也包括实践中的自我反思。一是运用一定的规范标准来衡量自己的价值追求。如按照儒家的标准来反思自己。"吾日三省吾身：为人谋而不忠乎？与朋友交而不信乎？传不习乎？"③ 以及"富与贵，是人之所欲也，不以其道得之，不处也；贫与贱，是人之所恶也，不以其道得之，不去也。"④ 二是运用典范的榜样对比自己。一个追求理想的人，都应该为自己确立一个理想的典范。三是现实生活中与他人做对比。古人说："以人为镜，可以知得失。"⑤ 用正反面的人物作镜子，"见贤而思齐焉，见不贤而自省也。"⑥ 以先进人物高尚的价值追求为榜样激励自己，从反面人物落后的价值追求那里吸取教训，防止重蹈覆辙。在一定意义上，人都是以他人为中介，以他人为镜子认识和评

① 陈新汉：《评价论导论》，上海社会科学院出版社 1995 年版，第 286 页。
② 《道德经》。
③ 《论语·学而》。
④ 《论语·里仁》。
⑤ 《资治通鉴卷一九六·唐纪十二》。
⑥ 《论语·里仁》。

价自己的。所以，一个人的成长，社会环境和良师益友很重要。

他人评价是指个体之外的单个主体对个体的价值追求的评价。他人评价具有很强的个体化特征，因为每一个人所依据的评价标准不同，因而不同的个人所得出的评价结论往往不同，甚至会相去很远。所以，他人评价相对来说是零散的、不系统的。但相对于自我评价来讲，他人评价又具有更大的客观性。人与人之间相互为对方的镜子，都是在对方的眼里观察自己，"旁观者清，当局者迷。"有时他人往往比自己看得更清楚。人生活在世界上，注定是一个与他人打交道的存在者，常常会听到他人对自己的评价，因此，正确对待他人的评价，善于听取、善于学习、善于借鉴，是不断完善和促进自我价值的重要动力。

社会评价是指社会对个体的价值追求的层次高低、影响大小的评估和判定。社会评价主要是指公众舆论评价和组织权威评价。公众舆论评价是某一社会群体或社会集团依据某种一致和共同利益需要，对个体的价值追求所进行的价值评估和断定。它表达着人们对某一类事物或现象的共同的心理感受、情感意志和思想意识。舆论评价的最原初、最原始的形式是街谈巷议；在现代则借助于报刊、杂志、电台、电视、互联网等大众传播媒介而进行。当前，我们尤其重视网络民意，通过网络的良性互动，促进个体价值追求的和谐发展。组织权威评价是指在特定社会环境中具有一定的社会影响力和威望并使人信服的人和社会组织，对个体的价值追求所进行的评价或断定。它常常是依据一定社会的根本利益和需要来对个体的价值追求进行的评价。如毛泽东代表中国共产党对白求恩同志的评价，认为他是"一个高尚的人，一个纯粹的人，一个有道德的人，一个脱离了低级趣味的人，一个有益于人民的人。"① "凤姐"罗玉凤曾红遍网络，但专家认为，"罗玉凤属于典型的'贫二代'。'他们希望能够在城市生活并成为其中的一份子，但他们渴望的生活与现实反差太大，他们往往希望能够通过非常规手段一夜成名或暴富，从而改变自己的命运。罗玉凤的家庭背景、长相、学识和能力等放在上海这个国际化大都市中，都是微不足道的，但是她想改变自己命运的希望非常强烈，于是就采用了这种非常规的手段，

---

① 《毛泽东选集》第 2 卷，人民出版社 1991 年版，第 660 页。

就是要让大众鄙视她、嘲笑她，反正她出名的目的达到了，出名就有可能改变自己的命运了。成为人们茶余饭后的笑料，娱乐了大众，但是浪费了资源，社会更重要的问题反而被忽视。'"① 组织权威评价是一种极为重要的评价方法，它代表着一定社会评价的最高理性化水平，并且具有付诸实践的指导性和权威性。个体的价值追求一定要高度重视组织权威的评价。

　　人的价值追求的评价还可划分为功利评价、道德评价和审美评价。功利评价的对象是功利价值，凡是能符合主体利益的便对主体具有良好功利价值，功利价值的核心是利、利益。功利评价最突出的特点是它的具体性，有利和有害，在哪一方面有利或有害，在什么条件下有利或有害，都是具体的，是随主体的变化而变化的。功利评价总要借助于有利或有害、有用或无用、有益或无益、好或坏等概念来表示，以把握利害为任务，以指导主体的价值追求。道德评价是指一定社会人们依据一定的道德标准，通过社会舆论和内心信仰，对个体的价值追求进行的善恶判断。当人的价值追求符合一定社会的道德要求时，道德评价就通过对这种行为的赞赏，而倡导更广大的人们效仿。当人的价值追求不符合一定的道德标准时，道德评价则通过谴责，在一定程度上予以约束和阻止。道德评价主体总是具体的、历史的，因此道德评价都是有具体的历史的主体性特征。同时，任何道德都是一定时代经济关系和社会关系的产物，道德评价也具有阶段性和民族性。审美评价是主体依据一定的审美标准，对人的价值追求作出的评价和判定。它表达着一定的审美理想和审美态度，体现着人们的审美追求。审美评价具有强烈的情感性，它对于人们的情感生活、情感世界的丰富和提高起十分重要的作用，对于人们按照美的规律塑造和创造美的事物有重要的作用。马克思指出："动物只是按照它所属的那个种的尺度和需要来建造，而人却懂得按照任何一个种的尺度来进行生产，并且懂得怎样处处都把内在的尺度运用到对象上去；因此，人也按照美的规律来建造。"② 审美评价以一定的审美标准为前提，审美标准是具体的、历史的，不同时代、不同国家和不同民族，往往对同一审美对象作出不同或相反的审美评价，

---

① 邓建新、肖金：《网络"凤姐"引发社会思考》，载《法制日报》2010年4月2日。
② 《马克思恩格斯全集》第42卷，人民出版社1979年版，第97页。

这体现了审美评价的差异性。同时审美评价也具有相同性或相似性，一定历史时期的审美标准又会历史地积淀为一定民族的审美心理结构，反过来又影响着、规范着下一代人的审美评价活动。

依据人的价值追求的实现程度，人的价值追求的评价又可划分为成功评价和失败评价。成功评价是指个体价值追求实现了自己目的的一种肯定性评价。失败评价是指对个体没有实现或没有完全实现自身价值追求的一种否定性评判。一个人价值追求的实现与否，除了本人的主观条件以外，还受众多客观条件的制约。正如恩格斯所说："在社会历史领域内进行活动的，是具有意识的、经过思虑或凭激情行动的、追求某种目的的人；……人们所预期的东西很少如愿以偿，……但是，在表面上是偶然性在起作用的地方，这种偶然性始终是受内部的隐蔽着的规律支配的。"① 所以，对一个人的价值追求的评价，不能简单地以成败来论定，"成败"毕竟是个中性词，为谁而成，为谁而败，还必须作进一步的界定，否则就难以区分主体价值追求的崇高与渺小、正义与非正义、应该与不应该。

3. 人的价值追求评价的基本原则

科学的评价标准，为正确地评价人的价值追求奠定了坚定的基础。在现实生活中，要对人的价值追求作出合理的评价，还必须遵循以下基本原则。

坚持个人尺度与社会尺度的统一。社会尺度就是从对社会群体生存和发展的作用和影响出发衡量人的价值追求。人是一个社会性动物，人的存在和人的价值确证只能在社会和人们的感性活动中进行，离开了社会的个人价值追求最终是没有价值的，所以，必须坚持人的价值追求评价的社会尺度。另一方面，社会的发展最终要落脚于每个人的发展，单纯地强调社会尺度会导致漠视个人的利益和合理需求的倾向。所以，确立人的价值追求的个体尺度也就是要确保人的价值创造过程同时也是人的主体性确立的过程，使社会的发展同时也是人的发展。所以，在人的价值追求评价上必须坚持社会尺度与个人尺度的统一，既要避免把自我价值实现和社会价值对立起来的极端个人主义，又要防止取消个体个性能力发展和个人利益及合理需要的整体主义倾向。

---

① 《马克思恩格斯选集》第 4 卷，人民出版社 1995 年版，第 247 页。

坚持主体尺度和客体尺度的统一。人是主客体的统一，这种辩证的存在方式决定了在对人价值追求进行评价时必须坚持主体尺度与客体尺度的辩证统一。人的存在和人的价值追求的实现只能在对象化的过程中完成，没有对象化的活动就无法确证人的价值追求的实现。"正是在改造对象世界中，人才真正地证明自己是类存在物。……通过这种生产，自然界才表现为他的作品和他的现实。因此，劳动的对象是人的类生活的对象化；人不仅象在意识中那样在精神上使自己二重化，而且能动地、现实地使自己二重化，从而在他所创造的世界中直观自身。"① 人在对象化之后，对象又促使人的发展，正是在这种矛盾的推动下，人实现了客体的主体化和主体的客体化的统一并不断实现对世界的改造。所以，在人的价值追求的评价上应坚持主体尺度与客体尺度的统一。

坚持道德尺度和历史尺度的统一。道德尺度就是用一定社会的道德规范、价值观念来评价人的价值，历史尺度就是以历史进步的标准来评价人的价值创造活动及其结果的效应。道德尺度对人的价值追求的意义在于，道德标准是人类对自身存在和人与人之间交往、行为模式的理想化表达。"道德的基础是人类精神的自律"。② 它作为意识形式是人类以独特的生命存在方式超越被本能所支配的自然界并与动物相区别的重要标志和主体因素之一，是人类文明进步的重要象征。当然，道德尺度本身又是相对的，善与恶的观念是一定条件下的产物，不同时代有着不同的价值观和道德标准，同时，道德归根结底又是一定社会经济状况的产物，它是被社会经济发展的历史所决定的。因此，它要从属于经济关系，不是人们的道德状况来决定社会历史的发展，相反，社会的经济关系和政治关系决定着人们的道德状况。所以，在对人的价值追求的评价问题上，道德尺度也是有限度的，一个人在道德上的恶都可能在历史上推动了社会的进步，如秦始皇灭六国对六国是恶，对历史却是善。当社会的发展需要抛弃某种道德规范时，历史的尺度就会比道德的尺度更为重要，而且或迟或早要推动道德的变革。这说明对人的价值追求的评价最终还要落脚于历史的尺度，即是否推动了

---

① 马克思：《1844 年经济学—哲学手稿》，人民出版社 1985 年版，第 54 页。
② 《马克思恩格斯全集》第 1 卷，人民出版社 1956 年版，第 15 页。

社会进步。当然，强调历史尺度并不是要取代道德尺度，而是要辩证地对待两者，坚持两者的辩证统一，一味地强调某一方面都是错误的。

坚持创造与享受相比较的原则。任何个人在创造价值和为社会做贡献的同时，也在消费价值、享受价值和向社会索取。在评价其绝对值时，还要看到其相对值。也就是说，不仅要看他创造了多少，还要看他索取了多少。两者比较，创造得越多，索取得越少，他的价值才越大；反之，他的价值就越小。只强调其中一个方面，都不可能对人的价值作出准确的评估。

总之，只有对人价值追求作出全面的历史的评价，才能有助于人们树立正确的人生价值观，有助于促进人的价值追求目标的实现，有助于人的全面发展和社会的全面进步。

二、社会的价值追求的目标与本质

社会的价值追求就是一定社会在一定历史时期所形成的人们共同认可和遵循的价值理想与价值目标。社会价值追求受一定的社会生产方式的制约。马克思说："物质生活的生产方式制约着整个社会生活、政治生活和精神生活的过程。"[①] 社会的生产力发展水平是怎样的，社会的价值追求就表现出怎样的状态，生产方式发展到什么阶段，社会的价值追求就表现出什么特征。原始社会生产力水平低下，人们在共同劳动的过程中所形成的普遍价值追求也就相对简单和朴素。到了奴隶社会，奴隶主占有生产资料和奴隶，社会的价值追求就主要表现为在经济上占统治地位的奴隶主阶级的价值准则。"统治阶级的思想在每一时代都是占统治地位的思想。这就是说，一个阶级是社会上占统治地位的物质力量，同时也是社会上占统治地位的精神力量。支配着物质生活资料的阶级，同时也支配着精神生产资料，因此，那些没有精神生产资料的人的思想，一般地是隶属于这个阶级

---

① 《马克思恩格斯选集》第 2 卷，人民出版社 1995 年版，第 32 页。

的。"①　在封建社会，地主阶级占有大部分生产资料和不完全占有农奴，经济上占统治地位的地主阶级的价值追求，就成为占主导地位的社会的价值追求。资本主义社会的价值追求构建早于资本主义社会的政体构建。资产阶级革命前提出的"自由、平等、博爱"成为当时资产阶级推翻封建贵族统治激发人民革命士气的口号，资产阶级革命成功以后，这个口号演化成资本主义社会价值追求的核心概念。正如恩格斯所说："现在我们知道，这个理性的王国不过是资产阶级的理想化的王国；永恒的正义在资产阶级的司法中得到实现；平等归结为法律面前的资产阶级的平等；被宣布为最主要的人权之一的是资产阶级的所有权……"。②　共产主义社会是人类最崇高的社会理想，"各尽所能，按需分配"和人的自由而全面发展就成为共产主义社会的价值追求。马克思指出："在共产主义社会高级阶段，在迫使个人奴隶般地服从分工的情形已经消失，从而脑力劳动和体力劳动的对立也随之消失之后；在劳动已经不仅仅是谋生的手段，而且本身成了生活的第一需要之后；在随着个人的自由全面发展，他们的生产力也增长起来，而集体财富的一切源泉都充分涌流之后，——只有在那个时候，才能完全超出资产阶级权利的狭隘眼界，社会才能在自己的旗帜上写上：各尽所能，按需分配！"③　共产主义社会是历史发展的必然趋势，共产主义社会的价值追求一定能够实现，但共产主义的实现是一个长期的实践过程，建设社会主义是走向共产主义的必由之路。中国共产党把马克思主义基本原理与中国革命和建设的实际相结合，解放思想，实事求是，与时俱进，走出了一条符合中国国情的社会主义道路。当前，把我国建设成为富强民主文明和谐的社会主义现代化国家，就是中华民族社会主义初级阶段的价值追求。

（一）社会的价值追求的内涵和基本特征

社会是人实践活动的结果，是由人所创造并由人来改变的但又深刻影响和制约人的共同体。作为一种整体性存在，"社会不是由个人构成，而是

---

① 《马克思恩格斯选集》第 1 卷，人民出版社 1995 年版，第 98 页。
② 《马克思恩格斯全集》第 20 卷，人民出版社 1971 年版，第 20 页。
③ 《马克思恩格斯选集》第 3 卷，人民出版社 1995 年版，第 305—306 页。

表现这些个人彼此发生的那些联系和关系的总和。"① 不同社会以及同一社会在不同历史发展阶段都有自己的价值追求。所以，社会的价值追求是指一定社会在一定历史时期所形成的人们共同认可和遵循的价值理想与价值目标。与个人的价值追求相比较，社会的价值追求具有以下特点。

第一，社会的价值追求具有共有性。社会的价值追求是不同国家、不同民族的人们在一定历史时期长期生产和生活实践中形成的，是被人们共同认可、共同选择、共同遵守、共同维护的。追求共有的精神家园是个体生存和发展的重要基础。丹尼尔·贝尔说："每个社会都设法建立一个意义系统，人们通过它们来显示自己与世界的联系。这些意义规定了一套目的，它们或像神话和仪式那样，解释了共同经验的特点，或通过人的魔法或技术力量来改造自然。这些意义体现在宗教、文化和工作中。"② 这种社会价值追求的共有性发端于人们对某物、某人的崇拜，或对某种学说、观念、理论的信仰，或对某种文化、价值、传统、习俗、生活方式的认同。它具有普遍性，是维系和联结社会成员的精神纽带，是凝聚和规范人们思想行为的主导意识形态。

第二，社会的价值追求具有整体性。社会的价值追求反映的是一定时期一定社会人们对客观世界的认识、对人的自身认识，它体现着人与人、人与社会、人与自然的整体性关系，既包含着对物质的价值追求，也包含有对精神的价值指向。所以，它不是单个的、孤立的价值追求，它是一个系统，是一个由多种要素所构成的价值体系。同时，社会的价值追求的整体性还表现为，它是从全社会和社会全体成员根本利益的角度和立场来选择确定价值理想、价值目标，其价值判断标准不在于是否满足个别社会成员的个体需要、局部利益，而是能满足大多数社会成员的长远需要和是否有利于社会的全面发展与进步。如邓小平提出衡量一切工作是非得失的判断标准，应该主要看"是否有利于发展社会主义社会的生产力，是否有利于增强社会主义国家的综合国力，是否有利于提高人民的生活水平。"③

---

① 《马克思恩格斯全集》第 46 卷（上），人民出版社 1979 年版，第 220 页。
② ［美］丹尼尔·贝尔：《资本主义文化矛盾》，赵一凡等译，三联书店 1989 年版，第 197 页。
③ 《邓小平文选》第 3 卷，人民出版社 1993 年版，第 372 页。

"三个有利于"就是从社会发展的整体利益来判断各项工作的价值标准，成为当时我国进行改革开放的普遍的价值追求。

第三，社会的价值追求具有历史性。每一个历史发展阶段上的社会形态都有自己特定的价值追求，它是对一定社会生产发展水平的反映。也就是说，不同的社会历史时期，社会的价值追求是各不相同的。随着社会的发展，社会的价值追求也会随之发生相应的变化。舍勒说："任何一个时期的社会价值形而上学，都系统表述它自己的历史性道德心，个别性道德心，以及'公共舆论'，它是绝对的，又是个别有效的认识。"① 社会的价值追求是一定历史时期人们共同的价值目标，随着社会生产方式的发展，它也具有相应的发展阶段和社会形态。即使在同一社会形态上，由于历史发展阶段的不同，它也会有不同的表现形式，从总的发展程序上说，社会的价值追求呈现出从简单到复杂，从单一到全面的发展序列。

第四，社会的价值追求具有民族性。价值追求具有鲜明的主体性特征。社会的价值追求充分体现着特定社会民族的感情、态度、认知和兴趣，是对一定民族生存方式和价值观的反映。"民族的心理、语言、习俗、宗教、生活方式、文化传统……这些与一定的生产方式结合在一起，构成了一定的民族的生存方式。不同的生存方式必然形成价值体系风貌特征上的差异。"② 如中国传统社会以儒家为主的价值观重人伦轻自然、重群体轻个体、重义轻利，强调仁、义、礼、智、信；而西方则重个人、重利益、重自由、重竞争。不同民族的价值追求体现了民族不同的生产生活方式和文化传统，体现了民族、社会发展的差异性，从而构成整个世界多彩、丰富的价值观念体系。

（二）社会的价值追求的类型和功能

1. 社会的价值追求的类型

任何社会都有自己的价值追求，社会的价值追求就像航行中的灯塔，指引着人们前进的方向；就像庙里的神，慰藉着人们心灵的家园，建构着

---

① ［德］马克斯·舍勒：《知识社会学问题》，艾彦译，华夏出版社 2000 年版，第 196、203 页。

② 李从军：《价值体系的历史选择》，人民出版社 1992 年版，第 252—253 页。

人们的精神世界。按照不同的标准，社会的价值追求可划分为不同的类型。如依据社会形态，可划分为原始社会的价值追求、奴隶社会的价值追求、封建社会的价值追求、资本主义社会的价值追求、社会主义社会的价值追求和共产主义社会的价值追求。依据价值追求在社会生活中发挥作用的大小和所处的地位，可划分为社会核心价值追求和社会非核心价值追求。社会的价值追求的多样性，充分说明了它生成和发展的复杂性与长期性。

（1）社会的核心价值追求。社会的核心价值追求是指在一定社会价值体系中居于主导地位，起着支配作用的价值追求。共同的理想、共同的信念、共同的道德目标、共同的价值目标、共同的文明准则等等，构成了一个社会的核心价值追求。人类历史的发展表明，一个国家和民族的伟大，不在于其历史存续时间的长短，也不在于其提供物质财富的多寡，而在于其提供的核心价值追求，在于其提供的核心价值追求对世界、人生、社会的最高理解。中华文化受世人所敬仰，就在于中华文化核心价值追求蕴藏着人类生存和发展的高超智慧。社会的核心价值追求具有对内和对外的双重功能。"对内，它是社会凝聚力的来源，只有明确了自己的核心价值观，整个的国家运作、制度设计、法律制定、政府决策、文化发展、公民教育才有最终的价值依托。"[1] 对外，核心价值追求是一个民族自信、自立、自强的重要体现，是该民族独特性的重要标志，是该民族独特品质、独特风格、独特生活方式的重要体现，也是一个社会、一个民族面临灾害、危机时凝聚人心、整合力量、鼓舞士气的重要精神力量，"有的社会当生存受到严重挑战时，也能够推迟其衰亡，遏制其解体，办法就是重新振作公民身份和国家特性意识，振奋国家的目标感，以及国民共有的文化价值观。"[2] 一个社会有自己独特的核心价值追求，就不会依附于外来力量，就不会被外来力量所削弱、征服和同化，就能独立于世界民族之林。所以，核心价值追求是内聚人心、外抗渗透演变的重要精神支柱。

（2）社会的非核心价值追求。社会的非核心价值追求是指处于次要和从属地位的社会价值追求。一个开放社会的价值追求是多元的，核心价值

---

① 吴新文：《社会主义核心价值观》，重庆出版社 2009 年版，第 11 页。

② ［美］赛缪尔·享廷顿：《我们是谁？——美国国家特性面临的挑战》，程克雄译，新华出版社 2005 年版，第 11 页。

追求主要解决社会的精神主导力、凝聚力、引领力等问题，强调人们的国家认同、民族认同、文化认同和社会制度认同。非核心价值追求主要解决个人在公共生活和私人生活领域中的精神追求、精神归属等问题，强调人们非政治层面的思想认同、情感认同、心理认同和生活认同等。如一个社会的生产、生活、消费习俗及区域价值追求、家庭价值追求、企业价值追求等。社会的非核心价值追求是对社会核心价值追求的重要补充，它衍生到社会生活的各个方面，起到了核心价值追求不可替代的功能和作用。如我国古代社会家族的价值追求，巩固、强化了传统的核心价值追求，具体化为人们的行为活动，对我国传统社会的稳定和发展起到了非常重要的作用。一般而言，社会的非核心价值追求和社会的核心价值追求在方向上是一致的，是有利于促进社会核心价值追求发展的，但也存在互相不一致的情况。因此，一个社会要长治久安就不仅要重视社会的核心价值追求，也要高度重视社会的非核心价值追求，主动引导社会非核心价值追求，使它朝着有利于促进社会核心价值追求的方向发展。

2. 社会的价值追求的功能

社会生活的本质是实践，社会的价值追求是人们在一定的社会政治、经济、文化、社会生活实践活动中产生和发展的，它反映社会意识的本质，体现社会意识的性质，影响人们的思想观念、思维方式、行为规范，对于社会的生存和发展具有非常重要的作用。

（1）引导作用。社会的价值追求是社会共同意志的反映，它对个体的思想观念、行为方式具有引导作用。任何社会的价值体系都是多元的，人们的价值选择也是多样的，社会的价值追求为全体社会成员判断行为得失、作出道德选择、确定价值选择，提供了基本的价值准则和行为规范，指导、约束、规范和影响着人们的思想和行为，使人们自觉地遵从社会价值追求的具体内容，并在各种实践活动中保持与社会的价值追求相一致。社会思潮越是纷繁复杂，越需要主旋律，越需要用核心价值观念引领多样化的社会意识，牢牢掌握社会意识形态领域的主导权、主动权、话语权，最大限度地凝聚社会思想共识。社会的价值追求的引导作用还表现在它既尊重人们在思想意识、价值观念上的差异性，同时又强调价值追求的同一性，要求人们要有共同的理想、信念、价值观和共同的国家认同、民族认同、文化认同和社会制度认同。既尊重不同社会群体、社会阶层的不同价值追求，又强调要遵守社会倡导的主流价值导向，坚决抵制各种错误思想和与社会的价值追求相悖的思想文化的影响，坚持引导社会思潮、个人价值追求朝着积极健康的方向发展。一般而言，社会成员对社会的价值追求的认同度越高，它对社会成员的引导功能就越强。所以，不断提高社会成员对社会的价值追求的认同程度，是社会的价值追求提高其引导功能的根本途径。

（2）凝聚作用。社会的价值追求是社会系统得以运转，社会秩序得以维持的基本精神依托。社会的价值追求是凝聚人与人、人与社会的精神纽带，任何社会都有自己共同的价值追求，旧社会的灭亡往往以其价值体系的崩溃为先声，新社会的诞生往往以其先进的社会价值追求为先导。社会的价值追求通过人们对共同的理想、共同的信念、共同的道德标准、共同的价值目标、共同的文明准则等的认同，凝聚了人心，团结了力量，有利于消除社会许多不稳定因素，减少社会震荡，形成社会发展的强大合力。如阿根廷在1997年发生金融危机之后，由于缺乏主流的价值导向，社会无法形成合力，无法同舟共济渡过难关。而相反，近年来，我国在灾难和危机面前，党和政府总是始终强调"信心要比黄金和货币更重要"，坚持社会主义和谐社会核心价值体系引领，认为只有信心才能产生勇气和力量，只有勇气和力量才能战胜困难，最终战胜了非典、"5·12"汶川大地震和国际金融危机等。人类发展的历史表明，一个民族，一个国家，如果没有共同价值追求，也就失去了民魂国魂，就失去了凝聚力和生命力。所以，实现中华民族的伟大复兴，必须要大力加强社会的共同价值观建设。

（3）调节作用。社会的价值追求不仅规范人们的思想和行为，而且调节人们的价值追求和行为。如"富与贵，是人之所欲也，不以其道得之，不处也；贫与贱，是人之所恶也，不以其道得之，不去也。"① 在面对富与贵、贫与贱的价值选择时，以儒家思想为代表的中国传统社会的价值观起到了很好的价值调节作用。在社会生活中，同一主体会面对不同的甚至截然相反的价值对象，不同主体会面对同一价值客体进行选择，不同的价值选择、价值评价发生矛盾和冲突时，就需要社会的价值追求来进行调节。

---

① 《论语·里仁》。

社会价值追求的调节功能首先表现为对个体自身观念的调节；其次，是对行为的调节，即强化或引导人们的行为要符合社会的价值追求，抑制、克服与社会的价值追求不相符合的行为。再次，调节功能还表现在按照社会的价值追求来协调、改善个人生活和社会生活。即通过对主体行为的调节，使观念变为行动，通过行为作用于社会生活，从而实现社会生活按照社会价值追求的方向前进。当前我国建设社会主义和谐社会核心价值体系，就是要充分发挥社会主义和谐社会核心价值体系在调节社会关系和社会矛盾中的重要作用，坚持用社会主义和谐社会核心价值体系主导、引领、统摄多样化的价值观念，使人们正确处理个人利益和集体利益、眼前利益和长远利益、局部利益和整体利益，理性合法地表达利益诉求和解决利益矛盾，减少价值冲突，增进社会认同，不断增强全民族的向心力和凝聚力，激励人们满怀信心全身心地投身改革开放和社会主义现代化建设事业。

（三）社会的价值追求的目标——构建核心价值观

社会的价值追求是社会意识形态的重要体现，归根结底是社会生产方式的反映。不同的社会其价值追求是不同的，但不同的社会价值追求却有一个共同的目标即构建核心价值观。

价值追求的目标就是价值活动指向的目的。"就是主体根据对客观规律的认识和主体利益、需要而提出，并为之努力奋斗的未来客体的模型，或观念中设计的未来行为的理想结果。"[①] 人的一切创造活动，都是在一定的目的指导下进行的。

价值目标是主体知、情、意的统一。价值目标反映了主体的认识水平和实践能力，是根据主体利益和客观条件而提出的。列宁说："人的目的是客观世界所产生的，是以它为前提的。"[②] 正确的价值目标，是主观与客观的统一；错误的价值目标，是主观与客观相分裂的一种主观妄想。

价值目标是同一性与多样性的统一。一定历史时期，一个国家、民族具有共同的利益，具有共同的价值目标。这种共同的目标反映了一个时代

---

① 王玉樑：《价值哲学新探》，陕西人民教育出版社 1993 年版，第 337 页。
② 列宁：《哲学笔记》，人民出版社 1974 年版，第 201 页。

多数人的共同的价值追求。同时，价值目标又具有多样性，既可以从结构来划分，也可以从时间来划分，还可以从领域来划分等。因此，价值目标是一个系统，是多层次、多方面的统一。社会的价值追求的目标，最主要的就是建设能凝聚人心、团结力量、引领发展的核心价值观。

价值目标是超前性与现实性的统一。价值目标是对未来的设想，是理想的客体的模型，是对现实的超越与扬弃。同时，价值目标又有其现实根据，有现实的可能性，以现实的主客观条件为基础。没有超前性，价值目标就失去其引领力、感召力；没有现实性，价值目标就没有现实基础，就是空想。所以价值目标是超越性与现实性的统一。

价值目标是主体活动的强大动力。一个社会只有确立正确的宏大的目标，才能产生强大的动力，才能激发广大人民群众的热情，"伟大的精力只是为了伟大的目的产生的。"[1] 价值目标具有重大的鼓舞激励作用，是人们前进的强大动力。其次，价值目标决定着价值活动的手段。目的、目标决定手段，手段服从目的。有什么样的目标，就会产生什么样的手段。当然，目标正确高尚，手段也可能失当，这与社会文明程度和主体的素质有关。另一方面，手段又制约着目的，目的的提出，以一定手段为前提。马克思说："任务本身，只有在解决它的物质条件已经存在或者至少是在生成过程中的时候，才会产生。"[2] 手段是实现目的的必要条件和保证，没有一定手段目的就不能实现。最后，价值目标决定价值活动的全过程。价值目标的提出，是价值实践活动的起点，整个价值实践活动都是在价值目标的指导下进行的，都是为了实现价值目标，并以此组织、协调主体的全部活动，使主体的价值实践活动服从和服务于价值目标。所以，价值目标贯穿整个价值实践活动的全过程。

价值由于其主体性特征决定了社会的价值追求是一个复杂的观念体系。同一社会不同历史时期其社会的价值追求是不同的，同一社会同一时期可能会有多种思想价值体系并存。社会的存在和发展固然需要经济、政治等诸多条件，其中作为组成社会共同体的主体成员之间的亲和力、凝聚力、

---

① 《斯大林全集》第1卷，人民出版社1954年版，第16页。
② 《马克思恩格斯选集》第2卷，人民出版社1995年版，第33页。

向心力，是最重要的条件之一。人们之间的凝聚力、亲和力的精神根源就是人们的共同价值追求。而这种共同价值追求很难在社会成员各自的价值实践中自发形成，这就需要社会共同体的组织者和精英根据共同体的利益和需要加以推介、引导、建设，启发人们普遍认识到社会核心价值观的构建是他们的长远利益和根本利益的寄托，是维护共同体长久发展的必然选择。所以，社会的需要和社会的价值追求的功能决定了社会的价值追求的目标是构建社会核心价值观。

构建社会核心价值观是社会共同体存在和发展的需要。社会共同体是由个人所组成的，但它不是单个个人的堆积或简单相加，而是人们相互交往的产物，是全部社会关系的总和。马克思指出："社会——不管其形式如何——是什么呢？是人们交互活动的产物。"① 单个个人之间、个体与群体之间、群体与群体之间交往需要有一种超越民族、血缘、语言、习惯、地域等的观察世界、判断事物的共同的基本价值准则，否则，就会导致价值失衡、价值失范、信仰危机甚至长期的价值冲突，国家和民族就会四分五裂，失去前进的方向，失去发展的精神动力。因此，任何社会、任何国家、任何民族的生存和发展，都需要有一定的核心价值观或主导价值观的强力支撑。

构建社会核心价值观是维护社会主流意识形态的需要。在任何一种社会形态中，在社会发展的各个阶段，意识形态的凝聚力都至关重要，它对保证政治权力的合法性，保持社会稳定，缓解社会矛盾和冲突，引导人们的思想意识和行为具有非常重要的作用。"如果在一个社会发展过程中，主流意识形态的凝聚力减弱，或者丧失，那么社会的稳定和向心力也将减弱，由此必然引起人们对政治权力合法性的怀疑，产生信仰危机。"② 因此，任何社会的统治阶级，为了维护本阶级的统治地位，为了保障社会的安定与发展，都必然要利用其统治地位的优势，依靠国家的力量，大力倡导代表本阶级根本利益的价值体系，同化大众价值追求，以确保其社会核心价值观的地位与功能的发挥，确保其主流意识形态对社会思潮的引领作用。

构建社会核心价值观是协调利益、引领社会发展的需要。个体的价值

---

① 《马克思恩格斯选集》第 4 卷，人民出版社 1995 年版，第 532 页。
② 徐海波等：《马克思主义价值的当代诠释》，人民出版社 2007 年版，第 50 页。

观念往往是从日常生活出发，只注重个体利益、功利价值，缺乏整体性、根本性和长远性的眼光，很难把握对象世界的整体发展趋势，能担当此重任的只能是代表社会发展要求和大多数成员利益的共同价值导向。从一定程度上讲，社会的进步就是新的核心价值导向制度化、对象化的过程。同时在社会改革过程中，可能导致一些个体价值体系与社会主流价值体系的冲突，这就迫切需要社会核心价值观来帮助人们提高和深化对对象世界的认识，引导人们的价值取向，调整和提升人们的价值观念，使人们自觉地将自己的价值目标和社会整体的价值目标一致起来。社会的价值追求的目标，主要是通过寻求社会思想共识来凝聚社会发展的合力，从而促进社会发展进步。社会核心价值观能以其巨大的理论力量、精神力量、道德力量，凝聚人、感召人、鼓舞人，成为人们社会生活的主心骨，从而增强人们对社会发展的认同感，同心同德推动社会又好又快发展。

核心价值观是一个国家和民族价值体系中最本质、最具决定作用的部分，它支撑和影响着所有价值判断，因而应当是整个人类发展历史和未来走向的总概括。① 一个社会如果没有核心价值观，社会就会失去共同的思想基础，导致人心涣散、社会混乱。所以，一个健全的社会不仅要有经济、政治、文化等功能性领域，而且要有自己独特的"理想"、"品位"和"精神气质"，而它们就浓缩在其核心价值观之中。核心价值观的特质主要表现在以下几个方面。②

第一，核心价值观是社会共同体成员在重大价值问题上，特别是在建设一个什么样的社会，什么样的社会是美好社会，怎么建设美好社会等问题上的基本共识。它体现了社会共同体的集体意志、文化特色和价值追求，具有明确的历史传承、现实关怀和未来指向。

第二，核心价值观是由核心价值理念、核心价值原则、核心价值规范等要素所构成，它旨在为社会提供精神支柱和终极意义，以弥合无所不在的利益冲突所带来的社会分化。丹尼尔·贝尔指出："一旦社会失去了超验纽带的维系，或者说当它不能继续为它的品格构造、工作和文化提供某种

---

① 王泽应：《社会主义核心价值观的基本特征》，载《光明日报》2007 年 4 月 3 日。
② 吴新文：《社会主义核心价值观》，重庆出版集团、重庆出版社 2009 年版，第 7—10 页。

'终极意义'时，这个制度就会发生动荡。"① 核心价值观在社会生活中正是精神寄托和终极意义的来源。

第三，核心价值观是被一个社会的主流政治力量所倡导，为社会的绝大多数成员所尊崇，并在其基本制度中有所体现的价值观。核心价值既与执政党和政府的意识形态相关，又与大众的信仰体系、精神追求相关。它不是统治阶级的一厢情愿，而是建立在社会大多数人的认同基础之上的。如新加坡政府在《共同价值白皮书》中倡导的共同价值观：国家至上，社会为先；家庭为根，社会为本；关怀支持，尊重个人；求同存异，协商共识；种族和谐，宗教宽容。此核心价值观的建构是在多元文化社会寻求文化认同的典范，其核心精神既继承了儒家伦理也吸收了包括马来族、印度族以及其他种族等东方文化的价值准则，因而容易为各个民族种族所接受。②

第四，核心价值观既是"实然"的，又是"应然"的；既具有现实性，又具有理想性；它既在一个社会的基本制度、大众信仰和文化传统中有所体现，又作为目标和理想而与现实保持一定距离。这种张力使核心价值观成为了社会变革的源泉和社会进步的推动力量。

第五，核心价值观既是普遍认同的，又是需要着力建设的。核心价值观是社会普遍认同的价值理想、价值尺度、价值原则的集中体现，并内化为人们普遍的价值追求和价值向往。人们的普遍认同是核心价值观存在的社会心理基础。同时，核心价值观不是单纯依靠社会自发形成的，而是要依赖于统治阶级及其代表的倡导与建设，要把社会核心价值观贯穿于经济、政治、文化、社会建设各个领域，体现到制度设计、政策法规制定和社会管理各项事业之中，引导每一个社会成员自觉践行社会核心价值观。

第六，核心价值观既是包容的又是排他的。核心价值观能否发挥主导作用，很大程度上要看它能不能包容和整合大多数社会群体的思想意识。所以，一个社会的核心价值观可能借鉴和吸纳了代表社会发展趋势的各种先进的合理的价值观的积极因素。另一方面，核心价值观具有强烈的排他

---

① ［美］丹尼尔·贝尔：《资本主义的文化矛盾》，赵一凡译，三联书店1992年版，第67页。
② 万军：《新加坡推进社会建设的启示》，载《学习时报》2010年5月25日。

性，"正统的价值系统在相当大的程度上是以自我为本位的。"① 核心价值观积淀着一个民族最深层的精神追求和行为准则，符合民族心理，反映民族特征，体现民族品格，其主导引导权威是不容挑战的，它会坚决抵制各种错误思想和腐朽价值观，是引领社会发展进步的价值体系。

第七，核心价值观既是抽象的，又是具体的。核心价值观首先是以观念形态存在的，是人们对社会存在及其规律的观念形态的反映，在表述形式上常常是抽象的。但核心价值观又是通过人们的社会关系、生产和生活方式、行为语言、文化产品等体现出来的，落实在各行各业的规章制度、市民公约、乡规民约、学生守则等具体的日常生活之中，体现在一个人的世界观、人生观、价值观上，体现在一个人的工作生活和社会交往上，体现在一个人的一言一行上。

一个政党、国家和民族的核心价值观表明了该共同体的文化特质，承载着该共同体的理想和价值追求，蕴涵着该共同体对世界、人生、政治、经济、社会等一系列重大问题的根本理解。确立核心价值观，是一个共同体最高的自我肯定和自我立法，是为其现在和未来定向的基本工作，是创造意义并建立价值体系的事业，关系到共同体的生存和发展。

（四）社会的价值追求的本质——增进人的福祉

"福祉"即"幸福"，它是一个综合概念，既包括人在物质方面的满足，也包括人在政治、文化、精神、心理、环境和社会关系等方面的满足。人的福祉是指人能够享受经济社会发展的成果，既包含客观享受，也包含主观感受，是人"对其物质生活、政治生活和精神文化生活的综合性感受和体验，也是对其自身发展是否全面、是否自由的综合性感受和评价。"②人是社会发展的最终目的，能否真正增进人的幸福以及人的幸福的实现程度如何，是衡量一个社会发展成果的根本价值尺度。社会的价值追求的本质在于增进人的福祉，这是由价值的本质和社会发展的最终目的决定的。

---

① ［美］欧文·拉兹洛等：《意识革命——跨越大西洋的对话》，朱晓苑译，社会科学文献出版社 2001 年版，第 196 页。

② 张兴国：《民生幸福：社会发展的价值旨归》，载《学术研究》2008 年第 8 期。

价值的本质是什么，这看似是一个简单的问题，实际却很复杂。纵观价值思想发展史，人们对价值本质的探讨主要分两大派别：客观价值论和主观价值论，即唯客体论和唯主体论。

唯客体论把价值理解为客体的固有属性或者认为价值就等同于价值客体。如英国伦理学家摩尔认为，"许多的不同事物本身就是善的或者恶的"，① 价值是事物自身固有的，"它本身是昭然若揭的或者真实的；它不是除它本身以外的其他任何命题之推论。"② 事物本身具有不依赖于外在条件的内在价值。德国著名的哲学家舍勒也认为价值是独立于携带者及评价主体之外而存在的先验性质，价值的独立存在赋予价值对象以价值的本质。价值是先于携带者而存在的。例如，美并不是从美丽的事物中归纳抽象出来的，而是先于美丽的事物而存在的，是一种先验的性质。他说，价值是自明的，"并不是以某种方式添加上去的。"③

唯客体论看到了客体对价值形成的作用，有其合理之处。但这种观点忽视主体对价值的作用，不能解释同一客体其价值因人、因时、因地、因条件而异的现象，因而是片面的。对此，罗素批评说："假如一个人说：'牡蛎好吃'，而另一个人却说：'我认为牡蛎不好吃'。我们知道这是没有什么好争的。"④ 因为这是口味的不同。这说明，同一事物对不同的人价值不同，价值不是事物本身所固有的。

与唯客体论相反，唯主体论则认为价值决定于主体或主体的特性。认为价值是由人的情感、兴趣、欲望、需要所决定的，或者认为价值只是主体情感、态度的表达。如美国著名实用主义哲学家詹姆士认为价值或善的本质就是满足需要，他说："善的本质，简单说来就是满足需要。"⑤ 德国哲学家文德尔班也认为价值就是能满足某种需要的东西，或者是能引起某种快感的东西。他说："每种价值首先意味着满足某种需要或引起某种快感

① ［英］摩尔：《伦理学原理》，长河译，商务印书馆 1983 年版，第 3 页。

② ［英］摩尔：《伦理学原理》，长河译，商务印书馆 1983 年版，第 152 页。

③ ［德］马克斯·舍勒：《伦理学中的形式主义与质料的价值伦理学》，倪梁康译，三联书店 2004 年版，第 239 页。

④ ［英］罗素：《宗教与科学》，徐奕春，林国夫译，商务印书馆 1982 年版，第 127 页。

⑤ ［美］詹姆士：《信仰的力量》。转引自张岱年：《论价值的层次》，载《中国社会科学》1990 年第 3 期。

的东西。"① 奥地利哲学家迈农也认为价值植根于人的感情生活或情绪之中。他说："凡是一个东西使我们喜欢，并且只要到使我们喜欢的程度，它便是有价值的。"② 美国新实在论者培里以欲望或兴趣为基础来理解价值的本质。他认为价值"是相对于欲望或兴趣的"，"欲望的因素赋予其对象以善。"③ 他说："事物是由于它们被意愿着而产生价值的，而它们愈被意愿着，就愈具有价值。"④ 他还说："凡是兴趣所在的对象便自然具有价值。无论哪一个对象，一旦有人对它发生兴趣，无论哪一种兴趣，它就都有了价值。"⑤

唯主体论充分看到了主体对价值的作用，自有其高明之处。但它把价值看做是由主观因素决定的或看做人的情感、态度的表达，忽视客体对价值的作用，显然是片面的，实际上就是把事实当做价值，把"是"当做"应当"了。快乐、有趣、满足欲望、满足需求等都是事实，而不是价值。价值在于使主体特别是社会主体发展完善，使人类社会更美好。它体现了人们对美好事物的追求，昭示着前进的方向，具有理想性，价值是对事实的超越。要科学地把握价值的本质，必须区分事实与价值。把事实混同于价值，不区分事实与价值，就必然导致理论上的混乱，实质上就会陷入摩尔当年批评的"自然主义谬误"。摩尔认为快乐或"我们喜欢这事物"是"事实"，而不是"价值"。把"我想要这个""我爱这个"常常当做"我认为这是善的"，是"俗不可耐的错误"。⑥ 因为价值必定是善的，而快乐或我们喜欢这个东西却并非必定是善的。对此，美国哲学家杜威也特别强调："当我们说：某些东西为人们所享受时，这是在陈述一种事实，陈述某种已经存在着的东西；这不是在判断哪件事实的价值。"⑦ 他还说："当我

---

① ［德］文德尔班：《哲学概论》，第254页。转引自杜任之主编：《现代西方著名哲学家述评》（续集），三联书店1983年版，第35页。

② 转引自［阿根廷］方迪启：《价值是什么——价值学导论》，台北联经出版事业公司1986年版，第31页。

③ ［美］培里：《现代哲学倾向》，傅统先译，商务印书馆1962年版，第325、327页。

④ ［美］培里：《现代哲学倾向》，傅统先译，商务印书馆1962年版，第324页。

⑤ ［美］培里：《一般价值论》，第115—116页。转引自方迪启：《价值是什么——价值学导论》，台北联经出版事业公司1986年版，第39页。

⑥ ［英］摩尔：《伦理学原理》，长河译，商务印书馆1983年版，第67页。

⑦ ［美］杜威：《确定性的寻求》，载周辅成编：《西方伦理学名著选读》（下卷），商务印书馆1987年版，第702页。

们说某种东西满足了某种要求时，我们是把它作为一种孤立最后的事实报道的。"① 即"满足某种要求"、"满足某种需要"是事实，而不是价值。认为价值就是满足需要的观点不仅在逻辑上是混乱的，而且也无助于人们的实践，只能导致价值追求的庸俗化。

价值是主体和客体相互作用的产物。价值既离不开主体，也离不开客体。唯客体论肯定了价值的客体性，但却忽视了主体的作用，因而失之片面。而唯主体论则在强调主体作用的同时，往往把主体等同于主观，夸大了主观因素的作用，忽视了客体的作用，同样失之片面。所以，只有从实践的角度，从主体与客体、主体性和客体性、主观和客观相统一的角度，从客观事实出发，才能正确理解价值的本质。

从实践、实践结果理解价值，就是从主客体相互作用去理解价值，就是从主客体相互作用的效益、效果、实效去理解价值，即从主客体相互作用中客体对主体特别是社会主体——人发展完善的效益、效果、效应去理解价值。价值是客体对主体的效应，其效应是多方面的，客体对主体的各种效应最终要体现在对主体生存、发展、完善的作用和影响中，要体现在使广大人民群众发展完善上。所以，从根本上说，价值是客体对社会主体的效应，其本质在于促进社会主体发展、完善，使人和人类社会更美好。而要使人和人类社会更美好，必须不断增进人的生活福祉。在这个意义上说，价值的本质在于使主体发展完善，在于增进民众的生活福祉，使整个社会和广大人民生活更加美好。增进人的幸福和推动社会发展是一个互动的历史过程。人的幸福追求既是社会发展的手段又是社会发展的目的，社会发展既是人的幸福追求的结果也是实现人的幸福的动力，两者互为前提和基础。但人的幸福在人类社会的发展中居于核心地位，社会发展的一切成果最终都要体现在实现人的幸福层面上来。人类社会就是在对幸福的永恒追求和不断实现中得以进步，一部人类社会的发展史就是这样一部对幸福生活的追求史。能否真正增进人的幸福以及人的幸福的实现程度如何，这是衡量一个社会发展的根本价值尺度。

社会是在一定的物质生产基础上联合起来共同生活的人类共同体。社

---

① ［美］杜威：《确定性的寻求》，载周辅成编：《西方伦理学名著选读》（下卷），商务印书馆1987年版，第703页。

会是历史活动的舞台，是历史主体活动的主要客体。社会是由人组成的，人既是历史主体，又是历史客体。所以，社会历史发展规律就是"人们自己的社会行动规律"。① 这种规律在社会历史发展过程的主要体现就是生产关系一定要适合生产力发展的规律，上层建筑一定要适应经济基础、服务于经济基础，有利于经济基础的巩固和发展的规律。社会发展是事实性与价值性相统一的运动过程，其事实性在于它按照自身固有的，不以人的主观意志为转移的客观规律向前发展，其价值性在于它体现着社会主体的目的追求和价值取向。根据生产关系一定要适合生产力的发展的规律，随着生产力的发展，人类社会由低级向高级发展，依次经过原始社会、奴隶社会、封建社会、资本主义社会、社会主义社会和共产主义社会。根据生产力的发展水平和生产方式及人的发展程度，社会发展是由"人的依赖关系"阶段，到"以物的依赖性为基础的人的独立性"阶段，再到"建立在个人全面发展和他们的共同的社会生产力成为他们的社会财富这一基础的自由个性"阶段。②

根据社会主体的目的追求和价值取向，社会发展的目标就是追求民生幸福。费尔巴哈曾经这样说："人的任何一种追求也都是对幸福的追求。"③人类的奋斗历程就是一个不断追求幸福的过程，无论社会政治制度和意识形态有怎样的差异，无论社会文明发展的程度有怎样的不同，追求民生幸福最大化是人类活动永恒的价值追求。

在不同历史发展阶段、不同时代人们对幸福的追求是不同的。在"人的依赖关系"阶段，由于生产力水平低下，人受自然和他人的主宰，因此，幸福就是人从自然关系奴役下的解放、从社会关系奴役下的解放，是"身体的无痛苦和灵魂的不受干扰"。④ 在以"物的依赖性为基础的人的独立性"为特征的社会历史发展阶段，随着生产力的发展，科学技术的进步，个人摆脱了自然血缘关系，摆脱了对原始共同体的隶属和依附，获得了以物的依赖性为基础的人的独立性。但是这时的个人实际上并没有完全脱离

---

① 《马克思恩格斯选集》第3卷，人民出版社1995年版，第634页。
② 《马克思恩格斯全集》第46卷（上），人民出版社1979年版，第104页。
③ 《费尔巴哈哲学著作选集》（上卷），三联书店1959年版，第536页。
④ 苗力田：《古希腊哲学》，中国人民大学出版社1989年版，第94—95页。

共同体的束缚，也没有完全作为真正的个人而存在。金钱、货币替代自然成为主宰人的异己力量。资本主义大工业生产创造出了人支配自然的强大主体能力，但同时由于它的生产特点使社会分工不断细化，社会中每个人的活动和能力根据其所处的岗位呈片面化、畸型化发展的趋势，每一个人都成为机器化大生产体系中的一个"部件"。这些"部件"为维持其生存，只好不断地出卖自己的劳动力。人们劳动的直接目的都是为了换得货币，而人们需要的产品也都要用货币来换取。正如马克思所说："活动和产品的普遍交换已成为每一个单个人的生存条件，这种普遍交换，他们的互相关系，表现为对他们本身来说是异己的、无关的东西，表现为一种物。在交换价值上，人的社会关系转化为物的社会关系，人的能力转化为物的能力。"① 表面上个人是独立的，但物统治着人，人对物严重依赖，离开了对物（货币）的依赖，这种独立性就无从谈起。所以，这个时期的幸福就是人从金钱奴役下的解放、从技术奴役下的解放。在以"人的自由个性发展"为特征的社会历史发展阶段，生产力高度发展，人完全摆脱了对物的依赖性，不再受"物的关系"或"商品货币关系"的束缚，人们同他们的劳动和劳动产品的社会关系无须采取物与物之间的表现形式。人的固定和依赖关系解体的结果是形成了人通过自己的对象性活动，得到了多种多样的发展，表现出了各种不同的才能，形成了多方面的社会关系。"它是人和自然界之间、人和人之间的矛盾的真正解决，是存在和本质、对象化和自我确证、自由和必然、个体和类之间的斗争的真正解决"。② 这一时期，人们第一次成为自然界的自觉的和真正的主人，已经成为与自己的社会结合的主人了，只有从这时起，人们才完全地自己创造自己的历史，人才真正将自己的幸福、自由、全面发展等生活福祉由理想变成现实。因此，此时的幸福就是人的自由而全面发展。"人的自由而全面的发展"是人的生命活动中追求幸福的最高境界，它体现了人们需求满足的充分实现。马克思从全人类的解放和人的本质的复归角度出发，提出"人的自由而全面的发展"，认为幸福是人们摆脱外界的一切束缚而达到自身全面发展的和谐状态。人的

---

① 《马克思恩格斯全集》第 46 卷（上），人民出版社 1979 年版，第 103—104 页。
② 《马克思恩格斯全集》第 42 卷，人民出版社 1979 年版，第 120 页。

全面发展与人的幸福内在统一于社会发展过程当中，它们是同时并存、一体两面的，人的全面发展在生活状态上直接表现为人的幸福真正实现，社会的使命是致力于为一切人的自由全面发展、人的幸福实现创造条件。幸福就是"为了人并且通过人对人的本质和人的生命、对象性的人和人的产品的感性的占有，不应当仅仅被理解为直接的、片面的享受，不应当仅仅被理解为占有、拥有。人以一种全面的方式，也就是说，作为一个完整的人，占有自己全面的本质。"①

总之，社会的发展过程也就是追求、创造、实现价值的过程，社会的价值追求的本质是为了人，为了人的发展、为了增进人的福祉，人是社会发展的最终目的。

三、人的价值追求与社会的价值追求的辩证关系

人的价值追求与社会的价值追求是相辅相成、互为前提的。人不是一个孤立的存在物，任何人都生活于一定的社会关系之中，人的价值追求也是社会关系的产物。人的价值追求和社会的价值追求，是社会发展同一过程中彼此影响、彼此制约的两个不同方面。人的价值追求是社会的价值追求的基础和核心，社会的价值追求是人的价值追求的根本保障和方向指南。

（一）人的价值追求是社会的价值追求的基础和核心

社会历史归根到底是人自身的历史。没有人也就没有人类社会，人类社会随人的产生而产生，随人的发展而发展。人是社会发展的目的，人的价值追求是社会价值追求的基础和核心。

首先，人是社会历史发展的主体。马克思主义认为，社会的主体不是物，而是人，是处于经济、政治、文化等各种社会关系中的"现实的人"。

---

① 《马克思恩格斯全集》第 42 卷，人民出版社 1979 年版，第 123 页。

所谓"现实的人"是相对"抽象的人"而言的，它是指"从事活动的、进行物质生产的"人，是处在一定的社会关系、阶级关系中的人，是"属于一定的社会形式"的人，① 或"隶属于一定阶级"的人，② 是在自然历史过程中不断地发展着的人，而不是历史唯心论者所讲的那种具有永恒不变的"人性"的一成不变的人，也不是历史唯心论者所设想的那种在神秘的"自我差异化过程"中"发展"的抽象的"人"。③ 人是社会历史的主体，"随同人，我们进入了历史。"④ 马克思指出："主体是人，客体是自然。"⑤ "人的本质是人的真正的社会联系……这种社会联系的主体，即人。"⑥ 总之，人们的社会历史始终只是他们个体发展的历史，而不管他们是否意识到这一点，社会不过是人的活动所借以实现的必然形成罢了。

人之所以是社会发展的主体，主要在于人有自我意识，能够把自己和周围世界区别开来。马克思说："有意识的生命活动把人同动物的生命活动直接区别开来。正是由于这一点，人才是类存物。"⑦ 人意识到自己周围世界存在着某种关系，从而把自己当做主体，把自然界和社会当做客体发生关系。人和社会是一个有机整体，人是社会的主体，社会是人的客体，任何真实的社会都是由主体和客体构成。⑧

人是社会历史的创造者，只有把人当做社会发展的主体，社会才可能有真正的发展。"历史什么事情也没有做，它'并不拥有任何无穷尽的丰富性'，它并'没有在任何战斗中作战'！创造这一切，拥有这一切并为这一切而斗争的，不是'历史'，而正是人，现实的、活生生的人。'历史'并不是把人当做达到自己目的的工具来利用的某种特殊的人格。历史不过是追求着自己目的的人的活动而已。"⑨

---

① 《马克思恩格斯选集》第 1 卷，人民出版社 1995 年版，第 56 页。
② 《马克思恩格斯选集》第 1 卷，人民出版社 1995 年版，第 118 页。
③ 《马克思恩格斯选集》第 1 卷，人民出版社 1995 年版，第 75—76 页。
④ 《马克思恩格斯选集》第 4 卷，人民出版社 1995 年版，第 274 页。
⑤ 《马克思恩格斯选集》第 2 卷，人民出版社 1995 年版，第 3 页。
⑥ 《马克思恩格斯全集》第 42 卷，人民出版社 1979 年版，第 24—25 页。
⑦ 《马克思恩格斯选集》第 1 卷，人民出版社 1995 年版，第 46 页。
⑧ 祝黄河：《中国社会全面发展问题研究》，江西人民出版社 1999 年版，第 144 页。
⑨ 《马克思恩格斯全集》第 2 卷，人民出版社 1957 年版，第 118—119 页。

　　其次，人的价值追求是社会发展的动力。马克思主义认为，人是生产力中最活跃的因素；人民群众是历史的创造者，是推动社会发展的根本力量。人的价值追求之所以是社会发展的动力，是因为社会的发展是通过人的有目的的活动实现的，而人的活动的目的是根据自身的价值追求设定的。人正是按照自身的价值追求而致力于改造自然，协调人与自然、人与人的关系，规划各种社会变革，从而创造和推动社会历史的前进和发展。同时，人的价值追求又是无止境的，旧的追求的满足又会引起新的追求的产生。"已经得到满足的第一个需要本身、满足需要的活动和已经获得的为满足需要用的工具又引起新的需要。"① 对现实的人来说，需要规定着活动，活动显示着人性，你有什么样的需要，就显示出你是一个什么样的人，具有什么样具体的人性。总之，需要是人的"天然必然性"，是人们活动的内在动因。就每一个现实的人来说，由于处在不同的历史时代，不同的社会关系和从事不同的实践活动，每个人的具体价值追求也是丰富多彩，各不相同的。而且这些不同的价值追求，既有实现人的求真、审美、道德等理想的追求，也有满足人们吃、穿、住、行和繁殖后代等日常生活的追求，既有正当合理的追求，也有不正当不合理的追求，甚至还有进行反动的、堕落腐败的活动的追求等等。而现实的、具体的、不同的人之所以会有不同的甚至彼此对立的追求及不同的实现方式，归根到底，都得由人的现实的本质即自己和他人所处的社会关系和所从事的社会实践来说明，而不是相反。所以，恩格斯指出："历史是这样创造的：最终的结果总是从许多单个的意志的相互冲突中产生出来的，而其中每一个意志，又是由于许多特殊的生活条件，才成为它所成为的那样。这样就有无数互相交错的力量，有无数个力的平行四边形，由此就产生出一个合力，即历史结果，而这个结果又可以看做一个作为整体的、不自觉地和不自主地起着作用的力量的产物。因为任何一个人的愿望都会受到任何另一个人的妨碍，而最后出现的结果就是谁都没有希望过的事物。所以到目前为止的历史总是像一种自然过程一样地进行，而且实质上也是服从于同一运动规律的。但是，各个人的意志——其中的每一个都希望得到他的体质和外部的、归根到底是经济的情

---

　　① 《马克思恩格斯全集》第 3 卷，人民出版社 1960 年版，第 32 页。

况（或是他个人的，或是一般社会性的）使他向往的东西——虽然都达不到自己的愿望，而是融合为一个总的平均数，一个总的合力，然而从这一事实中决不应作出结论说，这些意志等于零。相反地，每个意志都对合力有所贡献，因而是包括在这个合力里面的。"① 说明社会历史的发展，既是合规律的，又是人的有意识、有目的的活动所选择、创造的，人的价值追求是推动社会向前发展的巨大动力。

最后，人的价值追求是社会的价值追求的核心。社会的价值追求要通过人的价值追求来实现并以人的发展为目的。"从最广泛的意义上说，人的发展是人类的最终目标，与其他方面的发展或目标相比，它应占绝对优先地位。"② 社会价值追求的实质是人的发展，人是社会发展的目的。人发展到什么程度，社会就发展到什么程度。社会政治、经济、文化的发展是通过人并为了人的发展。人的发展构成社会发展的主体内容、中心环节和最高目标。马克思主义认为，人的生存和发展的需要及其现实需要程度是社会发展的基本出发点和价值尺度。人类满足自身各方面的需要，实现其全面发展而追求和实现着社会的发展进步。马克思指出："代替那存在着阶级和阶级对立的资产阶级旧社会的，将是这样一个联合体，在那里，每个人的自由发展是一切人的自由发展的条件。"③ 实现人的自由而全面发展，是未来社会的根本价值目标。

人类社会的发展历程表明，从蒙昧无知的状态到人类文明的萌芽，从以神为中心到重视人的理性，从单纯的经济发展观到以人为中心的可持续发展观，人的地位在社会发展中越来越突出，社会发展也越来越符合人的利益和要求。科学发展观强调"以人为本"就是要以实现人的全面发展为目标，从最广大人民群众的根本利益出发谋发展、促发展，不断满足人民群众日益增长的物质文化需要，切实保障人民群众的经济、政治和文化权益，让发展的成果惠及全体人民。

人是目的。"每个人应该将他自己和别人总不只当做工具，始终认为也

---

① 《马克思恩格斯选集》第4卷，人民出版社1995年版，第697页。

② ［意］奥尔利欧·佩奇：《世界的未来——关于未来问题一百页》，王肖萍、蔡荣生译，中国对外翻译出版公司1985年版，第125页。

③ 《马克思恩格斯选集》第4卷，人民出版社1995年版，第730—731页。

是目的——这是一切有理性者都服从的规律。这样由共同的客观规律的关系就产生一个由一切有理性者组成的系统。这个系统可以叫做目的国……这个目的国只是一个理想。"① 人是社会历史活动的主体，人的一切活动都是与人的需要的满足、价值的追求、素质的提高等联系在一起。只有通过人的发展程度和水平，才能把握社会的发展状况。所以，人的价值追求是衡量社会发展的最高标准，而人的自由全面发展和彻底解放将是社会价值追求的最高境界。

（二）社会的价值追求是人的价值追求的根本保障和方向指南

历史唯物主义认为，人不是纯粹的自然物，不是单纯的生物意义上的人。人总是生活在一定的社会关系中，总是实践着的，活生生的，现实的人，即社会的人。马克思在《关于费尔巴哈的提纲》中指出："人的本质并不是单个人所固有的抽象物，在其现实性上，它是一切社会关系的总和。"② 这充分说明，人的发展离不开社会的发展，社会是人存在和发展的基础与保障。

首先，社会的价值追求是人的价值追求的前提性基础。马克思认为，个人"只有在社会中并通过社会来获得他们自己的发展"，③ 也就是说，社会物质生产和在此基础上发展起来的精神文化等，对个人发展来说，是不可忽视的"前提和条件"，是基础性的东西。江泽民指出"推进人的自由全面发展，同推进经济、文化的发展和改善人民物质文化生活，是互为前提和基础的。人越全面发展，社会的物质文化财富就会创造得越多，人民的生活就越能得到改善，而物质文化条件越充分，就越能推进人的自由全面发展，社会生产力和经济文化的发展水平是逐步提高、永无止境的历史过程，人的自由全面发展程度也是逐步提高、永无止境的历史过程。这两个历史过程应相互结合、相互促进地向前发展。"④ 由此可见，人的价值追求与社会的价值追求是同一历史进程的两个方面。人的价值追求问题，不

① ［德］康德：《道德形而上学探本》，唐钺译，商务印书馆1957年版，第48页。
② 《马克思恩格斯选集》第1卷，人民出版社1995年版，第56页。
③ 《马克思恩格斯全集》第3卷，人民出版社1960年版，第235页。
④ 江泽民：《论"三个代表"》，中央文献出版社2001年版，第180页。

能单纯从人自身的角度来理解，也不能简单地从其外部来获得规定，必须把它放在人与社会的关系及其历史发展中来考察。人的价值追求既取决于历史中形成的物质文化对人的影响和制约，也取决于人在历史发展中对物质文化条件的批判和改造。这是同一过程的两个相互影响和制约的不同方面，表现为人的价值追求与社会的价值追求的历史的一致性。

其次，社会的价值追求对人的价值追求具有先在的制约性。既成的社会价值追求作为一种先在的社会文化遗传物影响和制约着人的价值追求。一方面，作为人的存在之初始前提的物质生产力状况，是人所无法选择的绝对前提，它作为人的社会环境的一个基本要素，在很大程度上决定着人们未来的可能性。正如马克思所说："历史的每一个阶段都遇到一定的物质结果，一定的生产力总和，人对自然以及个人之间历史地形成的关系，都遇到前一代传给后一代的大量生产力、资金和环境……它们也预先规定新的一代本身的生活条件，使它得到一定的发展和具有特殊的性质。"① 而马克思所说的"每个个人和每一代所遇到的现成的东西：生产力、资金和社会交往形式的总和"② 就作为先在前提条件体现着社会环境对人的根本制约。因为"人们不能自由选择自己的生产力——这是他们的全部历史的基础，因为任何生产力都是一种既得的力量，是以往的活动的产物。"③ 另一方面，社会关系对人的价值追求具有制约和影响作用。人的受动性不仅表现为人作为肉体存在物，而且表现为个人对社会的依赖，正是通过社会，人的动物性成分得到抑制或改造，为社会所认可和制定的文化性成分如规范、习俗、价值等得以内化，个人的自我意识得以强化，并逐渐形成一个合格的社会化了的人。

最后，社会的价值追求规范和引导着人的价值追求。社会的价值追求是人历史活动的结果，同时，又规范和制约着人的价值追求。一是规范和制约着人的价值选择。社会的价值追求提倡什么，禁止什么，指导着人的价值选择。二是规范和制约着人的价值评价。社会的价值追求代表着主流的社会公共舆论，是社会价值评价的主要尺度，对人的言行的好坏善恶、价值大小起一种规范和制约作用。三是社会的价值追求引导着人的价值追

---

① 《马克思恩格斯选集》第1卷，人民出版社1995年版，第92页。
② 《马克思恩格斯选集》第1卷，人民出版社1995年版，第93页。
③ 《马克思恩格斯选集》第4卷，人民出版社1995年版，第532页。

求的目标。一个社会崇尚物质，则"天下熙熙，皆为利来；天下攘攘，皆为利往。"① 一个社会崇尚文明，则人人注重修身养性。社会的价值追求虽然是由人的价值追求构成的，但它反过来又影响和制约着人的价值追求。正如马克思所说："他们是什么样的，这同他们的生产是一致的——既和他们生产什么一致，又和他们怎样生产一致。因而，个人是什么样的，这取决于他们进行生产的物质条件。"②

（三）人的价值追求与社会的价值追求有机统一于社会实践

人是社会的主体，社会是人生存和发展的场域。人的价值追求和社会的价值追求，二者互为前提，互相依赖。马克思说过，"正像社会本身生产作为人的人一样，人也生产社会。"③ 恩格斯指出，随着完全形成的人的出现又增添了新的因素——社会。"全部社会生活在本质上是实践的"④。实践使价值追求分化为人的价值追求和社会的价值追求，同时，实践又是人的价值追求与社会的价值追求统一的现实基础。

人的价值追求和社会的价值追求在社会实践中产生。人并非是纯粹生物学意义上的人，而是社会的人。社会实践不仅创造了人，而且形成了人的意识。不论是作为个人的人的意识，还是作为共同体的社会的集体意识，都是社会实践的产物，是对以实践为基础的不断发展变化的现实世界的反映。人类最初的意识，是"纯粹动物式的意识"，是"被意识到了的本能"。经过长期的生产和交往的发展，人的意识也从低级向高级、简单向复杂发展。马克思说："发展着自己的物质生产和物质交往的人们，在改变自己的这个现实的同时也改变着自己的思维和思维的产物。不是意识决定生活，而是生活决定意识。"⑤ 社会实践是价值追求的源泉和动力。有什么样的社会实践，就有什么样的价值追求，社会实践发展到什么程度，价值追求也相应地发展到什么程度。例如，在原始社会，人们只有朴素的族群公

---

① 《史记·货殖列传》。
② 《马克思恩格斯选集》第 1 卷，人民出版社 1995 年版，第 68 页。
③ 《马克思恩格斯全集》第 42 卷，人民出版社 1979 年版，第 121 页。
④ 《马克思恩格斯选集》第 1 卷，人民出版社 1995 年版，第 56 页。
⑤ 《马克思恩格斯选集》第 1 卷，人民出版社 1995 年版，第 73 页。

有观念，不知"私有"为何物。随着以生产资料私有制为基础的生产方式的出现和原始社会的瓦解，私有观念以及与此相联系的思想意识相应产生。实践的丰富性也决定了人的价值追求的多样性。人们通过实践活动改造自然、改造社会和改造人自身，形成了丰富多样的社会生活，也形成了各种不同的价值追求。同时，又在社会实践活动中，通过冲突、认同、整合，人们又形成了共同的价值追求，即社会的价值追求。每一时代的社会价值追求都有其独特的内容和特点，具有不断进步的历史趋势，但不管怎样变化、发展，其根源深深地埋藏于时代的社会实践之中。

人的价值追求和社会的价值追求在社会实践中融合、转化。社会的价值追求是由人的价值追求组合而成，没有人的价值追求就不会有社会的价值追求，社会的价值追求无不包含和渗透着人的价值追求。当然，社会的价值追求虽然是人的价值追求的集合形式，但这种集合不是由单个人的互不相干的意识观念杂凑而成，而是由人们的相关实践活动形成的相互沟通的意识。人的价值追求也离不开社会的价值追求。任何人都生活在一定的社会环境中，社会的价值追求具有很强的先在性，个人的价值追求不可能完全孤立和社会脱离，总要受到社会环境特别是社会价值追求的影响和制约。马克思说："人是最名副其实的政治动物，不仅是一种合群的动物，而且是只有在社会中才能独立的动物。"① 在社会实践中人形成了自己的价值追求，同时在社会实践中又把自己的价值追求作为社会发展的主要目标，上升为社会的价值追求，社会的价值追求又先在地影响和制约后来人的价值追求的形成、发展。这就是价值追求在人和社会之间不同主体相互影响、相互渗透、相互转让、相互作用的辩证运动过程。人的价值追求和社会的价值追求原则上讲是统一的，因为人和社会是统一的，人是社会的主体，社会是由人所组成的。但是，在私有制条件下，人的价值追求和社会的价值追求具有不统一性。特别是在充满阶级对抗的资本主义社会，人的价值追求和社会的价值追求的矛盾表现得尤为突出。工人的劳动是异化劳动，在异化劳动条件下，工人所创造的价值越多，他自己就越没有价值。在消灭了阶级对抗的社会主义社会，人的价值追求和社会的价值追求能够有效

---

① 《马克思恩格斯选集》第2卷，人民出版社1995年版，第2页。

地兼顾和统一起来。因为劳动者成为社会的主人，当劳动者个人通过自己的劳动满足社会需要的时候，也就直接或间接地满足自身的需要。当然，在社会主义初级阶段，人的价值追求和社会的价值追求在根本一致的条件下，也会在某些时候某些方面存在着某些非根本的、非对抗性的矛盾。这就要求人们必须牢固树立社会利益高于个人利益的价值观念，增加个人对集体、国家、社会的义务感和责任心，反对以个人为中心，一切从个人出发的个人主义的价值观念，要弘扬集体主义、社会主义、爱国主义价值观念，特别是我们的各项工作要始终坚持"人民满意不满意、人民高兴不高兴、人民赞成不赞成"标准，以最广大人民群众的根本利益作为我们工作和社会发展的出发点。

人的价值追求无不打上社会的烙印，是特定社会时代的产物，是既成的社会的价值追求的触发产物。所以，人是环境和教育的产物，而"环境是由人来改变的，而教育者本人一定是受教育的"。可见"环境的改变和人的活动或自我改变的一致，只能被看做是并合理地理解为革命的实践。"[1]

人的价值追求和社会的价值追求在社会实践中实现。价值追求的实现是一个历史的过程，人的价值追求和社会的价值追求只不过是人创造价值、实现价值的过程而已，是人不断追求和实现一定价值目标的过程。所以，价值追求的实现不是自我运动和自我程序的展开，不是头脑中的意识运动，而是社会实践运动的结果。正像马克思所批判的那样："把占统治思想同进行统治的个人分割开来，主要是同生产方式的一定阶段所产生的各种关系分割开来，并由此做出结论说，历史上始终是思想占统治地位，这样一来，就很容易从这些不同的思想中抽象出'一般思想'、观念等等，并把它们当作历史上占统治地位的东西，从而把所有这些个别的思想和概念说成是历史上发展着的一般概念的'自我规定'。在这种情况下，从人的概念、想象中的人、人的本质、一般人中能引申出人们的一切关系，也就很自然了。思辩哲学就是这样做的。"[2] 思辩哲学及其他唯心主义哲学不能真正解释人的价值追求的发展历程，关键在于脱离了人的社会实践。社会实践不仅产

---

① 《马克思恩格斯选集》第 1 卷，人民出版社 1995 年版，第 55 页。
② 《马克思恩格斯选集》第 1 卷，人民出版社 1995 年版，第 101 页。

生了人和社会的价值追求，而且人和社会的价值追求在社会实践中演化，在社会实践中实现。首先，社会实践决定价值追求的内容。马克思认为，生产是什么，人的生活世界就是什么，价值追求的内容不在实践之外。因为"人们生产自己的生产资料，同时间接地生产着自己的物质生活条件。"① 也就是说，人们生产着自己的生活，生产本身就是人的活动方式。实践内在地包含着三重关系，即人与自然的关系、人与人的关系以及人与其意识的关系。价值追求的内容通过人的社会实践活动不断向人展开，不断诞生、演化、发展。其次，社会实践把人的价值追求和社会的价值追求具体化。价值的实现，就是客体作用于主体对主体产生的实际的效应，即对主体生存、发展、完善的效应，其实质就是客体主体化，也就是把内在价值转化为外在价值，把观念的东西具体化为客观对象的过程。马克思说："人有现实的、感性的对象作为自己的本质即自己的生命表现的对象；或者说，人只有凭借现实的、感性的对象才能表现自己的生命。"② 而把内在的价值转化为外在价值，把观念的东西转化为客观对象，只有在社会实践中才能得以实现。最后，社会实践是检验人的价值追求和社会的价值追求是否真正实现的最终尺度。人主要是在一定的社会关系中，通过自己的实践活动，创造出一定的物质财富和精神财富，来促进他人和社会发展，有益于他人和社会的。人的价值追求和社会的价值追求是否得到真正的实现，主要看是否为社会作出贡献、对社会产生一定的积极效应。也就是说主要看效果、看实效，"拿事实来说话"。正如邓小平所说："生产关系究竟以什么形式为最好，恐怕要采取这样一种态度，就是哪种形式在哪个地方能够比较容易比较快地恢复和发展农业生产，就采取哪种形式，群众愿意采取哪种形式，就应该采取哪种形式，不合法的使它合法起来。"③ 用实际效益、效果，去确定价值，实际上就是拿社会实践来检验，实践不仅是检验真理的唯一标准，同样，也是检验价值是否真正实现的唯一尺度。坚持实践是检验真理和价值的唯一标准，就是坚持了马克思的唯物辩证法，才能使我们真正科学地把握价值追求的本质及其实现规律。

---

① 《马克思恩格斯选集》第1卷，人民出版社1995年版，第67页。

② 马克思：《1844年经济学—哲学手稿》，人民出版社1985年版，第124页。

③ 《邓小平文选》第1卷，人民出版社1994年版，第323页。

第四章

和谐社会与人的价值追求

　　人的价值追求根源于社会存在，社会状况不同，人的价值追求也不同。和谐社会是团结的社会。社会团结建立在社会分工和社会分化的基础上，社会分工越是发达，人们之间相互依赖的需要就越迫切，这种客观需要反映到人的意识中就形成了相互依赖感、联系感和团结感。和谐社会是整合的社会。社会各阶层的不同利益只有通过社会整合才能实现均衡发展，价值观念在社会整合中具有非常重要的作用，一致的价值观念、共同的价值追求是社会和谐的基础。和谐社会是辩证冲突的社会。"人是社会的但具有冲突倾向的动物。"① 冲突一方面对社会秩序具有破坏性作用，另一方面又促进了社会的变迁，即"冲突作为一个过程能够促进社会的协调与整合。"② 冲突具有维护社会系统的积极功能。解决冲突的主要方式不是暴力而是理性沟通、平等对话乃至主流价值观的引导。和谐社会是公正的社会。公正是和谐社会合理伦理秩序的支撑，一方面，公正能够凝聚人心，促进社会的有序运行；另一方面，公正也是对自由的约束，强调权利和义务的统一。把权利和义务结合起来的公正秩序，是人自由而全面发展的制度保障。正如亚当·斯密所说，"正义犹如支撑大厦的主要支柱，如果

---

① 于海：《西方社会思想史》，复旦大学出版社 2005 年版，第 421 页。
② ［美］乔纳森·H·特纳：《社会学理论的结构》，吴曲辉等译，浙江人民出版社 1987 年版，第 197 页。

这根柱子松动的话，那末人类社会这个雄伟而巨大的建筑必然会在顷刻之间土崩瓦解。"①

人的价值追求是和谐社会建设的强大动力，和谐社会建设促进人价值追求的和谐发展。和谐社会既要我们在观念上努力去追求，又要我们在行动上积极去践行，坚持道德价值与功利价值的和谐互补、个体价值与社会价值的合理兼顾、一元价值导向与多元价值取向的辩证统一，努力实现政治、经济、文化、社会和人与自然的协调发展，努力实现社会全面进步和人的全面发展。

---

① ［英］亚当·斯密：《道德情操论》，蒋子强、钦北愚、朱钟棣、沈凯璋译，商务印书馆1997年版，第106页。

一、和谐社会的价值革命

所谓"和谐社会"就是指整个社会系统的全面和谐，既要达到人与自然的和谐，又达到人与人、人自身的和谐；既要达到宏观上社会整个系统内经济、政治、文化等系统之间的和谐，又要达到中观上经济、政治、文化各子系统内部的和谐，还要达到微观上各子系统内部的和谐；既要达到社会内部各阶层、各利益团体之间的和谐，又要争取外部世界环境的和谐发展。

和谐社会是分层次的。从横向上看，"和谐社会"包括人与自然的和谐、人与社会的和谐、人与人的和谐、人自身的和谐、社会内部结构的和谐、外部环境的和谐。从纵向上看，包括传统和谐社会（如古代社会的和谐、近代社会的和谐）、现代和谐社会（社会主义和谐社会）和未来和谐社会（如共产主义社会）。传统和谐社会是以私有制为基础的，现代与未来和谐社会是以公有制为基础。在封建社会的一些时期，比如我国的汉朝和唐朝的鼎盛时期，社会也能够呈现出一种和谐的状态，但这种社会的和谐不是我们今天所描述的和谐社会。我们要建立的是社会主义和谐社会，不是以往任何其他社会形态标榜的社会协调与社会和谐。它既不同于封建式的"田园牧歌"，也不同于空想社会主义的"乌托邦"，更不同于现代资本主义式的"福利社会"，它是迈向未来共产主义和谐社会的一个阶梯。① 我们要建设的社会主义和谐社会，是在中国特色社会主义道路上，中国共产党领导人民共同建设、共同享有的和谐社会。本文提及的"和谐社会"不是传统和谐社会，也不是未来和谐社会，是指现代和谐社会，即社会主义和谐社会。也就是 2005 年胡锦涛在中央党校省部级主要领导干部提高建设社会主义和谐社会能力专题研讨班上发表的重要讲话中指出的，我们所要建设的社会主义和谐社会，应该是民主法治、公平正义、诚信友爱、充满

---

① 秦宣：《论和谐社会的科学内涵》，载《马克思主义与现实》2007 年第 1 期。

活力、安定有序、人与自然和谐相处的社会。胡锦涛既为我们描绘了社会主义和谐社会的美好蓝图，又给我们提出了扎实构建社会主义和谐社会的具体要求，并揭示了社会主义和谐社会的本质内涵，也是对我们构建社会主义和谐社会提出的总要求。

价值、价值观根植于"人的实际生存"。每一特定时代人们的价值观都来源于他们所生活的社会，是一定社会的物质生产方式、政治法律制度、文化传统等因素濡染、熏陶和塑造的结果。正如马克思恩格斯所说的，"人们的观念、观点和概念，一句话，人们的意识，随着人们的生活条件、人们的社会关系、人们的社会存在的改变而改变。"[1] 社会主义和谐社会建设引发了经济体制的变革、社会结构的变动、利益格局的调整和生活方式的变迁，必然会引起价值观的变化，引发价值革命。

（一）功利价值与道德价值

功利价值是一种物质性、工具性和实用性价值。功利价值取向是利与欲的满足，追求的是现实的物质利益和生理欲求，反映的是人们对世界一定物质对象的需求关系。功利价值注重物质利益、重视实际功效、主张平等互利、崇尚进取和竞争，强调人们社会地位和拥有财富的自获性。[2] 功利价值与市场经济紧密相联。市场经济是以市场调节为基础来发展社会经济的经济制度，它承认个人利益、局部利益的差别，承认追求这些特殊利益的合理性，并且利用这种差别与追求来发展经济。市场主体的价值追求要被社会认可，需要通过以商品或货币纽带建立的市场交易关系的中间环节来完成，这种交换关系使个人与个人之间、个人与群体和社会之间在物质利益上的对立依存关系得到充分体现，人与人之间的关系表现为物与物的关系。市场经济以追求利益最大化、效益最佳化为内在动力，强调客观经济效益和实际效果，以客观效果为价值评判标准，充分肯定个人利益的合理性和个人有追求物质利益的权利，具有激发和调动人们追求、实现个人利益的功能。市场经济的这种利益驱动机制必然引发人们对功利价值的广

---

① 《马克思恩格斯选集》第 1 卷，人民出版社 1995 年版，第 291 页。
② 于孝安：《谈市场经济下的功利价值问题》，载《理论学刊》1995 年第 3 期。

泛认同，致使人们热衷于现实的功利价值追求，重实际、讲实效成为一种社会风气，也使社会经济得以快速发展。但是，市场经济利益原则的弱点也会影响到人们的思想和行为，容易导致见利忘义、唯利是图的极端个人主义、拜金主义，把个人利益置于国家利益、集体利益之上等不道德行为。

　　道德价值也称道义价值，是一种精神性、社会性和群体性价值。道德价值取向是祛恶扬善，追求人的内心安宁和精神不朽，体现个人对他人、对社会的高度责任感。我国传统社会崇尚道德价值，其主流价值观是儒家价值观。儒家价值观的核心是重义轻利，实质是以伦理道德为价值取向，"纳国家于伦理，合法律于道德，而以教化代政治。自周孔二三千年，我国文化趋重于此"，"久据中国而不可去者，是伦理理念。"① 它以伦理道德为最高标准，以理想化的道德人格为根本价值追求，把"义"视做人之为人的根本，是做人的第一要义。在孔子看来，"义"具有至上的价值。他把追求义还是利作为评判君子和小人的价值标准，"君子喻于义，小人喻于利"，"君子怀德，小人怀惠"，② "君子谋道不谋食"，"君子忧道不忧贫"。③ 也就是说，君子要"安贫乐道"。甚至当生与义不能两全时，主张牺牲生命以实现义的价值，"志士仁人，无求生以害仁，有杀身以成仁。"④ 到了孟子，更是只崇尚道德价值，而否定功利价值。"王何必曰利？亦有仁义而已矣！"⑤ 他主张一切行为必须以"义"为准绳，"大人者，言不必信，行不必果，惟义所在"，⑥ 认为道德价值高于一切功利价值，只有人的道德意识才是人的内在价值。如果一个人仅仅追求功利价值，就是一个无价值的人，宁可"舍生"也要"取义"。董仲舒认为，人之所以为人贵在有德，认为"身之养莫重于义"，为此，要"正其谊不谋其利，明其道不计其功"。⑦ 程颢认为，功利和道义总是互斥的，"大凡出义则入利，出利则入义"。⑧ 朱

---

① 梁漱溟：《中国文化要义》，学林出版社1987年版，第139、259页。
② 《论语·里仁》。
③ 《论语·卫灵公》。
④ 《论语·卫灵公》。
⑤ 《孟子·梁惠王上》。
⑥ 《孟子·离娄下》。
⑦ 《汉书·董仲舒传》。
⑧ 《河南程氏遗书》卷十一。

熹在理欲观上，提出要"存天理，灭人欲"。① 王守仁则认为圣人之所以为圣，只是他们的心中纯乎天理而无人欲之杂罢了。他们强调的都是义、理，把义提到了至高无上的地位。新中国成立后，这种传统价值观虽然受到了冲击，但由于它与计划经济体制的价值取向具有较高的一致性，更由于社会生产方式、人们的生活方式等没有发生根本性改变，所以它的核心理念、基本精神依然沿袭了下来，成为大多数人价值判断和价值选择的主要依据。儒家倡导"义"的价值，强调以社会整体利益为重、用社会道德约束自己、克己迁善等价值理念，对于稳定社会秩序，形成平等友爱、团结互助的人际关系，具有积极的推动作用，在现代社会也有重要的借鉴意义。但是，儒家的"义"是建立在封建等级制基础上并深深打上了封建道德的烙印，崇义贬利，实际上抑制的是普通百姓追求自身利益的合理愿望，甚至把道德作为唯一价值，使义和利割裂开来、对立起来，结果在价值观上造成严重偏颇，长期阻碍我国经济的发展。

社会主义和谐社会是富裕文明的社会，是物质文明和精神文明全面提升的社会，价值追求上体现为功利价值和道德价值的和谐互补。

生产力是人类社会发展的最终决定力量。马克思指出，物质财富的生产，从而一定的物质财富，是"一切人类生存的第一个前提也就是一切历史的第一个前提"。② "生产力的这种发展之所以是绝对必需的实际前提，还因为如果没有这种发展，那就只会有贫穷、极端贫困的普遍化；而在极端贫困的情况下，必须重新开始争取必需品的斗争，全部陈腐污浊的东西又要死灰复燃。"③ 社会主义和谐社会不应该是贫穷的社会，高度发达的社会生产力所提供的物质财富是实现民主法治、公平正义、诚信友爱、充满活力、安定有序、人与自然和谐相处坚实的物质基础，是和谐社会由理想变为现实的物质前提。社会发展的经验表明，发展是和谐的基础，社会和谐在很大程度上取决于社会生产力的发展水平，取决于发展的协调性。要实现社会和谐就必须大力发展社会生产力，不断为社会和谐创造雄厚的物质基础。胡锦涛也强调指出，构建社会主义和谐社会"要始终坚持发展是

① 《朱子语类》卷四。
② 《马克思恩格斯全集》第 3 卷，人民出版社 1960 年版，第 31 页。
③ 《马克思恩格斯选集》第 1 卷，人民出版社 1995 年版，第 86 页。

硬道理的战略思想，紧紧抓住发展这个党执政兴国的第一要务，坚持以科学发展观统领经济社会发展全局，推动我国经济社会发展不断迈上新台阶。"要"创造更丰富的社会物质财富，使国家的整体实力不断增强，使人民群众的生活水平不断提高。"① 同时，要在公共服务、医疗保健、生活环境等多个领域提高人民的生活质量、小康水平和富裕程度，让老百姓过得更加殷实，让发展的成果更多地惠及全体人民。社会主义和谐社会注重物质生活质量的提升，重视对功利价值的合理追求。

社会主义和谐社会更是精神文明高度发达的社会。从某种意义上讲，和谐社会是一个人与人、人与社会、人与自然的关系相互协调发展的社会。与此同时，和谐社会也是一个矛盾统一体。要化解矛盾和冲突，实行社会关系的和谐，既需要在制度层面实行公平正义，更需要提升人们的道德境界。道德是社会和谐的道义基础，是构建和谐社会的精神动力，只有在共同的理想信念、价值追求、道德观念的基础上，面对社会的诸多矛盾和利益冲突，人们才能达成谅解、形成共识、理顺情绪、协调行动，才能步调一致地去化解矛盾、消除冲突。正如胡锦涛指出的，"一个社会是否和谐，一个国家能否实现长治久安，很大程度上取决于全体社会成员的思想道德素质。没有共同的理想信念，没有良好的道德规范，是无法实现社会和谐的。"所以，构建社会主义和谐社会"要切实加强社会主义先进文化建设，不断增强人们的精神力量，不断丰富人们的精神世界。"要"弘扬以爱国主义为核心的民族精神和以改革创新为核心的时代精神，弘扬集体主义、社会主义思想，使全体人民始终保持昂扬向上、开拓进取的精神状态。要积极实施公民道德建设工程，广泛开展社会公德、职业道德、家庭美德、个人品德教育，在全社会倡导爱国守法、明礼诚信、团结友善、勤俭自强、敬业奉献的基本道德规范，培养良好的道德品质和文明风尚。"② 社会主义和谐社会作为一个德化的社会，人们品德高尚、人格健全、心理健康，有正确的价值追求和积极的人生态度，有良好的自我制约机制，人与人之间

---

① 胡锦涛：《在省部级主要领导干部提高构建社会主义和谐社会能力专题研讨班上的讲话》，载《人民日报》2005 年 6 月 27 日。

② 胡锦涛：《在省部级主要领导干部提高构建社会主义和谐社会能力专题研讨班上的讲话》，载《人民日报》2005 年 6 月 27 日。

充满友爱和真情，社会风尚文明、健康，社会环境宽松、祥和。

社会主义和谐社会追求物质的富裕和精神的文明，必将使人们通过劳动的解放、文明素养的提高，克服异化劳动造成功利与道德的割裂和对立，达到经济自为与道德自律的统一，实现功利目标与道德价值的义利双收。

（二）个体价值与社会价值

我国传统社会推崇社会价值，无视个体价值。"中国文化最大之偏失，就在个人永不被发现这一点上。一个人简直没有站在自己立场说话机会。"① 长期封建专制统治下，人们的价值取向体现为社会本位、群体本位，社会的利益、群体的价值是一切价值的最终依据，是一切个体的最终依归，个人没有自己的价值和尊严，独立的个人几乎是不存在的。个人的存在仅仅是依附在"家"和"国"上，没有自己的观点，有的只是对"家"和"国"的义务观念而非自己的权利观念。"在传统社会的'家'与'国'中，真正独立的个人是不存在的，存在着的只是血缘和身份意义上的个人"。② "个人利益对于群体利益的关系，既依附又对立，个人没有独立自主的经济权利，更不允许发展个人利益去超越家族和国家利益。"③ 以"三纲五常"为代表的儒家价值观强调个体对宗族、国家的绝对服从，要求通过抑制和牺牲人的个体需要和个性的发展以达到维护群体中的既成秩序的自觉。把人理解为类的存在物，只把人看做群体的一分子，是他所属社会关系的派生物，只重视人的社会价值，个体价值因群体而存在并借此体现。个人只有无条件地将自己的命运和利益都托付给所属的群体，才是符合道义的。个人要对社会绝对效忠，但这种效忠不是个人对国家民族和社会应尽的责任，更不是为人类共同利益和价值而献身，而是对君主大家长的人身隶属和依附，是为人臣的忠孝观念，如"君要臣死，臣不得不死；父要子亡，子不得不亡"式④的愚忠和愚孝。新中国成立后，社会政治、经济、文化都发生了重大变化，但由于受"极左"思想的影响，在高度集

---

① 梁漱溟：《中国文化要义》，学林出版社1987年版，第259页。
② 俞吾金：《当代中国文化的内在矛盾与出路》，载《浙江学刊》2000年第5期。
③ 朱贻庭主编：《中国传统伦理思想史》，华东师范大学出版社1989年版，第29页。
④ 《白虎通义》。

权的计划经济体制下，片面强调纯粹的集体主义，强调个人对集体的单向性服从，把个人服从整体绝对化，个人价值和个人利益受到严重压制，个人对群体的依附关系仍然没有改变，群体本位、社会本位思想仍然根深蒂固。当然，注重社会价值的取向对于调节人际关系、促进社会稳定和增强民族的凝聚力曾产生过积极的影响，但这种以家庭、宗族、社会为本位的价值原则在很大程度上抑制了个体价值的实现和个人创造活力的激发，也在一定程度上阻碍了社会经济的发展。

在近现代的西方，个人的尊严、个人的价值是至高无上的。"我们相信个人的尊严，乃至个人的神圣。我们为自己而思考，为自己而判断，为自己而作决定，按自己认为适当的方式而生活。"[①] 在群体与个体的关系上，把自我、个体当成是价值观念的核心，作为衡量价值的尺度和标准。一切价值行为以及对价值的判断、选择、评价都要通过个人来实现，都以是否符合特定的个人的目的、需要和利益为标准。个人与家庭之间也只存在暂时性的纽带关系，个人不依附家庭，也不依附他人，而是倾向于自我依赖。对个人来说，"世界上不存在他可以依赖而又无损其自尊的人或神，成功是他自己的幸福，失败则成为他自己的重负。他能招请整个世界的人来庆祝他自己的幸福，但却不能让其家庭和亲友分担他的不幸。"[②] "一个人愈努力并且愈能够寻找他自己的利益或保持他自己的存在，则他便愈有德行；反之，只要一个人忽略他自己的利益或忽略他自己的存在的保持，则他便算是软弱无能。"[③] 强调个人利益高于社会利益，认为个人利益具有绝对的优先性。正如培根所言，自爱是第一位的，利他是第二位的，社会公益只是一种抽象的利益，个人的利益才是具体的、根本的。这种个体本位的价值观，过分强调个体的独立性，认为个人本身就是目的，具有最高价值，社会不过是个人的集合，只是达到个人目的的手段。这种价值观，把个人的权利和意志放到至上的地位，把个人与他人、与社会分割开来，甚至完全对立起来，反对社会对个人的任何干预，使社会对个人的约束力和凝聚力逐渐丧失，最终会导致无政府状态，同样会影响个人和社会的正常、健

---

① 转引自江畅、戴茂堂：《西方价值观念与当代中国》，湖北人民出版社1997年版，第303页。
② 许烺光：《宗族、种族、俱乐部》，华夏出版社1990年版，第238页。
③ 周辅成：《西方伦理学名著选辑》下卷，商务印书馆1987年版，第631页。

康发展。但也不可否认，这种价值观重视个体价值的实现，对培养个人的独立意识、自主精神，对激发个人的积极性、主动性、创造性，对发展社会经济都有极大的促进作用。

社会主义和谐社会是公平正义的社会，在价值追求上体现对个体价值和社会价值的合理兼顾。

"公正"是关乎权利和利益合理分配的概念。它是一个社会与其成员之间以及社会成员之间均衡协调相处的状态和方式，是按照不偏不倚的原则，在政治、经济、法律、道德伦理等关系上使社会与其成员之间以及社会成员之间权利义务的统一，即在一定范围内通过对社会角色的公平合理分配使每一个成员得其所应得。"公正"的核心是均衡和合理，实质是把人的价值、人的尊严、人的发展视为人的行为的根本。社会主义和谐社会尊重和维护每个人的价值和尊严，所有人的人格是平等的，每个人的生存权、发展权和自由权也是平等的。它创设了一个人人想干事，人人能干事，人人干成事的宽松和谐的社会环境，使一切有利于社会进步的创造愿望得到尊重，创造活动得到支持，创造才能得到发挥，创造成果得到肯定。在这个社会中，每个人都有在不影响他人同样权利的前提下追求自己幸福的权利，每个人的自身价值得以充分实现。在利益分配方面，社会主义和谐社会以新型的集体主义价值原则为核心，以个人利益与集体利益、社会利益同步协调发展为目的，实现个人与集体和谐共生，真正做到个人、集体、国家三者利益兼顾。在人与人的关系上，它以一种不偏不倚的原则，使社会的政治利益、经济利益和其他利益在全体社会成员之间合理地分配。它不仅意味着分配的合理，也意味着权利的平等、机会的均等、规则的统一、裁判的公正，全体成员平等地享有政治权利、文化教育权利、司法救济权利、社会救助权利、公共服务和社会福利等等。在个人与集体的关系上，认为社会集体利益和个人利益的实现互为前提、互为价值目标。它既要求每一个社会成员在维持和推进社会集体利益方面应发挥积极作用，强调个人应积极关心、维护国家、集体的利益，同时，按价值兼顾的原则，明确社会集体也应千方百计地满足个人对正当利益的需求，达到个人劳动活动创造的社会效益与社会提供给个人的回报的平衡合理。

（三）物本价值与人本价值

物本价值取向是以物质作为判断事物有无价值以及价值大小的唯一标准，片面强调物质属性对人的作用，忽视或否定人文的价值和作用。科技的发展，工业化的实现，生产力水平的提高，促进了经济的快速增长和物质财富不断丰富，人们开始尽情享受并热衷于追求高科技所带来的物质满足，物质价值成为人们价值追求的主要目标。不可否认，工业化确实给人们带来了便利的生活和丰富的物质资料，还使人感受到征服自然的自由和快乐。但是，物本价值取向也给人类的生存和发展造成了致命的伤害。人与人关系紧张，导致人精神空虚、人文关怀丧失，"人们之间的经济联系强化了，而情感的、伦理的、精神的纽带弱化了，陷入了物的依赖性关系的束缚中。人们以物的形式出现又以获取物的目的而终结。"① 在生产领域，热衷于经济高增长，高产值、高产量、高利润成了追求的根本经济指标，造成的必然结果是高能耗、高污染，人与自然关系恶化。人类凭借科技手段贪婪地向大自然索取掠夺，导致环境污染与生态失衡、资源与能源短缺、粮食危机、疾病流行、臭氧层危机、荒漠化等等，使人类生存面临前所未有的压力。在生活领域，人们追求赚更多的钱、过更奢侈的生活。人们特别重视财物的获取与炫耀，往往把追求快乐或生活满意的目标建立在物质与金钱的获得与拥有上，物欲膨胀，人性异化，使人畸变为只具有物质层面而无精神追求的单向度的经济人，物质财富成为人们生活的根本价值，物质价值成了人们的根本价值追求。

人本价值是与物本价值相对应的价值理念。人本价值以促进人的健康长寿、生活质量的提高、自由平等、幸福快乐、全面发展为指向来确立社会发展模式，其价值目标是将人作为社会的主体、中心和根本目的，把满足人的需要、保障人的权益、增进人的幸福和促进人的发展作为社会建设的最终目的，坚持用人的发展来规范、评价、控制物的增长与物的分配，使物的发展切实满足人的需要和利益，使物的发展最大限度地促进人的自

---

① 晏辉：《市场经济的伦理基础》，山西教育出版社 1999 年版，第 274 页。

由全面发展。①

　　社会主义和谐社会是以人为本的社会，坚持人本价值理念，终极价值目标是促进人的自由全面发展。

　　以胡锦涛为总书记的中央领导集体坚持"以人为本"的执政理念，正是社会主义和谐社会追求"人本价值"的具体体现。2002年12月5日，胡锦涛在西柏坡考察学习时明确提出"权为民所用、情为民所系、利为民所谋"。2003年"七·一"讲话，胡锦涛又提出"立党为公"、"执政为民"的执政理念。党的十六届三中全会更是明确提出了坚持以人为本，树立全面、协调、可持续的发展观，促进经济、社会、人的自由全面发展，第一次把"以人为本"写进了党的纲领性文献。2004年3月10日，胡锦涛《在中央人口资源环境工作座谈会上的讲话》中深刻阐述了以人为本的内涵和要求，"坚持以人为本，就是要以人的自由全面发展为目标，从人民群众根本利益出发谋发展、促发展，不断满足人民群众日益增长的物质文化需要，切实保障人民群众的经济、政治、文化权益，让发展的成果惠及全体人民。"党的十六届四中、五中、六中全会都始终贯穿着以人为本的精神。党的十七大报告提出"科学发展观，第一要义是发展，核心是以人为本。"并第一次在党的重要文献中提出了三个基础、三个重点和两个补充的全面体现人本精神执政理念的关于社会保障体系建设的新思路。这一系列的举措，充分体现了中央领导集体真正将人作为社会发展的出发点和归宿，突出了人的主体价值、地位和作用，并把人的自由全面发展作为社会发展的根本目的和终极价值，体现了对"人本价值"的追求。

　　社会主义和谐社会"以人为本"的价值取向，是一个完整的概念，"人"既包括个体性的人（现实的个人），又包括群体性的人（人民），要求切实把人当作主体，把人作为目的。具体说，"以人为本"有三层含义：一是一种地位确认。明确社会主义和谐社会要以人民群众为最高的价值主体和评价主体，以人民群众的利益、要求和实践为最高的价值标准和评价标准。二是一种价值取向。强调尊重人、解放人、依靠人、为了人和塑造人，让全体社会成员都能在社会生活中各尽其能、各得其所，把促进人的

----

① 王忠武：《和谐社会的价值合理性与价值目标定性》，载《重庆社会科学》2006年第4期。

自由全面发展作为党执政兴国的最高价值目标。三是一种思维方式。要求在分析、思考和解决一切问题时，要有人的意识、人的维度，关注人的生存和发展状况，承认人的能力与个性差异，公正地对待每一个人，把人当人看，保证人的合法权益，满足人的合理需求，要对人的生存和发展确立起终极关怀。

总之，"我们坚持以人为本，就是坚持发展为了人民，发展依靠人民，发展成果由人民共享，关注人的价值、权益和自由，关注人的生活质量、发展潜能和幸福指数，最终是为了实现人的自由全面发展。"①

（四）一元价值与多元价值

追求一元价值，是我国传统社会政治、经济结构的必然要求。我国传统社会在政治上的特征是社会政治结构的大一统，在经济上的特征是自给自足自然经济的分散性，政治上的大一统和经济上的分散性之间的矛盾难以避免。要使经济的分散性和政治的大一统相协调，十分需要借助血缘宗法制来维护其统治。在这样的背景下，家国一体的血缘宗法制被极度强化，人伦意识、群体意识、等级意识成为占统治地位的国家意识，从而形成了以伦理价值为中心、以群体本位为价值取向的一元价值观，使我国传统的价值体系带有很大的狭隘性、保守性、单一性。新中国成立后相当长的时间里，由于实行高度集权的政治体制和经济体制，我国仍是一个封闭型的社会。"政治挂帅"与"道德至上"结为一体，居于至尊地位，政治成为社会的核心，政治标准成为评判一切是非的价值标准，而经济则成为政治的附庸。在制度层面上，重集中轻民主，重纪律轻自由。国家是全社会计划的决策者和代表者，是社会最高也是唯一的价值主体，单位和个人都不是独立的价值主体，其价值的实现，主要表现为完成国家计划，得到国家的承认、肯定和支持等。国家计划对社会生活自上而下的调节不仅是单向的，而且是静态的。在社会实践中，强调社会本位、集体本位，要求摒弃私人财产、私有观念，追求一大二公。人们的经济收入、生活来源完全依赖于集体，依赖于单位。这种经济上的依赖性，造成了人格上的依附性，

---

① 《胡锦涛在美国耶鲁大学的演讲》，新华网，2006 年 4 月 21 日。

价值观上的政治性、一元性、从属性。

社会主义和谐社会是一个和而不同的社会，承认价值追求的个体差异，认可不同的价值主体有多元的价值追求，在价值追求上体现为一元价值导向和多元价值取向的辩证统一。

"和"的前提是"不同"，是多样性的存在。"和"不是"同"，"和而不同"之精髓在于强调"和谐"的同时，坚持"有异"的存在，这种"和谐"是包含了"异"的"和"，而不是排斥"异"的"同"，它具有很强的包容性。比如，社会主义和谐社会在承认一个国家的前提下，可以存在不同社会制度和经济形式，一国两制、以公有制为主体多种经济成分并存就是这种不同的具体体现。这个社会具有高度发达的民主政治，充分保障人民民主权利，能够听取不同的声音。在社会主义和谐社会里，容许不同的社会制度、不同的经济形式、不同的政治见解和不同的利益主体。当然，这种不同是在根本利益一致基础上的不同，是在尊重不同、尊重个性、尊重不同主体的独立、自由发展的前提下，追求和谐以共生共长，不同以相辅相成。

"和而不同"，在价值取向上体现为既倡导核心价值的导向作用，又尊重个体的价值选择和价值追求，构建的是整体价值导向一元与个体价值取向多元有机结合的价值体系。主导价值是一个社会、一个国家倡导的一种统一的价值准则或价值观念，它反映的是社会价值。多元价值是指不同个体在同一领域或不同领域的多种价值选择、价值判断、价值标准和价值追求的并存，反映的是个体价值。一元价值（主导价值观）和多元价值（多元价值观）是社会价值和个体价值的关系，是引导与被引导的关系。由于个体的价值观不一定都是合理的、健康的，因此，需要主导价值观的正确引导。一元价值（主导价值观）和多元价值（多元价值观）是应然和实然的关系，多元价值观是一种客观存在，是一种实然状态，而主导价值观则是一个社会所主张、所倡导的价值观，借以确立人们应有的理想信念和价值标准，这是一种"应然"状态，是对"实然"的超越。十六届六中全会通过的《中共中央关于构建社会主义和谐社会若干重大问题的决定》指出，马克思主义指导思想，中国特色社会主义共同理想，以爱国主义为核心的民族精神和以改革创新为核心的时代精神，社会主义荣辱观，构成了社会主义和谐社会核心价值的基本内容，这实际上就是社会主义和谐社会的主导价值观，它决定着整个社会价值体系的基本特征和基本方向，在社会所有价值目标中处于统摄和支配的地位，对个体多元价值观具有导向作用。

二、和谐社会与人的价值追求理念

和谐是一种状态、一种平衡、一种境界，更是古往今来人们不断追求的价值理想。无论是东方社会还是西方社会，人们一直把实现社会的平等、安定、和谐作为美好价值追求。

（一）和谐社会是人类理想的价值追求

实现社会和谐，建设美好社会，始终是人类孜孜以求的一个社会理想。这一理想社会，将为人的价值创造、价值实现提供良好的氛围。在这个理想社会中，每个人的创造愿望与创造才能、创造价值、创造成果都得到社会的尊重与承认。这是一个能够充分体现价值创造、激励价值追求、确立更高价值目标的社会，也是人类理想的价值追求。

在人类文明史上，"和"的思想一直是先哲们思考的对象。儒家把和谐视为世间最珍贵的价值和最美好的状态。《论语》倡导"礼之用，和为贵"。《中庸》说，"致中和，天地位焉，万物育焉"，指出和谐是天地万物孕育发展的根基和关键。"人事活动必须与天、地参合，才能建功立业，成就最高道德。先秦诸子所言的'道德之意'，正是'人事必将与天地相参'的和生意蕴。道家的'人法地，地法天，天法道，道法自然'，构成了人一地一天参合有序的自然和生之道。儒家的'裁成天地之道，辅相天地之宜，以左右民'，构成了天一地一民参赞化育的人文和生之德。"[①] 在西方，早在古希腊，就有人把和谐作为美的重要特征。哲学家毕达哥拉斯提出著名的"天体和谐说"，认为天体之间的距离以及天体发出的乐音都是和谐的。

---

① 张立文：《和合哲学论》，人民出版社 2004 年版，第 41 页。

他还提出"美德就是和谐"的基本命题:"美德乃是一种和谐,正如健康、全善和神一样。所以一切都是和谐的。友谊就是一种和谐的平等。"① 毕达哥拉斯学派把和谐看作是宇宙和人生的最高境界。新毕达哥拉斯学派的哲学家尼柯玛赫提出,美是和谐的比例。柏拉图认为,国家是放大的个人,个人是缩小的国家。在理想国中,各个阶层的人应该如同人的灵魂的各部分的器官,各司其职,协调和谐。正象黑格尔说的,各因素的协调一致就是和谐。恩格斯把共产主义称为"人类同自然的和解以及人类本身的和解。"②

当人类仰望星空,发现天体的运行是如此庄严肃穆、周行不殆、完美而和谐,而反观人类社会,万事万物常常失去平衡,导致冲突战乱频繁,因此,人们对"天道、天命"顶礼膜拜,希望人间要和宇宙天体一样和谐、有序。在这里,和谐不仅被人们视为宇宙的本真状态,而且被看做一种秩序、平衡和完美的状态,和谐成为最珍贵的价值。可以说,和谐不是一种已经实现的状态和现实存在,而是植根于人类生生不息的一种价值追求。无庸讳言,和谐社会的提出正凸显了人类对现实社会状态的不满和对未来理想社会形态的期待。作为人类理想社会形态,和谐社会应该是一个无本质冲突的社会,是一个能将各种复杂关系和谐化的系统。在这一系统中,要求矛盾的双方或多方能够在统一体内相互包容、协调运作、良性转化和融合,始终使社会处于健康、协调、活力的状态中。

人类总是追求美好的东西,总是追求价值最大化。人类把和谐社会作为自己美好的社会理想,就是因为和谐社会能消除社会不公,化解社会矛盾,使社会各方面的力量和睦相处,从而实现社会整体价值最大化。价值从根本上说是一种客体对主体特别是对社会主体发展完善的效应,使主体特别是使人类社会更美好,使人全面而自由地发展。所以,人们总是珍惜价值,歌颂价值,向往价值,追求价值,努力创造价值和实现价值,而且总是力求实现价值最大化。

人类社会是由不同民族、阶层、文化的不同利益群体组成的联合体。

---

① 北大哲学系外国哲学教研室:《古希腊罗马哲学》,三联书店 1982 年版,第 36 页。
② 《马克思恩格斯全集》第 1 卷,人民出版社 1956 年版,第 603 页。

存在不同利益群体，就必然存在差异，差异扩大，就会产生矛盾，就容易引发摩擦、冲突。在私有制社会里，由于阶级之间利益根本对立，矛盾很难化解，只有当阶级对立相对缓和时，矛盾才能缓解。在人类历史上，阶级矛盾相对缓和时期，也出现过国泰民安的太平盛世，即传统的和谐社会，使生产力得到较快发展，为世代所传颂。在不存在根本利益对立的社会里，不同利益群体之间也会存在差异或差距，导致一定程度上的相互排斥。适度的差异或差距，可促进提高效率，但差距扩大就会产生矛盾，产生摩擦甚至冲突，处理不好会引起社会动荡。但从另外意义上讲，存在差别就有可能因相异而相吸。我们不能只看到有差异就加以拒斥，而应看到相异的东西之间都互有优劣，从而相互认同，相互促进，共同发展，共存共荣，互利双赢。由于价值认同，也就比较容易相互理解，相互沟通，有利于调高扶弱，缩小差距，也就比较容易化解矛盾，减少摩擦，避免冲突和社会动荡，降低内耗，从而降低发展成本，使发展消耗少而效益高，使社会整体价值最大化，也使社会各阶层、各群体价值最大化。

和谐社会能够实现社会整体价值最大化。在一个由许多成员许多要素组成的生产系统里，只有各成员各要素有序协作运转，才能产生良好效益，否则就会导致无序运转，对发展造成障碍。协作出生产力，团结就是力量。和谐、和睦、融洽共处，有利于实现最佳协作，有利于降低损耗，实现系统有序运转，从而实现系统整体价值最大化，和谐社会就是最有利于实现整体价值最大化的社会。我国处于社会主义初级阶段，以公有制为主体，以共同富裕为最终价值目标，共同富裕的价值取向就是共存共荣，体现了广大人民根本利益是一致的，这就为化解矛盾，缩小各方收入差距，发挥各方面的优势，为构建和谐社会开辟了广阔的道路。

（二）人的价值追求是和谐社会建设的强大动力

和谐社会是人类梦寐以求的社会理想，也是人类理想的价值追求。构建和谐社会虽然在很大程度上依赖于社会政治制度的合理安排和社会管理方式的具体创新，但不可缺少的要有积极、健康、向上的价值追求。

和谐社会是一个和而不同的社会，和而不同则源于不同利益主体的价值追求。不同利益主体的价值追求不仅具有复杂性、层次性、多样性和多元性，在某种意义上讲，还具有同一性和一元性。价值追求的多样性、多元性和同一性、一元性的统一是和谐社会构建的重要理论基础。和谐社会是人类美好的社会理想，积极、健康、向上的价值追求对和谐社会的构建具有巨大的促进作用。人们所从事的一切社会活动都是在特定价值诉求的引导下进行的，都是一定价值追求的表现。价值既是一种存在，也是一种动力，一种目的，它决定着人的生活态度和行为取向。当价值存在通过人的理性把握而转化为观念时，就会以一种相对独立的要素融入社会系统的运行之中，发挥着重要的导向功能，成为强有力的精神支撑。人的价值从根本上说来源于人的创造，人的价值是创造价值的价值，人创造价值的目的是为了促进主体生存、发展和完善，是为了主体更美好，根本的是为了促进社会主体的发展完善。和谐社会的建构离不开人的价值创造，不懈的价值追求是和谐社会构建的动力源泉。

"建设什么样的和谐社会，应该怎样建设和谐社会"是人的价值追求的具体体现。当人们对和谐社会建设的长期性、艰巨性、复杂性认识不足，片面、单一地理解和谐社会，把建设和谐社会作为短期工作目标来要求和部署，只重视功利价值、工具价值，不重视理性价值、目的价值，忽视对真善美的追求，如把"和谐社会"理解成"劫富济贫"、追求平均主义的"均贫富"社会，认为讲和谐就是要"相互迁就"、"妥协矛盾"，把"和谐社会"等同于单纯的"稳定社会"，认为建设和谐社会只是党和政府的事，提出应对构建和谐社会全面提速、不断实现"跨跃式发展"，"毕其功于一役"，争取在一个短时间内建成和谐社会等等，这些都是在和谐社会建设中自发价值追求的表现，不能正确引导和谐社会建设走向健康、持续、全面发展的良性之路。自觉的价值追求就是要保持清醒头脑，居安思危，深刻认识我国发展的阶段性特征，科学分析影响社会和谐的矛盾和问题及其产生的原因，更加积极主动地正视矛盾、化解矛盾，把构建和谐社会看成是一个不断化解矛盾的持续过程，一切从实际出发，自觉按规律办事，立足当前、着眼长远、量力而行、尽力而为，有重点分步骤地持续推进。自觉的价值追求对和谐社会建设具有重大的导向、动力和调控作用，是和谐社会建设的强大动力。首先，自觉的价值追求对和谐社会建设有着重大的导向作用。社会的全面和谐发展只有在实践中才能实现，而实践也有一个方向或导向问题，有什么样的价值追求，人们就向什么样的价值目标前进，所以价值追求为人们提出了前进的方向。如果以自发的价值追求作为指导，不讲原则、一味迁就，把"和谐社会"理解成没有差异与矛盾的社会，片面追求平均主义，操之过急、急于求成，制定全国统一的和谐社会指标体系，只顾眼前不顾长远，只顾局部不顾整体，忽视人的全面发展和社会全面进步，那么，和谐社会建设的实践就必然走向歧途。只有不断增强价值追求自觉性，自觉地以全面、辩证、科学的价值追求为指导，才能促进社会的全面和谐发展。所以，四位一体协调发展的思想、科学发展观，它们不仅是社会全面发展的指导思想，也是典型的和谐社会建设价值自觉的表现。其次，自觉的价值追求是推动社会全面和谐发展的内在动力。人通过自己的自觉、自为、自由的活动创造适合于自己需要、符合于自己理想的对象和对象世界，正证明了人是有意识的存在物。价值自觉为社会的全面和谐发展创造观念的对象，提出观念的目的，从而能激发人的情感、激情、意志去克服遇到的障碍，使目的得到实现。最后，自觉的价值追求对和谐社会建设具有调控作用。一方面它能把主体各方面的能量和活动统一起来，协调主体各种活动，不断追求和实践社会的全面协调发展。另一方面，在实践中它能够随时调控和谐社会建设，使之不偏离主体的价值目标，尽量避免和减少不利于和谐社会建设的各种因素，保证社会全面和谐发展。

总之，构建和谐社会既是一种治国的理想，又是一种治国的方略，是一项艰巨复杂的系统工程，也是一个需要随着经济、政治、文化、社会、自然和主体的发展而不断推进的很长的历史过程，需要全党全社会长期坚持不懈的努力。我们必须把各种因素有机地结合起来，才能更好地推进和谐社会建设的全面协调可持续发展。同时，在一定的客观条件下，能否推进社会的和谐发展，最重要的在于要有正确的价值追求，即要有自觉的价值活动。人的价值追求是和谐社会建设的强大动力，价值自觉是推进社会全面和谐发展的关键。

（三）和谐社会构建促进了人价值追求的和谐发展

人的价值追求源于社会存在，每一特定时代人们的价值追求都受制于他们所生活社会的物质生产方式、政治法律制度、思想文化传统。和谐社会建设既是一种价值追求，更是一种价值实践。和谐社会建设促进了人价值追求对象的有机统一、价值追求境界的和谐有序、价值追求目标的持续协调，促进了人价值追求的和谐发展。

1. 价值追求对象的有机统一

社会主义和谐社会是社会全面进步、人与自然和谐相处的社会，在价值追求对象上体现为物质价值与精神价值、人的价值与自然价值的有机统一。

（1）物质价值与精神价值

社会主义和谐社会是社会物质财富极大丰富、人民精神境界极大提高的社会，是物质文明和精神文明协调发展的社会，人的价值追求体现为物质价值与精神价值的和谐统一。

和谐社会建设重视物质价值的合理追求。丰富的物质财富是和谐社会由理想变为现实的物质前提，高度发达的社会生产力是物质财富创造的基本要求，社会主义和谐社会追求高度发达的社会生产力。"社会要和谐，首先要发展，社会和谐在很大程度上取决于社会生产力的发展水平，取决于发展的协调性。必须坚持用发展的办法解决前进中的问题、大力发展社会生产力，不断为社会和谐创造雄厚的物质基础。"① 胡锦涛强调指出，构建社会主义和谐社会"要始终坚持发展是硬道理的战略思想，紧紧抓住发展这个党执政兴国的第一要务，坚持以科学发展观统领经济社会发展全局，推动我国经济社会发展不断迈上新台阶。"要"创造更丰富的社会物质财富，使国家的整体实力不断增强，使人民群众的生活水平不断提高。"② 同时，要在公共服务、医疗保健、生活环境等多个领域提高人民的生活质量、小康水平和富裕程度，让老百姓过得更加殷实，让发展的成果更多地惠及全体人民。

社会主义和谐社会更是在精神上追求高度文明的社会。高度发达的精神文明能以科学的理论武装人、以正确的舆论引导人、以高尚的情操塑造人、以优秀的作品鼓舞人，有利于培育有理想、有道德、有文化、有纪律的公民，不断提高全民族的思想道德素质和科学文化素质，为和谐社会建

---

① 《中共中央关于构建社会主义和谐社会若干重大问题的决定》，新华网，2006 年 10 月 18 日。

② 胡锦涛：《在省部级主要领导干部提高构建社会主义和谐社会能力专题研讨班上的讲话》，载《人民日报》2005 年 6 月 27 日。

设提供强大的智力支持，并营造良好的舆论环境。对精神价值的追求是社会主义和谐社会建设的精神动力，正如胡锦涛所指出的，"我们把社会主义和谐社会核心价值体系建设作为主线，贯穿到国民教育和精神文明建设全过程，坚持不懈地用马克思主义中国化最新成果武装全党、教育人民，用中国特色社会主义共同理想凝聚力量，用以爱国主义为核心的民族精神和以改革创新为核心的时代精神鼓舞斗志，用社会主义荣辱观引领风尚，巩固全党全国各族人民团结奋斗的共同思想基础。……使社会文化生活更加丰富多彩、人民精神风貌更加昂扬向上。"[①]

（2）人的价值与自然价值

人的价值和自然价值能否和谐统一，关键在于能否正确把握好人与自然的价值关系。

人类中心主义价值观采取一种单向的线性思维方式来思考人与自然的价值关系，认为人既是主体又是客体，而自然只是客体；人是内在价值与外在价值的统一，自然只具有外在价值而没有内在价值，人是自然的主宰，自然居于边缘，自然的价值只是相对于人的需要而言的工具价值。这种单一的思维方式割裂了人与自然真正的价值关系，使人从精神上疏离了自然，人与自然之间形成了征服与被征服、索取与被索取的关系，成了目的与手段的关系。人为了满足无节制的需要而向自然无限度地索取资源、污染环境，对大自然不承担任何道德责任。"在这样的思维框架内，人们无法体认人对自然的责任，无法体认人类应该做对自然有益的事情。"[②] 结果导致了人与自然之间的不和谐状态。对此，海德格尔认为，"当我们把自然及其事物作为'客体'来对待时，我们所注重的只是一种强制性、榨取性的意义。我们强迫自然提供知识和能量，却没有耐心倾听自然以及生活、隐蔽于其中的东西的声音，没有为它们提供一个栖身场所。我们命令、剥削、肢解自然，也就决定了我们的对象、'客体'会反对我们，它们会以一种辩证的方式反过来惩罚我们。我们背弃了自然，我们也就失去了家园。"[③]

---

① 《胡锦涛在纪念"党的十一届三中全会召开三十周年"大会上的讲话》，新华网，2008年12月18日。

② 卢风：《"天地境界说"对生态伦理的启示》，载《学术月刊》2002年第4期。

③ 转引自郭小平：《科学的危机与人的困惑》，载《读书》1990年第12期。

社会主义和谐社会在把握人和自然的价值关系上，强调人与自然和谐相处、双向良性互动，强调在重视自然对人的价值前提下，还要关注自然的价值。坚持以系统论的观点和方法来看待人与自然的价值关系，认为人与自然是一种系统关系，强调它是生态系统与各个要素以及各个要素之间的相互作用、相互影响和相互制约的关系，其本质的特点就是整体性，这种系统价值观在自然价值的审视上，看到了自然价值的多重性，而不仅仅局限于工具性的价值。强调人们要热爱大自然，不是出于对自然界的权利，也不是出于人们对自然权力所有者的义务，更不是出于功利主义价值的导引，而是出于一种厚重的人文教养，一种关爱自然的热忱。[①] 也就是说，"人类应恰当地理解自然事实，人的主体性应适应大自然的客体性，人应成为大自然的精神化身。"[②] 在价值追求上体现为实现人的价值与自然价值的动态平衡。

2. 价值追求境界的和谐有序

幸福是人的价值的获得和自我实现，是人的本质力量的确证。和谐社会建设就是一个追求幸福、创造幸福的过程，但由于人在认知能力、学识水平、品德修养等方面存在个性差异，不同的人有不同的人生观、价值观、幸福观，在价值追求方面表现为功利境界、道德境界和天地境界等不同层面。社会主义和谐社会是尊重差异的社会，在价值追求境界上体现为不同层面的和谐统一。

（1）功利境界

处于功利境界的人，其价值取向是为个人谋私利。他们对于自己追求的私利有清晰的认识，并且是自觉自愿地去追求利益。处于这种境界的人，要么追求金钱，要么追求地位，要么追求名誉，其行为"或是求增加他自己的财产，或是求发展他的事业，或是求增进他自己的荣誉"。[③] 功利境界中的人把社会制度、道德规范看作是外在于人的谋取个人私利的工具，他

---

① 刘福森：《生态伦理学的困境与出路》，载《北京师范大学学报》（社会科学版）2008 年第 3 期。

② ［美］霍尔姆斯·罗尔斯顿：《环境伦理学》，杨通进译，中国社会科学出版社 2000 年版，第 446 页。

③ 冯友兰：《新原人》贞元六书，华东师范大学出版社 1996 年版，第 587 页。

们也有可能做出既利己又利他的事，也有可能做出一番事业成为英雄，但是其行为的根本目的是利己的，利他或害他都是为利己服务的，因此只是利己的工具，不具有目的性价值。冯友兰先生认为，虽然功利境界中的人境界不是很高，但也不宜过分责难，因为一个人意识到他自己，为自己而做各种事，这并不意味着他必然是不道德的人。亚里士多德也认为，人可以为生存而生存，每个人都有求生存发展的权利，而人的生存发展需要一定的物质条件和精神条件。天下熙熙，皆为利来，天下攘攘，皆为利往。社会主义和谐社会充分尊重人正当的利益需求，改革开放和社会主义现代化建设的根本目的就是为了不断满足人民群众日益增长的物质文化需要，坚持发展为了人民、发展依靠人民、发展成果由人民共享。人的"利"在一定程度上代表着自我价值，和谐社会营造了人人想干事，人人能干事，人人干成事的良好环境，为人们施展才华、实现自我价值提供了平台，这既是对处于功利境界人的内在价值的承认，也是以人为本的体现。当然，对于"利"，提倡君子爱财，取之有道，提倡正确取利，合理用利，不能唯利是图。求利靠的是个人努力、个人奋斗，靠的是诚实劳动、合法经营，反对追求庸俗的利、纯粹的利。总之，利可求，但不可乱求，利可得，但不可乱得。

（2）道德境界

道德境界比功利境界更高一层次。处于道德境界中的人，已超出了一己与一己私利，他已经认识到自己与他人、与社会不仅仅是对立的，而且是内在统一的。社会是一个整体，个人是这个整体的一部分，"社会是一个全，个人是全的一部分。部分离开了全，即不成其为部分。"[①] 个人只有在与他人的关系中，在整个社会中才能体现其价值。社会是个体生存和发展的根基，个人如果脱离整个社会，就无法体现自我价值，个人只有在社会中才能生存、发展、完善。所以，道德境界中的人的行为都是"行义"的，都是自觉地为了他人之利、社会之利而服务的。道德境界是比功利境界高的境界，如果说，功利境界的人的行为以"取"为目的的话，那么，道德境界的人的行为则是以"与"为目的。道德境界的人，在社会与个人的关

---

① 冯友兰：《三松堂全集》第 4 卷，河南人民出版社 1986 年版，第 553 页。

系上是统一的。处于此境界的人，以他人和社会为中心展示了人，展示了人社会性的人格。

(3) 天地境界

天地境界是价值追求的最高境界。如果说功利境界中的人是追求个体的善，道德境界中的人追求的是整个社会的善，那么天地境界的人追求的是整个宇宙的善。在天地境界中，人不仅了解了个人的存在、社会的存在，而且了解了一个更大的整体即宇宙的存在；人不仅是社会的一员，而且是宇宙的一员。人不仅是社会组织的公民，同时还是孟子所说的"天民"；人不仅是人之理的实现者，也是宇宙之理的实践者，进而，他会自觉地意识到人不但应对社会有贡献，而且应对宇宙作出贡献。"人不但应在社会中，堂堂地做一个人；亦在宇宙中堂堂地做一个人。"① 他们不仅完全领悟人之性即人之理，而且领悟到宇宙之性、宇宙之理即天理。天地境界的人首先是"知天"的，就是了解自然规律，在"知天"的情况下其所有行为都是"事天"的。在"事天"的过程中，人还可以获得一种无上的快乐，即"乐天"。最后，人就可以达到"体与物冥"、"万物皆备于我"的天人合一的"同天"境界，做到人类与自然和谐而乐。这种境界的人真正认识到了，"人不仅应对人类社会承担责任，而且应对宇宙承担责任；人类不应征服自然，而应该顺应自然；人应有对世界之神秘性的体验，有了此种体验才会对自然心存敬畏，从而作自然的守护者，不做自然的征服者。"② 它是"知天"、"事天"、"乐天"、"同天"的有机统一。

在和谐社会，现实中的人往往表现为上述三种境界错综复杂地交织在一起的。"很难想象一个人只有其中一种境界而不掺杂其他境界。只不过现实的人，往往以某一种境界占主导地位，其余次之，于是我们才能在日常生活中区分出某人是低级境界的人，低级趣味的人，某人是有高级境界的人，高级趣味的人，某人是以审美境界占主导地位的真正的诗人，真正的艺术家，某人是以道德境界占主导地位的道德家……如此等等"。③ 社会主义和谐社会为人价值追求的不同境界的呈现提供了宽松的环境，使人既遵

---

① 冯友兰：《新原人》，东北师范大学出版社1996年版，第557页。
② 卢风：《"天地境界说"对生态伦理的启示》，载《学术月刊》2002年第4期。
③ 张世英：《人生的四种境界》，载《光明日报》2010年1月5日。

循不同发展阶段的价值追求境界，同时又不断促进人向着更高的目标迈进。

3. 价值追求目标的持续协调

社会主义和谐社会是全面协调可持续发展的社会，在价值追求目标上体现为眼前价值与长远价值、局部价值与整体价值的辩证统一。

（1）眼前价值与长远价值

眼前价值，就是广大人民群众在经济、政治、文化等方面看得见、摸得着、体会得到的实际价值。长远价值则是指一定对象对于主体的长期的未来发展的作用和意义，是对未来社会发展和子孙后代生活的价值。眼前价值与长远价值在某种意义讲也可理解为眼前利益和长远利益。人们的眼前利益与长远利益是辩证统一的，眼前利益是长远利益的前提，如果人们的眼前利益都不能实现，那么，长远利益只能是一个美丽的幻想而已，反之，如果只顾眼前利益，不顾长远利益，那么，人们的根本利益也会受到损害。一般情况下，人们的眼前利益与长远利益是一致的，但在特殊情况下，二者也可能会发生冲突。社会主义和谐社会是一个可持续发展的社会，人的价值追求体现为眼前价值与长远价值的有机统一。在和谐社会建设中，强调既要考虑当前发展的需要，又要考虑未来发展的需要；既要满足当代人的需要，又不能以牺牲后代人的利益为代价。因此，要把控制人口、节约资源、保护环境放到重要位置，使人口增长与社会生产力的发展相适应，使经济建设与资源、环境相协调，实现良性循环。"不仅要安排好当前的发展，还要为子孙后代着想，为未来的发展创造更好的条件，决不能走浪费资源和先污染后治理的路子，更不能吃祖宗饭，断子孙路。"①

（2）局部价值与整体价值

局部价值是指某个人、某个阶层或集团的利益或价值。人民的根本利益必须通过不同阶层、不同部分的具体利益来表现。整体价值是指人民的共同利益或价值，具体表现为国家和社会利益或价值。"长远利益、全局利益，就是长远价值、全局价值，这是最根本的价值。眼前利益和局部利益，也就是眼前价值和局部价值，这是从属性价值。"② 局部价值、整体价值就

---

① 江泽民：《江泽民论有中国特色社会主义》（专题摘编），中央文献出版社 2002 年版，第279—280 页。

② 王玉樑：《邓小平的价值观》，陕西人民出版社 1996 年版，第 418 页。

是局部利益、整体利益。

局部利益是构成整体利益的基础，而整体利益是局部利益的前提，二者互为条件，不可偏废。只顾个人利益和局部利益，损害国家和社会整体利益就是个人主义和小团体主义。以维护社会整体利益为名，损害甚至否定个人正当合法利益就是虚假的集体主义，虚假的整体利益。社会主义和谐社会是一个各种利益协调发展的社会，强调国家、集体、个人三者利益兼顾，共同发展。在构建和谐社会的进程中，我们必须坚持五个统筹，即统筹城乡发展，统筹区域发展，统筹经济社会发展，统筹人与自然和谐发展，统筹国内发展和对外开放。党的十七大报告在"五个统筹"的基础上，进一步提出要统筹中央和地方关系，统筹个人利益和集体利益、局部利益和整体利益、当前利益和长远利益，统筹国内国际两个大局，充分体现了局部价值与整体价值的有机统一。

三、和谐社会与人的价值追求目标

和谐社会是人类美好的社会理想和永恒的价值追求。和谐社会建设离不开人的价值创造、价值实现，人的积极、健康、向上的价值追求对和谐社会建设具有重大的促进作用。

（一）和谐社会人的价值追求多元性和一元性

和谐社会不是无差别、无矛盾的社会，而是一个和而不同的社会。首先，和谐社会是一个多样性和多元性的社会，它表现为社会成员有不同的价值观念、不同的行为模式、不同的利益诉求等。"不同"源于不同利益主体不同的价值追求，不同利益主体的价值追求具有复杂性、层次性、多样性。其次，和而不同的和谐社会又有"和"的一面，不同利益主体虽有不同的价值追求，但也存在对共同利益的社会共识，在某种程度上讲，还具有同一性、一元性。价值既具有多样性，又具有同一性，既具有多元性又具有一元性，是多样性与同一性的统一，也是多元性与一元性的统一。价值多样性，包括价值的多类性和多元性。价值多类性指不同客体对同一主体其价值不同；价值多元性则指同一客体对不同主体其价值不同。人们通常讲价值多样性，实际上主要指价值多类性。价值一元性是指同一客体对同一历史条件下的社会主体，或对一定时空条件下每一具体主体及某一具体主体的某一方面，其价值是确定的、一元的性质。价值多元性是价值的相对性，价值一元性则是价值的绝对性。价值一元性是价值的根本性质，价值多元性由价值一元性决定，价值多元性内在地包含价值一元性。价值多元性表现了价值的丰富性、生动性，价值一元性则表现了价值的统一性和稳定性。价值多元性与一元性的统一是价值内在固有的客观属性。人的价值追求的多样性和同一性、多元性和一元性的统一是和谐社会构建的重要理论基础。由于人们对价值多样性与同一性问题说得较多，这里着重谈价值多元性和一元性的统一与和谐社会建设问题。

在经济领域，市场竞争和宏观调控统一体现了人的价值追求多元性和一元性的统一。我国社会主义市场经济中的市场竞争和宏观调控，是人的价值追求多元性与一元性的生动体现。我国坚持公有制为主体，多种所有制并存的社会主义市场经济体制。在市场经济条件下，各企业自主经营、自负盈亏，成为独立的市场主体，使市场主体多元化。市场主体多元化决定了价值取向多元化，从而出现了经济生活中的价值追求多元化现象。不同企业之间平等竞争，促进企业改善管理，推动技术进步，提高效率，降低成本，提高质量，有力地促进了生产力的发展。同时，追求利润最大化，又导致各市场主体追求产销，搞重复建设，造成资源浪费、产品过剩。市场竞争中优胜劣汰，使一些企业破产，一些人员下岗待业，收入差距扩大，又容易产生社会震动，影响社会稳定。由此可见，市场经济下的价值追求多元性及由此产生的市场竞争，既有正价值，又有负价值。要充分发挥市场经济的积极效应，抑制其消极效应，就必须加强宏观调控，支持和鼓励经济生活中有利于全局发展的东西，限制和抑制不利于全局发展的东西。这就是在承认价值追求多元性的同时，坚持价值导向一元性和体现价值追求统一性，从而把二者统一起来，使价值追求多元性成为价值追求一元性主导下的多元性，价值追求一元性成为价值追求多元性基础上的一元性，形成一元主导，多元并存，既生气勃勃充满活力，又安定有序快速发展的良性互动局面。

在政治领域，民主和集中、民主与法治的统一体现了人的价值追求多元性和一元性的统一。人的价值追求的多元性，有利于发扬社会主义民主。在社会生活中，价值多元性表现为不同的人们往往对同一事物会作出不同的评价，即表现为价值评价的多元性。承认价值多元性，就会看到这是由于人们的利益和处境等不同决定的，是不奇怪的，有助于虚心听取各方面的意见，充分发扬民主，调动各方面的积极性、创造性。在社会主义和谐社会里，尽管不同人们的情况千差万别，但广大人民群众的根本利益是一致的，我们的一切工作都要以广大人民的根本利益为出发点和归宿，以最广大人民的根本利益为最高价值标准，这就是体现了价值追求的一元性。我们在加强社会主义民主的同时，必须加强社会主义法制，把广大人民的根本利益法制化，把民主纳入法制的轨道，使民主制度化、法律化、规范化，以形成"又有集中，又有民主，又有纪律，又有自由，又有统一意志，又有个人心情舒畅，生动活泼那样一种政治局面"，① 这实质上就是人的价值多元性与一元性的统一。

在学术文化领域，"两为"和"双百"方针体现了人的价值追求多元性和一元性的统一。我国春秋战国时期，儒、道、墨、法、阴阳等各家，百家争鸣，就是学术领域价值多元化的重要表现。百家争鸣有力地推动了学术发展，使春秋战国时期成为我国学术发展的黄金时期，人才辈出，群星灿烂，产生了不少学术经典，至今仍光彩夺目。正因为如此，毛泽东在新中国成立初期就提出把百花齐放、百家争鸣作为发展学术文化的基本方针。这体现了一个伟大的无产阶级革命家的宏大气魄与大无畏的精神，也体现了他尊重客观规律的实事求是作风。百花齐放、百家争鸣实质上是发扬学术与文化领域的民主，在学术文化领域发挥价值多元性的作用。而在学术文化领域坚持以马克思主义为指导，坚持为人民服务、为社会主义服务的方向，就是坚持价值一元性和坚持价值导向的一元性。

在和谐社会建设中，我们要解决收入差距拉大问题，维护社会公平正

---

① 《毛泽东著作选读》（下册），人民出版社1986年版，第887页。

义，要解决由于市场经济中一些人为了追求金钱造成的诚信失落、人际关系冷漠问题，实现诚信友爱，要解决经济发展与生态环境恶化问题，实现人与自然和谐发展等等，这些实质上都是既承认价值追求多元性，又坚持价值一元性和价值导向的一元性，以充分发挥各方面的积极因素，化解其消极因素，从而实现人际和谐、个人与社会和谐，促进人与自然和谐发展，实现社会整体价值最大化。

（二）和谐社会人的价值追求目标

和谐社会人的价值追求目标是多种多样的，主要表现在政治、经济、文化三个基本领域。从马克思主义价值论的视域出发，我们认为和谐社会人的政治价值追求应该是公民在政治上成为全面发展的人，成为自己的主人，也就是政治自由、政治自主和政治自觉的人。和谐社会人的经济价值追求应该是构建财富与自然、财富与人、财富与社会有机统一的共同体，不断加强政府、企业、公民等财富主体的善良责任。和谐社会人的文化价值追求应该是全面把握文化多样性发生发展的规律，积极促进文化多样性为社会核心价值体系建设服务，坚持文化自觉和文化创新，努力推动文化大发展大繁荣。

1. 和谐社会人的政治价值追求

人是社会的唯一主体，也是政治的唯一主体。"人是政治权力、政治权利的掌握者和运用者，政治制度、政治设施的创建者和铺设者，政治文化、政治思想的承载者和传播者，政治行为、政治规范的发动者和制定者。"[①]政治是人的政治，政治文明建设对人的关注和思考具有优先和终极的价值。社会主义和谐社会的政治建设应当以人为出发点和归宿，满足人的普遍的政治需要，实现人在政治上的自由全面发展。政治自由、政治自主、政治自觉是社会主义和谐社会人的政治价值追求应有之义。

（1）政治自由

和谐社会并不是没有矛盾与冲突的社会，要想将矛盾与冲突保持在一定的范围之内，必须保障公民的政治自由。只有公民的政治自由得到保障，

---

① 虞崇胜：《论人的政治性与政治主体性》，载《文史哲》2002 年第 4 期。

才能为不同利益群体之间的博弈提供平台，让各个阶层、群体都有机会表达自己的诉求，以确保社会规则体系的公平、公正，达到政策上的平衡。政治自由有助于保持社会稳定，保障政治自由是国家实现稳定与和谐的工具。

政治自由最主要的表现为言论自由和参政自由。

言论自由是实现参政自由的前提，也是其他一切权利和自由的前提和基础。公民只有享有言论自由，才能真正参与国家和社会事务，从中发现问题、提出问题、发表解决问题的意见和建议，使国家和社会能够集思广益，正确处理各种事务。可以说，公民参与民主政治和民主决策的实现方式无论是直接或间接的，都以言论自由为前提。发表意见的自由是一切自由中最神圣的，因为它是一切的基础。"要享受自由的话，就应该使每一个人想说什么就说什么；要保全自由的话，也应该使每一个人能够想说什么就说什么。这个国家的公民可以说或写一切法律所没有明文禁止的东西。"① "在某种意义上，它（言论自由）是所有自由的基础，是几乎所有其他形式的自由的不可分离的条件和发祥地。"② 在我国，"随着生存权问题的基本解决，我国现实首要人权便发生变化，今后几十年我国人民的首要人权不再是生存权。自由权特别是言论自由权将成为我国人民的首要人权"③。

参政自由是政治自由的实质。

政治参与程度的高低与效能的优劣是现代社会衡量一个国家民主化水平的尺度。英国学者戴维·赫尔德认为，"当公民享有一系列允许他们要求民主参与并把民主参与视为一种权利的时候，民主才是名副其实的民主。"④ 我国《宪法》第2条规定："中华人民共和国的一切权力属于人民……人民依照法律规定，通过各种途径和形式，管理国家事务，管理经济和文化事业，管理社会事务。"广泛的公民政治参与、充分尊重和保障公民的政治权利，是社会主义政治制度优越性的一个重要体现。人民代表大会制度

---

① ［法］孟德斯鸠：《论法的精神》（上），张雁深译，商务印书馆1982年版，第154页。
② 刘军宁等编：《经济民主与经济自由》，三联书店1997年版，第230页。
③ 杜钢建：《首要人权与言论自由》，载《法学》1993年第3期。
④ ［英］戴维·赫尔德：《民主的模式》，燕继荣等译，中央文献出版社1998年版，第38页。

是我国的根本政治制度，是人民掌握国家政权、行使权力的根本途径；共产党领导的多党合作和政治协商制度，既有利于实现社会各界广泛的民主参与，又有利于集中统一、统筹兼顾各方利益；民族区域自治制度，是实现民族平等、保障少数民族权利的一项基本政治制度。这些制度是我国整个民主政治运行和发展的重要环节、重要基点。这些全新的政治参与制度，使公民政治参与的范围拓展到了国家经济、文化、社会活动的各个方面和各个层次，保证了公民有效地行使当家作主的民主权利。在政治文明建设实践中，我党不断丰富、完善各项政治参与制度。2004 年通过的宪法修正案，将"国家尊重和保障人权"载入宪法。党的十七大报告把社会主义民主政治建设提到了一个新高度，首次提出要保障公民的"表达权"，首次把"基层群众自治制度"纳入中国特色社会主义政治制度范畴，并明确指出人民民主是社会主义的生命，开始把民主政治作为公民的基本生活内容植入民生范畴，使政治生活平民化、市民化、生活化。报告在阐发社会主义民主政治建设理念时，不只是停留于国家、政府层面在法律、制度、体制上的作为，而是直接勾画出广大人民在社会生活中的政治地位、政治作为，把公民的民主权利和政治参与作为社会主义民主政治建设的重点，提出应"从各个层次、各个领域扩大公民有序政治参与，最广泛地动员和组织人民依法管理国家事务和社会事务"。提出"建设服务型政府"的目标也暗合了实现公民政治自由这一价值诉求。

当然，政治自由绝非就是想说什么就说什么，想做什么就做什么，而不受任何限制。政治自由不仅受社会经济、文化条件的限制，而且要受法律的限制。"政治自由并不是愿意做什么就做什么。在一个国家里，也就是说，在一个有法律的社会里，自由仅仅是一个人能够做他应该做的事情，而不被强迫去做他不愿意做的事情。"① 政治自由表明，"个人在政治生活中是自由的，是可以自我决定、自我做主的……可以在无外部异己力量的强制下对于自己的政治信仰、政治态度、政治行为作出选择"。同时，"自由是受限定的，是个人在法律规定的范围内的选择和行为"②

---

① ［法］孟德斯鸠：《论法的精神》（上），张雁深译，商务印书馆 1982 年版，第 154 页。
② 万斌：《政治哲学》，浙江大学出版社 1996 年版，第 281 页。

（2）政治自主

政治自由仅仅为公民有效参与政治提供了一个最基本的前提，公民要真正行使好自由权利，还必须具有与之相适应的政治素质和政治能力，具有政治主体意识，做一个政治自主的人。

政治主体意识是指政治主体在参与国家政治生活中表现出来的高度责任感和积极主动的精神状态，是对于自身的主体地位、主体能力和主体价值的一种自觉意识，以及作为一个政治人所表现出来的自主性、能动性和创造性。政治主体意识作为一种政治方面的精神形态，一旦内化为一种观念、意志、信念、情感，就会产生一种动机和态度，自觉或不自觉地驱动人们在社会政治生活和政治活动中作出种种反应。政治主体意识深刻地影响着人们对政治体制、政治事件、政府政策等政治现象的态度和看法，进而影响着人们政治行为的内容、方向和方式，影响着政治生活中人们参与或不参与、参与的方式和参与的广度、深度等。如果公民缺乏政治主体意识，就不可能积极主动地表达自己的政治看法，不可能有真正意义上的政治参与。马克思在分析19世纪法兰西农民不能实现政治动员的原因时指出，他们缺乏政治主体意识，所以，"他们不能代表自己，一定要别人来代表他们"①。一个有政治主体意识的公民，会确认自己的主人翁地位，认为自己是政治生活的平等参加者，是以政治权利的主体和国家主人的身份加入社会政治关系的。只有这样，公民才能以一种平等的、有尊严有个性的权利主体姿态去认知宪法赋予的自由权利，去介入、影响、参与国家的政治事务。人"行动的一切动力，都一定要通过他的头脑，一定要转变为他的意志的动机，才能使他行动起来"②。可见，做一个政治自主的人，关键要有政治主体意识，这是公民有效参与政治的前提条件。

社会主义和谐社会追求公民的政治自主，为公民政治主体意识的培育提供了良好的社会环境。首先，社会主义市场经济的发展，激发了公民的政治主体意识。市场经济是通过市场配置资源的经济，其运行规律体现着公平竞争、等价交换、自主经营、开放平等等原则，唤醒了人的主体意识、

---

① 《马克思恩格斯选集》第1卷，人民出版社1995年版，第678页。
② 《马克思恩格斯选集》第4卷，人民出版社1995年版，第251页。

竞争意识、平等意识和参与意识，有利于人的独立性、创造性的形成和培育。其次，社会主义民主政治的发展，增强了公民的政治主体意识。人民民主是社会主义的生命，人民当家作主是社会主义民主政治的本质和核心。从各个层次、各个领域扩大公民有序政治参与，最广泛地动员和组织人民依法管理国家事务和社会事务、管理经济和文化事业；坚持党的领导、人民当家作主、依法治国有机统一，推进社会主义民主政治制度化、规范化、程序化；加强公民意识教育，树立社会主义民主法治、自由平等、公平正义理念，这些都是社会主义民主政治建设的重要目标。这些目标的实现将有利于扩大人民民主，保证人民当家作主，切实使公民成为真正的政治主体。最后，健康的政治文化，营造了培育公民政治主体意识的良好氛围。政治文化是公民发挥政治主体意识和参与政治活动的底蕴所在。任何政治体系及其政治活动都处于一定的政治文化氛围之中，并受这种文化氛围的熏陶和影响。"当我们提到一个社会的政治文化时，我们所指的是在其公民的认知、情感和评价中被内化了的政治制度。"[①] 这种被内化了的"政治制度"在某种程度上比外在的法律制度更有力地左右着公民的政治参与的态度和行为。社会主义和谐社会倡导民主法治、公平正义、诚信友爱、充满活力、安定有序的政治文化，倡导以社会主义核心价值体系引领社会思潮，这种既坚持一元主导，又尊重差异、包容多样的政治文化氛围，为公民政治主体意识的形成创造了良好的环境。

（3）政治自觉

追求政治自主，并不意味着公民对政治权利可以随意自我确证和自我放任，而应体现人的社会性本质，符合社会规范。公民的政治行为应坚持适度原则，以能够促进社会的和谐稳定、推动政治民主化进程为依据和准则。因此，公民应自觉调控自己，合法、理性地表达自己的利益诉求，既要激发政治情感，又不致让其超越理智的提防，做一个政治自觉的人。

政治自觉的人，应当具备高尚的道德情操。斯特劳斯在《政治哲学史》中指出，"人是最优秀的政治动物，因为他是理性与道德的动物。"具有高

---

① ［美］阿尔蒙德·维巴：《公民文化——五国的政治态度和民主》，马殿君等译，浙江人民出版社1989年版，第15页。

尚道德情操的人，会为自己立法，能克制与道德要求不相容的欲望，把"自重、自省、自警、自励"作为自己的行为准则，做到限制自己、规范自己、超越自己。由于政治活动具有强烈的阶级性和功利性，政治权力或政治利益对人具有极大的吸引力，如果把政治权力完全看成是私有财产而毫无顾忌地以权谋私的话，势必造成社会混乱和时局动荡。政治自觉的人，一方面，会对政治权力进行自我约束，把政治道德内化为自己的政治良心，做到行为自律，能正确把握手中掌握的权力，使权力良性运行，防止权力越轨。另一方面，能激发自身参政的积极性，激发自身强烈的政治热情、使命感和责任感，把对政治理想的追求和信念转化为自觉地进行社会政治文明建设的行动，进而促进社会的政治稳定。

政治自觉的人，必须具有自觉的守法精神。按马克思的观点，法律之下的自由，是人类所应享受的环境。社会主义和谐社会是一个法治社会，公民政治自由的实现必须以法律为依据，公民必须敬畏法律，信奉法律，服从法律，遵守法律，具有守法的自觉性。自觉的守法精神首先表现在对自我身份法律地位的确认。每个公民都认识到作为社会的一员，其所有的权利都受到法律的保护，随时都可以以自己的权利受到侵犯为由向法律求助。其次，对其他社会成员权利的认同。认为其他的人同自己一样，其权利也受到法律的保护，自己应该尊重其他人的合法权利，不侵犯他人的法律权利。其三，自主、理性地实践政治自由。公民在实践政治自由时是在遵循宪法和法律所规定的前提下，通过自主、理性的方式并按照一定的程序去影响现实政治生活。在政治生活中会按照法律的规定、原理和精神，思考、分析、解决问题，并能避开自己的私利，协调各方冲突、平衡各种利益，使政治制度得以良好运转。总之，使"一切卑鄙和残酷的私欲被抑制下去，而一切良好和高尚的热情受到法律的鼓励……公民服从公职人员，公职人员服从人民，而人民服从正义……祖国保证每个人的幸福，而每个人自豪地为祖国的繁荣和光荣而高兴"①。

政治自觉的人，应该勇于承担相应的政治责任。所谓政治责任就是政治主体的份内应做之事以及没有做好份内之事所应受的谴责和制裁。政治

---

① ［法］罗伯斯庇尔：《革命法制与审判》，赵涵舆译，商务印书馆1965年版，第170页。

责任意识是公民在政治生活中表现出来的积极性、主动性以及勇于承担应有的政治责任的一种思想意识，是对自己作为国家的一员应承担义务的自觉认同、积极回应和内心自律。没有政治责任意识，政治义务只能沦为外在的强制而不能上升为公民的内在要求，缺乏对公民心灵影响的震撼力和感召力，也难以转化为现实的行为。公民的政治责任意识，是其享有政治权利、参与政治生活、在政治体系中发挥作用，并实现自我治理、自我发展的政治自由的必要条件。公民的政治责任意识将保障政治自由的正确方向，保障民主政治的有序进行，保障政治文明的进步状态。①

总之，社会主义和谐社会人的政治价值追求是使公民在政治上成为全面发展的人，成为自己的主人，也就是政治自由、政治自主和政治自觉的人。正如以赛亚·伯林所说的，"我希望我的生活与选择，能够由我本身来决定，而不取决任何外界的力量。我希望成为我自己的意志，而不是别人的意志的工具。我希望成为主体，而不是他人行为的对象。我希望我的行为出于我自己的理性、有意识之目的，而不是出于外来的原因……我希望能够意识到自己是一个有思想、有意志而积极的人，是一个能够为我自己的选择负起责任，并且用我自己的思想和目的，来解释我为什么做这些选择的人。"②

2. 和谐社会人的经济价值追求

人的经济价值追求主要表现为人们对物质财富的追求，体现在物质财富的生产、创造、分配、消费活动中。社会主义和谐社会人们财富价值追求的根本目标就是要构建财富与自然、财富与人、财富与社会有机统一的共同体，使社会建设的成果惠及全体人民，达到共同富裕，实现共同幸福。

（1）正义正当

正义正当，作为社会主义和谐社会人们共同的价值追求，它是一种道义性价值，反映的是人们从道义上、愿望上追求利益关系特别是分配关系合理性的价值理念和价值标准。

---

① 王伦光：《社会主义和谐社会的政治价值追求》，载《理论探讨》2010 年第 2 期。

② ［英］以赛亚·伯林：《两种自由概念》，陈晓林译，见刘军宁等编：《市场逻辑与国家观念》，三联书店 1995 年版，第 210—211 页。

和谐社会人们在财富制度上追求正义正当。正义是社会主义国家制度的首要价值。财富制度正义是财富正义的前提，任何财富制度的内在本质都具有自身的价值取向，不论这种价值取向是否正确，这种价值都内化于该制度本身。只有当一种财富制度内在地具有道义上的正义性时，它才能为全体社会成员、至少是绝大多数社会成员接纳并给予最大的支持，这种财富秩序才能健康发展，才能得以长久维系，社会也才能在这种财富制度下和谐发展。加紧建设对保障社会公平正义具有重大作用的制度，保障人民在政治、经济、文化、社会等方面的权利和利益，引导公民依法行使权利、履行义务，是社会主义和谐社会建设的重要内容。《中共中央关于构建社会主义和谐社会若干重大问题的决定》指出，和谐社会的财富制度主要包括公共财政制度、收入分配制度、社会保障制度和法律制度。公共财政制度的价值目标是把更多财政资金投向公共服务领域，逐步实现基本公共服务均等化；收入分配制度的价值追求是更加注重社会公平，增加城乡居民收入，规范收入分配秩序；社会保障制度的价值取向是着力改善民生，保障人民基本生活。同时，国家以根本大法的形式规定"社会主义的公共财产神圣不可侵犯"，"公民的合法的私有财产不受侵犯"，用法律保护"国家、集体、私人的物权和其他权利人的物权受法律保护，任何单位和个人不得侵犯。"充分表现出财富法律制度对正义正当价值理念的追求。

和谐社会人们在财富创造上追求正义正当。和谐社会是尊重劳动、尊重知识、尊重人才、尊重创造的社会，有着完善的公平竞争机制，健全的现代产权制度，科学有效的利益协调机制、诉求表达机制、矛盾调处机制、权益保障机制，能够统筹协调各方面利益关系，不断解放和发展生产力，使全社会创造能量充分释放、创新成果不断涌现、创业活动蓬勃开展；又能适应社会结构和利益格局发展变化的新要求，妥善处理社会矛盾，引导人们正确对待自我财富、他人财富和社会财富，正确处理财富与自然、财富与人、财富与社会的关系，树立全面、协调、可持续的财富创造观，既鼓励有能力的人走勤劳致富、合法致富的路子，又坚决防止那些利用种种非法手段搞歪门邪道的人富起来。

和谐社会人们在财富分配上追求正义正当。分配正义是评判财富公正的标准，也是社会和谐的前提。在整个社会正义领域中，分配正义具有基础性地位，是财富正义的核心部分。罗尔斯主张，在机会均等的原则下，尽可能照顾"最少受益者"的利益，就是财富分配正义。在他看来，照顾弱者不是慈善，而是一种权利。如果将此观点用于富人的慈善捐赠上，捐赠就是富人应尽的一种义务和穷人应享的权利。诺齐克则用他的"正义链"挑战罗尔斯，他的链条包括："获得的正义"——最初财产的获得必须清白；"交易的正义"——财富持有过程中的每一次转让与交易都是自由公正的；"矫正的正义"——如果财产来源或交易存在不公，就必须进行矫正。在诺齐克看来，如果财产所有者的财富来源和交易都清白公正，那么哪怕他富可敌国，也是公正的持有，不应受任何指责。富人可以自愿进行慈善捐赠，社会和国家没有任何理由强制他们这么做。正义正当的分配制度，既要调动公民财富创造的积极性，促进更多的公民提高创造财富的能力，还要保证低收入群体、广大群众普遍分享发展带来的利益，顾及全体人民的利益，走共同富裕之路。社会主义和谐社会的分配制度在形式上和实践上，都内在体现了分配公正。强调初次分配和再分配都要处理好效率和公平的关系，再分配更加注重公平；要逐步提高居民收入在国民收入分配中的比重，提高劳动报酬在初次分配中的比重；要创造条件让更多群众拥有财产性收入；要保护合法收入，调节过高收入，取缔非法收入；要扩大转移支付，强化税收调节，打破经营垄断，创造机会公平，整顿分配秩序，逐步扭转收入分配差距扩大趋势。然而"分配公正不是指均等的分配，而是关注分配原则、分配形式的公平性，关注在社会成员或群体之间进行权利、权力、义务和责任配置的问题"①。所以，分配公正防止两极分化，但不等于平均主义，它追求的是使分配尺度与人的发展尺度相统一、使公平与效率相统一、使初始收入和社会保障制度相统一、使分配正当与分配矫正相统一，根本上在于提高社会成员共享经济发展成果的最大化，确保弱势群体不致沦为市场竞争的牺牲品，使全体社会成员都能享受到发展带来的利益。

---

① ［美］博登海默：《法理学——法律哲学与法律方法》，邓正来译，中国政法大学出版社1999年版，第265页。

（2）善良责任

社会主义和谐社会的财富建设是一个全社会共同努力的过程，只有每个人各司其职、各尽其责、共同建设，才能共同享有。因此，树立和培养公民的善良责任，是促进和谐社会财富建设健康发展的关键环节。

公民是财富的主体。财富恰如利剑，掌握在不同的人手中，其作用是大不相同的。财富掌握在有德有能者手中，能够发挥财富的最大作用，造福社会，惠及众人，而心地险恶、贪婪者拥有了巨额的钱财，经常会祸害天下，最后也伤及自身。主体的价值观不同，对财富的追求和使用方式也将不同。马克斯·韦伯曾经指出，只有当人们普遍能心怀感激与敬畏地对待财富，用正当合理的手段创造财富，以有利于社会的方式使用财富时，一个社会才会具有与现代文明相称的财富伦理水平，市场经济的健康发展和社会的良性运行才成为可能。所以，败坏的人心不可能创造出世界上最好的产品，也不可能建构"好的市场经济"，相互为恶、不择手段的传统利害观、财富观随时有可能成为财富的毁灭之源。所以，我们必须学会如何追求财富，富人必须学会如何支配财富，穷人必须学会如何看待财富，我们必须共同呼唤加强公民的财富责任，才能真正实现人人共建、人人共享的社会主义和谐社会。加强公民的财富责任，首先要求公民积极劳动，去创造财富。要培养公民健康的财富心态，倡导劳动致富，倡导"君子爱财，取之有道"。其次要树立健康文明的生活观。正确对待财富，正确对待他人，善待财富、尊重财富，防止为富不仁、劫富济贫，防止挥霍浪费、炫耀财富，做乐于承担社会责任的财富主人。最后要倡导"财富共享，和谐共生"的财富价值观。要让财富主体真正意识到，自己的所得更多的得益于时代；要通过一系列制度安排和政策设计，为财富主体反哺社会创造更好的环境和空间；要加强财富道德教育，提高主体的财富素质和修养，使他们真正懂得"财富的本质就在于财富的主体的存在"，[①] 人们创造财富但并不仅仅是为了创造财富，而是为了促进人的发展和增进人的福祉。[②]

---

① 马克思：《1844 年经济学—哲学手稿》，人民出版社 1985 年版，第 72 页。
② 王国银等：《和谐社会的财富价值追求》，载《求实》2008 年第 9 期。

（3）共同幸福

财富与幸福的关系一直是人们争论的话题。有人认为幸福是一种主观体验，幸福与财富无关；有人认为财富是幸福的充分条件而不是必要条件，财富是通向幸福之路的手段，财富本身并不是目的。我们认为人的幸福问题并不是抽象王国里的虚幻想象，而是"现实的个人"如何以现实方式成为"目的"本身的问题。人的幸福蕴藏在人的实践活动之中，人创造财富的过程就是实现幸福生活的过程。社会主义和谐社会始终把最广大人民的根本利益作为党和国家一切工作的出发点和落脚点，实现好、维护好、发展好最广大人民的根本利益，不断满足人民日益增长的物质文化需要，尊重劳动，鼓励创造，追求共同富裕，做到发展为了人民、发展依靠人民、发展成果由人民共享，促进人的自由全面发展。因此，努力形成全体人民各尽其能、各得其所而又和谐相处的共同幸福局面，就成为和谐社会人们创造财富的最终价值目的。

共同幸福是和谐社会人们创造财富的价值目的。幸福包括个人幸福和集体幸福，和谐社会财富创造的最终价值目的就是追求共同富裕、共同幸福。首先，和谐社会需要人们积极创造财富。社会要和谐，首先要发展。社会和谐在很大程度上取决于社会生产力的发展水平，必须大力发展社会生产力，不断为社会和谐创造雄厚的物质基础，努力使家庭财产普遍增加，人们过上更加富足的生活。其次，和谐社会需要人们科学创造财富。科学发展和社会和谐是内在统一的，没有科学发展就没有社会和谐。和谐社会人们创造财富必须深入贯彻落实科学发展观。坚持自然财富和社会财富、物质财富和精神财富、个人财富和集体财富、国内财富和国际财富的有机统一，统筹城乡发展、区域发展、经济社会发展、人与自然和谐发展，转变发展方式，提高发展质量，走生产发展、生活富裕、生态良好的文明发展道路，只有这样，才能使人们在良好生态环境中生产生活，实现财富的可持续创造。最后，和谐社会鼓励人们共同创造财富。构建社会主义和谐社会是艰巨复杂的系统工程，只有动员广大人民群众共同参与，才能使这一宏伟目标变成现实；构建社会主义和谐社会是造福全体人民的伟大事业，只有让广大人民群众不断从和谐社会建设中得到实惠，才能使和谐社会建设成为广大人民群众的自觉行动。和谐社会不是少数人、一部分人创造财富的社会，它需要广大人民群众的积极参与，也能最大限度地实现好、维护好、发展好广大人民群众的根本利益，把共同建设、共同享有贯穿于社会建设的全过程，让社会建设成果惠及全体社会成员，真正做到在共建中共享、在共享中共建。

共同幸福是和谐社会人们分配财富的价值目的。合理的收入分配制度是社会公平的重要体现。首先，和谐社会的财富分配着力形成合理有序的收入分配格局。社会主义和谐社会坚持按劳分配为主体、多种分配方式并存的分配制度，健全劳动、资本、技术、管理等生产要素按贡献参与分配的制度，逐步提高居民收入在国民收入分配中的比重，提高劳动报酬在初次分配中的比重，着力提高低收入者收入水平，逐步扩大中等收入者比重，有效调节过高收入，坚决取缔非法收入，逐步扭转收入分配差距扩大趋势，形成合理有序的收入分配格局。其次，和谐社会的财富分配着力建立覆盖城乡居民的社会保障体系。健全公共财政体制，调整财政收支结构，把更多财政资金投向公共服务领域，加大财政在教育、卫生、文化、就业再就业服务、社会保障、生态环境、公共基础设施、社会治安等方面的投入，是和谐社会财富分配的基本价值取向。同时，将进一步完善基本养老保险制度、最低生活保障制度、基本医疗保险制度、廉租住房制度等，逐步建立社会保险、社会救助、社会福利、慈善事业相衔接的覆盖城乡居民的社会保障体系，努力使全体人民学有所教、劳有所得、病有所医、老有所养、住有所居。最后，和谐社会的财富分配着力走共同富裕道路。和谐社会更加注重社会建设，着力保障和改善民生，全面建设惠及十几亿人口的更高水平的小康社会，统筹协调各方面利益关系，更加注重解决发展不平衡问题，坚决防止出现"两极分化"现象，努力形成先富带动后富、最终走共同富裕的生动局面。

共同幸福是和谐社会人们使用财富的价值目的。建设生态文明是和谐社会的重要内涵。生态文明强调人与自然、人与人以及经济与社会的协调发展，它以可持续发展为依托，以生产发展、生活富裕、生态良好为基本原则，以人的自由全面发展为最终目标，形成节约能源资源和保护生态环境的产业结构、增长方式、消费模式。因此，追求以共同幸福为最终价值目的的节俭、适度、慷慨就成为和谐社会人们使用财富的美德。首先，和谐社会人们使用财富更加注重节俭。和谐社会强调人与自然的协调发展，自然界的资源是有限的，人们大力倡导勤俭节约，反对享乐主义，反对过奢侈生活。节俭不仅节约了资源，也从整体上促进了社会的幸福。其次，和谐社会人们使用财富更加注重适度。适度不仅指个体的适度，而且指社会的适度。财富不仅仅属于当代，它还是过去特别是将来的；不仅仅属于某一个个体或组织，它还具有超主体或超边界的意义。所以，我们不仅要取之有道，而且要用之有度。最后，和谐社会人们使用财富更加注重慷慨。慷慨是财富使用的崇高价值。如何使个体的财富转变为社会的财富，如何使财富使用的个体快乐转变为大家的快乐，是和谐社会财富使用的根本要求。我们必须进一步健全和完善社会捐助等慈善事业制度，广泛调动财富主体的积极性，充分发挥财富的社会公益价值，不断增强财富增进共同幸福的效能。

3. 和谐社会人的文化价值追求

党的十七大报告指出，当今时代，文化越来越成为民族凝聚力和创造力的重要源泉、越来越成为综合国力竞争的重要因素，丰富精神文化生活越来越成为我国人民的热切愿望。因此，更加自觉、更加主动地推进社会主义文化大发展大繁荣，全面提升我国文化软实力，为构建社会主义和谐社会，进而构建和谐世界提供思想保障、精神动力和智力支持，是我们在新世纪新阶段义不容辞的现实选择。

（1）文化的内涵和本质

"文化"（culture）源于拉丁文 cultura，是动词 colere 的派生词，其原意指栽培、培养、驯养、耕种、照管等。后来，随着人认识的深化，文化就逐渐引申为对人自身本能状态的教化、培养和"修身"的功夫与活动，以及对人与人之间的关系的培养和照料活动，有使人摆脱野蛮、粗俗和愚昧而成为有教养的、文雅和聪明的人的意蕴。在汉语中，"文化"这个词最早可追溯到《易传》中的"人文化成"一语。在《易·贲》中，有"观乎天文，以察时变；观乎人文，以化成天下"云云。由于中国古人用"人文"指人所创造的事物，并与"天文"和"地文"并立为三，所以，《易传》中这两句的意思是指，用人类所创造的东西来参天地之造化，建立文明美好的社会。在我国，把"文""化"二字联系在一起而正式作为一个词来使用，始于西汉。① 刘向在《说苑·指武》中说，"圣人之治天下，先文德而后武力。凡武之兴，为不服也；文化不该，然后加诛。"可以看出，在这里"文"是指文德，即现在所理解的社会伦理道德，"化"是指教化，即经教育而使人转化。因此，"文化"在古汉语中就有以伦理道德教导世人，使人们成为在思想、观念、言行和举止上合乎特定礼仪规范的人的意思。这也就是汉语中"文化"一词的基本涵义。

英国文化人类学创始人爱德华·泰勒认为人类文化受进化理论法则的支配，它并非是"神赐"的产物，文化就是整个生活方式的总和。他指出："文化或文明是一个复杂的整体，它包括知识、信仰、艺术、道德、法律、风俗以及作为社会成员的人所具有的其它一切能力和习惯。"② 美国学者C·恩伯和 M·恩伯也把文化理解为人类古往今来创造的各种事物的总称。他们指出："文化就是生活中数不清的各方各面。大多数人类学家认为，文化包含了后天获得的，作为一个特定社会或民族所特有的一切行为、观念和态度。我们每个人都诞生于某种复杂的文化之中，它将对我们往后一生的生活和行为产生巨大的影响。"③ 新康德主义代表人物卡西尔认为，文化是人的符号系统，而符号系统是人的本质规定性，是人性的展示。"对于理解人类文化生活形式的丰富性和多样性来说，理性是个很不充分的名称。但是，所有这些文化形式都是符号形式。因此，我们应当把人定义为符号的动物（animal symbolicum）来取代把人定义为理性的动物。只有这样，我们才能指明人的独特之处，也才能理解对人开放的新路——通向文化之路。"④ 而中国著名学者梁漱溟在《东西文化及其哲学》中曾把文化界定为"一个民族生活的种种方面"，其中主要包括三个层面："（一）精神生活方面，如宗教、哲学、科学、艺术等是。宗教、文艺是偏于情感的；哲学、科学是偏于理智的。（二）社会生活方面，我们对于周围的人——家族，朋友，社会，国家，世界——之间的生活方法都属于社会生活一方面，如社会组织、伦理习惯、政治制度及经济关系是。（三）物质生活方面，如饮

---

① 王作新：《汉字结构系统与传统思维方式》，武汉出版社 1999 年版，第 1—3 页。
② ［英］爱德华·泰勒：《原始文化》，蔡江浓编译，浙江人民出版社 1988 年版，第 1 页。
③ ［美］C·恩伯、M·恩伯：《文化的变异》，杜杉杉译，辽宁人民出版社 1988 年版，第 29 页。
④ ［德］恩斯特·卡西尔：《人论》，甘阳译，上海译文出版社 1985 年版，第 34 页。

食、起居种种享用，人类对于自然界求生存的各种是。"①

毛泽东依据马克思主义关于社会存在决定社会意识，社会意识反作用于社会存在的辩证原理指出，"一定的文化（当作观念形态的文化）是一定社会的政治和经济的反映，又给予伟大影响和作用于一定的政治和经济；而经济是基础，政治则是经济的集中表现。这是我们对于文化和政治、经济的关系及政治和经济的关系的基本观点。"② 文化作为社会结构中的观念形态的层面，与一定社会的经济结构、政治结构相结合，形成现实的具体的社会。从文化的本质规定看，它是经济和政治的反映，归根到底，经济是最后决定的力量。只有从经济出发，才能真正认识文化的本质。当然，一定形态的文化一旦形成，又给予伟大影响和作用于即服务于一定形态的经济和政治。这就是文化的相对独立性。人是文化的创造者，实践是沟通文化与人的纽带，文化也因着与社会实践的结合和发展而具有再生力量。

（2）和谐社会的文化态势

文化是人的一种本质特征，人的存在不仅仅是一种生物性存在、政治性存在、经济性存在，更是一种文化历史性存在，人们在实践活动中创造了文化，同时又用所创造的文化去认知、适应并改造自己所处的自然和社会环境。所以，文化构成了和谐社会建构不可或缺的基础性因素。当今世界是一个文化多样性的时代，因此，"处理文化多样性是我们这个时代的重要挑战之一。"③

文化多样性是人类历史上最古老和最普遍的一种存在。但是，直到20世纪末，随着经济的全球化人们才越来越重视它，它才浮现于历史的光亮之处。正如自然生态系统的"生物多样性"一样，文化的多样性是文化生态系统的显著特征。联合国教科文组织在2001年9月11日通过的《文化多样性宣言》中指出："文化多样性是指文化在不同的时代和不同的地方具有各种不同的表现形式"。文化多样性构成了文化共同体。人类是个文化共同体，国家、民族也是个文化共同体。共同体既尊重差异，又包容多样，

---

① 梁漱溟：《东西文化及其哲学》，商务印书馆1999年版，第19页。
② 《毛泽东选集》第2卷，人民出版社1991年版，第663—664页。
③ 联合国开发计划署：《2004年人类发展报告———当今多样化世界中的文化自由》，中国财政经济出版社2004年版，第1页。

实际上是个统一与差异有机结合的价值共同体。

人的实践活动的差异性、多样性是文化多样性的真正奥妙。正是在实践活动中人创造了文化，实践活动的丰富性造就了文化的多样性。所以，实践活动建构了文化的多样性。"个人怎样表现自己的生活，他们自己就是怎样。因此，他们是什么样的，这同他们的生产是一致的。"[①] 实践活动的历史性、复杂性、生动性形成了文化的诸多样态。由于价值取向和划分标准的不同，人们对文化多样性的表述也存在差异。前苏联著名文化人类学家马林诺夫斯基在《文化论》中把文化的多样性划分为四个方面：物质文化、精神文化、语言和社会制度。他认为物质文化是文化的基础部分，但物质文化不能独立存在和发展，需要内在的精神动力。"语言是文化整体中的一部分，但是它并不是一个工具的体系，而是一套发音的风俗及精神文化的一部分。"[②] 他还认为社会制度是构成文化的真正组成部分。有的学者从文化内涵的角度把文化区分为情感、意志、风俗习惯、道德风尚和审美情趣等。有的学者从文化在社会生活中的影响和地位角度把文化区分为主流文化和亚文化等。有的学者从文化发展的实践纬度将文化分为古代文化、现代文化、当代文化或传统文化、现代文化和后现代文化。有的从地域、区域出发将文化分为欧洲文化、北美文化、拉美文化、阿拉伯文化、俄罗斯文化、印度文化、中国和东亚文化、齐鲁文化、吴越文化、荆楚文化、巴蜀文化、滇云文化、岭南文化、青藏文化、闽南文化等。有的学者从民族、宗教的角度将文化区分为基督教文化、伊斯兰文化、佛教文化等。有的从文化载体出发将文化分为视觉文化、听觉文化、触觉文化等，或茶文化、丝绸文化、玉器文化、篆刻文化、动漫文化、网络文化等等。还有的在更为具体的层面上将文化分为企业文化、饮食文化、建筑文化等。综上所述，文化的多样性主要表现为文化内涵的多样性、文化表现形态的多样性和文化发展路径的多样性。

（3）"美美与共"：和谐社会人的文化价值诉求

马克思主义文化观认为，人类社会是一个文明不断发展进步的社会，

---

① 《马克思恩格斯选集》第 1 卷，人民出版社 1995 年版，第 67—68 页。
② ［前苏联］马林诺夫斯基：《文化论》，费孝通等译，华夏出版社 2002 年版，第 7 页。

也是一个由不同类型文化所构成的共同体。在漫长历史发展过程中，每个民族，每个国家，都在创造着自己的文化。由于地域、历史、传统的不同，以及种种现实因素的影响，不同区域、不同时期、不同传统的人类社会共同体，总是在社会的生产方式、生活方式和思想方式，以及相应的语言、哲学、科学、文学艺术、伦理、宗教、公共机构、国家、政治、法律、技术等文化体系方面，表现出不同程度的独特性。多样性是世界文化的一个基本特质。从古到今的人类社会，从来就没有出现过一个大一统的文化类型。相反，每种文化都在顽强地表现着自己的多样性，在多样性中存在，在多样性中发展，在多样性中前进。

文化的多样性，当然也就意味着文化与文化之间有差异。文化的差异既有内容的差异，也有形式的差异，还有发展水平的差异。但文化的差异最主要的表现为价值观的差异。塞缪弗和波特认为："价值观通常是规定性的，告诫人们什么是好的和坏的，什么是正确的和错误的，什么是真实的和虚假的，什么是正面的和反面的，等等。文化价值观确定什么是值得为之献身的，什么是值得保护的，什么会使人害怕，什么是应该学习的，什么么是应该耻笑的，什么样的事件会使人团结起来。最重要的是文化价值观指导人们的看法和行为。"[①] 马克斯·韦伯认为东方的中国人和印度人的社会行动基本上属于由信念伦理驱使的价值理性行动，其中混杂着传统、情感等非理性因素，理智化的程度相对较低；而西方人的行动则是基于责任伦理的工具理性行动，其中尽管也有传统、情感的成分，但由于较多地关注手段、工于计算、注重日常生活的具体要求，因而理性化程度相对较高。在西方，个人主义价值观占据社会的统治地位，认为个人是社会的本位、目的和核心。在东方，则强调集体本位，主张群体价值高于个体价值，强调个体对社会、对他人的责任，注重亲仁善邻，注重人与人之间的和谐关系。正是由于这种差异性，各种文化才在相互交流、相互交融中取长补短、相互借鉴和相互学习。所以，差异性也是文明发展的一条客观规律。

---

① Larry, Samovar and Richard Porter, 1995. Communication Between Cultures, Wadsworth Publishing Co, p. 68.

文化的多样性、差异性并不是说文化之间是相互隔绝的。各种文化之间，自诞生以来，就以生活交往、经济活动为纽带，进行着不同形式的联系和交流。文化正是在相互交流、相互影响、相互吸收、相互融合中发展的。文化发展的历程表明，每一种类型的文化都会从其他文化中吸取养分，同时，也会给其他文化以不同程度的影响。如我国唐朝的时候，国家昌盛，经济发达，文化繁荣，引起了邻国日本的关注，派人来学习，与唐朝建立了友好关系。他们把唐朝好的东西带回去，丰富了自己的文化。伊斯兰文化与西方长达数世纪的交流，给中世纪欧洲在数学、科学、医药和农业方面的发展打下了基础。随着经济规模的扩大，科学技术的发展，交通和通讯方式的改进，文化的交流更加频繁。到了资本主义社会，"资产阶级，由于一切生产工具的迅速改进，由于交通的极其便利，把一切民族甚至最野蛮的民族都卷到文明中来了。"① 文化冲破了狭隘的民族界限，历史开始向"世界历史"转变。马克思说："过去那种地方的和民族的自给自足和闭关自守状态，被各民族的各方面的互相往来和各方面的相互依赖所代替了。物质的生产是如此，精神的生产也是如此。各民族的精神产品成了公共的财产。民族的片面性和局限性日益成为不可能。"② 今天，经济全球化的趋势越来越明显，各个国家在经济、政治、文化、军事以及社会生活方面越来越多、越来越深入地相互交往，整个世界已日益紧密地联系在一起。不同文化的相互交流、相互作用、相互影响、相互制约就成为文化发展不可阻挡的趋势。所以，人类文化正是在这种多样性的交流、融汇中不断前进的。不同类型的文化，既有其独到的特征和表现形式，又有许多人类共同的东西。经过长期的交流，这类共同的成分越来越多，它们就构成人类文化的共同和基本的财富。

文化之间有差异，自然在一定条件下不同类型的文化之间就会发生摩擦和冲突。因此，有人就提出了"文明中心论"和"文明冲突论"，制造了文化之间的相互对立和相互排斥，成了文化发展的巨大障碍。日裔的美国学者福山从西方文化中心主义，特别是美国价值观优越论的立场出发，

① 《马克思恩格斯选集》第 1 卷，人民出版社 1995 年版，第 276 页。
② 《马克思恩格斯选集》第 1 卷，人民出版社 1995 年版，第 276 页。

将西方的社会和文化模式视为全球普遍化的模式，认为西方文化和价值体系是高级的，其他的则是低级的，其出路和归宿将是与西方文明和价值体系认同。与福山异曲同工的是，美国哈佛大学政治学教授塞缪尔·亨廷顿提出了"文明冲突论"。他认为在冷战结束后的世界新形势下，国际冲突的根本原因将不再是意识形态或经济因素。人类的最大分歧和冲突的主导因素将是文化方面的差异，文明的冲突将主宰全球政治。他认为现在世界上主要存在着中华文明、日本文明、印度文明、伊斯兰文明、西方文明、拉丁美洲文明、非洲文明（可能存在）这七大文明。他进而预言，文明的冲突最主要的将发生在西方文明与非西方的伊斯兰文明和儒教文明之间。他认为，文明冲突是对世界和平的最大威胁，以文明为基础的国际秩序是防止世界战争最可靠的保障。福山和亨廷顿的观点虽然不同，但结论是共同的，即认为全球文化是不能多元并存和双向建构的，要么是单一文明（如西方文明）成为普世文明，要么是导致不同文明的冲突，而冲突的结果仍是单一的文明主宰世界。福山和亨廷顿无视和平与发展是当今时代的主题，无视从古代、近代到现代各种文化相互吸收和融合的事实，否认引起国际冲突的政治利益和经济利益等因素的决定性作用，夸大西方文化的作用，夸大东西方文化的冲突，表现出了文化中心主义和文化霸权主义的心态。事实上，"从人类学社会学的角度看，世界上所有文化都蕴含着人类的智慧，每一种文明都值得我们关注、研究，从中汲取营养。"① 每种文化的发展都不排斥其他文化的发展，也不必然地以其他文化的衰亡为前提。冲突也不是文化发展的根本方向，用"文明的冲突"来概括文化的发展是错误的。恰恰相反，文化正是在相互合作、共存共荣中不断发展的。

马克思主义文化观认为，我们既要看到各种文化之间差异、矛盾、冲突的一面，更要看到各种文化之间相互统一、共存的一面，要尊重各国文化的多样性，坚持文化自觉，积极促进不同文化的交流、合作和发展，最终实现文化发展的"各美其美、美人之美、美美与共、天下大同"② 的理想。所谓"文化自觉是指生活在一定文化中的人对其文化有'自知之明'，

---

① 费孝通：《"美美与共"和人类文明（下）》，载《群言》2005 年第 2 期。
② 费孝通：《"美美与共"和人类文明（下）》，载《群言》2005 年第 2 期。

明白它的来历，形成过程，所具的特色和它发展的趋向，不带任何'文化回归'的意思，不是要'复归'，同时也不主张'全盘西化'或'全盘他化'。自知之明是为了加强对文化转型的自主能力，取得决定适应新环境、新时代文化选择的自主地位。文化自觉是一个艰巨的过程，首先要认识自己的文化，了解所接触到的多种文化才有条件在这个正在形成中的多元文化的世界里确立自己的位置，经过自主的适应，和其他文化一起，取长补短，共同建立一个有共同认可的基本秩序和一套与各种文化能和平共处、各抒所长，联手发展的共处守则。"① 世界上不论哪种文化，无不由多个族群的不同文化融汇而成。坚持文化自觉，有助于理解不同文化之间的关系，有助于避免"文明中心论"和"文明冲突论"，也有助于推动文化的和谐共存。一种文化只有融入更为丰富、更为多样的世界文化之中，才能保证自己的生存。世界是丰富多彩的，如同宇宙间不能只有一种色彩一样，世界上也不能只有一种文化、一种社会制度、一种发展模式、一种价值观念。各个国家、各个民族都为人类文化的发展做出了贡献，应充分尊重不同民族、不同宗教和不同文化的多样性，世界发展的活力恰恰在于这种多样性的共存。应本着平等、民主的精神，推动各种文明的相互交流，相互借鉴，以求共同进步。在和平与发展成为时代主题和冷战格局崩溃的历史条件下，不仅形式不同的社会文化和社会制度可以相互兼容、和谐相处；性质不同的社会文化和社会制度，既有矛盾对立的一面，又有联系依存的一面，完全可以而且应当相互兼容，和谐相处。所以，文化的共存是文化发展的根本方向，也是构建和谐世界的基本保证。我们应该在多样性文化发展的进程中取长补短、求同存异、互惠合作，共同致力于人类文明的繁荣和健康发展，共同致力于和谐世界的构建。

建设和谐文化，是构建社会主义和谐社会的重要任务。我们必须坚持马克思主义在意识形态领域的指导地位，牢牢把握社会主义先进文化的前进方向，弘扬民族优秀文化传统，借鉴人类有益文明成果，积极探索用社会主义和谐社会核心价值体系引领社会思潮的有效途径，既尊重差异、包容多样，又有力抵制各种错误和腐朽思想的影响，大力弘扬爱国主义、集

---

① 费孝通：《费孝通文集》第14卷，群言出版社1999年版，第197页。

体主义、社会主义思想，大力加强社会公德、职业道德、家庭美德、个人品德建设，倡导和谐理念，培育和谐精神，进一步形成全社会共同的理想信念和道德规范，打牢全党全国各族人民团结奋斗的思想道德基础，建设中华民族共有精神家园，推进文化创新，增强文化发展活力，推动社会主义文化大发展大繁荣。

第五章
和谐社会与社会的价值追求

党的十六届六中全会指出，构建社会主义和谐社会，是我们党以马克思列宁主义、毛泽东思想、邓小平理论和"三个代表"重要思想为指导，全面贯彻落实科学发展观，从中国特色社会主义事业总体布局和全面建设小康社会全局出发提出的重大战略任务，反映了建设富强民主文明和谐的社会主义现代化国家的内在要求，体现了全党全国各族人民的共同愿望。构建社会主义和谐社会是一个不断化解社会矛盾的持续过程，也是培育和树立新的社会价值追求的过程。社会和谐是中国特色社会主义的本质属性，是国家富强、民族振兴、人民幸福的重要保证。新世纪新阶段，我们面临的发展机遇前所未有，面对的挑战也前所未有。我们必须坚持以科学发展观统领经济社会发展全局，要按照民主法治、公平正义、诚信友爱、充满活力、安定有序、人与自然和谐相处的总要求和共同建设、共同享有的原则，着力解决人民最关心、最直接、最现实的利益问题，推动社会建设与经济建设、政治建设、文化建设协调发展，努力形成全体人民各尽其能、各得其所而又和谐相处的局面。

一、和谐社会的社会变革

和谐，指事物发展处于协调、均衡、有序的状态。和谐的本质在于统一体内多种因素的差异与协调。西周太史伯说："夫和实生物，同则不继，以他平他谓之和，故能丰长而物归之；若以同裨同，尽乃弃矣。"[①] 在和谐社会中，社会各要素处于相互依存、相互协调、相互促进的状态。和谐社会的构建是一个复杂的系统工程，深刻把握社会机制转轨、社会结构转换、利益格局调整的规律，是促进社会和谐，确保社会协调发展、稳定运行的根本。

（一）社会机制转轨

1. 社会机制的涵义及其类型

机制一词来源于希腊文"mechane"，意指机器的构造和动作原理。社会机制指的就是社会现象各部分之间的相互关系及其运行方式，它具有如下特征[②]：（1）连锁性。社会机制是一个极其复杂的网络，其中任何一个要素或子系统机制的变化，都会引起其他要素和子系统机制的连锁式反应。（2）回归性。它是指不论各个子系统的运行机制，还是整个社会大系统的运行机制，都是具有反馈性的双向作用的机制。（3）渗透着主观因素的客观性。社会机制形成和实现的过程，是主体与客体、主观与客观交互作用的过程，这一过程渗透着人的动机、目的、意志等种种主观因素，但它归根结底又是一种不以人的意志为转移的必然的客观性机能。（4）动态性。社会机制是一个由各要素联结成的联动整体，其一个要素（环节）的机制效应启动着另一个要素（环节）的机制，这一个要素（环节）的机制效应又启动另外一个要素（环节）的机制的运行，依次形成一个相互联结的、

---

① 《国语·郑语》。
② 张建新：《社会机制的涵义及其特征》，载《人文杂志》1991 年第 6 期。

周而复始的机制运行网络，从而带动整个社会"机器"的不停运转。

社会机制由社会的层次机制、社会的形式机制和社会的功能机制三种基本类型组成。① 社会的层次机制是从社会层次范围的角度来考察社会现象各部分之间的相互关系及其运行方式所得出的机制，它包括宏观、中观和微观三种社会机制。宏观社会机制是指从社会组织的高层着手，从整体出发，运用整齐划一的形式把社会的各个部分统一起来，从而使社会得以运行和发展。中观的社会机制是从社会组织的中层着手，在这一层面上用统一的方式将社会整合起来使之运行和发展。微观的社会机制是指从社会的各个基层的组成部分着手，充分调动各个基层组成部分的积极性来使社会运行和发展。社会的形式机制是从社会运行形式的角度来考察社会现象各部分之间的关系及其运行方式所得出的机制，包括行政——计划式的机制，指导——服务式的机制和监督——服务式的机制三种。社会的功能机制是从社会运行形式所发挥作用的角度考察社会现象各部分之间的相互关系及其运行方式而得出的机制，包括激励机制、制约机制和保障机制。这三类机制以及每类机制中的三种机制各自有着不同的内涵，但它们之间又有着必然的逻辑联系。

社会机制的运行包括总体运行机制、局部运行机制和具体运行机制。社会总体运行机制是指社会的宏观机制。例如，在我国现阶段，社会主义是以"一个中心，两个基本点"为导向的，即全社会的活动，是以经济建设为中心，坚持四项基本原则和改革开放两个基本点为指导思想的，这就是社会总体运行机制。社会的局部运行机制是指社会的中观运行机制，即社会的某一领域、某一地区的运行机制。经济系统的运行机制、政治系统的运行机制、教育系统的运行机制、文艺系统的运行机制、医疗系统的运行机制、科研系统的运行机制等等，均属社会的局部运行机制。以教育系统运行机制为例，我国教育运行机制的内在结构，有着两个比较明显的重心。就纵向结构而言，其重心在于宏观运行机制，就是国家教育行政部门既控制着地方教育行政部门，又控制着学校的办学过程，地方教育行政部门既受制于国家行政部门，又控制着学校的办学过程；学校在办学过程中

① 孙绵涛，康翠萍：《社会机制论》，载《南阳师范学院学报》（社会科学版）2007年第10期。

则同时受制于国家教育行政部门和地方教育行政部门。就横向结构而言，其重心在于计划型的适应机制、动力机制、约束机制、评价机制都处于服从地位。上述两个"重心"构成了我国教育运行机制的基本模式。① 社会的具体运行机制是指社会的微观运行机制，这种机制的特点，一个是它的基层性，另一个是它的个别性。这一机制把着眼点放在某一层次或某一方面的每一个社会的基本组成单位上，通过把每一个基本的社会单位的积极性调动起来而发挥社会的整体功能。如在灾难和危机来临之时，就要调动每一个地区、每一个人的积极性。微观层次的社会运行机制，需要建立健全激励机制，通过利益导向和采取必要的奖励措施充分调动社会各方面的积极性，从而产生强大的内在动力。激励机制的构建应遵循公平、公正的原则，不论个人来自哪个地区、哪个阶层，只要为社会建设做出了贡献，都能得到社会的承认和同等程度的激励。

2. 社会机制的"和谐转向"

构建社会主义和谐社会，必须激发社会活力，促进社会公平与正义，正确处理人民内部矛盾，维护社会稳定，推进民主法制建设。实现这些目标，需要进行社会机制的改革，实现社会机制的"和谐转向"。

进入 21 世纪，我国进入了改革发展的关键时期。经济体制变革，社会结构变动，利益格局调整，思想观念变化，这种空前的社会变革，给我国发展进步带来巨大活力和前所未有的发展机遇，也必然带来这样那样的问题和前所未有的挑战。城乡、区域、经济社会发展很不平衡，人口资源环境压力加大；就业、社会保障、收入分配、教育、医疗、住房、安全生产、社会治安等方面关系群众切身利益的问题比较突出；体制机制尚不完善，民主法制还不健全；一些社会成员诚信缺失、道德失范，一些领导干部的素质、能力和作风与新形势新任务的要求还不适应；一些领域的腐败现象仍然比较严重；敌对势力的渗透破坏活动危及国家安全和社会稳定。要积极主动地化解这些矛盾，最大限度地增加和谐因素、减少不和谐因素，不断促进社会和谐，就要以科学发展观为指导，以和谐价值理念为目标，推进社会机制的改革。

---

① 刘萍等编：《当代中国教育的热门话题综论》，厦门大学出版社 1989 年版，第19—20 页。

（1）立足于推进社会的科学发展，实现宏观机制的和谐转向

经验表明，一个国家坚持什么样的发展观，对这个国家的发展会产生重大影响，不同的发展观往往会导致不同的发展结果。发展虽然"可以作为经济的、政治的、技术的或社会的现象来进行有效研究，但其最终目标是存在本身：为全人类提供充实美好的人类生活的机会。"所以，"发展就是提升一切个人和一切社会的全面人性。"① 真正的发展只能以人为中心，它应该以人类潜能的实现、社会福利的提高为目标，它应该致力于获得人类自身察觉到的社会和经济利益。所以，发展必须对自己的任务与活动有清楚的认识，它应该内含一些基本的价值观："（1）需求重于欲求；（2）条件优越的国家和人民有义不容辞的义务，根据公正而不仅仅是慈善，对条件较不优越的国家和人民给以有效的团结支援；（3）坚信公正的要求是结构性的和体制性的，而不仅仅是行为的或者可简化为政策改变；（4）把政治解释为可能事物的艺术，它界定发展政治学的作用就是产生可能性的新领域，而不仅仅是在可能性的既定参数内调配资源（财富、权力、信息和影响）。"② 发展就是为了人的美好生活，它至少对所有人群有以下目标："（1）为各社会成员提供更多、更好的生存物品；（2）以某种方式产生或改善物质生活条件以达到所想望的尊重需求；（3）使人们摆脱压制性奴役（大自然、愚昧无知、受制于他人、体制、信仰）而取得自由。"③ 科学发展观的提出，正是从认识和把握发展的科学内涵的层面上，对加快发展的本质要求进行了新的揭示。这就是要进一步深化对发展规律的认识，自觉把握和运用发展的规律，以新的理念指导新的发展，坚持以人为本，实现全面、协调、可持续发展。

以科学发展观为指导，社会宏观机制改革首先就要坚持"以人为本"。坚持以人为本，就是要以实现人的自由全面发展为目标，从人民群众的根本利益出发谋改革、促发展，不断满足人民群众日益增长的物质文化需要，

---

① ［美］德尼·古莱：《发展伦理学》，高铦、温平、李继红译，社会科学文献出版社 2003年版，第 8 页。

② ［美］德尼·古莱：《发展伦理学》，高铦、温平、李继红译，社会科学文献出版社 2003年版，第 13 页。

③ ［美］德尼·古莱：《发展伦理学》，高铦、温平、李继红译，社会科学文献出版社 2003年版，第 56—57 页。

切实保障人民群众的经济、政治和文化权益，让改革发展的成果惠及全体人民。其次要坚持全面协调发展。改革开放三十多年来，我们在许多方面都取得了令人瞩目的伟大成就，经济保持着良好的发展态势，人民群众的生活水平也有了显著的提高。但是，在看到成就的同时，也应看到其背后存在的隐忧：资源超载、环境超标；贫富差距拉大、下岗失业增多；人文教养贫乏、拜金主义盛行；邪恶势力上升、腐败现象蔓延等。这些问题如果得不到有效的解决，就必然会影响社会的安定稳定，必然会造成社会的不和谐。因而，在构建和谐社会的进程中，应立足于建立一套经济、政治、文化、社会生活等等方面的优化机制，统筹城乡发展、区域发展、经济社会发展，统筹人与自然和谐发展，国内发展和对外开放，实现经济发展和人口、资源、环境相协调，从而促进社会的全面持续发展。最后要建立和谐文化，营造和谐氛围。和谐文化是和谐社会的精神基础，当前社会处于转型期，社会结构正发生深刻的变化，利益关系不断调整，利益格局更为复杂，价值观念更趋多样，文化作为一种软实力，对国家的发展越来越重要。建设和谐文化就要进一步弘扬社会主义和谐社会核心价值体系，把全体人民的意志和力量凝聚起来，营造和谐的文化氛围，从而为和谐社会的构建提供文化环境机制。

（2）立足于推进社会的公平正义，实现中观机制的和谐转向

公平正义是社会主义社会制度的首要价值原则。所谓社会公正，就是公民衡量一个社会是否合意的标准，换言之，它是一个国家的公民和平相处的政治底线。这意味着，一方面，社会公正是一个社会得以维系的先决条件，没有了它，社会在政治上就将趋于崩溃；另一方面，社会公正也涉及公民对自身所处社会环境的心理感知和判断，从而在此意义上它属于社会意识形态范畴。我们必须加紧建设对保障社会公平正义具有重大作用的制度，保障人民在政治、经济、文化、社会等方面的权利和利益，引导公民依法行使权利、履行义务。首先，必须完善民主权利保障制度，巩固人民当家作主的政治地位。要从各个层次扩大公民有序的政治参与，保障人民依法管理国家事务、管理经济和文化事业、管理社会事务。要推进决策科学化、民主化，深化政务公开，依法保障公民的知情权、参与权、表达权、监督权。要扩大基层民主，完善基层民主管理制度，发挥社会自治功

能，保证人民依法直接行使民主权利。其次，必须完善政治法律制度，夯实社会和谐的法治基础。政治和法律制度是人们正常社会活动的保证，因而，应将民主和法治列为和谐社会运行机制建设的一个核心内容。无论是在国家政治事务治理层面，还是在社会公共事务的治理层面以及国家与社会关系的处理方面都离不开民主法治。只有将民主法治的指导原则和运作机制引入社会公共治理的过程之中，才能有效克服集权制、官僚制向社会渗透可能造成的弊端，从而提高社会结构的协调性和社会发展的合理性。第三，必须完善公共财政制度，逐步实现基本公共服务均等化。要健全公共财政体制，调整财政收支结构，把更多财政资金投向公共服务领域，加大财政在教育、卫生、文化、就业再就业服务、社会保障、生态环境、公共基础设施、社会治安等方面的投入。要完善中央和地方共享税分成办法，加大财政转移支付力度，促进转移支付规范化、法制化。要着力解决县乡财政困难，增强基层政府提供公共服务能力。要逐步增加国家财政投资规模，不断增强公共产品和公共服务供给能力。第四，必须完善收入分配制度，规范收入分配秩序。合理的收入分配制度是社会公平的重要体现。要坚持按劳分配为主体、多种分配方式并存的分配制度，加强收入分配宏观调节，在经济发展的基础上，更加注重社会公平，着力提高低收入者收入水平，逐步扩大中等收入者比重，有效调节过高收入，坚决取缔非法收入，促进共同富裕。要通过扩大就业、建立农民增收减负长效机制、健全最低工资制度、完善工资正常增长机制、逐步提高社会保障标准等举措，提高低收入者收入水平。要完善劳动、资本、技术、管理等生产要素按贡献参与分配制度。要加快垄断行业改革，调整国家和企业分配关系，完善并严格实行工资总额控制制度。要坚持共同建设、共同分享的原则，让发展的成果惠及每一个人。第五，必须完善社会保障制度，保障群众基本生活。社会保障是社会安定的重要保证。要以社会保险、社会救助、社会福利为基础，以基本养老、基本医疗、最低生活保障制度为重点，以慈善事业、商业保险为补充，加快完善社会保障体系，努力使全体人民学有所教、劳有所得、病有所医、老有所养、住有所居，不断推动建设和谐社会。

（3）立足于推进人的自由全面发展，实现微观机制的和谐转向

实现人的自由全面发展是历史唯物主义的重要原则。马克思在描述未

来理想社会的状态时就提出，共产主义是"以每个人的全面而自由的发展为基本原则的社会形式"。① 关注人的自由全面发展问题理应成为社会进步的第一主题。然而，当前囿于传统和变革的现实，人的自由全面发展问题尚未得到足够的关注，市场经济的环境容易使人被"物欲"所支配，改革开放的浪潮使人的精神家园逐渐缺失，"官本位"的社会运作体制使人的能力和发展无法充分发挥，过分关注人的生存问题而使人的发展被逐渐淡忘。在构建和谐社会的进程中，就需要建立一套使人人能平等、和谐、自由发展的机制。② 要创造一个最适合人们生存、最适合人们提高生活品质和发展个人潜能的大环境；要尊重人的存在价值、需求价值、发展价值和幸福指数，满足人们的发展愿望和多样性需求，要让劳动者体面劳动，有尊严地生活。要以人民利益的实现程度作为衡量发展的根本尺度，以人民高兴不高兴、人民满意不满意、人民拥护不拥护、人民赞成不赞成为社会建设的标准。我们讲发展也好，讲统筹兼顾也好，出发点和归宿都是要实现好、维护好、发展好最广大人民的根本利益。增进人民的福祉是我们发展的最终目的。

（二）社会结构转换

1. 社会结构及其构成

结构，是指事物各个组成部分的搭配和排列。③ 从本意上讲，结构有两个重要的因素，一个是组成部分，另一个是各部分之间的关系。社会结构是指一个国家或地区的占有一定资源、机会的社会成员的组成方式与关系格局，④ 是对作为整体的社会体系的基本特征和本质属性所作的一种静态描述。社会结构主要包括经济结构、政治结构、阶级结构、文化结构、人口结构、民族结构和家庭结构，其中的每一个结构可以看作是整个社会结构的子结构，或者说是整个社会系统的一个子系统。

---

① 《马克思恩格斯选集》第2卷，人民出版社1995年版，第239页。
② 曾天从：《关于和谐社会机制构建的若干新思考》，载《太原师范学院学报》（社会科学版）2006年第2期。
③ 《新现代汉语词典》，商务印书馆1996年版，第646页。
④ 陆学艺主编：《当代中国社会结构》，社会科学文献出版社2010年版，第10页。

经济结构。按照马克思主义经济学理论，经济结构是指一定历史阶段上的生产关系的总和，包括生产资料的占有关系、人们在生产过程中的相互关系和产品的分配关系三个方面。其中，生产资料的占有关系性质决定了经济结构的性质和经济结构中其他诸种关系的性质。经济结构是全部社会结构的基础，对社会结构的其他部分具有决定性影响和制约作用。

政治结构。政治结构是指建立在经济结构基础上的政治法律设施、制度及其相互关联的方式，包括政治、法律制度和政党、政权机制、军队、警察、监狱等设施，其中，国家政权是政治结构的核心。政治结构的基本功能是规范和调整社会关系和交往活动。不同阶级或不同集团、阶层的经济利益是通过政治结构来体现的，政党则是一定阶级、阶层的利益和意志的代表，政党在政治结构中具有重要作用，尤其是执政党在政治结构中的领导地位，直接影响着政治结构的性质和功能的发挥。政治结构是整个社会系统中起控制作用的部分，而国家政权则是它的控制中心，国家政权通过复杂的信息网络全方位交换信息，把整个政治结构结合为控制社会的机构，通过这个机构来管理和指导全部社会生活。

阶级结构。社会的阶级结构是指阶级社会中的各阶级既相互对立又相互联系的结合方式，具体地说，就是一定社会中阶级构成、各阶级地位及其相互关系的总和。社会的阶级结构包括基本阶级和非基本阶级。基本阶级是指与该社会占统治地位的生产方式相联系的那些阶级，非基本阶级是基本阶级以外的其他各阶级、阶层和社会集团。在典型的阶级社会——奴隶社会、封建社会、资本主义社会中，社会成员因对生产资料的关系不同而被划分为两大对抗的基本阶级。除了基本阶级外，各个社会中还普遍存在着大量的非基本阶级。各个阶级社会就是这样以两大对抗的基本阶级为主，混合着其他非基本阶级组成为社会的阶级结构，其中拥有生产资料的基本阶级是该社会占据统治地位的阶级，丧失或只有很少生产资料的基本阶级则处于被统治地位。[①]

文化结构。文化是人类最普遍、最基本的社会活动形式。人类为了生存和发展，创造了不同文化，文化成为人类生存的环境和社会发展的基础。

---

① 李芹主编：《社会学概论》，山东大学出版社 2009 年版，第 60 页。

文化结构是由各种社会主体积淀下来的文化元素在社会运行过程中自成的架构关系。文化结构可以按照不同的标准作不同的分类。按照创造文化的主体分析，表现为不同民族的文化、不同阶级的文化、农民与市民的文化等不同文化主体的比例构成。按照文化系统的领域分析，表现为物质文化、规范文化和精神文化三大领域并列的结构模式。按照文化的地位又把文化结构分为主流文化与亚文化或主导文化与依附文化等不同的排列组合。不同民族或不同地理环境的人会创造不同的文化，各种文化相互影响、相互作用，必然形成特殊的文化结构。

人口结构。人口结构是指反映一定地区、一定时点人口总体内部各种不同质的规定性的数量比例关系，又称"人口构成"。它依据人口本身所固有的自然的、社会的、地域的特征，将人口划分为各个组成部分。人口的性质可以分为性别、年龄、职业、文化程度等多方面，因此，人口结构相应的有性别结构、年龄结构、职业结构、文化教育结构等。人口结构是社会、经济、文化发展和人类自身发展的历史产物。探求人口结构及其变动趋势，对于进行人口预测、制定合理人口政策和社会经济政策有着重要的意义。

民族结构。民族结构指的是社会的民族成分、分布状况和发展程度。每个社会都会有多种民族成分，各个民族的人数和规模悬殊很大，如中国有56个民族，汉族占了90%以上。民族分布是指各个民族的居住位置和相互分离或者是渗透的状态。发展程度主要指各民族在政治、经济、文化等方面的发展水平，由于各民族所处的位置和历史过程的差异，现存的差别可能是非常大的。在整个社会关系体系中，民族关系居于重要地位。

家庭结构。家庭是建立在婚姻和血缘关系基础上的夫妻、父母、子女共同生活的社会群体，是社会构成的基本细胞，也是人们进行初级社会化的重要场所之一。家庭的产生与发展是同一定的社会物质条件相联系的。马克思指出，"在人们的生产力发展的一定状况下，就会有一定的交换和消费形式。在生产、交换和消费发展的一定阶段上，就会有相应的社会制度、相应的家庭、等级或阶级组织"[1]。根据人类学家摩尔根的研究，人类的家

---

[1] 《马克思恩格斯选集》第4卷，人民出版社1995年版，第532页。

庭大体上经历了血婚制家庭、伙婚制家庭、偶婚制家庭和专偶制家庭（即一夫一妻制家庭）等形式。家庭结构是指家庭的人员构成及其相互关系，如夫妻关系、父母与子女关系、兄弟姐妹关系、婆媳关系等等。家庭关系是一种特殊的社会关系，家庭成员之间具有强烈的感情色彩，而且，家庭关系具有久远性和普遍性的特征，无论什么人，都这样或那样地同家庭发生联系。家庭成员生理、心理、文化素养等方面的相容性，社会生产方式和伦理道德、风俗习惯等是影响家庭关系的主要因素。家庭成员越多，家庭关系越复杂；反之，关系就越简单。①

结构的特性可概括为整体性、转换性和自身调整性，② 总体性或整体性被皮亚杰确定为结构的首要特征。马克思认为，"任何机体的各个被划分的方面都处于由机体的本性所决定的必然的联系之中"③，结构是任何机体的"整个的内部联系"，是有机整体的各个部分各种要素等等之间的必然联系，因此，结构总是指整体或总体的结构，总是属于整体的。社会结构具有稳定性、有序性、区分性、过程性等特征。④

稳定性。社会结构是在一个相当长的时期内所保持的一种稳定和均衡的状态。虽然在一个社会结构中包括了各种活动和变化（既包含着与外部社会体系的交换，也包含着内部单位的交换），甚至会出现较大的社会变迁，但从社会结构整体而言却是稳定的，这些变化的方式也是十分缓慢、温和的，甚至是有规律可循的。

有序性。社会结构本身也是一种结构，而结构意味着一种"秩序"，杂乱无章不成其为结构。社会结构作为一种模式化的规范秩序，正是人群得以集体生活的组织形式生存的重要依据。因此，社会结构本身包含了各种规范和标准。

区分性。真正把一个社会和另一个社会区分开来的，是它们各自的内在结构。看似相同的社会组织，由于其结构不同，而产生完全不同的功能。著名的结构功能主义代表帕森斯把社会体系分成四个层次：按角色组织起

① 郭星华：《社会结构与社会发展》，党建读物出版社 2001 年版，第 5—6 页。
② ［美］伊·库兹韦：《结构主义时代》，尹大贻译，上海译文出版社 1988 年版，第 2 页。
③ 《马克思恩格斯全集》第 1 卷，人民出版社 1956 年版，第 255 页。
④ 邓伟志：《和谐文化导论》，上海大学出版社 2007 年版，第 133—134 页。

来的个人；集体，包括角色和集体性存在，必须被纳入秩序和加以控制；据以控制的规范，规范根据这些单位的功能及其情境而分化；规定合意的关系体系的价值①。正是这些社会体系层次的不同，构建了一个个功能彼此不相同的社会结构，并且区分出了各种社会形态。

过程性。结构的稳定、有序并不意味着社会结构是不变的，社会变迁总是与社会结构变化相伴相随的。所谓社会变迁，从本质上讲就是社会结构的变迁，不仅包括社会的发展，还包括社会暂时的倒退；不仅包括社会整体的变化，也包括社会生活某一局部领域的变化。新的科学技术的出现、社会成员的流动等因素都会使社会结构产生一定的变化。因此，结构和过程是无法分开的一个整体，世界上不存在固定不变的结构模式，也不存在固定不变的社会结构。

2. 社会结构转换的和谐取向

社会建设的核心任务是调整社会结构。党的十七大报告指出，"社会建设与人民幸福安康息息相关，必须在经济发展的基础上，更加注重社会建设，着力保障与改善民生，推进社会体制改革，扩大公共服务，完善社会管理，促进社会公平，努力使人民学有所教、劳有所得、病有所医、老有所养、住有所居，推动建设和谐社会。"从社会学的角度分析，社会建设的这些内容可以归结为调整社会结构，抓住了社会结构的调整，就抓住了社会建设的核心。当前，构建一个与经济结构相适应的现代社会结构，推进经济社会协调发展，是我们面临并要着力解决好的关键性任务。

（1）统筹发展，构建和谐的城乡结构

城乡结构合理和统筹发展，是社会和谐的基础。构建社会主义和谐社会，首先就要改变现在的城乡二元结构，抓住城乡经济社会统筹发展这个关键。改革开放后城乡收入差距曾一度有所缩小，1983 年城乡居民人均收入比为 1.82：1，但后来又逐步拉大，2009 年扩大到 3.33：1。从绝对差距来看，1978 年农民人均纯收入与城镇居民人均可支配收入相差 209.8 元，1992 年差距突破千元大关，达到 1242.6 元，2009 年达到 12022 元。② 按科

---

① 于海：《西方社会思想史》，复旦大学出版社 2004 年版，第 396 页。
② 《理论热点面对面·2010"七个怎么看"之一携手同行、共建共享——怎么看我国发展不平衡》，载《光明日报》2010 年 7 月 2 日。

学发展观要求提出的"五个统筹"，城乡统筹居于首位。要构建合理的城乡结构，就必须加强农业的基础地位，走中国特色农业现代化道路，建立以工促农、以城带乡长效机制，形成城乡经济社会发展一体化新格局。要正确处理工业和农业、城市和农村、城镇居民和农民的关系，努力实现城乡共同繁荣。要尽快建立起比较完善的覆盖城乡的最低生活保障制度，解决好农民的养老保险和医疗保险及民工的工伤保险和失业保险问题，建立起农村社会保障的基础框架。要坚持把解决好"三农"问题作为党和国家各级工作的重中之重，坚持工业反哺农业和城市支持农村，实现工业化、城镇化和农村现代化的同步推进。要以促进农民增收为核心，多渠道转移农民就业，提高扶贫开发水平。要培育有文化、懂技术、会经营的新型农民，发挥亿万农民建设新农村的主体作用。

（2）统筹协调，构建和谐的区域结构

缩小地区差距，统筹区域发展，既是科学发展观的重要内容，也是构建社会主义和谐社会的必然要求。30多年来，各地居民收入都有了大幅度增长，但不同地区间收入差距在拉大。2009年我国东部地区年人均收入为38587元，西部地区为18090元，差距达2万余元。从省际差别来看，最高的上海市年人均收入为76976元，最低的贵州省为9187元，两地相差67789元。目前全国4007万贫困人口中，中西部地区所占比重高达94.1%。① 党的十六届四中全会强调，要"重视实施西部大开发战略和振兴东北地区等老工业基地战略，促进中部地区崛起，支持革命老区、少数民族地区、边疆地区和其他欠发达地区加快发展"。近年来，党中央国务院从战略全局出发，相继出台实施了西部大开发、东北老工业基地振兴和中部崛起等战略决策，对促进西部等欠发达地区的经济发展起到了积极的促进作用。要构建和谐社会，形成合理的区域结构，应在继续支持东部等发达地区快速发展的同时，着力推进西部等欠发达地区加快发展。一方面，要不断完善和落实国家扶持欠发达地区发展的政策，切实加强对西部等欠发达地区在人才、技术、资金和项目等方面的支持力度，以"输血"促"造

---

① 《理论热点面对面·2010"七个怎么看"之一携手同行、共建共享——怎么看我国发展不平衡》，载《光明日报》2010年7月2日。

血"，为缩小区域差距创造条件。另一方面，要按照"先富帮后富"的思路和要求，继续实行区域间的对口帮扶。同时，通过对欠发达地区在税收返还和转移支付等政策上的倾斜，逐步扭转区域差距继续扩大的趋势。欠发达地区应充分发挥自身在资源等方面的优势，积极创造条件，加大开放力度，拓宽合作领域，努力实现与发达地区的良性互动与协调发展。[①]

（3）完善政策，构建和谐的社会阶层结构

据中国社会科学院社会学所课题组研究，当代中国已经形成了由十个社会阶层构成的社会阶层结构，其中包括国家与社会管理阶层、经理人员阶层、私营企业主阶层、专业技术人员阶层、办事人员阶层、个体工商户阶层、商业服务人员阶层、产业工人阶层、农业劳动者阶层、城市失业半失业人员阶层。比较而言，中国现阶段的社会阶层结构，离合理、开放的现代社会阶层结构还有一定距离。就结构形态而言，还是一个中低层过大、中上层发育还没有壮大、最上层比较小的"金字塔"型的阶层结构形态。就当前中国社会各阶层的构成和规模来说，该小的阶层还没有小下去，该大的阶层还没有大起来。[②] 针对中国目前在社会阶层结构方面存在的问题，应着重从缩小社会收入差距，扩大中等收入群体，实现收入分配的相对公平方面来培育合理的社会阶层结构。正是基于这种现状，党的十六大提出了"以共同富裕为目标，扩大中等收入者比重，提高低收入者收入水平"的社会发展战略目标，十六届六中全会也提出"加强收入分配宏观调节，在经济发展的基础上，更加注重社会公平，着力提高低收入者收入水平，逐步扩大中等收入者比重，有效调节过高收入，坚决取缔非法收入，促进共同富裕"的发展目标。为达到这一目标，初次分配和再分配都要处理好效率和公平的关系，再分配更加注重公平。在政策上，要逐步提高居民收入在国民收入分配中的比重，提高劳动报酬在初次分配中的比重。要着力提高低收入者收入，逐步提高扶贫标准和最低工资标准，建立企业职工工资正常增长机制和支付保障机制。要创造条件让更多群众拥有财产性收入。保护合法收入，调节过高收入，取缔非法收入。要扩大转移支付，强化税

---

① 杨义芹：《调整社会结构与构建和谐社会》，载《天津大学学报》（社会科学版）2005 年第 5 期。

② 陆学艺：《构建和谐社会与社会结构的调整》，载《江苏社会科学》2005 年第 6 期。

收调节，打破经营垄断，创造机会公平，整顿分配秩序，逐步扭转收入分配差距扩大趋势。通过这些措施实现收入分配的相对公平，变穷多富少的"金字塔型"为富少穷少和中等收入多的"橄榄型"的社会阶层结构。

(4) 广开门路，构建和谐的就业结构

就业是民生之本，只有构筑起合理的就业结构，变人口大国为人力资源大国，才能有助于社会主义和谐社会的实现。构建合理的就业结构，就要把扩大就业作为经济社会发展和调整经济结构的重要目标，实现经济发展和扩大就业良性互动。要大力发展劳动密集型产业、服务业、非公有制经济、中小企业，多渠道、多方式增加就业岗位。要实行促进就业的财税金融政策，积极支持自主创业、自谋职业。要健全面向全体劳动者的职业技能培训制度，加强创业培训和再就业培训。要深化户籍、劳动就业等制度改革，逐步形成城乡统一的人才市场和劳动力市场，完善人员流动政策，规范发展就业服务机构。要强化政府促进就业职能，统筹做好城镇新增劳动力就业、农村富余劳动力转移就业、大学毕业生就业、退役军人就业等工作。要规范和协调劳动关系，严格执行国家劳动标准，依法维护劳动者权益。

(三) 利益格局调整

1. 利益及其本质

利益，是人类生存、发展的需求和前提。"利益"即"Interest"，它是由拉丁文"Interesse"演化而来。"Inter"表示某种存在的时间和空间，或者表示某种东西与别的东西相比较、相关联，一般用作介词和副词。"Interesse"合为一词，其原始含义是指某一行为主体的活动总是指向与己相关的东西。英文、法文、德文中的"利益"一词均保留了拉丁文的含义。

在中国，从字体寓义上看，"利"由"禾"和"刀"两部分组成，意即用刀割禾，收获了满足充饥需要的禾谷，自然高兴，所以墨子把"利"释为所得喜也。"益"也是利益，就是收获、获益、增加，《后汉书·郭太传》中"曾瓦已破，视之何益?"引申为益。在中国古代，最早是将义与利、益与害对立起来，并且"利"与"益"是分开用的。中国哲学史上旷日持久的"义利之争"以及中华民族文化心理结构中渗透着的利害得失观念，包含着中国古代人对利益的特殊理解。从一般意义上说，中国古代的各家各派对利的理解大致相同，都把"利"理解为满足人的需要、维持人生的东西。儒家往往把利理解为私利，孔子说"罕言利"，"君子喻义，小人喻利"。① 墨家把利当做物质需要的同时，把"忠"、"孝"之类的东西也看做利，"义，利也"，② 把"义"和"利"看做相通的，且把利不仅看做私利也看做公利。宋明理学认为"利者，人情之欲"③，应当"去利"，去掉不该追求的东西，只能获取应得的东西。

"利"与"益"合为一词是汉代的事，《后汉书·卫飒传》首次出现"民得利益焉"的句子，将利、益两个含义相同或相近的字溶合为一个范畴。今天，翻开各种辞书，到处可以发现以利解益或以益解利的现象。在传统的中国文化中，"利益"的基本含义是指以某种实物为内容的"好处"，是人的生存离不开的东西。"利益"作为一个范畴，无论是在东方还是西方都被赋予不同的意义，但又都力图从最一般的意义上揭示利益的含义，形成了人们对利益本质的认识的大致线索。在古希腊罗马人那里，往往把利益理解为人们为满足物质需要而努力争取的那些东西，主要是指某种实物（goods）的获得和经济上的增殖。

长期以来，关于利益的定义，国内外学者有多种理解。有人认为利益就是需要及其表现。有人认为利益就是能够满足主体需要的对象。有人认为利益就是制度。有人认为利益是一种未被认识的条件相适应的不满足的能力，它是对作为将趋向于认识这种指明的条件的再安排的倾向，包括健康、财富、友善、知识、美、权利。还有人认为利益是一种关系，是物质关系、经济关系、社会关系的体现，它就是社会关系，所谓利益，就是"社会化的需要，人们通过一定的社会关系表现出来的需要。利益在本质上属于社会关系范畴。社会主体维持自身的生存和发展，只有通过对社会劳动产品的占有和享有才能实现，社会主体与社会劳动产品的这种对立统一关系就是利益。"④

---

① 《论语·里仁》。
② 《墨子·经上八》。
③ 朱熹：《朱子语类》卷27。
④ 《马克思主义哲学全书》，中国人民大学出版社1996年版，第376页。

　　我们认为，从一般性含义来说，利益就是由生产活动创造的物质生活条件或由生产力创造的物质生活条件，其基本内涵是物质生活条件（即人口、地理环境和生产方式的有机统一）。利益的特殊性含义是指一定社会的交换关系或者说是一种特殊的社会关系，即利益是需要主体以一定的社会关系为中介，以社会实践为手段，以社会实践成果为基本内容，以主观欲求为形式，以自然生理需要为前提，使需要主体与需要客体之间的矛盾得到克服，使需要主体之间对需要客体获得某种程度的分配，从而使需要主体得到满足。因而利益范畴本质上是一种经济范畴，利益关系本质上是一种经济关系。[①]

　　2. 和谐社会的利益价值取向

　　随着经济体制的转轨，我国的经济制度、分配制度都发生了深刻变化，这必然打破原有的大一统的利益格局。利益主体多元化、利益差距扩大化、利益冲突尖锐化等是当前我国社会利益格局的鲜明特点。和谐社会并不是没有利益矛盾和利益冲突，构建和谐社会就是在不断化解矛盾的过程中逐步走向更高阶段的和谐。在利益分化和利益主体多元化的今天，构建和谐社会的关键是如何找到化解利益矛盾和利益冲突的渠道和机制，努力实现公平、正义、和谐的利益格局。

　　第一，树立共享的发展理念。社会发展的基本宗旨是人人共享、普遍受益。"随着社会发展进程的推进，每个社会成员的尊严应当相应地更加得到保证，每个社会成员的潜能应当相应地不断得以开发，每个社会成员的基本需求应当相应地持续不断地得以满足，其生活水准应当相应地得以不断的提高。"[②] 由此，树立"以人为本"的共享的发展理念，其中的"人"不是指少部分人，而是指全体人民。经过新中国成立以来特别是改革开放以来的不断发展，我国社会生产力水平明显提高，综合国力显著增强，人民生活总体上实现了由温饱到小康的历史性跨越，我们已经具备了较为坚实的物质基础，这些为实现共享提供了充分的物质保证。在以后的改革发展实践中要改革不合理的体制和机制，扩大人民民主，保证人民当家作主。

---

① 王伟光：《论利益范畴》，载《北京社会科学》1997 年第 1 期。

② 吴忠民：《社会公正论》，山东人民出版社 2004 年版，第 3 页。

要加快建立覆盖城乡居民的社会保障体系，保障人民基本生活。要坚持把改善人民生活作为正确处理改革发展稳定关系的结合点，坚定不移地提高中低收入阶层的收入水平和生活水平，尊重劳动、尊重知识、尊重人才、尊重创造，完善公平竞争机制，坚持发展为了人民、发展依靠人民、发展成果由人民共享，不断使人民群众得到更多实惠，使全体人民朝着共同富裕的方向稳步前进。

第二，实现社会公平正义。"公平正义，就是社会各方面的利益关系得到妥善协调，人民内部矛盾和其他社会矛盾得到正确处理，社会公平和正义得到切实维护和实现。""只有切实维护和实现社会公平正义，人们的心情才能舒畅，各方面的社会关系才能协调，人们的积极性、主动性、创造性才能充分发挥出来。"① 因此，在制定、出台政策和措施时要考虑到公平正义，切实从最广大人民群众的根本利益出发，兼顾不同群体的利益，逐步建立以权利公平、机会公平、规则公平、分配公平为主要内容的社会公平保障体系，着力促进人人平等获得发展机会，不断消除人们参与经济发展、分享经济发展成果方面的障碍。从长远看，公平正义的缺失，最终将导致社会的动荡，对社会和谐构成巨大的威胁，"拉美现象"已经为我们敲响了警钟。通过切实维护和实现社会公平正义，力争使政策和措施产生的结果是社会各个阶层之间保持一种互利互惠的关系。处在较高位置的阶层的利益的获得不能以损伤处在较低位置的阶层的利益为代价，处在较高位置阶层利益增进的同时，保证较低位置阶层的生活状况也同时相应地得到改善，避免利益博弈的过程变为零和游戏。我们的目标是最终形成"共赢"的局面，即所有人都能从改革发展中获得益处，因为和谐社会是没有输家的。

第三，畅通利益表达渠道，深化政治体制改革。当今中国社会利益分化和利益冲突凸显的深层原因，归根结底是不同的利益主体在表达和追求利益的能力上所存在的巨大差异。新兴的社会阶层能量比较大，逐渐成为强势群体。而我国社会的主体阶层则不仅在经济上呈现出弱势化倾向，而

① 胡锦涛：《在省部级主要领导干部提高构建社会主义和谐社会能力专题研讨班上的讲话》，载《人民日报》2005年6月27日。

且在政治上日益呈现出边缘化的态势，从整体上看他们利益表达的渠道十分有限。"在全国人民代表大会当中，工人和农民代表的比例越来越小，从70年代末80年代初到90年代后期，工人代表的比例从27%降至11%，农民代表的比例从21%迅速降到了8%。"[1] 工人、农民的政治声音式微，作为我国社会的主体阶层很难充分表达自己的利益诉求。由于利益表达渠道不畅，一些利益受损群体如下岗工人、失地农民、农民工等弱势群体便采用非理性方式进行利益诉求，势必影响社会的和谐。所以，我们要深化政治体制改革，让社会的主体阶层有渠道来参与制度和政策的制定、监督和完善，使他们有各种利益表达渠道和政治参与途径，并使其规范化、程序化，而不是在那里仅仅被动地接受。

第四，形成合理的利益分配格局和合理的社会成员构成结构。有两种利益分配格局是不利于和谐社会构建的，一是平均主义的利益格局，二是两极分化的利益格局。经过30多年的改革开放，我国的社会主义市场经济体制已经建立起来并逐步走向完善，但与社会主义市场经济体制相适应的利益均衡格局并没有建立起来。在今后的改革发展中，我们要继续完善收入分配制度，努力避免步入两极分化的陷阱，争取形成相对均衡的利益格局。此外，要努力扩大中等收入者的比例，保证社会各个阶层之间的相互开放和平等进入，使社会阶层结构由"金字塔型"向"橄榄型"转变，让底层群体通过自身的努力能改变现状，使他们能看到希望，而不是感到无望。总之，我们的目标就是通过改革和创新，妥善协调各阶层间的利益关系，最终构建成全体人民各尽所能，各得其所的和谐社会。[2]

二、和谐社会的社会价值目标

和谐社会作为人类永恒的思想主题和价值追求，是一种信仰，一种理

---

① 汝信、陆学艺、李培林：《2005年：中国社会形势分析与预测》，社会科学文献出版社2004年版，第234页。

② 刘文欣：《利益格局变动与和谐社会的构建》，载《胜利油田党校学报》2005年第6期。

论，一种文化，也是一种实践。不同的民族，不同的文明，不同的历史阶段，对和谐社会有着不同的诠释。和谐社会建设作为一个社会的、历史的、实践的过程，它包括经济、政治、文化、社会、自然和主体因素等各个方面。在一定的客观条件下，能否推进社会建设的全面和谐发展，最重要的在于要有正确的价值追求，正确的价值追求是推进社会和谐发展的关键。

（一）社会发展的目标系统

社会发展是一个复杂的系统工程，其目标系统主要包括生产力、生产关系和人的发展三个方面。

人类要生存繁衍、要追求美好生活，要获得自身的解放和发展，首先要解决衣食住行等物质生活资料问题。马克思认为，"人们为了能够'创造历史'，必须能够生活。但是为了生活，首先就需要吃喝住穿以及其他一些东西。因此第一个历史活动就是生产满足这些需要的资料，即生产物质生活本身。"① 这表明，历史活动的第一要义，就是物质生产活动。生产力就是人们在物质生产活动中形成的解决社会同自然之间矛盾的实际能力，是人类改造自然使其适应社会需要的物质力量。作为一种现实的运动系统，生产力包含着一系列复杂的构成要素和关系结构。从构成要素来看，可以分为实体性要素和非实体性要素。生产力的实体性要素，是指以物质实体的形式独立存在的要素，包括劳动者、劳动对象和劳动资料。在生产力三大实体性要素中，劳动者是生产力的能动的、起主导作用的要素，是"活的劳动"，没有劳动者这个主体，自然界就不可能成为被改造的客体，当然也谈不上工具的制造和使用；劳动对象则是生产赖以进行的不可缺少的物质要素，不同的劳动对象，直接制约和影响着生产力的发展水平；劳动资料特别是生产工具是劳动者与劳动对象的媒介，是社会生产力发展水平的客观标志和尺度。"各种经济时代的区别，不在于生产什么，而在于怎样生产，用什么劳动资料生产。"② 生产力的非实体性要素，包括教育、经营、管理、科学技术等。解放和发展生产力是社会发展的目标之一。生产力发

---

① 《马克思恩格斯选集》第 1 卷，人民出版社 1995 年版，第 79 页。
② 《马克思恩格斯全集》第 23 卷，人民出版社 1972 年版，第 204 页。

展既是社会物质文明发展的基本内容，也是政治文明、精神文明发展的基础。只有在生产力发展的基础上，才有可能充分满足人民群众的物质生活和精神生活的需要。

生产关系是在物质生产过程中形成的人与人之间的关系，也称经济关系。生产力是经济系统的物质内容，生产关系则是这个系统赖以存在和得以运行的社会结合形式。正如马克思所指出的，"为了进行生产，人们相互之间便发生一定的联系和关系；只有在这些社会联系和社会关系范围内，才会有他们对自然界的影响，才会有生产。"[①] 生产关系是一个由诸多方面互相联系、互相制约的复杂的有机整体。对于生产关系，可以从静态和动态两个方面去把握。从静态上看，其基本结构包括生产资料的所有制形式、人们在生产中的地位和相互关系、产品的分配方式三个方面。从动态上看，生产关系是由生产、交换、分配、消费等再生产环节上形成的直接生产关系、交换关系、分配关系、消费关系等构成。生产关系的这些方面是相互关联、相互制约的，其中，生产资料的所有制关系是最本质的关系，它决定生产关系的其他方面，当然生产关系的其他方面也对生产资料所有制关系有反作用。人类历史上各种经济形态是以生产资料所有制的不同形式为根本依据进行区分的，根据生产资料所有制的不同形式，人类社会相继出现原始社会、奴隶社会、封建社会、资本主义社会、社会主义社会等诸种形态。生产关系不是存在于人的活动之外的超历史的存在物，而是根源于物质生产过程，人们在生产物质产品的同时也生产着生产关系，生产关系不过是人们物质生产活动以及个体活动所借以实现的形式。但是，生产关系不是按照人们的意志任意构成的，它具有客观性，人们既不能自由选择，也不能任意改变，从根本上说，生产关系由生产力所决定，同人们的物质利益紧密相关，并决定着人们的物质需要能否得到满足以及满足的程度和方式。所以，马克思认为生产关系是人们之间的"物质联系"，列宁认为生产关系是"物质的社会关系"。[②]

人是社会的主体，人的发展与社会进步是同一实际过程的两个侧面。

---

① 《马克思恩格斯选集》第 1 卷，人民出版社 1995 年版，第 344 页。
② 《列宁全集》第 1 卷，人民出版社 1984 年版，第 109 页。

社会的进步依赖于人的发展，内含着人的发展，并为人的进一步发展创造条件，开辟新的可能性；人的发展又不断为社会进步提出更高的要求，以更强的主体能力和主体实践实现社会的发展，推动社会的进步。没有人的持续而全面的发展，就没有社会的持续而全面发展。社会进步是社会不断由低级向高级的前进和发展，这是人类历史演进的基本趋势，它既表现为物质生产力的发展、社会形态的更替和精神文明程度的提高，也表现为人民物质生活水平、精神生活水平的提高和人的日益全面发展。人的发展结构系统主要包括人的生理发展、心理发展和个性发展等三个方面。人的生理发展包括人类的生理发展和个体的生理发展。人类的生理发展从南方古猿到现代人大体经历了四个阶段，即南方古猿阶段、能人阶段、直立阶段和智人阶段。人类生理的发展（或进化）是有规律的，这些规律主要表现在：（1）进化系统内部必须有变化或变异，为系统的进化提供"材料"。（2）进化系统内的变化或变异必须以某种形式存储、传递和延续，才能完成进化过程。（3）自然选择是人类早期进化的主要驱动因素。（4）就人类的生物学进化而言，进化的结果是生物改变自身结构、机能和习性使之适应生存环境。（5）随着人类文明的发展，人类的生物学进化受到越来越大的影响、限制和干预。[①] 心理活动虽然人人都很熟悉，但是它何以发生，如何发展，并不是一个简单的问题，对心理实质的理解历来存在着两种根本对立的观点，即唯心主义和唯物主义。辩证唯物主义认为，意识是物质高度发展的产物，是高度组织起来的物质——人脑的反映特性；心理是人脑的机能，人脑是心理的器官，心理是人脑对客观现实的主观反映。传统的心理发展观认为，从婴幼儿期到青年初期是个体的形成阶段，成年期是稳定阶段，老年期是衰老和死亡的阶段。然而，实际上心理的发展并不是随着生理的成熟而告终结，心理的发展是从个体出生到成年再到老年的持续过程。毕生发展观认为：（1）人生的发展，除了身体在生物意义上的发育、成熟以外，是一个心理发展伴随人的一生的过程，其心理和行为的变化过程贯穿于从胎儿期到死亡的全部一生中，反映了个人的不同心理和行为表现增强和减退的情况。（2）发展具有多维性和多向性，发展的方向也因发

---

① 张昀编著：《生物进化》，北京大学出版社 1998 年版，第 246—250 页。

展内容的种类不同而有所不同。（3）发展由获得和丧失组成，是一个有序变化的过程，并非仅仅意味着增长。（4）心理发展存在着很大的个体差异和可塑性，不同的人有不同的形式。（5）心理发展受多种因素影响，个体的发展是年龄阶段、历史阶段和非规范事件等多种影响共同作用的结果。人的个性发展主要是指人的知识、能力、性格、品质、素质等方面的发展，马克思把人的个性叫做"自由个性"，并认为人的发展在某种意义上就是"有个性的个人"逐步代替"偶然的个人"的历史进程。

社会发展的实质就是人的发展。人是社会发展的中心，社会为人而存在，离开人这个中心，社会发展就成了无本之木、无源之水，就失去了本来的意义。人是社会的主体，社会发展不可能是脱离主体的抽象发展，而是同人的进步和完善不可分割的。社会发展是人发展的条件性范畴，社会发展的最高衡量标准只能是人自身的发展，人的发展是社会发展的根本动力，人的发展是社会发展的最高尺度。

（二）社会和谐与社会冲突

社会是人类生活的共同体，社会和谐与社会冲突是社会存在的两种状态。具有不同价值观念和不同利益诉求的人们之间能和睦相处，社会就会和谐；反之，不同价值观念和不同利益诉求的人们之间严重对立、对抗，就会导致社会冲突。

"一般来说，社会和谐是指不同阶层、集团和群体之间、不同社会组织或团体之间、个人之间及个人与社会之间相互尊重、彼此信任、互助合作、和睦相处的社会状态。"① 第一，社会和谐以共同利益和对共同利益的共识为前提。社会的存在以一定的共同利益为依归，当人们能普遍意识到这种共同利益并设法促进这种共同利益实现时，人类社会才会不断地走向新的和谐。和谐社会的形成不仅依赖于整个社会存在共同利益，还必须依赖于全体社会成员对共同利益这一目标及怎样促进实现这种共同利益产生共识，正如卢梭所说的，"如果说个别利益的对立使得社会的建立成为必要，那末，就正是这些个别利益的一致才使得社会的建立成为可能。正是这些不

---

① 熊月之主编：《和谐社会论》，时事出版社 2005 年版，第 212 页。

同利益的共同之点，才形成了社会的联系；如果所有这些利益彼此并不具有某些一致之点的话，那末就没有任何社会可以存在了。"① 第二，社会和谐以社会公正和社会合作为基础。"一个社会，当它不仅被设计得旨在推进它的成员的利益，而且也有效地受着一种公开的正义观管理时，它就是组织良好的社会。"而"他们共同的正义感又使他们牢固的合作成为可能。"②没有社会合作，社会就不可能永存；没有基于一定社会历史条件的社会正义，社会便无宁日。因此，社会和谐必须首先基于一定的社会正义，否则只有冲突与矛盾激化，只有强制下的暂时性稳定，而非冲突与矛盾的化解。第三，社会和谐具有多元性和包容性。和谐社会并不是没有冲突的社会，任何社会都必然存在着不同群体之间的利益冲突。一个社会如果没有不同的利益，则只会是一潭死水，缺少效率。如果一个社会只讲效率，公平缺失，社会效率的取得以牺牲社会公平为代价，那么，最终也必将导致效率的丧失殆尽。因此，阿瑟·奥肯认为，"如果平等与效率双方都有价值，而且其中一方对另一方没有绝对的优先权，那么在它们冲突的方面，就应该达成妥协。"③ 构建和谐社会的关键不是消灭这些基于不同利益之上的矛盾与冲突，而是通过制度化手段将冲突保持在一定的范围之内。"一种民主的秩序之所以不可能被推翻，其原因正是在于它承认冲突是合法的和必要的，并使它的公民有机会参加和支持为各种不同的利益和价值观而斗争的组织。"④

总之，社会和谐是指基于一定社会正义与社会共识，能够通过有效的制度、途径化解各种社会冲突，实现不同利益与价值观念的人们之间的和谐相处的一种社会状态。它具有公正性、多元性、有序性和高度的包容性。在这种氛围里，所有成员的身份都是平等的，彼此之间以理性的态度交流、沟通，虽然存在多样性和差异性，但却允许不同的声音出现，同时以维护真理、民主为底线原则，形成良好的秩序化环境。

① ［法］卢梭：《社会契约论》，何兆武译，商务印书馆 1980 年版，第 35 页。

② ［美］约翰·罗尔斯：《正义论》，何怀宏等译，中国社会科学出版社 1988 年版，第 3 页。

③ ［美］阿瑟·奥肯：《平等与效率——重大的抉择》，王奔洲译，华夏出版社 1987 年版，第 80 页。

④ ［美］西摩·马丁·李普塞特：《一致与冲突》，张华青等译，上海人民出版社 1995 年版，第 6 页。

社会冲突是指因人们利益和思想观念的严重对立和冲突而陷入分化乃至失序的社会状态。社会冲突的类型，从规模上划分，有个人之间和集团之间的冲突。从性质上划分，有经济冲突、政治冲突、思想冲突、文化冲突、宗教冲突、种族冲突、民族冲突以及阶级冲突和国际冲突等，其中，统治阶级与被统治阶级的冲突是一种维护现状和改变现状的冲突，冲突的结果可能使社会关系和社会结构发生变化。社会冲突产生的原因是多种多样的，但归根结底是由社会不平等、不公正造成的，其中主要是财产、权力、机会、地位等分配不公平。社会冲突一方面会对社会产生消极影响，它有可能使社会矛盾进一步激化，引起社会动荡，使社会陷入失序状态，给社会造成巨大的破坏性。另一方面，社会冲突对社会也有积极作用，它是不同社会利益主体亮明自己观点、释放心理压力的一种途径，而且通过社会冲突会暴露出一些社会问题，使社会成员认清形势，尤其是给领导者、管理者敲响警钟，便于及时调整方针政策，及时处理社会矛盾，协调社会关系，起到一种放气的安全阀门作用，使社会避免因冲突而陷于分崩瓦解。

（三）和谐社会的社会价值追求

和谐社会具有极为丰富的内涵，它在物质生活、政治建设、社会伦理、人的发展和社会关系上都有其相应的价值追求。

1. 富裕

一个社会的和谐与稳定，取决于这个社会的大多数成员对其赖以生活的制度、环境和文化等的认同和支持。社会成员的这种认同度首先要有充裕的物质基础，也就是说人们的生活有保障，生存和发展的物质条件得到满足，并且生活的水平、质量得到不断的提高。马克思指出："生产力的这种发展之所以是绝对必需的实际前提，还因为如果没有这种发展，那就只会有贫穷、极端贫困的普遍化；而在极端贫困的情况下，必须重新开始争取必需品的斗争，全部陈腐污浊的东西又要死灰复燃。"① 生存是人的第一需要，从某种意义上说，物质的匮乏，往往会使人们为了生存的需要而放

---

① 《马克思恩格斯选集》第 1 卷，人民出版社 1995 年版，第 86 页。

弃真善美的追求。

富裕，尤其是共同富裕是和谐社会价值追求在物质生活上的体现。针对剥削社会尤其是资本主义社会少数人占有多数人的劳动成果，导致社会发展和人的发展片面、畸形和社会的不和谐，马克思、恩格斯曾多次强调，在未来社会"生产将以所有人的富裕为目的"①，"生产发展到能够满足所有人的需要的规模；结束牺牲一些人的利益来满足另一些人的需要的状况"，"所有人共同享受大家创造出来的福利"②。没有社会各阶层之间的利益合理调整、良性互动，没有社会各阶层的共同富裕，社会就不可能和谐。如果一个社会存在着基于社会权力、社会资源的占有和分配所形成的社会地位之间的巨大的不平等，那么也就存在着引发社会矛盾和社会冲突的根源。和谐社会的构建，不是一个游离于人之外的预定的自然过程，而是一个以人作为主体参与其间并影响其进程的历史过程。人民群众既是和谐社会的建设者，是先进生产力的创造者，理所当然也是其建设成果的占有者和享受者。和谐社会的构建，不仅要不断满足广大人民群众物质生活需要，而且还要在公共服务、医疗保健、生活环境等多个领域提高人民的生活质量，让老百姓过得更加殷实，让发展的成果更多地惠及全体人民。

2. 公正

和谐"就是一个国家的一致，这是任何共和国永久联盟的最强有力和最佳的纽带；而没有正义来帮助，这种一致是永远不会出现的"③。一个社会只有遵循公正原则，才能形成良性互动，才能使社会成员各尽其能、各得其所，才能实现稳定有序和谐的发展。不公正不可能有稳定，不稳定就不可能有和谐，公正是和谐社会建设在社会伦理上的价值追求。

公正是人类对于社会成员相互关系的合理设计和理想安排，是"给予每个人他应得的部分的这种坚定而恒久的愿望"④。它的核心意义是平衡和合理，意味着在政治、经济、法律、道德伦理等关系上社会与其成员之

---

① 《马克思恩格斯全集》第46卷（下），人民出版社1979年版，第222页。
② 《马克思恩格斯选集》第1卷，人民出版社1995年版，第243页。
③ ［古罗马］西塞罗：《国家篇·法律篇》，沈叔平、苏力译，商务印书馆2002年版，第90页。
④ ［古罗马］查士丁尼：《法学总论》，张企泰译，商务印书馆1989年版，第5页。

间以及社会成员包括个体、团体之间权利义务的统一。一方面，公正涉及的是社会成员地位、权利、义务、财富、机会等最基础、最重要的社会资源，反映的是人类共同生活形式所固有的特征，是社会本原的道德要求，是植根于人性之中的理性结论，是任何一个社会成立的道德基础。另一方面，有限的社会自然资源面对的是人类无限的占有欲望，化解矛盾和协调冲突便成为社会存在和发展的基础。从这个意义上讲，公正最优先考虑的价值是平衡和协调人与人之间、人与自然之间、人与社会之间关系的价值。社会制度的设计需要公正。社会制度的具体形式可能因民族国家而异，但维系一个和谐社会的制度体系必然包含权力制衡、平等关怀、义利统一的共同价值取向，其基本的价值理念就是公正，它要求的不仅仅只是理论承诺，还包括制度承诺，即制度设计及运行应当给予全体社会成员以同等的关怀与尊重。公正能推动生产力的发展。一个社会是否公正、公正状况如何，都会对生产力发展产生巨大的反作用。分配的不合理，权利、义务、机会、规则的不平等，执法不公，司法不公以及各种腐败现象，不仅会严重挫伤社会成员的积极性、主动性和创造性，而且极易激化社会矛盾，引发社会冲突与动荡，势必破坏和阻碍生产力的进一步发展。实现和维护社会公正，就会使生产关系和上层建筑适应生产力的状况，从而对生产力的发展产生巨大推动作用，并为经济和谐提供物质条件。

3. 民主

人类社会是一个充满矛盾与冲突的统一体，要想将矛盾与冲突保持在一定的范围之内，以达到社会的和谐，则必须求助于国家、政府等政治力量。国家政治行为的有序化是人类社会有序化的最高境界，而政治行为的有序化依赖于民主政治的推进。实践证明，社会要秩序，需要国家来保障；社会要和谐，需要民主来推进，民主是恰当而稳妥地解决各种社会矛盾的一种可靠机制。

民主最主要的体现在能够容纳不同声音，即表达自由得以充分保障。在法社会学的视野里，表达自由有助于保持社会稳定。黑格尔指出："发表了他的意见，他的主观性就得到了满足，从而他会尽量容忍……言论自由较默不作声危险性少得多，因为后面一种情形，怕的是人们会把对事物的反对意见扼在心头，至于论争则可使他们有一个出口，而得到一方面的满足。"① 限制表达自由会使社会结构缺乏适应环境的变迁所必要的张力与弹性，最终导致社会震荡。事实证明，强制言论一致与思想统一有悖于人类社会发展的客观规律，保障表达自由是国家实现稳定与和谐的工具，真正和谐的社会一定是表达自由的社会。

在当前利益格局的调整时期，由于新的利益协调和整合机制尚未建立，因而在分配关系上，出现了分配不公的现象。当个人觉得其应得而未得到，他的合理诉求得不到满足时，就会产生怨恨与不满、甚至会出现挫折心理和由不公平感所导致的行为失范，从而给政治稳定带来负面效应。民主、有序的政治参与制度，可以经常地、规范化地为各不同利益阶层提供利益表达的场所和渠道，并通过利益表达使政府注意到他们的利益诉求，扶持其利益的实现。同时，不同利益主体之间通过一定民主程序的互相协商，在考虑到不同利益要求的条件下，求同存异，对主要问题达成共识，使矛盾得到相对的解决。这样的社会，就是一个相对和谐的社会。民主政治的这一特殊功能，为不同利益群体反映自己的要求、表达自己的愿望和不满，提供了有效的途径和方法。

4. 自由

自由所表征的是人的主动性、能动性和创造性的充分发挥，是主体地位的充分肯定。和谐社会是一个充满活力的社会，充满活力离不开创造，没有自由就不可能真正激发人的创造活力，没有自由的和谐不是真正的和谐，自由是达到和谐的必要手段、途径。

"自由"主要指人的自由个性充分发展。所谓个性是指个人独特的主体性，主要表现为兴趣、爱好、性格、心理、气质、行为特点等等。马克思把人的个性叫做"自由个性"，并认为人的发展在某种意义上就是"有个性的个人"逐步代替"偶然的个人"，还把人的自由个性的形成和发展当做人的发展的第三个历史形态，即最高形态的象征。在马克思看来，以"人的依赖关系"为基础的最初的社会形态，人们之间相互依赖，人是不自由的，缺乏独立自主性，不可能有自由个性的存在和发展。资本主义社会，

---

① ［德］黑格尔：《法哲学原理》，张企泰译，商务印书馆1961年版，第334页。

是以"物的依赖性为基础的人的独立性"形态，物统治着人，人变成了机器的附属品，人的个性被压抑了。只有到了共产主义社会，"排除一切不依赖于个人而存在的东西"①，提倡"个人的独创性和自由"，全部生产集中在联合起来的个人手里，生产不再是以交换价值为目的的商品生产，而是为满足社会成员个人全面发展其自由个性之需要的产品生产时，人们才可以根据自己的志趣和意愿自由安排自己的活动与时间。这样，人就发展成为自由、自觉、自为的主体，人对财富（物）的追求变成人对自身全面发展的追求，个性得到充分发展，每个人成为自由发展而又各具特性的人。"人终于成为自己的社会结合的主人，从而也就成为自然界的主人，成为自身的主人——自由的人"②，"社会的每一成员都能完全自由地发展和发挥他的全部才能和力量"③。

当然，追求个人自由应该是理性的、道德的，以不影响别人的自由为前提。马克思深刻地指出："自由就是从事一切对别人没有害处的活动的权利。"④ 也就是说，自由意味着在无害于他人的前提下，人可以充分发挥自己的个性和意愿，发展自己的聪明才智，在互利中达到和谐，意味着人可以追求其认为美好的价值，但这并不意味着一个人可以自私自利，随心所欲，不意味着在追求自身自由的过程中可以把其他人当做自己的手段。只有在平等地对待他人、并真切地体悟到自己只能存在于与其他人的全面联系中时，一个人才能是自由的。正如斯宾诺莎指出的："人要保持他的存在，最有价值之事，莫过于力求所有的人都和谐一致，使所有人的心灵与身体都好像是一个人的心灵和身体一样。人人都团结一致，尽可能努力去保持他们的存在，人人都追求全体的公共福利"⑤。构建和谐社会，维护的是社会的普遍自由，是发展、扩大每个人的自由，直至达到人的自由全面发展。

5. 和谐

马克思曾经说过，"社会——不管其形式如何——究竟是什么呢？是人

---

① 中国人民大学：《马克思恩格斯论人性、人道主义和异化》，人民出版社1984年版，第229页。

② 《马克思恩格斯选集》第3卷，人民出版社1995年版，第760页。

③ 《马克思恩格斯全集》第42卷，人民出版社1979年版，第373页。

④ 《马克思恩格斯全集》第1卷，人民出版社1956年版，第438页。

⑤ ［荷兰］斯宾诺莎：《伦理学》，贺麟译，商务印书馆1983年版，第184页。

们交互作用的产物。"① 他还反复强调，社会无非是"个人彼此发生的那些联系和关系的总和"②。人与人之间的关系是构成社会的基本要素，人类社会的一切关系都是人与人之间关系的表现。从某种意义上讲，和谐社会建设可以说是和谐社会关系的建设，它主要包括五个方面的和谐：其一是个人自身的和谐，其二是个人与他人之间的和谐，其三是社会各系统、各阶层之间的和谐，其四是人与社会、人与自然之间的和谐，其五是民族与民族、国家与国家之间的和谐。在这五个方面中，最重要的是人与人之间的和谐相处。个人自身的和谐只有在集体和社会中才能实现，社会各系统、各阶层之间的和谐必须以个人之间的和谐为基础，并通过这种和谐体现出来。人与人之间的和谐，一方面，强调和谐社会是一个诚信的社会，必须有社会成员之间的认同与接纳，其深层基础就在于全社会之间拥有一种普遍的认同，人与人之间有一种相互信任的纽带。如果没有诚信，就没有相互合作，就没有社会团结，就不能形成普遍的认同，也就没有社会的和谐。另一方面，强调和谐社会是一个友爱的社会，是社会成员和睦相处的社会。无论是礼貌地问候，还是家居生活中对他人存在的顾及，对人友善，都是和谐社会的基本要求。我们要提倡为人民服务，倡导宽容、谦让、奉献的社会公德，主动对他人奉献爱心，关心他人的疾苦，在自己行为中表现出爱人、利他、自尊而又尊重人的品德，努力在人与人之间建立起和睦友好和信任的关系。人与自然的关系，这好像不是人与人的关系，但这种关系实质上是这部分人和那部分人、部分人和全人类、今天的人和子孙后代的关系，因为所谓"和谐"、"生态平衡"都是以人为参照系，人和社会与自然之间的和谐是人与人之间和谐的特殊表现。民族与民族、国家和国家之间的和谐首先有赖于社会整体的和谐，而社会整体的和谐又离不开人与人之间的和谐。和谐的人际关系是和谐社会的基本构成要素和基本价值追求。

辩证唯物主义告诉我们，精神和物质在一定条件下可以互相转化，精神可以变物质。当和谐的人际关系在社会实践活动中，与人们的学习、生活、工作紧密结合起来，就可促进人们心情舒畅地学习、工作，掌握和使

---

① 《马克思恩格斯全集》第 27 卷，人民出版社 1972 年版，第 477 页。
② 《马克思恩格斯全集》第 46 卷（上），人民出版社 1979 年版，第 220 页。

用科学技术并在社会劳动生产实践中紧密结合，就可以转化为生产力。从人的社会性角度看，每一个人在认识世界、改造世界的实践中，都不是独立存在的，也不是单独活动的，而是根据社会的需求，把具有某种技能的人优化组合起来，并进行分工协作，相互配合，共同完成某一项或多项社会实践活动。在相互配合与协作过程中，心灵相通，心情愉悦，才能产生劳动动力，提高劳动效率。和谐的人际关系可以使一个劳动集体产生凝聚力、战斗力和创造力。不论是社会、国家、民族，还是其他社会组织，甚至一个家庭，如果人与人之间感情深厚，关系融洽，和平共处，社会就会进步，国家就会昌盛，民族就会兴旺，事业就会成功。①

三、和谐社会的社会价值追求实现

和谐社会建设是一个复杂的系统工程，涉及经济、政治、文化、社会、自然和国际关系等诸多方面。价值追求是和谐社会建设的强大动力，构建以和谐为核心的价值追求是实现社会和谐的前提。

（一）追求协调持续，实现经济和谐

马克思曾说，文明，如果它是自发的，而不是自觉的，则留给自己的只是荒漠。全面协调可持续发展的道路是人们对传统发展观念的突破，是人类自觉的价值追求，也是实现经济和谐的必然要求。

经济和谐的根本要义在于各经济主体在公平、统一的市场体系内相互竞争以实现经济效率，而国家通过一系列制度安排保障社会的稳定和公正。国家法律、法规和政策，与平等市场主体间的自治规范相互作用，在全社会范围内形成一整套合理分配资源的机制，以实现公平、正义、共同发展和共同富裕的社会主义价值目标。经济和谐是整个社会和谐的基础，没有经济和谐就没有经济效率，整个社会的运转就失去了必要的物质支撑。构

---

① 王伦光：《论和谐社会的价值追求》，载《理论探讨》2008 年第 2 期。

建社会主义经济和谐是一个经济和谐程度不断提升的过程，也是一个经济总量扩张、三大产业比例及从业人员比例逐渐相互协调的过程。通过不断协调产业关系，逐步形成三大产业之间的良性互动，形成一种合理的利益协调机制，最终实现全社会范围内的共同富裕和共同发展。

改革开放30多年来，我国的经济建设取得了很大成绩，经济有了长足进步，但经济增长不等于经济发展，经济增长不等于经济和谐发展。经济增长是经济发展的基础，是社会进步首要的、必要的物质条件，但经济增长只是手段，经济发展才是目标。片面追求经济增长速度和GDP，是价值自发的表现，会导致经济结构和产品结构失调，积累和消费比例失衡，并造成环境恶化、能源枯竭，影响社会的全面进步和人的自由全面发展。因此，我们要避免单纯追求经济增长速度和GDP，实现价值自觉，努力追求经济全面、协调和可持续发展，构建经济和谐。

1. 经济的全面发展

从我国目前的实际状况看，经济的全面发展关键要做到五个统筹，即统筹城乡发展、统筹区域发展、统筹经济社会发展、统筹人与自然和谐发展、统筹国内发展与对外开放。

统筹城乡发展。我国是个农业大国，城市与农村的发展相当不平衡，城乡经济增长速度、人均收入水平、居民受教育程度和就业机会、公共卫生和医疗条件、生活水平、社会保障和福利等方面存在很大差距。中国社科院经济研究所经过数年跟踪所作出的全国性调查报告指出，中国城乡收入差距不断拉大，如果把医疗、教育、失业保障等非货币因素考虑进去，中国的城乡收入差距世界最高，城乡收入比达到3.33∶1。农业是国民经济的基础，没有农业的发展和农村的稳定，就没有农村的和谐，就没有整个社会的和谐，农村是我们和谐社会建设的重点。当前，农业基础薄弱，农村发展滞后，农民收入增长缓慢，"三农"问题已成为我国经济社会发展的"瓶颈"。我们必须统筹城乡发展，站在国民经济发展全局的高度研究解决"三农"问题，实行以城带乡、以工促农、城乡互动、协调发展。

统筹区域发展。改革开放以来，各地区都有了很大发展，但由于基础不同、客观条件以及改革开放步伐和力度的不同，地区差距目前仍呈继续扩大之势。北京、上海等六个省、市GDP占到了全国总量的50%以上，中国经济发展存在的地区差距由此可略见一斑。区域发展的不平衡、不协调，必然影响社会稳定、民族团结和国民经济的协调发展。逐步扭转地区差距扩大的趋势，促进地区协调发展，既是经济问题，也是重大的政治问题。坚持区域协调发展，就是要继续发挥各个地区的优势和积极性，逐步扭转地区差距扩大的趋势，实现共同发展。西部地区地大物博，能源矿产资源优势突出，是我国重要的能源基地和原材料基地。实施西部大开发，充分发挥西部地区优势，可逐步缩小区域发展差距，有利于民族团结，保证国家的长治久安。东北老工业基地被誉为新中国工业的摇篮，具有比较雄厚的工业基础，特别是重型装备制造业和重要军事工业基地地位突出，再加上资源丰富，土地肥沃，交通基础设施较为发达，有着很大的发展潜力和多方面有利条件。加快东北老工业基地调整、改造和振兴，有利于我国实现产业结构调整、优化升级和推进国有企业改革。中部地区地处我国中心地带，是我国重要的农产品生产基地、能源基地和原材料基地，具有明显的区位优势和综合资源优势。促进中部地区崛起，是统筹区域发展，促进东中西互动，实现优势互补、共同发展的必然选择。东部沿海地区是我国改革开放的先行区，经济实力雄厚，对外开放水平高，科技教育发达，人才资源丰富，具有继续率先发展的优势和条件。东部地区率先发展，再上一个新的台阶，有利于壮大国家经济实力，全面提高我国对外开放水平，增强国际竞争力。"实施西部大开发，振兴东北地区等老工业基地，促进中部地区崛起，鼓励东部地区率先发展，形成东中西互动、优势互补、相互促进、共同发展的新格局。"这是中央提出的我国现代化建设区域发展总体战略布局，实现这一战略布局，有利于促进地区协调发展，逐步缩小区域发展差距，在区域协调发展中逐步实现共同富裕。

统筹经济社会发展。经济增长是社会发展的重要基础，但经济增长并不等于社会发展，更不等于社会全面进步。统筹经济社会发展，就是要坚持以经济建设为中心，在经济发展的基础上实现社会的全面进步，推动社会主义物质文明、政治文明、精神文明的全面发展。社会发展作为一项巨大而浩繁的系统工程，包含着丰富的内容。社会发展不仅包括科技、教育、文化、卫生等社会事业发展，而且还包括社会就业、社会保障、社会公正、社会秩序、社会管理、社会和谐以及民主法制建设、精神文明建设、社会结构、社会领域体制和机制等方面的发展。改革开放以来，我们党和国家在致力于促进经济发展的同时，也高度重视政治、文化以及各项社会事业的发展，但社会发展仍滞后于经济发展。教育投入严重不足，国民医疗保障滞后，社会公正缺失，分配不公，收入差距拉大等，都是必须正视的问题。要统筹经济社会发展，就要在加快经济发展的同时，大力发展教育、科技、卫生等事业；大力发展社会主义先进文化，加强精神文明建设；就要保障人民群众安居乐业，继续做好就业和社会保障工作，逐步理顺收入分配关系；还要扩大社会主义民主，健全社会主义法制，建设社会主义法治国家；同时，要坚持国防建设与经济建设协调发展的方针，在经济发展的基础上推进国防和军队现代化。

统筹人与自然和谐发展。追求人与自然关系的和谐是人类活动的共同价值选择和最终目标。实现人与自然的和谐发展，可促进经济的全面繁荣和可持续发展。我国是人口众多、资源相对短缺的国家，资源相对不足是制约发展的突出矛盾。一方面，在我国社会经济总量不断增长的同时，经济发展模式粗放、效益不高，资源利用率低，污染排放量大，大范围生态退化和复合型环境污染，生态与环境问题表现出显著的系统性、区域性、复合性和长期性特征，生态与环境形势日益严峻；另一方面，随着人口增长和人均消费水平的提高，我国资源、生态和环境将面临着新一轮发展带来的巨大压力。要转变现有高消耗、低产出、高污染的粗放型发展方式，必须调整产业结构，协调好经济发展与资源利用、环境保护的关系，提高经济增长质量和效益，将生产和生活强度规范在资源、生态环境的承载能力范围之内，强调综合运用技术、经济、管理等多种措施，降低经济社会的环境影响。

统筹国内发展和对外开放。我国在进一步扩大对外开放和加入世界贸易组织的大背景下，国内市场和国际市场的联系日益紧密，国内经济和国际经济的互动明显增强。这既给我国改革发展带来了难得机遇，也提出了严峻挑战。怎样以更加积极的姿态走向世界，充分利用国际国内两个市场、两种资源，在激烈的国际竞争中掌握主动权，推动我国经济又好又快地发展，始终是关系我国改革发展全局的一个重大问题。我们必须通过深化经济体制改革，提高整体竞争能力，为我国现代化建设创造良好的发展环境。

首先，要把扩大对外开放与扩大内需结合起来。我们既要全方位扩大对外开放，全面参与经济全球化进程和区域经济一体化进程，鼓励国内企业学习国外先进管理经验、熟悉国际经济规则和惯例，提高参与国际经济技术合作和竞争的能力；又要坚持扩大内需的方针，实施积极的财政政策和稳健的货币政策，通过扩大投资需求和消费需求，拉动经济社会发展，从而确保我们能够切实防范和化解金融风险，保障经济安全。其次，要把积极适应国际规则和参与国际规则的修订结合起来。国际经济贸易规则是不同国家矛盾和妥协的产物，我们不能简单地同国际规则"接轨"。一方面，我们学习适应国际规则，努力使我国社会主义市场经济的运行适应国际市场经济的普遍规则，另一方面，要积极参与国际经济贸易规则的订立、修订和完善进程，争取使国际规则符合我国发展的利益。其三，要把利用外部有利条件与发挥自身优势结合起来。既要注重引进先进的科学技术、管理经验和高素质人才，又要努力提高自主创新能力，做到扬长避短，趋利避害。既要敢于扩大开放，又要善于保护自己，在扩大开放中注意维护我国企业利益和国家经济安全。

2. 经济的可持续发展

所谓可持续发展，就是发展要具有持久性和连续性，使经济社会发展与资源、环境、生态的承载能力相适应，使代内公平和代际公平相统一。可持续发展不单纯是经济的增长，它是从比经济增长和环境保护更高、更广的视角来解决环境与发展问题，是一个涵盖经济学、社会学、人口学、生态学、文化学等学科的更高层次的理论系统。可持续发展的核心思想是强调在人与自然、人与人关系不断优化的前提下，实现经济、社会（包括人口）和生态（包括资源与环境）效益的最佳组合，从而保证人、社会与自然发展的可持续性。因此，可持续发展蕴含着现代系统思想的发展观，既要求各个要素的协调发展，又要强调发展的整体性和相关性。

实施可持续发展战略，是适应我国国情的必然选择。我国是一个正处在经济快速增长过程中的发展中国家，面临着提高社会生产力，增强综合国力和提高人民生活水平的历史任务。庞大的人口基数、人均资源的不足、环境的污染及严重破坏等相当严峻的问题和困难，决定我们必须走社会、经济、人口、资源、环境相协调的可持续发展之路。实施可持续发展，也是实现社会主义现代化的必然选择。在本世纪中叶把我国建成富强、民主、文明的社会主义现代化国家，是我们既定的奋斗目标，实现这一宏伟目标任务是艰巨的，因为我国没有发达国家在工业化过程中的环境容量，也没有发达国家所拥有的资金和技术优势。相反，与发达国家在工业化后期才出现资源、环境、生态等重大问题相比，我国可持续发展面临的人口、资源、环境等问题却在工业化初期就过早地出现了，使得我们面临的现实矛盾更为尖锐。而且，由于多年来的粗放型经营，我们已经造成了对资源的大量消耗，自然环境和生态平衡已经受到严重的破坏。随着人口的增长和经济的进一步发展，我国对资源的需求将会越来越大，环境保护的形势也日益严峻。为此，我们要建立有中国特色的人口、资源、环境和经济良性互动关系，在资源使用上做到有序有偿、供需平衡、结构优化、集约高效，增强资源对经济社会可持续发展的保障能力，保护人类赖以生存的环境。

总之，可持续发展是人类发展模式的一次历史性转变，也是人类生产方式、消费方式乃至思维方式的革命性变化，它必然要求在时间上体现当前利益与未来利益的统一，在空间上体现整体利益与局部利益的统一，在文化上体现理性尺度与价值尺度的统一，从而实现人类部分与整体、眼前与长远、上一代与下一代人、现代与未来利益关系的有机统一与协调。

（二）追求民主法治，实现政治和谐

尽管"不诉诸政治行动而达到社会和谐一直是人们不想放弃的意境"，但"在复杂社会，只有政治行为才能造就共同体，也只有政治机构才能维系它。"① 和谐与冲突并存是人类社会的基本特征，政治则是控制与消解冲突、获取人类和谐的最为重要的手段。随着社会成员的不断增多，社会结构日趋复杂，社会活动越来越多样化，要想建立并维系一个高水平的和谐社会就更需要依赖于民主政治，构建政治和谐。

1. 民主是社会主义的本质特征

一般说来，有什么样的政治体制、政治理念和政治关系，就有什么样

---

① ［美］塞缪尔·P·亨廷顿：《变化社会中的政治秩序》，王冠华等译，三联书店1989年版，第10—11页。

的社会秩序、社会伦理和人际关系。民主政治建设是促进社会进步的重要杠杆，决定着社会发展的性质和方向，是实现社会团结、稳定、和谐的关键。

社会主义的本质要求国家必须实行民主，没有民主就没有社会主义。列宁认为，民主是人民的统治，是大多数人的统治，不实现民主，社会主义就不能实现。邓小平认为，没有民主就没有社会主义现代化，"为了实现四个现代化，必须发扬社会主义民主和加强社会主义法制"。[①] 社会主义民主不仅是社会主义现代化建设的一个战略目标，而且是实现社会主义现代化的重要政治基础和可靠的政治保证。社会主义现代化不是少数人的事业，而是全国各族人民共同的事业，只有依靠发展社会主义的新型民主，从根本上使人民享有真正的"当家作主"的权利，充分发挥广大人民群众的积极性、主动性和创造性，社会主义现代化事业才能成功。邓小平始终抓住社会主义必须有民主，才有现代化，这就从社会主义的本质、根本特征的高度阐明了发展社会主义民主的必要性，阐明了民主同社会主义本质上的关系。

民主的本意是"人民的权力"和"大多数人的统治"。社会主义是民主政治的根本前提，民主的实质内容是人民当家作主，只有在社会主义条件下民主才得以真正实现。党的十三大报告指出，"社会主义民主政治的本质和核心，是人民当家作主，真正享有各项公民权利，享有管理国家和企事业的权力"。"人民当家作主"意味着人民是国家的主人，人民是国家的最高权力主体，人民依法享有广泛而充分的民主权利和自由。我国实行人民民主专政的国体和人民代表大会制度的政体，就是体现和保障广大人民当家作主的权力，它从本质上揭示，社会主义国家的一切权力来自于人民，一切国家机关，都必须执行人民的意志，向人民负责。可见，人民当家作主的民主政治只有社会主义才具有现实可能性，人民当家作主是社会主义社会的本质特征。

2. 民主政治是和谐社会的基本条件

实现民主的程度不同，社会和谐状况也不同。建立在少数人统治大多

---

① 《邓小平文选》第2卷，人民出版社1994年版，第187页。

数人基础上的社会，不可能有真正意义上的和谐。只有实现"多数人的统治"，实现社会主义民主，让广大人民群众直接或间接参与国家政治生活与社会管理，才能实现真正的社会和谐。

民主政治是社会主义和谐社会的制度基础。社会主义和谐社会，广大人民群众不仅需要富裕的物质生活和丰富的文化生活，更需要开放和开明的民主政治生活，依法充分享有民主权利，依法参与政治事务、参加国家和社会管理，真正能当家做主人。积极推进高度民主、法制完备、富有效率、充满活力的社会主义民主政治建设，就是为构建社会主义和谐社会奠定基本的制度框架。构建社会主义和谐社会，本质上是一个政治体制改革的问题，政治体制改革的目的就是要建立与社会主义市场经济体制相适应的社会主义民主政治体制。我们过去追求的"小康社会"，主要是着眼于物质方面，提高人民物质生活水平，即由温饱到富裕的一个历史阶段。建设社会主义和谐社会，就不仅仅只是发展经济、提高人民群众的物质生活水平问题，还必须改革我们的政治体制，健全完善我们的政治制度，由制度保障人民能依法参与国家事务、社会事务及经济文化事务，保障人民真正实现当家作主的权利，并在保障每个公民依法享受广泛民主权利和自由基础上，实现社会全面进步和人的自由全面发展。

民主政治是社会主义和谐社会的政治保证。和谐社会是一个有序化社会，没有秩序，就不可能有和谐。人类社会作为一个充满矛盾与冲突的统一体，要想将社会矛盾与冲突保持在一定的范围之内，以达到社会的和谐，则必须求助于国家、政府等政治力量来保持社会的秩序。国家政治行为的有序化是人类社会有序化程度的最高境界，政治行为的有序化依赖于民主政治的推进。亚里士多德在论述古希腊的政治变迁时说过，在所有情况下，我们总是在不平等中找到叛乱的起因。在我国，由于经济体制在所有制方面的改革，出现了利益多元的社会趋势。在利益格局的调整时期，由于新的利益协调和整合机制尚未建立，在社会分配上可能会出现不公现象。当个人觉得其应得而未得，他的合理诉求得不到满足时，就会产生怨恨与不满，甚至导致行为失范，从而影响社会安全与稳定。民主的政治参与制度，可以规范化地为各不同利益主体提供利益表达的途径，并使政府注意到他们的诉求，满足其合理诉求，化解矛盾，促进和谐。与此相应，民主机制也将约束执政党和政府行为，要求执政党和政府依法公正负责地解决这些问题。所以，在推动社会和谐发展的过程中，我们完全可以把民主政治制度视为一种具有特殊功能的"民主通道"，因为，它以政治制度保证了社会成员的平等权利，使社会成员成为社会建设的积极主体，使社会充满生机和活力。

3. 法治是社会和谐有序的保障

法治是现代文明的产物，是国家形态由传统走向现代的标志。国家只有主要以法律手段来进行社会管理，把社会生活的基本方面和社会关系纳入法制化的轨道，经济、政治、文化和谐发展与社会全面进步才有基本的秩序保障，整个社会才能成为一个和谐的社会。

法治是和谐社会的支柱。法治有公正、有序、民主、平等、自由、人权等诸多价值，其核心价值是公正，正是法治的这一公正价值，使其成为构建和谐社会的支柱。社会利益一般可分为经济利益、政治利益、文化利益和其他社会利益，与此相应，人们分别在经济、政治、文化领域和其他社会领域通过各自不同的利益分配机制进行社会利益的分配。在法治社会里，这些分配机制最后都得通过法治形式与法治机制而上升为法治分配机制，从而获得其公开性、公平性和合法性。一个社会的和谐与不和谐，其决定性因素就是这些利益分配机制是否符合法治精神。利益产生动力，由于人们占有、使用和分配社会利益的机制不同，产生了以不同生产资料所有制为基础的不同社会历史形态。以生产资料私有制为特征的社会，在利益分配机制上存在着根本性的不公平，才形成了根本利益互相对立的社会阶级和阶级斗争，导致了以改变社会利益分配制度为目的的社会革命。社会主义公有制为最大限度地公平合理分配社会利益提供了根本性的制度平台，但公有制为基础的制度平台只是为社会利益公平分配提供了客观可能性，这种可能性能否以及在多大程度上转化为现实，是跟人们的主观认识以及由此建立起来的具体分配机制直接相关的。如果这些社会利益能通过法律规范公正地分配给有关权利人，全体社会成员可以依照法律规定各自获得并实现自己预期的法定权利，那么，社会成员之间就能和谐相处，社会就能和谐。可见，和谐社会对法治有一种内在的必然要求，法治是支撑和谐社会大厦的支柱。

法治是和谐社会的前提。社会有序是和谐社会的基础和基本要求。如果社会处于无序状态，一切规则包括法律规范都不起作用，社会权利与义务关系处于一片混乱之中而无法兑现，那么公正、民主、平等、自由、人权等价值就无法实现，这个社会也就无和谐可言。保持社会的有序与和谐，法治是前提。在法治社会，社会的权利资源是通过法律规范来分配的，法治运行机制通过法定的民主程序，将权力与责任尽可能合理地分配给国家机构的所有机关与部门，将权利与义务尽可能合理地分配给社会组织与社会成员（公民），使所有机构、组织和个人都各得其所、各司其职，依法享受权利并履行义务，从而使整个社会处于一种常态运行而比较有序、和谐的状态。根据马克思主义基本观点，法律制定的基础是一定社会的物质生活条件，法律内容的本质是国家意志。在我们社会主义国家，党的主张、国家意志和人民利益三者是完全一致的，法律权威的背后是国家机关的强制力。如果有人或组织不遵循或破坏法律规范，国家强制机关将依法予以矫正，包括法律纠偏与法律惩罚，以维护社会的有序状态。

法治是社会关系的调节器。法律具有普适性、强制性，法治机制具有动态治理功能。法律的这些特征和功能，使得法治不仅可以事先尽可能公正地分配权利资源，而且可以在事中与事后对权利义务关系进行调整或再分配，可以对违反权利分配原则、分配规则、分配比例的社会现象予以纠偏与救济，因此，使得法治机制具有天然的调节功能。法治对社会关系的调节功能主要体现在三个方面：首先，法治在第一次分配权利资源时，通过最大多数人的意愿，即民主程序，尽可能公平公正地规范社会关系主体之间的权利义务关系。其次，在法治运行过程中，法治通过法律规范的执行与监督、实践与反思来不断地修正、完善法律规范，重新分配或调整权利义务关系及其具体内容，从而起到平衡作用，使得法律规范更加公正。最后，法治通过自身公认的权威，对因违法行为而产生的权利义务失衡状态采取纠偏、惩罚等救济措施，使得社会关系各方主体之间的权利义务关系在新的基础上得到新的平衡。法治的规范功能、平衡功能、权威救济功能可以最大程度地保持社会关系的维护与稳定，保护社会关系各方主体的权利与利益，从而保障社会和谐有序地运行。

（三）追求一主多样，实现文化和谐

和谐文化是实现社会和谐不可或缺的力量。经济社会的协调发展，人与自然的和谐相处，人与人的团结和睦，乃至人自身的心理和谐，都离不开和谐文化的支撑。没有和谐文化，就没有社会和谐的根基，也不可能有建设和谐社会的价值追求。

1. 尊重差异，倡导包容

和谐离不开秩序，但任何秩序都是建立在差异基础上的，和谐就是多元并存与差异的集合体。当前，我们的文化建设面临的是世界多样化、社会生活多样化和文化形态多元化的时代，面对这样的形势，我们要倡导"和而不流"、"和而不同"，要承认差异，尊重差异，"使先进的文化得到发展，健康文化得到支持，落后文化得到改造，腐朽文化得到抵制，使民族文化与外来文化、传统文化与现代文化、高雅文化与通俗文化在交流比较中互相融合、相互促进，使各种文化形式、文化门类、文化业态各展所长，共同发展。"① 只有这样，才能发展和繁荣社会主义文化。"历史表明，哪里百花齐放、百家争鸣，哪里文明就繁荣兴盛；而不能容忍与自己意见相左的人，并不能与之合作，文明便衰落。"② 各种社会思潮通常在一定阶层、群众中流行和传播，只有善于尊重和包容，才能激发不同阶层、不同群体积极向上的精神，凝聚力量、齐心协力，为建设社会主义和谐社会这一长期而艰巨的历史任务发挥自己的创造性和积极性。

2. 一元主导，多样并存

国学大师张岱年说，"每一个时代，应有一个主导思想，在社会生活及学术研究中起主导作用，同时又允许不同的学术观点存在，有同有异，求同存异"。③ 和谐文化建设也要在多样化的同时，坚持一元主导。和谐的文化环境所包含的多样性并不表明每一种文化形态的地位和作用是平等的。一个国家、一个民族、一个社会在长期共同的实践活动中，必然会形成一

---

① 刘云山：《建设和谐文化巩固社会和谐的思想道德基础》，载《人民日报》2006年10月24日。

② ［意］L·L·卡瓦利·斯福扎：《人类的大迁徙》，乐俊河译，科学出版社1998年版，第344页。

③ 张岱年：《宇宙与人生》，上海文艺出版社1999年版，第296页。

定的价值观念体系，在这个体系中必然会有居于核心地位、起主导作用的价值体系即核心价值体系，这种价值体系受到人们的尊崇，成为人们生活行动的最高指导原则，并能融合各种价值观念和社会力量，从而形成合力，步调一致，朝着统一的目标前进，这是一定的社会系统得以运转、一定的社会秩序得以维持的基本精神依托。同时，我们必须正确认识和处理人民群众基本文化需求与多样化、多层次、多方面文化需求的关系，坚持一手抓公益性文化事业，一手抓经营性文化产业，做到两手抓、两加强，最大限度地满足人民群众日益增长的精神文化需求。一元主导、多样并存是和谐文化发展的基本走向。历史证明，民族的主导文化、核心价值体系，是民族自觉的内在凝聚力和民族延续发展的内在精神动力，坚持在民族文化主导基础上的兼容，社会就稳定和发展；反之，社会就会混乱和倒退。

（四）追求诚信友爱，实现人际和谐

人的本质在其现实性上是一切社会关系的总和。社会是由人与人之间的各种关系组合而成的，社会也是人的关系的总和。人与人之间关系的和谐程度，决定着社会的和谐程度。

1. 和谐的人际关系是和谐社会的前提

和谐的人际关系是和谐社会的基本要素。人是社会的主体，人与人之间的关系是构成社会的基本要素，人类社会的一切关系都是人与人之间关系的表现。个人自身的和谐只有在集体和社会中才能实现，社会各系统、各阶层之间的和谐必须以个人之间的和谐为基础，并通过这种和谐体现出来，人和社会与自然之间的和谐是人与人之间和谐的特殊表现，民族与民族、国家和国家之间的和谐首先有赖于社会整体的和谐，而社会整体的和谐又离不开人与人之间的和谐，人际和谐是社会和谐的基本要素。

和谐的人际关系是社会发展的内在动力。从严格意义上讲，人际关系不属于生产力的范畴，是生产关系范畴，属精神内容。辩证唯物主义告诉我们，精神和物质在一定条件下可以互相转化，精神可以变物质，物质可以变精神。人际关系对人们认识自然、改造自然以及与自然和谐相处的能力具有重大的影响。当和谐的人际关系在社会实践活动中，与人们的学习、

生活、工作紧密结合起来，就可促进人们心情舒畅地学习、工作，掌握和使用科学技术并在社会劳动生产实践中紧密结合，就可以转化为生产力。从生产关系对生产力的反作用来讲，和谐的人际关系会在某种意义上促进生产力的发展。社会实践证明，和谐的人际关系是促进生产力发展的重要因素。不论是社会、国家、民族，还是机关、企业和社会组织，甚至一个家庭，如果人与人之间感情深厚，关系融洽，和平共处，社会就会进步，国家就会昌盛，民族就会兴旺，事业就会成功，家庭就会幸福。

和谐的人际关系是建设和谐社会的根本保证。任何一个社会不可能没有冲突和矛盾，这是由社会的多元性决定的。经济实力的强弱、政治地位的高低、社会影响的大小等，都会在社会成员间产生距离和隔阂。建立和谐的人际关系，意味着在承认社会多样性和差异性的同时，要树立人人平等的现代理念，社会成员的人格和尊严都一视同仁地得到尊重，公民在履行社会义务和责任的同时，拥有同样的权利和自由。从社会公正的角度看，每一个社会成员都应该享有权利的平等、分配的合理、机会的均等和司法的正义，不能因地域不同、文化差异、经济贫困而遭歧视、排挤。良好的人际关系，将使人与人之间真诚相待、关系协调、和谐共处、相互关怀，使人们感到"人间自有真情在"，从而热爱生活、珍惜友谊、努力工作、积极向上。和谐的人际关系可以缓解社会冲突，便于化解人民内部矛盾，最大限度地减少社会生活中的各种内耗和摩擦，减少社会生活的风险和代价，为和谐社会的构建提供有力的保障。

2. 诚信友爱是人际和谐的纽带

诚信友爱是引导人们走向和谐相处的有效途径，它是人际交往、社会团结的重要纽带。

随着社会主义市场经济体制的确立和工业化、城市化进程的不断加快，我国的社会构架也开始由一元的共同社会向多元的集团社会转变，使人们生活的自由度增大，人口的流动性增强。农村大量的富余劳动力涌向城镇，城市里过去"单位人"的单一局面也被打破，出现了无明确隶属关系的"社会人"。他们身份自由，流动自由，交往更自由。人们周围是一张张陌生的面孔，慢慢远离传统的建立在血缘、亲缘、地缘基础上的"熟人社会"，逐渐进入了一个"陌生的时代"。在这个时代，人们的活动范围越来越广，陌生人之间的交往越来越多，非人情化的交易也越来越频繁。根据吉登斯的观点，现代社会具有时空分离基础之上的脱域特质，现代成员的交往方式发生了从"在场"到"缺场"的重大变化。①换句话说，当今社会人们之间的交往大多数是陌生人，甚至在当事人不在场的"虚化时空"中进行。萍水相逢的人们，如何相处，如何交往，如何共织和睦的纽带，这就需要用诚信来打开彼此的心扉，确立彼此的信任和理解，进而增进相互的认同和接纳，以形成和谐的人际关系。在"陌生的时代"，诚信是一把钥匙，它能打开通向友善、和睦的大门。

没有诚信，人际关系就会紧张，就不会有友爱。没有友爱，人们之间就感受不到温暖和关爱，就不会有和谐，友爱是人际关系的"润滑剂"。第一，友爱能减少生活的摩擦、隔阂。生活总有摩擦和矛盾，如果总是以怨报怨，就会陷入恶性循环，造成没完没了的争斗，相互猜疑、勾心斗角、尔虞我诈，人与人之间就难以和谐相处。友爱意味着宽容、大度和退让，意味着自我牺牲，不计前嫌。这种宽容有益于抑制怨怨相报，防止细小的情感裂隙恶化为不可逾越的心灵鸿沟，能引导人们和睦相处，团结合作，减少社会生活的风险和代价，使社会运行成本大大降低，有利于构筑良好的人际关系，消除矛盾激化的潜在因素。第二，友爱能抑制不正当的竞争。在社会主义市场经济条件下，市场配置资源、利益主体多元以及对利润的最大化追求，使得不同利益主体间的竞争更趋激烈。在利益的驱动下，一些主体会采取只问目的、不择手段的恶性竞争。如果人们之间相互友爱，就能抑制住不正当的利益驱动，就不会把自己的获利建立在别人失利的基础之上。第三，友爱有利于唤醒和强化人际亲情。市场经济以利润最大化为目标，更多的是关注财富的累积，而淡化了对人的道德生活的关注，使人的精神需求、情感需要被抑制，财富、金钱等物欲却大为膨胀，以利相交超过了以心相交，人情淡化。强化人与人之间的友爱之情，有利于人们在市场经济的大环境中增加社会的价值认同和凝聚力，丰富人们的精神追求，强化道德规范，弥补人际间的感情空白，消解人际间的冷漠，有利于平等友爱、融洽和谐人际关系的形成。

---

① ［英］安东尼·吉登斯：《现代性的后果》，田禾译，译林出版社2000年版，第15、18页。

（五）追求公平正义，实现社会和谐

公平正义不仅意味着分配的合理，也包含权利的平等、机会的均等、规则的统一、裁判的公正，意味着社会成员的收入差距被控制在合适的范围内，全体成员平等地享有政治权利、文化教育权利、司法救济权利、社会救助权利、公共服务和社会福利等等。和谐社会建设的目标，就是要消除社会中不和谐、不安定因素，主要是消除社会中的不平等、不公正和非正义，这不仅关系到社会的安定与和谐，也关系到民众对管理者的信任与合作。公平正义，是人类共同追求的价值目标，是建设和谐社会最基本的原则。

第一，公平正义是社会价值体系的基石。在社会价值体系中，公正是社会全体成员相互间恰当关系的最高概念。公正不取决于人们关于它究竟是什么的想法，也不取决于人们对自以为公正之事的实践，而是源于以一切人固有的、内在的权利为其基础的自然法面前人人皆有的社会平等。公平正义作为社会价值体系的基石，表现在三个方面：一是基础性。公平正义涉及的是社会成员最基础、最重要的社会资源，反映的是人类共同生活形式所固有的特征，是社会本原的道德要求和一个社会成立的道德基础。二是优先性。人是社会的动物，一方面，有生命的个人存在是社会存在和发展的基本前提；另一方面，个人又是处于相互关系中的个人，个人只有生活在社会中其需要才能得到满足，个人的价值才能实现。有限的社会自然资源面对的是人类无限的占有欲望，公平正义最优先考虑的价值是平衡和协调人与人、人与自然、人与社会之间关系的价值。因此，反映社会成员之间关系的公平正义就成为人类社会最优先考虑的价值。三是终极性。人类社会进步和发展的终极目的是实现人的全面自由发展。沿着人类社会的历史发展轨迹来考察，早期人类社会的主要矛盾是人与自然的矛盾，人们追求的主要是生理需求、安全需求。随着高科技的发展及物质生活水平的极大提高，个体与社会的矛盾上升为主要矛盾，人们最终追求的是自我实现，强调社会应为每一个个体全面自由的发展提供最大可能的保障。正是在这个意义上，马克思指出，每一个个人的自由而充分的发展是整个社会自由发展的前提。人类要实现自我，最关键的就是解决个体和社会的矛

盾，而解决这个矛盾的基本法则就是公平正义，这对实现和保障人类自由全面发展具有终极性意义。

第二，公平正义是制度和谐的基础。社会要保持和谐，需要良好的秩序，维护良好的社会秩序，则需要完善的社会制度。制度是人为设定人们相互关系的制约性规则，涉及社会、政治、法律及经济行为，是社会有序运转、人与人和谐相处的基本元素，也是构建和谐社会的关键。社会的和谐在相当程度上取决于制度结构，正如邓小平所说，"制度好可以使坏人无法任意横行，制度不好可以使好人无法充分做好事，甚至会走向反面。"[①]"领导制度、组织制度问题更带有根本性、全局性、稳定性和长期性。"[②]社会制度的具体形式可能因民族国家而异，但维系一个和谐社会的制度体系必然包含权力制衡、平等关怀、义利统一的共同价值追求，其基本的价值理念就是公平正义。现代民主制度就体现了权力的相互制衡，通过扩大权利限制权力，保证基本制度正义，防止权力自我膨胀侵犯社会成员权利，使公共生活秩序不维系于道德自律而依靠严密的制度体系成为可能。公平正义要求的平等关怀不只是一种道德情怀、理论承诺，而应该是制度承诺，即制度设计及运行应当给予全体社会成员以同等的关怀与尊重。德沃金认为，"平等的关怀是政治社会至上的美德——没有这种美德的政府只能是专制的政府"。[③] 而且，公平正义规定着社会成员具体的基本权利和义务，规定着资源与利益在社会群体之间、社会成员之间的适当安排和合理分配。公平正义对于实现社会发展的基本宗旨、对于保证社会的正常运转和健康发展有着极为重要的意义，正如罗尔斯所言："正义是社会制度的首要价值，正像真理是思想体系的首要价值一样。"[④]

第三，公平正义是经济和谐的保障。追求社会公平正义可推动生产力发展。马克思主义认为，人类社会是一个由经济、政治、思想文化等领域构成的完整系统，它的发展是一个由自身内部规律所支配的"自然历史过程"，最主要的便是生产力与生产关系、经济基础与上层建筑的矛盾运动规

---

① 《邓小平文选》第 2 卷，人民出版社 1994 年版，第 333 页。
② 《邓小平文选》第 2 卷，人民出版社 1994 年版，第 333 页。
③ ［美］罗纳德·德沃金：《至上的美德》，冯克利译，江苏人民出版社 2003 年版，第 1 页。
④ ［美］约翰·罗尔斯：《正义论》，何怀宏等译，中国社会科学出版社 1988 年版，第 1 页。

律。社会公正，涉及社会生活的各个领域，关系到最广大人民群众的根本利益，其中，分配的公正属于生产关系领域的问题，权利平等和司法公正主要属于上层建筑的问题。一个社会是否公正、公正状况如何，都会对生产力发展产生巨大的反作用。分配的不公正、不合理，权利义务、机会、规则的不平等，执法不公、司法不公以及各种腐败现象，不仅会严重挫伤社会成员的积极性、主动性和创造性，而且极易激化社会矛盾，引发社会冲突与动荡，破坏和阻碍生产力的进一步发展。实现和维护社会公正，就会使生产关系和上层建筑适应生产力的状况，从而对生产力的发展产生巨大推动作用，积极推动生产力向前发展，为经济和谐提供物质条件，为解决社会各种矛盾奠定物质基础。

第四，公平正义是人际和谐的前提。利益是"人民生活中最敏感的神经"，[①] 在本质上是一种社会关系，追求利益是人类一切活动的动因。利益纠纷是造成人与人关系紧张、人际冲突的根源，而社会内部各个阶层之间的隔阂、不信任、抵触和冲突又是社会最大的潜在动荡因素。维护社会公平是实现社会人际关系和谐的平衡器，"一个社会只要能够提升其公正程度，那么，社会问题出现的种类与强度均为减少或减小，同时社会也可以增强解决已经出现的社会问题的力度。"[②] 社会公平是社会的政治利益、经济利益和其他利益在全体社会成员之间根据他们的贡献、责任、义务等进行合理的分配，是协调社会各个阶层相互关系的基本准则和现代社会进行制度安排和制度创新的重要依据，也是社会凝聚力、向心力和感召力的道义源泉。维护社会公平是在利益分化和冲突的社会中进行利益协调的必然要求。在调解各种不同利益关系过程中，只有维护社会公平，社会各方面的利益关系才能协调，人们的心情才能舒畅，积极性、主动性和创造性才能得到充分发挥，社会才能更加和谐和稳定。随着我国社会主义市场经济的逐步建立和改革的不断深化，各类社会关系都处在调整和转换的过程中，人民内部不同阶层、不同群体之间的利益矛盾特别是经济利益矛盾比较突出，如果不用合理的方式加以调节，在改革中不注重公平正义，矛盾就有

① 《列宁全集》第16卷，人民出版社1988年版，第136页。
② 吴忠民：《社会公正论》，山东人民出版社2004年版，第2页。

激化的可能，甚至导致社会动荡。要避免出现社会危机，促进人际和谐，必须建立合理的利益分配机制，而公平是建立合理的利益分配机制的前提，正义是协调利益冲突、利益纠纷的杠杆，公平正义是实现人际和谐的前提。

第五，公平正义是社会和谐的基本原则。公民是国家的主体和细胞，构建和谐社会必须恰当处理国家与公民之间的关系。公正地对待社会成员权利和义务，一方面依赖于基本制度的正义，另一方面，也依赖具有道德和责任能力的公民参与。对制度正义的要求，是公民对国家的要求，是公民基本权利的平等和应得。国家对公民的要求是具有一定品德和参与能力。前者是一个良序社会对于国家和制度的要求，后者是一个良序社会对公民的要求。前者形成"好社会"，后者则是"好公民"。作为现代社会"国家——公民"关系的一种反应，和谐社会表达了"好社会"与"好公民"的有机统一。没有基本制度的正义，不能形成一个"好社会"，也就不能发挥"好社会"的教育、凝聚等功能。没有公民责任意识、道德能力及参与能力的提升，就不能形成支撑制度正义的现代公民群体，基本制度正义的进步功能也会削弱或得不到充分发挥。只有坚持公平正义，努力造就"好社会"与"好公民"，才能达到良序社会，实现社会和谐。

（六）追求生态文明，实现人与自然和谐

恩格斯曾经说过，"当我们深思熟虑地考察自然界或人类历史或我们自己的精神活动的时候，首先呈现在我们眼前的，是一幅由种种联系和相互作用无穷无尽地交织起来的画面"。① 自然是人类之母，是人类生命的依托，人类是自然之子，正确处理人与自然的关系，努力做到人与自然和谐相处，是人类自身生存发展的需要。人类为了满足无限增长的物质欲求，片面追求经济增长和物质利益的最大化，滥用科学技术向大自然疯狂掠夺和索取，造成了严重的生态环境破坏和自然资源的浪费，这是人在处理同自然关系中价值追求自发性的表现。

构建人与自然的和谐，要求人类在工业文明已经取得成果的基础上，用更文明的态度对待自然，努力追求生态文明，改善和优化人与自然的关

---

① 《马克思恩格斯选集》第3卷，人民出版社1995年版，第359页。

系，做到爱护自然、保护自然，坚持经济指标、社会指标、环境指标相一致，物质上形成有利于生态环境可持续发展的产业体系，精神上创造新的生态文化形式，提高生态环境意识，在尊重自然规律的前提下合理利用自然，实现人与自然的协调发展。

一要尊重自然。尊重自然，就是要尊重客观规律，按自然界的规律办事。纵观许多古文明的兴衰，就会发现这些文明之所以由强盛走向衰落，是因为他们在文明发展过程中很少或根本没有遵循生态规律，对自然界肆意开发和掠夺，从而导致自然生态系统的崩溃，最终酿成文明的衰败。美索不达米亚文明、玛雅文明、哈巴拉文明，都是如此。直至今天，我们仍未从中汲取应有的教训，甚至采用更加强大的手段破坏着更大范围的生态系统。如果说，过去的农业文明和游牧文明破坏的只是局部的生态系统，最终导致一个区域性的文明衰败，那么，现在的工业文明破坏的则是整个地球生态系统。我们不能过度迷恋人类无所不知、无所不能的信条，实际上，环境问题往往是我们对自然无知或知之甚少的结果，它的最终解决需要我们到自然生态系统中去发现和掌握生态规律。因此，我们必须从现在起，拜自然为师，循自然之道，尊重自然规律，从自然界中学习我们的生存和发展之道。

二要善待自然。人类与自然环境之间有一条永远割不断的脐带，当我们从自然母体中汲取营养而创造文明时，不要忘记自然母亲的恩德，更不能做一个以怨报德的不孝子孙。人不过是自然之子，我们无时无刻不受自然的恩惠，我们的生存无不依赖于自然生态系统，这个系统中的所有资源，如土壤、空气、水、气候和各类动植物，对我们来说都生死攸关，我们的命运与大自然的命运紧密交织在一起，如同心灵和躯体一样密不可分。善待自然，就不能再以一个征服者的面目对自然发号施令。从一个号令自然的主人，到一个善待自然的朋友，这是人类意识的一次深刻觉醒，也是人类角色的一次深刻转换。实现这一角色的转换不仅需要外在的法律强制，更需要我们的良知和内在的道德力量，建立起善待自然的新的道德准则和行为规范。

三要保护自然。几千年来，人类足迹所过之处常常留下一片沙漠，这是文明的悲剧。人类在不断吞噬自然的躯体，同时也在品尝自己所酿造的苦酒。有数据显示，全球气温自 1800 年以来一直缓慢上升，20 世纪是过去 600 年间最热的一个世纪。近年来不断出现的极端天气，也是生态平衡遭到严重破坏的典型例证。如果人类再不改变自己的行为，在自然界面前依然我行我素，那么，数百年后，巨大的热浪将会席卷地球每一个角落，海洋中漂浮的冰山将会融化得无影无踪，更为严重的全球性的悲剧将会不期而至。面对如此前景，人类必须以自己的良知、远见和气魄，采取切实的行动，来弥补前人以及自己对自然所犯下的过错。保护自然，修复自然，维护自然生态系统的平衡，应当是我们义不容辞的责任。

建立人与自然的和谐关系，就是保持人与自然之间的平衡与协调，形成人与自然和谐的价值取向和思维模式，走可持续发展之路。保护了整个自然界，归根到底还是保护了人类自身。人与自然的和谐关系，是和谐社会各种关系中非常重要的关系，只有人与自然和谐了，才能从根本上带来人与人之间的和谐。因此，人与自然和谐相处成为构建和谐社会的必然要求。

（七）追求互利双赢，实现国际关系和谐

全球化大背景下，任何国家的发展都无法脱离国际环境因素的制约和影响，我国也不例外。冷战结束后，世界舞台乱象丛生，国际局势变幻莫测，我国的国际处境亦复杂多变。一方面，由于综合国力迅速增强，我国在国际事务中的作用不断上升；另一方面，国际上不断出现新情况新问题，有时会给我国带来相当大的压力和挑战。构建社会主义和谐社会是一个全方位工程，既需要在国内构建和谐机制，也需要协调国际关系，构建和谐的国际环境。

1. 树立新的安全观和秩序观

冷战后，安全的外延扩大了，除传统的军事安全之外，经济安全、环境安全等也逐步凸显出来，同时，由于各国在安全上的相互依存度不断增强，任何国家都不可能单独实现其安全目标，以军事联盟为基础的旧安全观已不适应新形势的要求。加强安全的国际合作，必须探求新的安全观，以互利求合作，以互信求安全，正如胡锦涛 2009 年 9 月 23 日在联大发表的演讲中所指出的，"我们应该坚持互信、互利、平等、协作的新安全观，既维护本国的安全，又尊重别国安全关切，促进人类共同安全。"

有序才能稳定，稳定才能发展。新的国际形势要求改变不合理的国际经济旧秩序，改变不公正的国际政治旧秩序，逐步建立起公正合理的国际新秩序。胡锦涛提出的和谐世界理念，为建立国际新秩序明确了更高的目标、赋予了新的内容、选择了更温和的实现途径。具体来说，新的世界秩序应该"政治上相互尊重、平等协商，共同推进国际关系民主化；经济上相互合作、优势互补，共同推动经济全球化朝着均衡、互惠、共赢方向发展；文化上相互借鉴、求同存异，尊重世界多样性，共同促进人类文明繁荣进步；安全上相互信任、加强合作，坚持用和平方式而不是战争手段解决国际争端，共同维护世界和平稳定；环保上相互帮助、协力推进，共同呵护人类赖以生存的地球家园。"① 总之，世界是丰富多彩的，"我们应该承认各国文化传统、社会制度、价值观念的差异，尊重各国自主选择发展道路的权利。积极促进和保障人权，加强对话，消除隔阂。倡导开放包容精神，使不同文明和发展模式在竞争比较中取长补短、在求同存异中共同发展。"②

2. 改善周边关系，加强区域合作

构建和谐社会，需要一个长期和平、稳定的国际环境。我国有 20 多个邻国，是世界上最大的发展中国家，也是一个正在迅速发展和崛起的有影响的新兴大国。根据全球化发展趋势和地缘政治的特点，我国外交战略应坚持睦邻友好，加强区域合作，发展与周边邻国的睦邻友好关系。只有把同周边国家发展睦邻友好关系作为既定国策，实现与周边国家和平共处，才能改善我国的安全环境。

20 世纪 90 年代以来，我国同几乎所有的邻国都建立或恢复了正常关系，同绝大多数邻国解决了历史遗留问题，并在推动经贸合作等方面取得了突破性进展，同邻国间的友好关系发展到了一个新的阶段。一方面，坚持"以邻为伴、与邻为善"的政策，以合作精神为基础，致力于建立协商与合作的制度或机制，努力改善双边关系。尽管有些邻国对于我国的战略

---

① 胡锦涛：《高举中国特色社会主义伟大旗帜，为夺取全面建设小康社会新胜利而奋斗——在中国共产党第十七次全国代表大会上的报告》，人民出版社 2007 年版，第 47 页。

② 胡锦涛：《同舟共济共创未来——在第 64 届联大一般性辩论时的讲话》，新华网，2009 年 9 月 24 日。

意图以及未来将如何使用我们的实力仍存疑虑，但我国已经并将继续尽自己最大的努力赢得邻国的信任。另一方面，我国积极参与和推进地区合作，把同周边国家的交流和合作推向新水平。2002 年 11 月，我国与东盟 10 国领导人签署了《中国与东盟全面经济合作框架协议》，为在 2010 年前建成拥有 17 亿人口的世界最大自由贸易区确定了更加明确而具体的目标、范围、措施和时间表。我国与东盟签署的《南海各方行为宣言》，标志着我国与东盟的政治互信发展到了新的水平。2005 年，我国与东盟签署货物贸易协议，2007 年又签署服务贸易自由化协议。自贸区协议大大推动了中国与东盟关系的改善，促进了地区合作的开展。2010 年，中国同几乎所有亚洲国家都实现了高层互访和交流，增加了同周边国家政治互信，深化了各领域互利合作，促进了本地区和平与发展。总之，我国为推动亚太、东亚、中亚以及南亚地区的合作做出了重要努力，从而改善了经济发展的环境，提高了政治互信，维护了地区安全。

3. 深化同发展中国家的传统友谊

发展中国家是我们值得信赖的朋友和可以依靠的力量，加强与发展中国家的传统友谊，对反对霸权主义、抵制强权政治、推动建立公正合理的国际政治经济新秩序、促进世界多极化进程具有重大意义。我国加强了与非洲国家的传统友谊，并就发展面向新世纪的对非关系提出五点建议，减免了部分国家的债务，为南南合作树立了新的典范。联合国提出千年发展目标后，我国已向 110 个国家和区域组织提供了 2000 余个项目，对 44 个最不发达的国家减免了超过 200 亿元人民币的债务。[①] 从 2003 年开始，对外商谈自由贸易协定（以下简称"自贸协定"），2007 年开始实施"自由贸易区战略"。目前，我国已与 31 个国家和地区商建 14 个自贸区，签署了 8 个自贸协定，其中绝大多数是发展中国家。近年来，我国与东盟、智利、巴基斯坦等签署的自贸协定，促进了南南合作，在应对金融危机，促进贸易和经济增长发挥了积极作用。重视中东地区的和平与稳定，提出推动中东和平进程的五点主张，受到了中东各方的欢迎。我国还非常重视同阿拉伯世界的关系，中方提出的发展与阿拉伯国家关系的四点建议，在阿拉伯

---

① 王毅：《始终不渝走和平发展道路》，载《求是》2007 年第 23 期。

世界产生了积极反响。十七大报告指出，"我们将继续以自己的发展促进地区和世界共同发展，扩大同各方利益的汇合点，在实现本国发展的同时兼顾对方特别是发展中国家的正当关切。我们支持国际社会帮助发展中国家增强自主发展能力、改善民生，缩小南北差距。"

4. 继续改善和发展同发达国家的关系

发达国家的综合实力在世界上占绝对优势，是国际秩序的主要制定者和实施者，在国际安全领域内影响重大，改善和发展同发达国家的关系是我国对外关系的一个重点。稳定同它们的关系，创造良好的国际环境，充分利用它们雄厚的资金、发达的技术、先进的管理经验，对于我国集中精力搞经济建设有重要意义。在发展与发达国家的关系上，十七大报告指出，"我们将继续同发达国家加强战略对话，增进互信，深化合作，妥善处理分歧，推动相互关系长期稳定健康发展。"发展同发达国家的关系，重中之重是发展中美关系。第一，中美关系是涉及世界和平与发展大局能否维持的具有全球性战略意义的问题。我国作为一个正在兴起的对维护世界和平负有一定责任的大国，必然会在国际事务中与美发生越来越多的联系。维护中美正常关系，对整个国际局势的和平与稳定都具有重要意义。第二，中美关系对我国的现代化建设、和谐社会构建具有重要意义。我国所需的外部市场、技术、管理人才、信息来源及管理经验，有相当大一部分来自美国。第三，中美关系直接涉及我国国家统一和国家安全的重大利益。从目前来看，我国和西方发达国家之间关系日渐走上正常化的轨道，与美国就建立建设性合作伙伴关系达成一致，与欧盟则一致决定建立中欧之间面向21世纪的长期稳定的建设性伙伴关系，与日本则就抓住机遇、立足当前、以史为鉴、着眼长远，致力于发展和平友好伙伴关系。

"不管国际风云如何变幻，中国政府和人民都将高举和平、发展、合作旗帜，奉行独立自主的和平外交政策，维护国家主权、安全、发展利益，恪守维护世界和平、促进共同发展的外交政策宗旨。"十七大报告为我们明确了新世纪中国外交战略的总目标。只有尊重各国人民的自主选择，求同存异，互不干涉内政，平等协商，各国才能和睦相处，世界才会有真正的和平与安宁。

第六章

人的价值追求与和谐社会
核心价值体系建设

核心价值体系既是一种国家价值观，也是一种民族价值观。核心价值体系建设实质上是重释价值和重新构建主导价值体系的过程，其核心是确立新的价值目标和倡导新的价值追求。我们要构建的社会主义和谐社会，是在中国特色社会主义道路上，中国共产党领导全体人民共同建设、共同享有的和谐社会。社会主义和谐社会建设中所倡导的核心价值体系（即社会主义和谐社会核心价值体系）应当与社会主义核心价值体系保持高度一致。社会主义和谐社会核心价值体系应当充分体现当代中国思想文化建设的价值理想，鲜明回答在新的历史条件下，我们党用什么样的精神旗帜团结带领全体人民开拓前进、中华民族以什么样的精神风貌屹立于世界民族之林的重大问题。社会主义和谐社会核心价值体系建设主要目的在于增强人们对国家、民族、政党的政治认同、思想认同、价值认同、感情认同，使人心有所求、心有所寄、心有所归，在于增进人的幸福，实现人的自由全面发展。社会主义和谐社会核心价值体系是我们党建设和谐社会的行动指南，是我们国家的主心骨，是中华民族的灵魂，也是我们建设富强民主文明和谐的社会主义现代化国家的根本思想基础。建设社会主义和谐社会核心价值体系，必须深入研究价值多元背景下人的价值追求发生发展的一般规律，必须全面把握经济全球化时期社会共同价值观生成及演变的一般规律，必须科学分析如何正确处理主导价值体系与多元价值观的关系，必须坚持以人为本，大力倡导价值自觉，引导每一个社会成员自觉践行社会主义和谐社会核心价值体系，形成人人关心、共同参与、携手推进的生动局面。

一、人的价值追求与文化多样化

文化是人存在的一种方式。人是文化的创造者，文化反过来又成为塑造人的一种主要力量。人的价值追求正是在"文化域"（包括社会组织、人伦关系、神话、宗教、语言、习俗等等）中建构的。"没有文化模式——意义符号的组织的系统——的指导，人类的行为实际上是不能控制的，只是一些无序的无谓行动和感情爆发，他的经验实际上杂乱无章。作为这些模式的积累的总和，文化不仅仅是人类存在的一种装饰，而且是——其特殊性的主要基础——它不可或缺的条件。"[①] 人一出生就生活在一个由社会成员共享的意义和知识所构成的象征符号体系的"文化世界"之中，人正是通过文化去适应他们所处的生态环境与社会环境，并建构起关于世界与自我的观念。文化是人的价值追求生成和发展的重要因素。当前，文化的多样化也决定了人的价值追求的多样性，我们必须深入了解社会生活中文化多样化的发展规律及其对人的价值追求的影响，努力实现文化发展与人的价值追求建构的良性互动。

（一）文化多样化与价值追求多样性

1. 文化多样化

在建国后相当长的一段时间内，我国主流文化的存在呈现出一种一统天下的局面。十一届三中全会后，随着市场经济体制的建立，思想的解放，改革开放政策的实施，以及世俗化、民主化、现代化进程的加快，我国过去所倡导的畸形、封闭的主流文化被一种更加开放和包容的新的社会主义主流文化所替代。由于新的主流文化具有包容性和开放性，于是，多种亚文化、支流文化，甚至于反主流文化，通过各种渠道冒了出来，并形成了

---

① ［美］克利福德·格尔兹：《文化的解释》，纳日碧力戈译，上海人民出版社 1999 年版，第 53 页。

与国家所倡导的主流文化共处、共在、共荣的局面。具体表现为：一是我国自身的农业文化、工业文化和现代文化的共存；二是我国本土文化与西方工业文化的共存；三是我国本土文化与后工业社会文化的共处等。

文化多样化主要指文化主体在价值取向上的异质性、多样性。我国形成多样文化现象主要有两方面的原因：一是在改革开放和现代化建设实践的推动下，我国社会发生了深刻变化，出现了社会经济成分、组织形式、就业方式、利益关系和分配方式的多样化，使人们的思想空前活跃。不同群体的思想、愿望、利益和要求在比较宽松的环境下不断被表达出来，形成了社会思潮竞相争鸣的局面。二是经济全球化后，我国和其他国家的交往越来越密切，与之相应，各种生活方式、处世态度、行为方式、文化价值取向也逐渐传入我国，文化封闭被打破，文化扩展的方式与现代科学技术相结合，导致文化主体的角色越来越多样化和复杂化，各种思想文化相互交融、相互激荡，引起了思想和价值观念的碰撞和混乱。"在一个日趋压缩的世界民族学人类学研究（而且确实被认定为今天这个世界）中，其中大多数'令人生畏的'成分——按民族构成的社会、国家间体系——日益从属于多元文化或者说与多元文化性大致是同样意义的多族群性（polyethnicity）施加的内部以及外部制约，个体和集体的'自我'、个体和集体的'他者'的状况和认定条件变得前所未有的复杂。"①

文化多样化是一把双刃剑。一方面，文化多样化是人类生存和发展的基本状态和源泉，它是价值追求多样性的基础和前提。联合国教科文组织在其发布的《世界文化报告》中从七个方面指出了文化多元性的重要性："第一，文化多元性作为人类精神创造性的一种表达，它本身就具有价值。第二，它为平等、人权和自决权原则所要求。第三，类似于生物的多样性，文化多元性可以帮助人类适应世界有限的环境资源。在这一背景下多元性和可持续性相连。第四，文化多元性是反对政治和经济的依赖与压迫的需要。第五，从美学上讲，文化多元性呈现出一种不同文化的系列，令人愉悦。第六，文化多元性启迪人们的思想。第七，文化多元性可以储存好的

---

① ［美］罗兰·罗伯森：《全球化：社会理论和全球文化》，梁光严译，上海人民出版社2000年版，第141页。

和有用的做事方法，储存这方面的知识和经验。"① 另一方面，文化多样化会导致价值冲突甚至社会冲突等，会使一个人、一个民族或一个国家迷失方向，无所适从。所以，我们必须清醒地认识到文化多样化给价值观建设带来的挑战，全面把握文化多样化发生发展的规律，积极促进文化多样化为核心价值体系建设服务。

2. 价值追求的多样性

从某种意义上讲，价值追求是人们文化思想的反映。文化思想是丰富多彩的，人的价值追求也是多种多样的。

价值追求的主体是多样的。价值追求的主体可以是个人，可以是群体，也可以是民族、国家、社会，甚至是整个人类。从根本上说，价值追求的主体是人。由于人的价值观念、生活经历、文化背景、兴趣爱好等是不同的，价值追求也是不相同的，是多种多样、错综复杂的。

价值追求的客体是多样的。价值追求是对价值目标或理想客体的追求。理想客体的类型是多样的，有物质客体，有精神客体，有人。物质客体可以是生活资料，可以是生产资料，也可以是金钱；精神客体可以是知识宝库、道德理想、审美境界，也可以是信仰圣哲或信仰某种宗教；作为理想客体的人也是多种多样的，如理想的领导干部，理想的朋友，理想的助手等等。

价值追求的多样性还表现在它的复杂性。价值追求的价值目标，有合法的，也有不合法的；有合乎道德的，也有不道德的；有合理的，也有不合理的；有健康向上的，也有消极、腐朽、低下的。价值追求的复杂性还表现在价值目标与价值手段的矛盾，如为了发展经济而破坏生态平衡、污染环境；为了追求金钱而贪污盗窃、搞假冒伪劣、坑蒙拐骗；为了多出成果而剽窃他人成果；为了取得好的考试成绩而弄虚作假等等。

从根本上说，价值追求的多样性取决于主体的利益和需要的多样性。不同的利益和需要决定不同的价值追求，利益和需要的多样性、层次性，决定价值追求的多样性和层次性。利益和需要都是很复杂的社会范畴。需

---

① 联合国教科文组织：《世界文化报告（1998）——文化、创新与市场》，北京大学出版社2000年版，第3页。

要有多种层次，按其功能分有生存的需要、享受的需要和发展的需要。从不同角度还可分为整体需要和局部需要，长远需要和眼前需要，健康的合理的需要与不健康的不合理的需要。从某种程度上说，人的一切行为都是为了满足需要，人的需要既是人的价值追求、价值取向的根源，也是行为的内在动力。社会变革、体制转型、经济发展既提供了多样化的价值资源，又造就了多元化的价值主体，使人的需要和利益愈加丰富、复杂，再加上价值选择的个性化和自由度增大，使得社会价值观念总体上呈现出多元并存的格局。

（二）价值追求与价值冲突

价值追求的多样性、复杂性必然导致价值冲突。价值冲突是指两种或两种以上不同类型、层次的价值之间的矛盾和对立，如物质价值与精神价值的冲突、物的价值与人的价值的冲突以及物与物的价值冲突、精神价值内部的冲突、人的价值内部的冲突、社会价值内部的冲突等。由于所有的价值都是相对于人而言的，人是价值关系的唯一主体，因而从根本上来说，价值冲突是人的价值的冲突。人的价值冲突主要包括社会、集体和个人的价值冲突、他人和自我的价值冲突以及自我内部的价值冲突。[①] 从人的价值的实现及发展过程来看，价值冲突又可分为价值评价的冲突、价值取向和价值选择的冲突、价值创造的冲突、价值实现的冲突和价值观念的冲突等多种形式。就其内容来说，价值冲突是价值和价值观念的冲突。价值冲突主要是人们利益上的冲突，特别是经济、政治、文化等利益的冲突，这种冲突反映到观念上就产生价值观念的冲突。所以，价值冲突在深层次上是经济、政治、文化上的利益冲突，这是其基础。从表现来看，价值观念的冲突是最主要的价值冲突。从产生价值冲突的根源看，价值冲突主要根源于人们相互之间经济利益、社会地位、生活目标、思维方式等方面的不同，根源于人的价值追求的多样性、复杂性，根源于人们在生活经历、文化修养、个性特征和兴趣爱好等方面的差异。

价值冲突具有二重性。

---

① 齐振海、袁贵仁：《人的价值问题探索》，教育科学出版社 1995 年版，第 253 页。

一方面，价值冲突往往会对社会生活和人的发展产生消极效应。经济上，价值冲突首先是利益冲突，不同经济主体在利益驱动下，往往会进行恶意竞争，破坏经济秩序，阻碍经济发展。为获得更多利益，一些经济主体对自然资源进行掠夺性开采，粗放式使用，导致资源枯竭，环境破坏，严重影响了经济、社会的可持续发展。政治上的价值冲突是经济上的价值冲突的集中表现，争夺经济利益的竞争，往往使政治冲突白热化，导致政治灾难甚至导致战争。海湾战争、伊拉克战争的背后都隐含着经济利益的冲突。思想文化上，"西方强势文化"与"东方弱势文化"、"个人主义"与"集体主义"、"外来文化"与"民族文化"、"本土文化"等剧烈的冲突，必然会冲击社会主义主导价值观，使人们信仰迷失，价值观混乱，行为失范。社会关系上，价值冲突往往使人际关系错综复杂，矛盾激化，扰乱社会正常生活，导致社会运转失序，影响和谐社会构建。对个人来说，价值冲突往往导致思想困惑，是非不明，使人无所适从，产生道德滑坡，甚至做出错误选择，影响人的健康发展。

另一方面，价值冲突也可能产生积极效应。经济上，对利润最大化的追求，使各经济主体之间的竞争不断加剧，迫使其改进技术，改善管理，节约成本，促进资源的合理配置，有利于促进生产力的发展。政治上，价值冲突使各方面的利益和声音能相互批评比较，在比较中有取舍。从国际关系看，价值冲突有利于抵制霸权主义的政治单极化趋向，促进国际政治新秩序的建立和民主、平等的国际政治关系的建立。从国内来看，可以听到不同方面的声音，有利于发扬民主，集思广益，做到兼听则明，促进决策民主化、科学化。文化上，价值冲突可以促进百家争鸣，推动科学文化的发展。价值冲突还有力地冲击着现有的价值观念，促使旧的价值观念消解，使新的有生命力的价值观念在冲突中展现活力，扩大新的进步的价值观念的影响，有利于人们更新观念，树立新的价值观。没有价值冲突，原有的价值观念就不会受到任何冲击，人们就不可能调整自己的价值目标和价值取向，不可能真正确立起科学的价值观。可以说，价值冲突是促使人们更新价值观念的重要契机，也是树立科学价值观必不可少的一个途径。对个人来说，价值冲突有助于人们在冲突中反思自我，正确认识自我，有助于人们处理好自我与社会、自我与他人的关系，把个人发展与社会发展结合起来，加强人与人之间协作，促进人的自由而全面的发展。

价值冲突是普遍存在的不可避免的社会现象，它有可能产生一些消极效应，也可能带来积极的社会效应。因此，对价值冲突既不能一概否定，也不能一概肯定，必须根据具体情况，因势利导，充分利用其积极效应，尽量避免其消极影响，使之有利于经济社会的全面协调发展。

（三）价值追求与价值认同

价值认同是指人们对某种价值、价值观念及其价值理想、价值取向和价值标准等方面的认可、肯定，表现为人们之间在价值追求、价值取向上的某种一致性、统一性、可接受性，在社会生活中表现为对特定集团（如政党等）行为方式、价值追求、道德规范的接受、信赖、忠诚和践行。价值冲突是不同价值追求之间相互排斥、相互否定，价值认同则是不同价值追求之间相互吸引、相互肯定。不同的价值追求之间既可能产生价值冲突，也可能产生价值认同。

不同价值追求之间产生价值认同与价值本身的特点有关。

首先，不同客体其价值既有差异性，又有共同性。不同客体其价值各有特点，各种价值之间有其差异性，这种差异性，往往导致价值冲突。但不同客体其价值又有共同性，这种共同性会使人们产生价值认同。例如，当今世界，经济全球化，政治多极化，各个民族、国家和地区都有自身的特殊利益、独特文化和相应的价值观念，因而不同民族、国家、地区之间，往往会产生价值冲突。但世界要和平，国家要发展，和平与发展是时代的共同主题，反对在国际争端中使用武力或以武力相威胁，加强经济发展和科技文化交流的主张，在各国人民中得到广泛的认同。与经济全球化相对应，民主政治体制也得到了世界大多数国家的赞同，自由、平等、科学、民主、法治、人权等成为人类普遍认可的价值理念。又如，我们坚持一个中国的原则，实现祖国统一的主张，得到全国人民包括台湾同胞的广泛认同。每年清明节，海外华侨、华人、港澳台同胞与内地同胞一起，共同祭扫黄帝陵，表现了炎黄子孙同根同文、血浓于水的亲情，这也是一种对中华文化的价值认同。

其次，同一客体其价值既有多元性，也有一元性。同一客体对不同主体，价值往往不同，具有多元性。价值多元性决定了人们价值追求的多样性、差异性，这种差异性，如果相互排斥、对立，就会产生价值冲突。价值不仅有多元性，也有一元性，同一客体对不同主体有不同价值，但同一客体对社会主体，对相同国家、民族、社会群体的价值是同一的，具有一元性。这种一元性使同一客体对相同国家、民族、社会群体的人们具有共同价值，因而能产生价值认同。

再次，价值认同还决定于价值的超越性、开放性。价值体现着应然，是对实然的超越，具有超越性。价值的本质在于发展，是对现实的超越，它能不断超越自身，因而价值具有开放性。价值的超越性、开放性使它能吸收不同价值、价值观念，丰富、补充、发展、完善自己，实现优势互补，相互促进，共同提高。我国汉唐文化灿烂多彩，气魄宏大，就是因为对外开放，吸收西域文化等各种外来文化而形成的丰硕成果。在经济、科学、文化、体育、医疗等方面，相异的东西也往往相互补充、相互吸引、相互认同。

价值认同不是价值混同。价值认同，并不意味着各种不同价值差异的消解或机械的等同，而是异中之同，和而不同。经济全球化，在展现各个国家民族独特利益、独特文化差异的同时，也会使人类形成一些共同的价值理念，并在此基础上逐渐形成某种程度上的人类共同价值体系，这种人类共同的价值体系体现了各国人民在现实生活中逐步形成的对交往中的许多价值规范的认同。人类共同价值体系作为人类最基本的价值体系构架，只是一定层面上的"同"，只反映人类的根本利益和总体需要，而不是对所有个体的一切需要、活动都作详尽的规定，每一个体在构建自己的价值体系方面还有一定的自由空间。人类共同的价值体系只是个体价值体系的一部分，不同的个体还应该有自己的独特个性。由于人类共同价值体系反映的是整个人类共同的利益和需要，在这个层面上，会得到各国人民广泛的价值认同，但不同国家、民族的利益和需要不同，又会产生不同的价值追求。不同的价值追求既可能导致某些价值冲突，也存在着某些价值认同，从而使价值追求、价值冲突、价值认同呈现复杂的情况。如果大家的价值体系都是同一的，雷同的，那将是可怕的、难以想象的，因为在这样的世界里，个体就不会有自己的个性，就没有自己特殊和独特的视角，那样的世界将失去丰富性，而成为单调的机械的雷同，从而失去了生机，失去前进的动力，社会就难以发展。所以，在经济全球化过程中形成的共同的价值体系，也是"和而不同"，价值认同是肯定对方个性特色基础上的认同，是多样性、丰富性的统一。

价值认同同样有积极与消极之分，具有二重性。价值有正负之分，事物有好坏、善恶、美丑之别。认同真善美，认同广大人民的根本利益，认同整个人类共同的利益和需要，这种价值认同有助于人类的发展进步，有助于人的自由而全面的发展，是有价值的。相反，认同假恶丑，认同社会上腐朽丑恶的东西，则不利于社会的发展进步，不利于人的自由而全面地发展，这种价值认同则是有害的，有负价值。在社会生活中，既有进步的价值认同，又有有害的价值认同，进步的价值认同催人奋发进取，而有害的价值认同则引诱人走向颓废甚至堕落。我们进行爱国主义、集体主义、社会主义教育，就是促进对祖国、对人民、对社会主义的认同；而一些黄色书刊和一切引诱青少年犯罪的人，则是诱使人认同黄色淫秽的东西和一些罪恶活动。我们要努力促进进步的价值认同，抵制有害的价值认同，就必须弘扬先进文化，提升价值追求的层次，以是否有利于祖国统一、人民幸福富裕、社会的发展进步、人与自然和谐发展、每个人的自由而全面发展为标准去判断价值认同的是非善恶。

价值冲突与价值认同同时存在，异中有同，同中有异。我们要深入了解社会生活中多种多样的价值追求，既要看到不同价值追求之间的差异与冲突，也要看到不同价值追求之间的吸引与认同，并逐步掌握价值追求的特点和规律，进行正确引导，使之有利于经济政治文化的发展和社会的进步，努力促进和谐社会的构建和人自由而全面的发展。

二、人的价值追求与社会共同价值观建设

社会共同价值观是对众多的个体价值观的合理整合，是个体价值观的重叠共识。任何一个社会要健康发展，都需要一种能为社会成员广泛认同

和普遍接受的社会共同价值观。人的价值追求是社会共同价值观形成的基础，价值认同是社会共同价值观建设的前提，社会共同价值观一旦形成又引导和规范着人的价值追求。

（一）价值追求与价值观念

价值追求是对一定的价值目标的执著向往并力图达到此目标的强烈驱动倾向。价值追求产生于价值评价、价值判断。人的价值追求的产生、发展和实现是一个辩证运动过程，是知、情、意、行的统一。价值观念是一种社会化了的范型意识，它是以往人们生活实践经验和价值选择活动的总结和概括，又具有规范人们的价值活动，调节、过滤和控制人们的情绪、兴趣、意志、态度的作用。价值观念主要由一些基本的价值信念、价值目标、价值标准、价值规范等构成，起着评价标准、评价原则的作用。价值观念具有历史性和阶级性，一定社会中占统治地位的价值观念，往往是那个社会中占统治地位的阶级的价值观念。价值观念也具有民族性，不同民族主体，由于其具体的历史文化传统和生活实践，形成各具特色的价值观念。价值观念是一定社会意识形态的实质和核心，不同意识形态体系的区别，根本上就是不同价值观念的区别。①

价值追求与价值观念紧密相联。价值观念从最深层次看是一种价值信念，而其最突出的表现则是价值目标与价值标准。一方面，价值观念对价值追求有重大影响。人们要判断什么是好的，什么是坏的；什么是应该提倡的，什么是应该禁止的；什么是应当追求的，什么是应当摒弃的，就要借助于一定的价值观念。价值观念不同则对同一事物或同一行为的价值评价也不同，人们对社会现象的价值评价的差异就是根源于价值观念的差异。价值观念是判断人们行为利弊、善恶、美丑的标准，它决定着人们对事物的价值取舍，影响着人们的价值追求。另一方面，价值观念的形成、发展和践行都离不开价值追求。从某种意义上说，价值追求是价值观念的集中体现。价值观念是在个人个性化的价值追求的基础上形成和发展起来的，个体的价值追求是推动价值观念形成和发展的动力。价值观念要落到实处

---

① 李德顺主编：《价值学大词典》，中国人民大学出版社 1995 年版，第 274—275 页。

依赖于人的价值追求。价值信念、价值目标、价值标准、价值规范等都要在价值追求中得以体现。

价值追求与价值观念有着根本区别。价值观念是人们在长期社会实践中形成的一种稳定的观念模式，它属于意识形态范畴。价值追求不仅是一种价值意识，更是一种价值实践活动，与人们的实践活动紧密相联。人的价值追求的产生、发展和实现是一个辩证运动过程。从外在表现形式上看，价值追求表现为价值情感到价值认同再到价值实践的过程，是一个情、知、意、行相互转化，内在统一的过程。它是由价值情感、价值认同、价值实践等要素构成的，价值情感是前提，价值认同是基础，价值实践是根本。没有价值情感、价值认同，就不可能产生价值实践活动，而价值情感、价值认同所倾向和追求的价值目标的实现离不开价值实践活动，三者共同构成了人的价值追求的动态辩证运动过程。从内在本质看，价值追求表现为主体客体化和客体主体化的双向过程。一方面，从价值主体来看，价值追求的实质就是主体客体化、主体本质力量对象化的过程；另一方面，从价值追求的客体来看，就表现为客体主体化和客体满足主体需要、促进主体发展完善的过程。主体客体化和客体主体化双向运动的过程表明，人是一个价值存在物，正是在变化着的价值追求的感召下，人不断地丰富和提升了人自身和人的生活。

（二）人的价值追求与社会共同价值观建设

1. 社会共同价值观的含义

社会共同价值观是一定历史时期特定社会共同体普遍认同并持有的价值观，是每一个社会成员的价值目标确立和实现的指南和准则。社会共同价值观主要有三方面的内涵：一是社会理想。社会理想是社会共同价值观的基本要素，它指明社会发展的基本方向和目标，是广大社会成员的根本价值要求之所在。二是社会共同体成员对其所处的社会现实状况的要求和评判，主要是对现实的社会制度和社会秩序的要求和评判。这种要求和评判对社会共同体成员的思想和行为有着最直接的作用。三是对社会共同体及其成员的关系的要求和看法，既包括从社会共同体视角出发，对这一关系的要求和看法，也包含在社会成员的地位上对这一关系的体认，也就是个人价值与社会共同体的关系问题。①

社会共同价值观具有以下基本特征：第一，普遍性。任何一个社会共同体在任何时候都有自己的共同价值观，社会共同价值观作为特定社会共同体的社会特征而存在体现了社会共同体成员的共同利益和需要，是得到大家普遍认同的一种价值观。第二，结构性。社会共同价值观是由各种要素和部分构成的，可以划分为主流价值观和非主流价值观。主流价值观是社会共同价值观的核心部分，非主流价值观是社会共同价值观必要的补充。第三，稳定性。社会共同价值观一经形成就会在较长时间内起作用，持久影响人们的思想和行为，其内容或者形式都不会轻易发生变化。第四，包容性。社会共同价值观正是由于能把众多的个体价值观合理地包容于自身之中，才成为共同价值观。在这个意义上，也可以说社会共同价值观是一种"价值观的重叠"。

2. 社会共同价值观建设的意义

每个社会都需要一种能为社会成员广泛认同和普遍接受的社会共同价值观。没有社会共同价值观的引领和主导，一个社会的"神"就散了，就失去了灵魂，迷失了方向，丧失了根本。② 社会共同价值观建设有着重要意义。

第一，有利于凝聚人心。任何一个国家和社会，要维系其存在和发展，必须使其社会成员对某些最基本、最重要的社会规范（包括一些最重要的政治原则和思想原则）形成共识。只有在这种共识的基础上，社会才能形成强大的舆论导向力量，也才能在一些重要的问题上，规范社会成员的思想和行为，使社会达到有序化。这种共识就是社会共同价值观。社会共同价值观是社会凝聚力、向心力的精神根源。一个社会如果没有共同价值观，就会人心旁系、行动相左。只有社会成员认同共同价值观，才能克服社会共同体内的离心力、涣散力，在价值目标、价值标准和价值实践中，凝聚人心，促进和谐。社会共同价值观为社会共同体成员提供了共同的价值目标，使社会成员在长远利益和根本利益上有了共同的寄托和追求。社会共同价值观为社会共同体成员提供了共同的价值评价标准，使社会成员在区

---

① 刘正球：《论社会共同价值观》，载《湛江海洋大学学报》（社科版）2003 年第 2 期。

② 董德福、程宸：《社会主义和谐文化建设的路径依赖》，载《江苏大学学报》（社科版）2008 年第 1 期。

分什么是自己个体与自己所赖以生存的社会共同体的利益和需要、什么是最大的和最根本的利益与需要等问题时取得思想上的一致。社会共同价值观还能使社会共同体的各个成员各自独立的价值实现活动形式得到相互认同，从而，使整个社会共同体保持一种和谐状态。

第二，有利于促进社会认同。任何一个民族和国家在其自身的发展过程和社会实践活动中，必然会形成一定的、共同的社会价值观念，这种社会共同价值观集中体现了一个国家社会制度的本质要求和时代的基本特征，反映了一个国家和民族基本的、长期稳定的社会关系和价值追求，在社会发展中起主导作用。个体对民族或国家的共同价值观的认同，必然会增强其对所属民族和国家的认同。这种认同主要表现为两个方面：一是对社会理想的认同。现实生活中，人们总是尽可能按照自己的理想去生活，有什么样的理想就有什么样的精神面貌和行为取向。社会共同价值观是一种反映特定社会制度、时代本质的价值观，体现了人们对理想社会的共同追求。比如，用中国特色社会主义共同理想引领社会思潮，能把党在社会主义初级阶段的目标、国家的发展、民族的振兴与个人的幸福紧密联系在一起，把各个阶层、各个群体的共同愿望有机结合在一起，并为之共同奋斗。二是对民族精神和时代精神的认同。马克思主义认为，民族精神和时代精神是历史的产物，是历史时代的本质特征及其发展趋势在社会心理、群众情绪以及精神文化等方面的反映，社会共同价值观以整体性和普遍性的形式综合地表现了人们的共同愿望和要求，是思想体系反映社会经济关系和政治制度的一个重要环节。人们对民族精神和时代精神的认同，主要体现为对民族文化的认同，起到精神纽带的作用，能增进民族团结。

第三，有利于规范个体价值观。社会共同价值观对社会成员的个体价值观以及对社会成员的整个思想和行为具有规范约束作用。这种规范约束作用表现在三个方面：一是推广。如果个体价值观和社会共同价值观相一致，则作为整个社会共同体成员的楷模、榜样将被大力宣传、表彰和推广，使其发扬光大。不同时代、不同社会为社会主流意识形态所认可和推崇的典范人物，都是社会共同价值观的模范践行者。二是相容。对与社会共同价值观不一致但并不对立的个体价值观予以包容，而限制其存在和发生作用的范围及方式。但这类相容是有条件的，在量上，这些与社会共同价值观相异的个体价值观必须被限制在永远处于少数派的地位；在质上，这些个体价值观必须是服从社会共同价值观的，在地位上处于弱势。三是排斥。对与社会共同价值观对立的个体价值观加以坚决反对、排斥和否定。

3. 价值认同是社会共同价值观建设的基础和前提

社会共同价值观的形成，需要个体通过价值理解、价值认同、价值选择、价值整合等价值行为来实现。个体一旦真正认同了某种社会价值，就会在自己的价值选择、价值整合等一系列的价值行为中，贯彻遵从社会价值的具体内容，并在各种实践活动中保持与社会价值规范的一致性。

所谓价值理解是个体通过自己的思想结构领会获取外来的价值信息，并转化为自己价值体系的有机组成部分，具有个性化特征。个体只有理解了什么是价值，才能明确应该怎样去做。个人的价值认同、价值选择、价值整合都是出自个人的价值理解。价值选择是个体在对社会价值规范理解、认同的基础上，按照一定的目的，根据自己的内在尺度，自觉地对客体的属性、功能及其对主体可能产生的效应，进行多方面的分析、比较、权衡、取舍的行为过程，以求用最小的代价取得对主体最大的价值。[①] 具体地说，当人们做出某种价值选择，也就意味着他发现了有的对象价值较大，有的价值较小，有的并无价值，有的还可能是负价值，最终确定了一种对自己具有最大或较大价值的对象或规范，而排除了其他选择。价值选择是尊重客观规律和充分发挥主体能动性的统一。价值整合是个体将纳入个体价值体系的各方面价值，从个体发展的全局出发加以调整、修正、更新、补充和完善的过程，使个体价值体系中的各种价值兼容并存，在总体上获得较高的、较全面的价值实现。

社会价值观建设的核心是价值认同。价值认同是不同价值主体对某种价值、价值观念及其价值理想、价值取向和价值标准的认可、肯定，表现为不同价值主体之间在价值追求、价值取向上的某种一致性、统一性、可接受性，表现为共同价值观念的形成。价值认同不是在价值观念上无条件的"同一"和接受。"一方面，我们不能把价值认同理解为无条件的普遍

---

① 兰久富：《社会转型时期的价值观念》，北京师范大学出版社 1999 年版，第 182—191 页。

有效的绝对真理或真理的表达形式，认为价值认同就是追求一种绝对的价值观念上的'同一'；另一方面，我们的价值认同也不是放弃一切内在规定性的无条件的对各种价值观念的接受与肯定。虽然我们不拥有先天一致的意义，但是，我们的价值活动从来都内含着概括杂多现实和寻求共性的努力。"① 价值认同在社会生活中表现为寻求基本理想、信念的归属感，表现为对特定集团（如政党等）行为方式、价值追求、道德规范的接受、信赖、忠诚和践行。

价值认同源于人的"类主体"特征。人作为价值主体，既作为个体形态而存在，更是以"类主体"形态而存在的。"类主体"体现了主体的整体相联性，是价值主体的最高形态。人作为类存在物，在生活结构、心理结构和逻辑思维机制方面存在着共性和相通性，人的生活、心理、逻辑思维机制的同构性、同源性，是人们之间观念得以交流、沟通的自然前提。个体与个体、个体与群体之间在生活和生产实践中不可避免而发生的相互联系与相互作用，必然使彼此间相互交流、沟通、认同成为一种精神需要，因而赞同某种价值观念、理想信仰以及希冀自己所提出的观点被普遍认同就成为人的一种心理常态。这样的一种认同需要既是人的社会性的表现，同时也是长期社会生活在精神结构上的沉淀。②

价值认同表现为社会成员对社会共同价值规范的自觉接受、自觉遵循的态度，它标志着人们在社会实践活动中能够以某种社会共同的价值要求作为标准来规范自己的活动，并使之内化为自己实际行为的自觉的价值取向。③ 社会共同价值观是人们所普遍认同的价值理想、价值信念、价值尺度、价值原则的集中反映，是人们普遍的价值追求和价值向往。社会共同价值观是反映一种社会制度、一个时代本质的价值观，每个时代、每个社会形态、每个国家、每个民族都有自己的共同价值观念。社会共同价值观的确立，是主体价值认同完成的标志。价值认同是社会共同价值观建设的基础和前提。社会共同价值观如果缺少了人们对它的普遍认同，也就失去了存在的社会心理基础。

---

① 王葎：《建构现代中国社会的价值认同》，载《探索》2006 年第 1 期。
② 冯达成：《论和谐社会构建中的价值认同》，载《思想政治教育研究》2008 年第 5 期。
③ 唐凯麟：《把握社会主义核心价值体系的基础》，载《光明日报》2007 年 8 月 14 日。

　　社会共同价值观的形成正是个体通过价值理解、价值认同、价值选择不断地将各方面的社会价值纳入个体价值体系中，不断地充实个体的价值体系，形成价值重叠和共识的过程。个体从价值理解——价值认同——价值选择——价值整合的过程，只是理论逻辑上的先后顺序，而实际上各种价值行为方式是彼此交互发生作用的，并且反复不断地推动着个体价值观体系的丰富和发展，使之更加趋向于社会共同价值观。

　　4. 社会共同价值观引导和规范人的价值追求

　　社会共同价值观是在社会成员共同的价值选择、价值追求基础上形成的，它一经确立，就作为既成的力量对每个个体成员的价值选择、价值追求及价值实践起到引导、规范作用。

　　一是利益引导。经济利益是人的价值追求的内在驱动力。人们总是自觉不自觉地在自身需要和经济利益的驱动下去建立自己的价值标准和价值取向。不同的人有不同的利益需求，有不同的价值追求，有自己独特的价值选择。在价值追求和价值选择的过程中，价值主体总是根据有利于自身生存和发展的最大价值进行选择的。经济利益能够调动人们的积极性、主动性，使他们积极参与、主动关心社会价值目标的实现。实践表明，经济利益对人的活动所形成的动力机制和约束机制要比宣传教育更为稳固。经济政策是国家对特定经济活动方式和目标的调节手段，国家可以通过经济政策来调整社会与个人、全局与局部、长远和眼前的利益关系，引导人们从自身利益出发去致力于社会公共福利的实现，使与社会共同价值观相一致的行为成为人们主动的选择。

　　二是法律规范。法律是一种"权力价值形式"，它就个人权利与义务、国家机构的权限与责任及社会公共利益的保障作出了严格规定。个人的价值选择、价值追求要同法律规范相一致。法律规定国家保障个人的基本权利和自由，同时，又要求个人服从为促进公共利益所必要的限制。法律调整社会与个人关系的目标在于体现社会总体价值取向，使人们更广泛地承担、参与、分享价值，使个人权益同社会公共利益之间建构一种适当的平衡和协调。法律具有强制性和普适性，法律的确定性既是防止个人利用公共权力侵犯他人正当权益和侵害公众利益的最有效保障，也可以防止人们对社会意志、社会价值取向的歪曲，从而使社会公众的总体价值取向真正能发挥教育、引导、规范全体社会成员的作用。①

三是道德倡导。马克思主义认为，道德是人们共同生活及其行为的准则和规范。在道德生活层面提倡什么，反对什么；认为什么该做，什么不该做；什么是善，什么是恶等等，体现了社会成员对道德价值的一种判定、评价和追求。社会共同价值观内含的道德观确立了人们行为的价值尺度和行为准则，倡导人们从内心向往高尚，施善行、做好事，自觉做一个是非分明、道德高尚的人。比如，用社会主义荣辱观引导人们的价值追求，能够发挥道德观念对全体社会成员的道德境界的提升功能、道德人格的塑造功能和道德行为的规范功能。

四是价值观引领。社会共同价值观具有普遍的原则性和方法论性质，在价值意识中处于至上性地位。个体一旦牢固地确立起了某种社会共同价值观，就会对在某一社会生活实践领域内的具体的理性价值思想或观念以及情感、意志、欲望等非理性的价值意识发生制约、规定，促进其改变或更新。在日常生活中，社会共同价值观为个体的价值认识确立基本原则和提供方法论指导，对实践活动起着从根本上把握方向即价值导向的作用。当个体价值意识与社会共同价值观发生矛盾时，前者会服从后者。

5. 个体价值追求与社会共同价值观的有机统一

(1) 个体价值追求蕴含社会共同价值观

马克思主义认为，个人是社会的细胞，是社会产生和存在的自然性基础，社会是个人的集合体，是个人赖以生存和发展的社会性基础。人的价值追求不仅具有自我建构的功能，而且具有社会建构功能。人的价值追求现实化、对象化的过程，也是以一定的方式进行社会参与、影响社会的过程，即社会建构的过程。② 社会共同价值观是在个人个性化的价值意识、价值追求的基础上形成和发展起来的，个体价值追求蕴含社会共同价值观，社会共同价值观体现个体价值追求，个体价值追求与社会共同价值观是有机统一的。

个体价值目标的选择和实现目标的手段要符合社会共同价值观的要求。

---

① 张宏：《个人与社会价值的选择》，载《学术研究》1995 年第 6 期。
② 徐贵权：《论价值取向的建构功能》，载《南京师大学报》（社会科学版）2002 年第 3 期。

人不是孤立的存在，人是"最名副其实的社会动物"，① 个体始终是从属于某一个社会共同体之中的。社会共同体必然有某种共同的利益、一致的需要，这种共同利益和需要实际上是该集体中的个体利益、个体价值追求的体现，也只有实现共同利益，个体利益才能得到真正的满足。同时，个体生活在该集体当中，其个体需要也在不断地被同化，社会共同体对其成员有教化、规范和引导的功能，个体会在不知不觉中受其引导，从而使自身的需要、价值追求向社会需要、社会共同价值观靠拢。个体价值目标既要能够满足个体自身的某种需要，又不能违背社会的长远和整体需要，同时在价值选择时还要自觉担负起维护社会利益的责任，为社会的发展贡献自己的聪明才智。②

个体的价值追求是推动社会共同价值观形成和发展的动力。任何社会，社会共同价值观的形成和发展都以个人个性化的价值意识的形成和发展为动力。个人，尤其是那些思想敏锐，见解独到，具有深邃的社会洞察力和政治敏感性，具有强烈社会责任感、能够代表广大人民群众利益的杰出人物，他们能率先意识到时代提出的新要求和提供的新机遇，形成能够反映时代发展趋势的个性化价值意识，并在实践中加以检验，同时从理论上加以提炼和升华，经过宣传、引导，最终成为社会共同价值观。例如，文革刚结束，邓小平就提出了改革开放、建设有中国特色社会主义的价值目标，这一时期邓小平的思想大体上还只是个人的价值意识。经过几年的宣传、实践以及理论争论，逐步为广大人民群众所接受并成为社会的共同价值意识。因此，尊重个人的首创精神，在时代变迁的历史关头，重视个人的价值意识，尤其是那些杰出人物所提出的符合时代要求的个性化的价值意识，并让广大人民群众理解和接受，是促进社会共同价值观的形成和发展，推动社会进步的重要手段。

个体的价值追求在很大程度上会受社会共同价值观的制约和影响。个体的价值追求就其内容来说是个人在社会生活实践中对自身需求和利益的反映，社会共同价值观通常通过社会教育、文化思想、外部环境等因素对

---

① 《马克思恩格斯全集》第 12 卷，人民出版社 1962 年版，第 734 页。
② 顾利：《论当代中国的个体价值选择》，载《南京师范大学》硕士论文 2007 年。

个人价值追求发生作用。例如，中国的传统文化和西方文化在塑造和影响生活于其各自文化氛围中的人们的价值追求所起的作用是非常大的，人们常把生活在西方，虽然还具有华人的形貌，而在思想意识、价值观念、生活习惯上已经完全西方化的华人称为"香蕉人"，说的正是社会共同价值观对个人价值追求的深刻影响。[①]

（2）社会共同价值观体现个体价值追求

社会共同价值观的形成以个体价值追求的存在为前提。同一社会共同体中，每个社会成员都会有自己特殊的价值追求，由于他们生活于同一社会共同体中，所以这些特殊的价值追求之间不是完全隔绝和绝对对立的，而是一种相互渗透，相互交叉的关系。这种个体特殊价值追求之间相互渗透、相互交叉的内容就是各社会成员共同的价值追求，即各社会成员间的共同利益——社会共同价值观。社会共同价值观是个体关于社会生活实践中与自身生存和发展密切相关的、根本性的、重大问题的价值思想或观念，反映的是个体在特定社会历史条件下共同的价值追求。如社会政治理想、人生观、科学观、道德观等都是个体关于生存和发展所面临的根本性的、重大的问题的价值思想或观念。这些观念反映的是特定社会历史条件下个体在实践中形成的共同的价值追求，即追求目标、努力方向、善恶标准、取舍依据等。总之，在社会共同价值观的领域内，个体价值追求不是处于被排斥、否定的地位，社会共同价值观是在肯定、包容个体价值追求的基础上形成的。如果社会共同价值观没有包容性，社会就会陷入矛盾日渐增多、冲突日益激烈的状态，就不可能凝聚起广大民众的力量。

社会共同价值观的实现离不开广大社会成员的积极参与。社会共同价值观作为个体对社会生活实践中根本性的、重大问题的态度的价值观念及其体系，是价值意识中最有普遍性的，是从本质和规律层面反映个体的根本需要和要求的最深刻的理性价值意识，是个体价值追求的核心内容。像中国特色社会主义的理想、集体主义的道德观、为人民服务的人生观等就是我国现阶段的社会共同价值观。这些社会共同价值观的实现是以满足和

---

① 吴倬、孟宪东：《论社会主导价值观和个性化价值意识》，载《清华大学学报》（哲学社会科学版）2004 年第 1 期。

实现广大社会成员的个体价值追求为基础和前提的，没有广大社会成员的个体价值追求就不可能有社会共同价值观，离开了广大社会成员追求个体价值实现的活动也就不可能实现社会共同价值观。虽然国家的法律、制度和政策等内容的贯彻具有显明的自上而下的特点，但它只有在得到广大社会成员积极支持的情况下才能有效地实施。①

三、价值自觉：和谐社会核心价值体系建设的着力点

价值主体是价值体系的核心要素，在价值体系建设中人始终处在中心地位。人既是价值选择主体，又是价值评价主体，更是价值的最高体现。社会主义和谐社会核心价值体系建设必须坚持以人为本，必须尊重人的主体地位，关注人的精神需求，把教育人、引导人、鼓舞人、鞭策人与尊重人、理解人、关心人、帮助人结合起来，着眼于培养人健康、积极的价值追求，着眼于提升人的精神境界，着眼于增强国家和民族的凝聚力、向心力。社会主义和谐社会核心价值体系的确立只是为人们的价值选择提供一种可能，人们如何理解和把握社会主义和谐社会核心价值体系，能否真正践行社会主义和谐社会核心价值体系，最终取决于人的价值追求。构建社会主义和谐社会核心价值体系离不开人的价值追求，人的价值追求是社会主义和谐社会核心价值体系建设的基石，价值自觉是社会主义和谐社会核心价值体系建设的着力点。

（一）和谐社会核心价值体系建设的意义

"每一社会都有其独特的社会精神气质，它因社会的经济方式、政治理念、文化传统而形成，反映社会的价值需要、价值目标和价值追求，涵盖

---

① 吴倬、孟宪东：《论社会主导价值观和个性化价值意识》，载《清华大学学报》（哲学社会科学版）2004 年第 1 期。

社会的理想信念、精神风貌、道德规范，构成社会的核心价值体系。任何社会都有自己的核心价值体系，在社会意识形态中处于统摄和支配地位，对经济社会建设、社会进步和人的发展发挥着引领和主导作用。这是一定的社会系统得以运转、一定的社会秩序得以维持的基本精神依托。先进的社会核心价值体系是维系社会团结和睦的精神纽带、推动社会全面发展的精神力量、指引社会前进方向的精神旗帜，直接而深刻地影响着社会的生命力、凝聚力和创造力。"① 社会主义和谐社会核心价值体系是社会主义制度的内在精神，在所有价值目标体系中处于主导地位。

1. 和谐社会核心价值体系建设的政治意义

巩固社会主义意识形态。意识形态领域是西方敌对势力对我国实施西化、分化的前沿。我们同西方敌对势力在意识形态领域的斗争，本质上是社会主义价值体系与资本主义价值体系的较量。社会主义和谐社会核心价值体系是社会主义意识形态的本质体现。社会主义意识形态是以马克思主义为指导的意识形态，集中反映着社会主义和谐社会的经济、政治生活，反映着社会主义制度的本质要求，体现着最广大人民的根本利益。社会主义和谐社会核心价值体系集社会主义价值理念之大成，把我们党倡导的基本理论、思想观念和价值取向系统凝炼整合在一起，是社会主义意识形态的核心内容和最重要组成部分，决定着社会主义意识形态的性质和方向。经济全球化，使当今世界发生广泛而深刻的变化，各种思想文化相互交织、相互激荡，在这种复杂的背景下，建设社会主义和谐社会核心价值体系，具有极强的针对性和必要性，是巩固社会主义意识形态的需要。

巩固社会主义制度。社会主义和谐社会核心价值体系以中国特色社会主义共同理想为主题，这一共同理想，反映了全体人民对国家和民族未来发展美好前景的向往，代表了全体人民的根本利益，揭示了国家富强、民族振兴、人民幸福、社会和谐的必由之路，得到了全国人民的广泛认同，成为全体人民团结奋斗的共同追求。走中国特色社会主义道路，我国社会主义制度的优越性得到了进一步发挥，社会主义制度更加巩固。改革开放30 多年来，我们成功实现了从高度集中的计划经济体制到充满活力的社会

---

① 袁贵仁：《建设社会主义核心价值体系》，载《中国社会科学》2008 年第 1 期。

主义市场经济体制、从封闭半封闭到全方位开放的伟大转折，极大地调动和激发了人民群众的创造活力。我们成功地进行了经济基础和上层建筑领域的深刻变革，建立起中国特色社会主义经济、政治、文化、社会以及各方面的制度体系，为社会主义的巩固和发展奠定了坚实的制度基础。中国特色社会主义道路，不但得到了中国人民的高度认同，而且受到世界各国人民越来越广泛的关注。一位美国学者说："中国令人震惊的经济增长史无前例，中国以独特的方式在政治、经济、文化等各领域改变了世界。"一些西方舆论认为，中国发展的道路提供了一种新的启示，正在颠覆西方的传统理论，探索"中国成功之谜"非常有意义。特别是 2008 年中国政府和中国人民的一系列惊人表现，使许多外国政治家、学者看到了中国特色社会主义的优越性，认为它"凸显了中国的制度优势"。①

巩固中国共产党的领导。任何一个时代的主导思想始终是统治阶级的思想，统治阶级为了巩固自己的统治地位，都要维护、巩固和发展自己的占统治地位的意识形态。历史发展表明，同一社会虽然可以有多种并存的思想价值体系，但国家的指导思想、理想信念应当是共同的。我国是社会主义国家，其本质是工人阶级的阶级统治、中国共产党的领导。中国共产党作为执政党要保持长期的执政地位，不能仅靠强制力来维持，还必须依靠意识形态的核心价值体系，为人民对执政党的忠诚、信仰、服从提供依据、引导和精神动力。社会主义和谐社会核心价值体系，是我们党在领导人民长期实践中形成的丰富思想文化成果中提炼和概括出来的精华，是社会主义意识形态的主体。它的基本内容就是把现阶段我国必须确立的世界观、人生观、价值观、道德观中的本质要求集中起来，是从不同层次把社会主义意识形态的精髓组成的有机整体。它是我国社会主义制度的精神内核和生命之魂，规定着社会主义的目标任务和发展模式，在所有社会主义价值目标中处于主导地位。社会主义和谐社会核心价值体系的建设有利于巩固中国共产党的执政地位。②

维护国家统一，实现民族复兴。江泽民指出，"一个民族、一个国家，

---

① 《六个为什么——对几个重大问题的回答》，学习出版社 2009 年版，第 31—35 页。
② 《建设社会主义核心价值体系大参考》，红旗出版社 2007 年版，第 28—29 页。

如果没有自己的精神支柱，就等于没有灵魂，就会失去凝聚力和生命力。"① 一个民族没有优秀的精神品格，就不可能屹立于世界先进民族之林；一个国家没有奋发向上的民族精神和与时俱进的时代精神，就不会有旺盛的生命力、强大的凝聚力和卓越的创造力。建设社会主义和谐社会核心价值体系，很重要的一个方面，就是要树立在全社会得到广泛认同的精神旗帜，铸就民族奋发向上的精神支撑，激发引领全体人民共同奋斗的精神力量，不断增强我们民族的凝聚力、向心力、创造力。以爱国主义为核心的民族精神和以改革创新为核心的时代精神是凝聚中华民族的重要思想基础，是各族人民团结和睦、共同奋斗的精神纽带，也是社会主义和谐社会核心价值体系的精髓。社会主义和谐社会核心价值体系倡导一切有利于国家富强、社会和谐、民族振兴、人民幸福的思想和精神，一切有利于民族团结、祖国统一的思想和精神，一切用诚实劳动创造美好生活的思想和精神。社会主义和谐社会核心价值体系建设为维护国家统一、实现民族复兴提供了思想保证。

2. 和谐社会核心价值体系建设的经济意义

保障经济体制公平正义。任何一个社会的经济体制都不可能与它建立于其中的政治、法律、道德截然分开，在一定意义上，一种经济体制就是一种价值观。随着社会主义市场经济的发展，一些领域只讲效率不讲公平，只重视经济的发展，不顾社会教育医疗卫生事业的发展，一味地掠夺自然，不尊重自然发展的基本规律，导致贫富差距拉大、区域行业发展不平衡、城乡发展不平衡、经济社会发展不平衡、人和环境资源关系紧张。温家宝指出："如果说真理是思想体系的首要价值，那么公平正义就是社会主义国家制度的首要价值。公平正义就是要尊重每一个人，维护每一个人的合法权益，在自由平等的条件下，为每一个人创造全面发展的机会。如果说发展经济、改善民生是政府的天职，那么推动社会公平正义就是政府的良心。"② 事实证明，发展绝不仅仅是经济增长，而应该是经济、政治、社会全面协调发展，应该是社会公平随着社会财富增加得到更好实现的发展。

---

① 《江泽民论有中国特色社会主义（专题摘编）》，中央文献出版社 2002 年版，第 395 页。

② 《温家宝总理回答中外记者提问》，载《光明日报》2008 年 3 月 19 日。

社会主义和谐社会核心价值体系以中国特色社会主义共同理想为主题，把党在社会主义初级阶段的目标、国家的发展、民族的振兴与个人的幸福紧密联系在一起，促进社会公平正义，倡导社会建设成果惠及全体社会成员。所以，进一步完善社会主义市场经济体制，实现经济社会又好又快发展，需要社会主义和谐社会核心价值体系的指导和引领，以保障经济体制公平正义，保证社会资源、社会机会的公平分配，从而促进经济社会和人的自由全面发展，促进城乡、区域、人与自然的和谐发展。

促进经济行为正当合理。市场经济就是利益经济，在利益的驱动下，许多人认为市场经济行为的目的都是为了自身满足，为了实现效用最大化，使用价值最大化，因此，就会出现损人利己、不择手段等败德、违法行为，如背信毁约、商业欺诈、假冒伪劣、欺行霸市、坑蒙拐骗等等，使市场经济难以有一个良好的发展环境。社会主义市场经济要健康发展，就要保证经济行为的正当合理，市场主体的有序竞争。有序竞争意味着市场主体要考虑市场行为是否正当，要考虑行为后果的责任，要考虑行为的道德价值、社会意义，就要坚持行为的善意、公平和互利。制度经济学研究表明，任何正式制度都不可能规范人们的一切行为，市场经济不仅是法治经济，也是价值观经济，也需要靠非正式规范的力量。换言之，市场经济的有序健康发展不仅需要法律的强制力保障，也需要伦理规范使经济行为更加正当、更加合理。正如亚当·斯密认为自爱、自律、劳动习惯、诚实、公平、正义感、勇气、谦逊、公共精神以及公共道德等，所有这些都是人们前往市场竞争前就必须拥有的。市场经济的发展不仅是一种新的经济制度确立和完善的过程，而且还是一个引导市场经济正当合理、树立现代市场经济精神的过程。现代市场经济精神是贯穿在现代经济全过程，影响乃至决定经济发展方向的无形力量。具体地说，它包括经济行为合理、高尚的动机，脚踏实地的务实精神，经济交往中的信誉，可持续发展的环境意识，健康、文明的精神追求等。社会主义和谐社会核心价值体系倡导一切有利于国家富强、社会和谐、人民幸福的思想和精神，倡导以诚实劳动创造美好生活的思想和精神，为经济社会全面发展提供了思想保证。所以，建设社会主义和谐社会核心价值体系，有助于增强人们对科学发展、社会和谐的认同，有助于树立现代市场经济精神，促进社会主义市场经济健康有序发展。

激励经济主体文明高尚。人是经济活动的主体，人的精神状态，人的素质，人的主动性、积极性和创造性的发挥，直接关系和影响生产的效率和经济的发展。社会主义市场经济的发展，为我国经济社会注入了强大的生机活力，与社会主义市场经济相适应的新的思想道德观念不断催生出来。同时，市场经济的利益激励机制也使人们对功利价值倾注了极大的热情，进而产生物欲化的社会心理倾向，使人过于迷恋物质的占有和享受，而忽略精神需要和人格完善，导致一些人的人格蜕化，理想信念动摇，拜金主义、享乐主义、极端个人主义滋长，道德失范，世界观、人生观和价值观发生扭曲。这就需要大力加强社会主义精神文明建设，不断提高经济主体的思想道德素质。社会主义和谐社会核心价值体系建设正是体现了当前社会主义道德建设的要求，抓住了人民群众普遍关心的突出问题，明确了我国在发展社会主义市场经济条件下的基本价值取向、道德规范和行为准则，是促进社会主义市场经济健康发展的重要保障。坚持把社会主义和谐社会核心价值体系融入国民教育和精神文明建设全过程、贯穿现代化建设各方面，有助于人们焕发积极性、主动性、创造性，始终保持昂扬向上的精神状态，使人民大众朝着一个方向努力，把各方面的智慧和力量凝聚到推动科学发展、促进社会和谐上来，从而有助于进一步形成全社会共同的理想信念和道德规范，打牢全党全国各族人民团结奋斗的思想道德基础。

3. 和谐社会核心价值体系建设的文化意义

引领社会思潮。改革开放以来，国内过去一些被禁锢的思想文化被打开，国外西方的思想文化在渗入，社会思想观念和价值取向复杂多样，主流的与非主流的同时并存，先进的与落后的相互交织，呈现出多元、多样、多变的特点。尤其是中西方腐朽没落文化的融合、交流，对社会思潮以及人们的思想观念、行为方式、生活方式等带来了很大的负面影响。社会主义和谐社会核心价值体系是引领社会思潮的精神向导，建设社会主义和谐社会核心价值体系，有利于在纷繁复杂的社会思潮中唱响主旋律，用一元化的指导思想引领多样化的社会意识，最大限度地凝聚社会思想共识，多元中立主导，交融中谋共识，牢牢掌握我国意识形态领域的主导权、主动权、话语权。

弘扬民族精神。民族精神是一个民族在长期的共同生活和共同的社会实践基础上形成的，在民族生存和发展的历史长河中逐步发展起来并为民族大多数成员所认同和接受的思想意识、价值取向、品格风范等的总和。民族精神植根于民族文化传统之中，是由民族传统文化积淀而成的。以爱国主义为核心的团结统一、爱好和平、勤劳勇敢、自强不息的伟大民族精神，体现了中华民族最为基本的道德内容和特质，支撑着中华民族五千年来的生存和发展，是数千年文化积淀留给我们的宝贵精神财富。社会主义和谐社会核心价值体系倡导以爱国主义为核心的民族精神和以改革创新为核心的时代精神，传承了中华民族的优秀文化传统，将使中华民族精神更加发扬光大，使我们的民族永远立于不败之地。

繁荣社会主义文化。价值观是文化的灵魂，文化有没有吸引力、感召力，根本上取决于文化的价值观，尤其是核心价值观。核心价值观是一个国家的主心骨、一个民族的灵魂、一个政党的行动指南。要繁荣社会主义文化，最根本的就是要确立我们社会共同遵循的核心价值体系，打牢社会和谐的思想道德基础，最大限度地形成社会共识。随着改革开放和社会主义市场经济进一步发展，随着人们思想活动独立性、选择性、多变性和差异性进一步增强，人们的思想空前活跃，价值观也呈现出多样化，迫切需要建设社会主义和谐社会核心价值体系。另外，全球化使世界各国及各种思想文化相互交融、相互激荡，强势文化冲击甚至可能取代弱势文化。要培育形成我们自己的有竞争力的社会主义和谐文化，保持自己文化的民族特色和民族个性，有赖于核心价值体系的建立和引领。社会主义和谐社会核心价值体系，是社会主义制度的内在精神之魂，是社会主义文化建设的根本。建设社会主义和谐社会核心价值体系，充分挖掘和弘扬中华传统文化的合理因素，不断汲取新鲜养分，有利于我们的文化保持民族性、时代性、先进性，有利于抵御西方资产阶级腐朽思想文化的渗透，有效维护我国的文化安全；有利于推动中华文化更好地走向世界，扩大我国的国际影响力。

（二）人的全面发展：和谐社会核心价值体系建设的终级价值目标

1. 和谐社会核心价值体系解析

社会主义和谐社会核心价值体系是由马克思主义指导思想、中国特色社会主义共同理想、以爱国主义为核心的民族精神和以改革创新为核心的时代精神和社会主义荣辱观四个方面的基本内容构成的，这些基本内容并不是简单机械地相加或组合，而是多类型、多向度、多层次地构成一个内容体系或系统，它们之间存在着不可分割的内在联系，并呈现出一定的结构关系。马克思主义指导思想是社会主义和谐社会核心价值体系的灵魂，解决的是举什么旗的问题，是整个社会主义和谐社会核心价值体系的理论基础，居于统领地位。中国特色社会主义共同理想是社会主义和谐社会核心价值体系的主题，解决的是走什么道路、实现什么样目标的问题。民族精神和时代精神是社会主义和谐社会核心价值体系的精髓，解决的是应当具备什么样的精神状态和精神风貌的问题。社会主义荣辱观是社会主义和谐社会核心价值体系的基础，解决的是人们行为规范的问题。社会主义和谐社会核心价值体系回答了我国意识形态领域的根本问题，体现了我国广大人民的根本利益，是一个结构完整、逻辑缜密的科学体系。

社会主义和谐社会核心价值体系不仅是由一些单个的价值目标构成，而且是由思想理论、理想信念、道德准则、精神风尚等多种因素构成的体系；不仅反映了先进群体的价值追求，而且体现了全社会绝大多数人的价值追求。它包括个体价值观、群体价值观和国家价值观三个层次。

"个体价值观是特定主体在创造价值对象、享用价值对象和历史交往过程中形成的比较稳定的观念、心理、行为模式。具体说，它是指个人由于其特定的生活经验和独特的社会化过程而形成心理上、行为上的稳定趋向。它决定人们的意志和注意力以及智力方向，是调节和决定个人行为动机的重要因素。"① 社会主义和谐社会核心价值体系通过教育和传播社会政治理念、价值准则、行为规范，为个体准确把握实践中遇到的政治、道德和心理等问题提供敏锐的思想武器，在个体思想内化、知行转化的过程中，不断提高思想道德素质，形成坚定的信念和崇高的理想，树立科学的世界观、人生观、价值观，提升和丰富人的精神世界，指引着人不断追求更高的精神境界，从而确定人在世界中之真正地位和价值。② 社会主义和谐社会核心价值体系作为社会共同价值观，是个体价值观的重叠，是对个体价值观念

---

① 《建设社会主义核心价值体系大参考》，红旗出版社 2007 年版，第 193 页。
② 张慧敏：《社会主义核心价值建设价值目标的哲学思考》，载《上饶师范学院学报》2009年第 2 期。

的融合，从而上升为一种普遍的共同价值观，成为指导人们行为的价值准则，在实践中又需要通过一定的形式把它内化为个体的价值观，成为个体行动的指南。所以，价值观归根结底是人的价值观，是个体的价值观。

"群体价值观是特定群体在较长的历史进程中逐渐积淀、升华而确立起来的作为文化体系的核心内容而存在的社会意识形式。具体说，是以一定群体为主体，在一定的文化传统、历史条件的影响制约下，基于群体生存和发展的需要对于事物的基本看法和态度。"① 社会主义和谐社会核心价值体系体现了不同群体价值观的显明层次性。作为马克思主义政党的中国共产党，在价值追求上表现为全心全意为人民服务的马克思主义价值观，这是由党的性质决定的，党在各个历史阶段的路线方针政策，也都集中反映和体现了工人阶级和广大人民群众的利益。可见，一切从人民利益出发，全心全意为人民服务，反映的就是中国共产党这个特定群体的价值准则，同时也是中国共产党价值观的本质特征。而广大人民群众，他们期望的是能够享有民主平等、公平正义、诚信互助、和谐安定的社会环境，从而决定了他们群体的价值追求就是有一个富裕的生活环境，有一种良好的社会风气，过有尊严的生活。所以，对广大的社会民众而言，主要是要倡导弘扬民族精神、时代精神和树立社会主义荣辱观。② 我们必须正确处理先进性和广泛性、主导性和包容性的关系，必须尊重人的主体地位，关注不同群体的价值诉求，着力改善民生，切实解决好人民最关心、最直接、最现实的利益问题，把工作做到群众的心坎上，让人们在共享改革发展成果的过程中理解和认同党的主张，自觉践行社会主义和谐社会核心价值体系。

国家价值观是一个国家关于社会发展的价值目标和伦理属性的根本观点，是对于国家发展的价值诉求和社会理想的系统表达。它是一个国家的主导价值观，决定着一个国家的发展方向、制度设计、民族特色。核心价值体系是在主导价值观基础上建立起来的一种价值体系，核心价值体系是一个政党的行动指南，一个国家的主心骨，一个民族的灵魂。马克思指出："国家是统治阶级的各个人借以实现其共同利益的形式，是该时代的整个市

---

① 《建设社会主义核心价值体系大参考》，红旗出版社 2007 年版，第 193—194 页。
② 贺守喜：《社会主义核心价值体系的层次性探析》，载《辽宁教育行政学院学报》2008 年第 3 期。

民社会获得集中表现的形式，所以可以得出结论：一切共同的规章都是以国家为中介的，都获得了政治形式"。① 因此，在现代社会，社会的价值导向是以国家的形式出现的。社会主义和谐社会核心价值体系，是全面建设小康社会、努力构建和谐社会进程中的根本思想基础，是中华民族伟大复兴的共同精神力量。社会主义和谐社会核心价值体系内含着我国当前的主流价值观，是共产主义的崇高理想与中国特色社会主义共同理想的有机统一，是中华民族优秀民族文化与改革开放时代精神的辩证统一，是马克思主义价值观的基本要求与社会主义荣辱观的有机结合。社会主义和谐社会核心价值体系建设有利于帮助人们解决各种思想认识问题，把社会主义主导价值观转化为整个社会的信仰和行动，实现价值观念的广泛认同，最大限度地形成思想共识，通过引领、提升不同价值观念，促使全民族形成共同理想、文化认同和价值追求，促进社会和谐发展。

2. 人的全面发展：和谐社会核心价值体系建设的终极价值目标

社会的发展，实际上就是实现人的价值追求的历程，是人有意识、有目的的价值创造和价值实现的活动过程。不同时代由于价值追求实现的目标、方式、途径和效果等的不同，决定了社会发展的不同样态。和谐社会造就了人价值追求的丰富性、多样性和统一性，使人的价值追求既相互区别又相互融合、相互吸收，从而使人的价值追求呈现出开放和自由的前景。建立在价值追求丰富性、多样性和统一性基础上的社会主义和谐社会核心价值体系建设的落脚点是为了促进人的发展，增进人的幸福，人的自由全面发展是社会主义和谐社会核心价值体系建设的终极价值目标。

人的全面发展指的是人的本质和特性的全面发展，主要包括人的劳动能力、社会关系、人的需要、自由个性和思想道德素质等的全面发展。

首先，人的劳动能力的全面发展，是人全面发展的根本条件。正是劳动创造了人本身，使人类从动物界中超拔出来，形成独立的本质和存在的根据。因此，人的发展首先就是人的劳动能力的发展，人的劳动能力的全面发展是人全面发展的本质规定和重要源泉。其次，人的社会关系的全面发展，是人全面发展的客观基础。马克思指出，"人的本质不是单个人所固

---

① 《马克思恩格斯选集》第 1 卷，人民出版社 1995 年版，第 132 页。

有的抽象物，在其现实性上，它是一切社会关系的总和。"①人总是在一定社会关系中生存和发展的，"社会关系实际上决定着一个人能够发展到什么程度"②。人要获得全面的发展，就必须从事"全面的活动"，必须与外部世界建立起丰富的对象性关系。社会关系的全面发展，一方面，指社会关系的内容越来越丰富。随着人类的进步，个人越来越多地参与各个领域、各个层次的社会交往，整个人类社会在经济、政治、文化等方面不断融合，使个人摆脱个体、地域和民族的狭隘性，全面地塑造自己。另一方面，社会关系的全面发展表现在人对社会关系自由度的提高。随着私有制被废除，社会关系处在被人全面占有和共同控制之下，每个人都在自身所处的社会关系中，充分而协调地发展自己的全部特性，人成为自由发展的人。其三，人的需要的全面发展，是人全面发展的前提。人的需要是人本性的一种体现，"他们的需要即他们的本性"③。需要是人类一切活动的源泉和动力，人正是为了满足自己的生存、享受和发展需要，才进行物质生产和社会活动，需要的满足和满足需要的社会实践活动，既推动了社会的发展，也推动了人自身的发展。人的需要的不断丰富和全面，标志着人本质力量新的呈现和人存在的充实。其四，人的自由个性的充分发展，是人全面发展的必然载体。马克思把人的个性叫做"自由个性"，并认为人的发展在某种意义上就是"有个性的个人"逐步代替"偶然的个人"，还把人的自由个性的形成和发展当做人发展的最高形态的象征。在马克思看来，以"人的依赖关系"为基础的最初的社会形态，人们之间相互依赖，缺乏独立自主性。资本主义社会，是以"物的依赖性为基础的人的独立性"形态，物统治着人，人的个性被压抑了。只有到了共产主义社会，"排除一切不依赖于个人而存在的东西"④，提倡"个人的独创性和自由"，全部生产集中在联合起来的个人手里，生产不再是以交换价值为目的的商品生产，而是为满足社会成员个人全面发展其自由个性之需要的产品生产时，人才成为社会的主人。在共产主义社会，人与人之间结成"自由人的联合体"，人们可以根据

① 《马克思恩格斯选集》第1卷，人民出版社1995年版，第56页。
② 《马克思恩格斯全集》第3卷，人民出版社1960年版，第295页。
③ 《马克思恩格斯全集》第3卷，人民出版社1960年版，第514页。
④ 中国人民大学编：《马克思恩格斯论人性、人道主义和异化》，人民出版社1984年版，第229页。

自己的志趣和意愿自由安排自己的活动与时间，个性得到充分发展，人才真正获得了自由。其五，人的思想道德素质的全面提升，是人全面发展的必然要求。人的思想道德素质包含政治品质、道德品质及心理品质。政治品质，主要指一个人的政治立场、政治态度和思想作风。道德品质是指一个人能否用符合社会要求的道德准则处理个人与他人、个人与集体、个人与社会、个人与自然的关系。一个人的道德品质既体现在家庭生活和社会生活中，也体现在职业生活中，既体现在处理人与人、人与社会关系之中，也体现在处理人与自然的关系之中。心理品质是一个人心理素质的一部分。思想道德素质具有导向性质，居核心地位，对人的素质状况起着质的决定作用，也是衡量人的素质状况最本质的问题。一个人的思想品德如何，直接决定着一个人对待人生，对待他人、社会、自然的态度，决定着其世界观、人生观和价值观。一个全面发展的人，必须是一个具有高尚思想品德的人，人的思想道德素质的全面提升，是人全面发展的必然要求。

人的全面发展是社会主义和谐社会核心价值体系建设的终极价值目标。社会主义和谐社会核心价值体系体现了人的全面发展的理想状态，并为人的全面发展提供了现实条件。其一，马克思主义指导思想体现了人的全面发展的最高理想。作为社会主义和谐社会核心价值体系灵魂的马克思主义指导思想，体现了人类社会的最高价值理想。从马克思主义的终极价值取向看，其最终目标就是要追求人的自由全面发展和人类的彻底解放。无论是马克思的五种社会形态理论还是三种社会形态理论，其最终的设想都是实现共产主义，而在马克思的构想中共产主义社会就是一个自由人的联合体。其二，中国特色社会主义共同理想为人的全面发展提供了现实条件。中国特色社会主义共同理想是社会主义和谐社会核心价值体系的主题。中国特色社会主义共同理想的出发点和归宿就是要促进人的自由全面发展，谋求人的幸福。它把国家的发展、民族的复兴与个人的幸福紧密结合起来，反映了我国最广大人民群众的根本利益、共同愿望和普遍追求，所以，能够被不同社会阶层、不同利益群体所认同和接受，并愿意为之奋斗。实现社会和谐是共同理想追求的重要方面，富强、民主、文明、和谐的社会主义和谐社会为人的全面发展奠定了丰富的物质基础和精神文化基础，因此，中国特色社会主义共同理想是实现人的自由全面发展的现实条件。其三，民族精神和时代精神为人的全面发展提供了精神动力。以爱国主义为核心的民族精神和以改革创新为核心的时代精神为人的自由全面发展提供精神动力。一方面，以民族精神和时代精神教育人们，帮助人们树立正确的世界观、人生观和价值观。另一方面，以民族精神和时代精神对人们进行思想引导、行为引导和价值引导，使人们普遍选择当前主流社会所提倡和要求的主导价值取向。其四，社会主义荣辱观为人的全面发展奠定坚实的道德基础。社会主义荣辱观是社会主义和谐社会核心价值体系的基础，它要教会人应该做什么、不应该做什么。无论是从荣辱观的提出和目标还是从其实现的方法和途径看，都与提高人的思想道德素质、促进人的全面发展密切相关。荣辱观的根本意义在于人，在于人的发展，它为促进人的全面发展提供道德基础。

（三）价值自觉：和谐社会核心价值体系建设的着力点

1. 人的价值追求：和谐社会核心价值体系建设的基石

人是价值关系的主体，是价值选择、价值追求、价值创造、价值实现的承担者。人也是价值观的生产者和选择者。所谓价值观的生产者，是指价值主体根据现实的状况，把符合历史发展方向、满足大多数人利益的需要提升出来，以便达成共识，规范人们的行动。在不同的时代，人的需要是多层次、多方面的，但不一定所有的需要都是正当的。价值观是人们关于价值的根本看法和根本态度，起着引导和规范社会行为的作用。对个体来说，价值观是安身立命和自我认同的思想前提。对社会来说，价值观是协调不同群体和组织之间的关系，从而实现社会认同的根本内容。价值主体要把不同群体的价值观的共性、合理性提炼出来，从而达到引导和规范个体与群体之间关系的作用。所谓价值观的选择，是指价值主体对这个时代人的需要的正当性有一个清晰的认识，以便做出科学的选择。任何一个时代，都并存着多种多样的价值观，但不一定所有的价值观在当时都具有合理性和正当性，这就要求价值主体在区别正当与不正当、合理与不合理的基础上做出选择，明确提出提倡什么、反对什么的价值观。因此，价值主体不仅要知道主体有哪些需要，还要知道哪些需要是当下可以满足的，哪些需要是永远不可能满足的；哪些需要是正当的、合理的，哪些需要是不合理的、不正当的，以便审时度势地做出选择。① 主体需要并非天然合理，只有满足主体健康的合理需要才有价值，满足不健康不合理的需要则是负价值。"人还有不正当的需要，这类需要一旦得到满足，客观上就有害于人和人类的生存、享受和发展，特别是有害于他人和社会的整体发展。所以，对于不正当的需要，不仅不应当满足而且要加以限制。满足不正当需要的是没有价值的，相反，不满足这种需要或限制这种需要得到满足的则是有价值的。"②

核心价值体系是一个民族或国家在一定时期形成和发展起来的，是一定时代社会意识形态的集中反映，是一个民族或国家的思维、精神的核心内容和精华部分。在一定条件下，人们可以确立的价值目标是多种多样的，为什么人们确立这种价值目标，而不确立那种价值目标，这是一个价值选择问题。人对核心价值体系到底抱有怎样的信念和理解，即在内心深处究竟相信什么、坚持和追求什么，这取决于人的价值追求和价值判断。在价值体系中，人始终处在中心地位，人既是价值选择主体，又是价值的最高体现。社会主义和谐社会核心价值体系就是从社会主义意识形态中概括提炼出来的，它的重点是把现阶段我国必须确立的世界观、人生观、价值观和道德观中的本质要求集中起来，从不同层次把社会主义意识形态的精髓提炼出来。社会主义和谐社会核心价值体系涵盖以什么为指导思想，以什么为社会理想，倡导什么精神风貌等问题，也就是要解决举什么旗、走什么道路、实现什么目标、提倡什么样的精神状态和精神风貌等问题，这些都涉及价值选择、价值评判、价值追求等问题。社会主义和谐社会核心价值体系的确立只是为人们的价值选择提供一种可能，人们如何理解和面对社会主义和谐社会核心价值体系，是否真正践行社会主义和谐社会核心价值体系，社会主义和谐社会核心价值体系能否真正落到实处，最终取决于人的价值追求。构建社会主义和谐社会核心价值体系离不开人的价值追求，人的价值追求是社会主义和谐社会核心价值体系建设的基石。

2. 价值自觉：和谐社会核心价值体系建设的着力点

价值活动是指主体的价值认识、价值评价、价值选择、价值创造和价

---

① 吕世荣：《价值主体与核心价值体系合理性研究》，载《哲学动态》2009 年第 7 期。

② 袁贵仁：《价值学引论》，北京师范大学出版社 1991 年版，第 53—54 页。

值实现过程，是从价值必然王国向价值自由王国发展的历程。自觉构建社会主义和谐社会核心价值体系，就要提倡全面、辩证、科学的人的价值追求，把以人的自由全面发展作为社会主义和谐社会核心价值体系构建的最高准则与目标。价值自觉直接关注人的解放和全面发展的目的、价值及意义，是人类对自身命运前途理性的认识和把握，对社会发展起着定位和定向的作用，构建以人的自由全面发展为最高价值目标的新型价值体系是价值自觉的崇高使命。人的价值自觉既是价值自由的动力，又是从价值必然到价值自由的桥梁和纽带。我们必须努力提高自身的价值自觉性，使自己在价值活动中逐渐取得更大范围和更大程度的自由，才能真正实现自身的价值。社会主义和谐社会核心价值体系的提出是价值自觉的表现，同时，建设社会主义和谐社会核心价值体系必须始终坚持价值自觉，才能真正巩固社会和谐的思想道德基础。

（1）价值自觉是价值多元时代价值观建设的必然要求

价值多元性是价值的普遍性质，在社会生活中表现为价值取向多元化。价值取向体现着主体的价值追求，通过价值观念的作用来实现，是价值观念与社会存在的统一与体现。价值取向多元是指同一客体对不同主体，或对不同时空条件下的同一主体，或对同一主体的不同方面，其价值是不同的。客观条件的多样性决定了主体价值取向的多元性、多样性。在同一社会里，社会关系的多样性、社会资源的丰富性、价值目标和生活样式的多样性等都决定了价值主体的价值取向的多元性。[①] 价值多元性具体表现为：一是价值取向多元的广泛性。价值取向多元并不局限在道德价值领域，而是广泛存在于政治、经济、法律、道德、文化等各个领域。全球化和社会转型为人们提供一个改革开放的社会环境，不仅拓展了人们的活动领域，而且扩展了人们的思维空间，改变了人们的思维方式，使人们能够从不同角度去观察和思考问题，这种认识域和实践域的扩展，延伸了人们价值认识和价值选择的空间。二是价值取向多元的深刻性。价值取向的多元不仅表现在行为层面，更是表现在思想、观念层面，不仅表现在思想、观念的表层，而且表现在思想、观念的深层，涉及根本的价值观念，涉及理想、信念和信仰。三是

---

① 王文晶：《我国多元一体价值体系研究》，北京交通大学 2008 年硕士学位论文，第 4 页。

价值取向多元的复杂性。价值取向多元不仅表现为价值观念的冲突，更表现为时间维度上的新与旧、传统与现代的冲突，在空间维度上的国内与国外、民族性与社会性、本土化与全球化的价值取向的不同。

我们已经进入价值多元的时代，这是可经验到的事实。改革开放以来，随着社会主义市场经济体制的建立以及世界多极化和经济全球化对我国的影响，我国已进入改革发展的关键时期，社会经济成分、组织形式、就业形式、利益关系和分配方式日益多样化，人们思想活动的独立性、选择性、多变性和差异性进一步增强，在价值观念体系上就存在着多种复杂的情况。如有的人缺乏对传统价值观念的正确认识，过分强调传统价值观念的作用，漠视其本身存在的不足；或全盘否定传统价值观念，看不到其对现代社会的积极作用。有的人缺乏对外来价值观的正确认识，盲目崇拜西方文化，推行文化帝国主义；或盲目排斥外来文化，割裂文化间的相互交流与沟通。有的人缺乏对价值观念自身发展规律的正确认识，将市场经济规律视为一切社会领域包括文化道德领域中的支配规律，产生了金钱、权力与良心、尊严、人格等之间的交易，出现了价值观上的极端个人主义、极端利己主义、拜金主义、拜物主义、无政府主义、虚无主义等。这些都不同程度地反映了我们在价值观建设上的自发性。

价值观的生成和演进归根到底是由社会经济关系的演进与变动决定的。对于特定时代和特定民族的人们来说，人们总是自觉或不自觉地从自己所处的生产与交换的经济关系中吸取并继而凝结自己的价值观。生产关系及其由此决定的社会经济关系的更替与演进，最终决定了社会价值观体系的更替与演进。然而，马克思主义也辩证地指出，经济对价值观的制约作用并不是以直接的方式实现的，而是通过一系列中介而实现的，价值观的生成与演进除了经济的最终决定作用外，还与主体的自觉程度密切相关。缺乏对我国传统价值观、外来文化价值观和价值观自身发展规律的正确认识，必然会带来精神家园的残缺和社会道德的滑坡，影响和动摇我国社会发展和稳定的思想基础。价值多元承认人们追求合理的理想和目的，但是，目的的合理并不能说明手段的合理，价值多元时代的价值观建设迫切需要坚持价值自觉，只有坚持价值自觉，才能形成融合人类一切优秀思想和文化成果、反映时代发展的主流和方向、体现时代特征和精神的社会主义和谐社会核心价值体系，才能使人做出正确的价值选择。第一，价值自觉决定价值认知的水平。价值认知的程度体现价值自觉的程度，价值自觉不仅认识了价值现象，而且能深刻把握价值的本质、规律、属性和功能，并且能对客体未来价值作出预测。同时，在价值自觉状况下，人们借助于价值概念，将不同的价值现象进行分类、归属、比较、分析，做出正确的价值判断，从而使价值认识科学化、合理化。第二，价值自觉能够减少或避免影响价值认知的不利因素。价值自觉是人的价值理性的表现，标志着人对客观规律的认识和把握，说明人是处在理性状态下的。因此，在价值认知过程中，它就能够尽量减少或避免非理性因素如情感、意志、兴趣、好恶等的影响，坚持价值认知中的真理性和科学性；它也就能够把表面的、片面的、零散的价值感知，通过去粗取精、去伪存真、由此及彼、由表及里的方法，上升到理性的、系统的、全面的价值认知。第三，价值自觉能够认识和把握价值的本质及其发展规律，从而能保证人的价值认知的健康发展，有利于人们在价值认知上坚持正确的方向。第四，价值自觉能够实现价值选择中合规律性和合目的性的有机统一。选择是自由的表现，但"自由不在于幻想中摆脱自然规律而独立，而在于认识这些规律，从而能有计划地使自然规律为一定的目的服务"。[①]这说明自由是对必然的认识，是对规律的驾驭和把握。价值选择过程中，深刻认识和把握了客观规律，并自觉地遵循规律，就是价值自觉的体现，就是价值选择过程中的合规律性。人只有在认识了必然、把握了规律之后，才可以获得选择的自由。我们只有在充分了解和认识各种价值的属性、功能、结构及其变化发展规律之后，才能做出正确的价值选择。同时，人的价值选择都是具有一定目的的，但人们的目的是多种多样的，不仅不同时代以及不同阶级、阶层、地域的人们的目的不同，就是同一时代以及同一阶级、阶层、地域的人们，其目的也不尽相同。因此，这里的合目的性，是指符合人类发展规律的目的，是指有利于增进人类幸福、有利于实现人的自由全面发展的目的，符合人类总的价值追求、总的趋向的目的。人类的总目的与个体的目的之间，是一般和个别的关系。每一个个体的目的中包括人类的总目的，即一般的目的，

---

① 《马克思恩格斯选集》第3卷，人民出版社1995年版，第455页。

但个别中除包含一般之外，还有自身的特殊目的，这种特殊目的中，有的与社会的总目的相符合，从而强化了社会总目的，有的与社会总目的不符合，就会被社会所否定或抛弃，所以人在进行价值选择的过程中，不仅要认识和掌握客观规律，而且要充分发挥主体的自觉能动性。价值多元时代，我们必须保持清醒的头脑，既要允许多种合理健康的价值取向的"百家争鸣"，更要高扬价值导向的"主旋律"，牢牢掌握社会价值观建设与发展的主动权、主导权，努力造就一种富有新的时代特征的社会价值认同感，从而形成巨大的凝聚力和向心力，推动社会科学、稳定、和谐地发展。

（2）价值自觉是核心价值体系引领社会思潮的必然要求

差异是社会存在的客观现实，多样是社会发展的必然趋势。核心价值体系能否发挥主导作用，很大程度上要看它能不能体现大多数社会群体的思想意识。随着改革开放的深入，人们的思想观念、价值取向、理想信念、政治认同等变得日益多样化，百花齐放、百家争鸣的文化环境逐渐形成。同时，随着信息技术的迅速发展，特别是互联网的快速发展，带来了信息传媒功能革命性的飞跃，极大地改变着舆论传播、思想交流、生活内容和行为方式，加上已有的广播、电视、电话、图书、报纸、刊物等信息媒体，使社会思潮的传播、衍生、扩散、变异成倍增长，各种声音日益多样。多样化的社会思潮中，各种思想文化相互激荡，先进文化、有益文化与落后文化、腐朽文化同时并存，正确思想和错误思想、主流意识形态和非主流意识形态相互交织，种种思想的不同与差异迫切需要建设社会主义和谐社会核心价值体系。这些年来，我们既看到了思想观念的活跃多样所带来的创造性的迸发，也看到了有人对社会主义产生疑惑、对马克思主义产生误解、对民族精神和时代精神进行诋毁、对荣辱美丑是非不分，甚至迷失了方向。这种现实突出了构建社会主义道德体系、加强意识形态建设的重要性和紧迫性，更突出了强调社会主义价值导向一元，建设主流意识形态的重要性和紧迫性。"如果在一个社会发展过程中，主流意识形态的凝聚力减弱，或者丧失，那么社会的稳定和向心力也将减弱，由此必然引起人们对政治权力合法性的怀疑，产生信仰危机"。① 因此，在任何一种社会形态

---

① 徐海波等：《马克思主义价值的当代诠释》，人民出版社 2007 年版，第 50 页。

中，在社会发展的各个阶段，意识形态凝聚力都至关重要，它对保证政治权力的合法性，保持社会稳定，缓解社会矛盾和冲突，引导大众意识和行为有着不可低估的作用。

任何社会的核心价值体系，都是占统治地位的统治阶级意识的集中体现，在社会意识形态中处于主要地位，发挥主导作用。社会主义和谐社会核心价值体系是占支配地位的国家主流意识形态，是社会主义制度的内在精神和生命之魂，代表最广大人民的根本利益和整个社会发展方向，为社会主义和谐社会的发展提供价值标准和发展目标，具有极大的感召力和其他价值体系不可替代的先导性。

坚持价值自觉，用社会主义和谐社会核心价值体系引领社会思潮，能有效应对和回击西方敌对势力对我国进行的意识形态渗透。当今时代，经济全球化、世界多极化的趋势深入发展，意识形态领域的争夺异常激烈。我们要一心一意地建设社会主义和谐社会，但世界范围内社会主义与资本主义在意识形态领域的斗争和较量还是长期的、复杂的，有时甚至是非常尖锐的。我们要清醒地看到，各种敌对势力对我国这个当今世界最大的社会主义国家进行意识形态领域的渗透活动，不是为了帮助我们建设社会主义和谐社会，而是用西方腐朽的思想文化和价值观念对我国人民、尤其是对青少年和领导干部进行渗透，妄图消解和颠覆社会主义的核心价值体系，破坏我国民族团结和社会和谐。所以，我们必须旗帜鲜明地建设社会主义和谐社会核心价值体系，理直气壮地以社会主义和谐社会核心价值体系引领社会思潮。加强用核心价值体系引领社会思潮，也有助于消除价值取向多元带来的消极影响，在全社会范围内树立健康向上的价值导向，进一步加强和巩固马克思主义在意识形态领域里的指导地位，为构建社会主义和谐社会提供有力的思想保证。

（3）价值自觉是弘扬中华民族精神的必然要求

任何社会核心价值体系都是该民族的意识形态，必然自觉地反映出该民族的经济、政治和文化发展的品质与趋势，具有鲜明的民族特征、民族品格。中华文化是中华民族生生不息、团结奋进的不竭动力，要全面认识祖国传统文化，取其精华，去其糟粕，使之与当代社会相适应、与现代文明相协调，保持民族性，体现时代性。社会主义和谐社会核心价值体系建设要充分体现民族追求的内容与形式,适应自己的文化传统、民族的思维特点和价值取向,并在此基础上以人类一切优秀文化为参照,理性地对待民族传统文化,发掘其中对当今时代中国社会发展具有积极意义的部分,同时,注重对其他国家优秀民族精神的自觉吸取,这样才能被中华民族认同和接受。江泽民指出,"只有首先赢得中国人民的喜爱,具有中国风格、中国气派,才能堂堂正正走向世界和屹立于世界文化之林"。① 党的十六届六中全会明确提出,社会主义和谐社会核心价值体系以"爱国主义为核心的民族精神和以改革创新为核心的时代精神"为其基本内容之一,也充分体现了核心价值体系的时代性和民族性。

国家文化软实力在很大程度上表现为民族凝聚力,这种凝聚力主要来自于人们对核心价值体系的认同和追求。要把全国各族人民凝聚起来,形成全面建设小康社会、实现中华民族伟大复兴的强大合力,必须坚持价值自觉,在全社会建设社会主义和谐社会核心价值体系,形成统一的指导思想、共同的理想信念、强大的精神支柱和基本的道德规范,使人们超越民族、血缘、语言、地域等方面的差异,超越阶层、行业、职业、利益等方面的差异,增强对中华民族大家庭的向心力和归属感,不断巩固民族团结和睦的精神纽带。

文化影响力的强弱,是衡量一个国家文化软实力的重要标志。中华文化富有独特魅力,是世界文化百花园中的奇葩。今天,中华文化得到了更广泛的传播,但中华文化的国际影响力与我国的发展中大国地位和世界渴望了解中华文化的愿望还不相适应。建设社会主义和谐社会核心价值体系,充分挖掘和弘扬中华传统文化的有益价值,不断从时代的火热实践中汲取新鲜养分,有利于我们的文化保持民族性、时代性、先进性,展现中国特色、中国风格、中国气派;有利于抵御西方资产阶级腐朽思想文化的渗透,有效维护我国文化安全;有利于推动中华文化更好地走向世界,扩大我国的国际影响力,充分彰显中华文化的民族特色、民族品格和世界意义。

3. 价值自觉的实现

价值自觉是人们在认识事物本质和规律基础上的价值追求,是全面、

---

① 江泽民:《在第六次全国文代会和第五次全国作代会上的讲话》,载《人民日报》1996 年 12 月 16 日。

辩证、科学的价值追求。主体意识的确立是价值自觉的前提，但确立主体意识仅仅为价值自觉的实现提供了一种可能，并不意味着实现价值自觉的必然。要在社会主义和谐社会核心价值体系建设中实现价值自觉，还必须准确把握价值观形成发展规律、合理定位价值体系结构，并通过主体自觉的实践把正确的价值追求落到实处。

（1）坚持以人为本，着力主体意识的科学培育

价值主体是价值的创造者和享用者，是价值体系中的核心。马克思认为："人的本质是人的真正的社会联系，所以人在积极实现自己本质的过程中创造、生产人的社会联系、社会本质"，"整个所谓世界历史不外是人通过人的劳动而诞生的过程"。① 人是社会发展的主体，也是社会主义和谐社会核心价值体系建设的主体，我们必须构建以人为本的社会主义和谐社会核心价值体系。构建以人为本的社会主义和谐社会核心价值体系，就是以人民为中心，就是以人民作为价值主体和评价主体，就是以最广大人民群众的根本利益和需要作为最高的价值标准和评价标准。人民群众既是社会主义和谐社会核心价值体系建设的主体，也是社会主义和谐社会核心价值体系建设成果的享受者。在社会主义和谐社会，让人民的生活更加美好是我们应当恪守的价值观的现实关切和终极指向。

主体意识的确立，是实现价值自觉的前提。只有确立主体意识，人们才有可能自主、积极、理性地追求自身价值的实现，才有可能对社会多元价值体系作出合理评价、理性选择，才有可能追求自身的全面发展。我国由于长期落后的自然经济，再加上封建专制的统治，人的主体意识习惯性地被压抑。虽然随着思想解放运动的兴起和改革开放政策的实施，主体意识开始萌动，但远远没有达到自觉的程度。根深蒂固的非主体意识特别是工具意识熄灭了人们自我创造的思维，阉割了个体的灵魂，使人们依附他人，趋同陈规，思想僵化，恪守传统，也萎缩与弱化了社会吐故纳新的功能，使人停滞守旧。具有非主体意识特别是工具意识的人不懂得个体的价值，更不懂得他人、社会的真正价值，不知道用人的尺度来衡量自己，追求完美的人性。

---

① 《马克思恩格斯全集》第 42 卷，人民出版社 1979 年版，第 24，131 页。

培育主体意识，需要有相应的"土壤"、"气候"和条件。

要发展市场经济，提供培育人的主体意识的"土壤"。如果说自然经济条件下，"人都是互相依赖的；农奴和领主，陪臣和诸侯，牧人和牧师。物质生产的社会关系以及建立在这种生产的基础上的生活领域，都是以人身依附为特征的。"① 那么，市场经济最大的优点是使人摆脱了人身依附关系，还人以自由。市场经济还是主体意识赖以生成、发展的根基和动力。社会主义市场经济体制的建立，给人们提供了人身自由和活动自由的广阔空间，同时也促使人走向自立、自强。谁要想在充满竞争的浪潮中站稳脚跟，就得奋力拼搏。市场竞争使人们要求成功的动机大大加强，能动性、创造性得到充分的发挥。而自立、自强、竞争、拼搏的过程，本身就是主体意识的建构过程。可见，主体意识的培育，首先离不开社会主义市场经济这片开放的土壤。

要建设民主政治，营造主体意识培育的最佳"气候"。公民的主体意识与民主政治的发展程度密切相关。公民是在一定的政治制度环境下参与政治的，制度本身规定了公民政治参与的资格、形式和范围。专制制度扼杀了人的主体意识，使人处在盲从、愚昧状态。社会主义民主政治则使人获得了自由和平等，使人可以按照自己的权利行事，真正成为自身的主人。这种自主和独立，内在地包含着一种理性精神，它使人不再是盲目、愚昧的主体，而是变为具有独立判断能力和能动创造精神的积极主体。社会主义民主政治的发展，为培育公民的主体意识提供了制度保障。

要培育健康的文化环境，创造培育主体意识的必要条件。健康的文化是公民发挥主体意识的必要条件。社会主义和谐社会在文化建设的理念上，提倡以人为本，切实保障公民进行文化创造、共享文化发展成果的基本权利，不断提高公民文化素养。在价值追求的目标设定上，提出以实现人的全面发展和实现民主、自由、平等、正义、和谐等基本价值目标，倡导主导文化与亚文化的一元主导、多样共生发展，以社会主义和谐社会核心价值体系引领公民价值认同，这种宽松、人本、健康的文化氛围，为人的全面发展和公民主体意识的形成创造了必要条件。

---

① 《马克思恩格斯全集》第 23 卷，人民出版社 1972 年版，第 94 页。

（2）坚持实事求是，着力价值观规律的准确把握

价值自觉是人们在认识事物本质和规律基础上的价值追求，也是对价值本质科学理解基础上的价值追求。要在社会主义和谐社会核心价值体系建设中实现价值自觉，需要全面准确把握社会主导价值观生成和发展的基本规律。

价值观作为价值意识是对社会存在的反映，有什么样的社会存在就有什么样的价值观念。综观人类社会发展史和思想观念演变历史不难看出，社会主导价值观的历史演进过程，主要受两方面因素的影响：需要和利益。需要是社会主导价值观生成发展的人性基础，利益是社会主导价值观生成发展的社会基础。人的本性即人的需要，需要是构成价值主客体互动关系的前提和条件，价值正是在不断满足人和社会的需要中产生和实现的，离开了人和社会的需要，价值就会失去其魅力和方向。马克思认为人的需要是与生俱来的人的"内在规定性"。需要是生命活动的表现，具有众多需要的人，"同时就是需要有完整的人的生命表现的人，在这样的人身上，他自己的实现表现为内在的必然性、表现为需要。"① 人之所以为人，就表现为具有人的众多需要这一"内在的必然性"。人作为有生命活动的社会存在物，只要具有生命，是活生生的人，生活在社会上，他就有需要，需要吃饭、喝水、穿衣、住房……，需要维持生命运动的必需品；在解决物质生活资料的基础上，还需要识字、读书、欣赏艺术……，需要维持精神活动的必需品。这就是说，需要是人的生命活动的表现，只要有生命活动的人，就有需要。人的需要就是人的本质，以至于可以说："他们的需要即他们的本性"。② 人的需要是自然性和社会性的统一，社会性是其根本。同时，人的需要永远不会停留在一个水平上，具有无限发展性和丰富性。"已经得到满足的第一个需要本身、满足需要的活动和已经获得的为满足需要用的工具又引起新的需要。"③ 生产力的发展是人的需要无限发展的基础，但就人的全部需要而言，其无限发展的过程实质上就是社会实践无限发展的过程。所以，在社会主义和谐社会核心价值体系构建中，我们必须关注人的需要，

----

① 《马克思恩格斯全集》第42卷，人民出版社1979年版，第129页。
② 《马克思恩格斯全集》第3卷，人民出版社1960年版，第514页。
③ 《马克思恩格斯全集》第3卷，人民出版社1960年版，第32页。

必须关注人的需要的发展性和丰富性，增强价值观建设的针对性和有效性。

价值观是人们对人和事物有无价值、价值大小的总的看法和评价。这些总看法和总评价，归根结底，反映的是人们对待利益的态度。利益本质上是一个社会关系范畴，它是需要主体为了满足自身的需要而与需要对象之间存在的一种对立统一关系的体现。利益总是与人和社会的发展所必需的、有用的东西联系在一起，必须以需要对象的存在为前提，而对象作为人存在和发展的条件具有满足人们的物质、文化、精神、情感等需要的功能属性，所以，一切同人的生活有功能联系的对象就构成了利益的实物内容即客体内容。马克思说："人们奋斗所争取的一切，都同他们的利益有关。"① 所以，社会主义和谐社会核心价值体系的构建，必须以关心人的利益为出发点，要协调好、平衡好人们之间因利益不平衡而引起的思想心理问题，引导人们树立正确的利益观，进而达到化解矛盾，维护稳定，增强凝聚力的目的。价值观作为社会意识范畴，它虽然受需要、利益等因素的制约，但它又具有自身的能动性和独特的发展规律，一旦形成，它就具有相对独立性，会作用于社会存在和经济基础，对人的发展、社会经济的发展起导向、调节、制衡、规范等作用。

（3）坚持辩证思维，着力价值体系结构的合理定位

社会价值体系从类型上讲包括社会核心价值体系和非核心价值体系，按内容和要素分包含指导思想、共同理想、价值主体、价值取向、价值评价等。让什么样的价值体系居于主导地位、以什么样的思想理论为指导，是社会价值体系建设的首要问题，也是价值是否自觉的主要体现。社会主义和谐社会核心价值体系是社会主义意识形态的本质体现，是当前我国的主导价值体系。我们必须巩固马克思主义指导地位，坚持不懈地用马克思主义中国化最新成果武装全党、教育人民，用中国特色社会主义共同理想凝聚力量，用以爱国主义为核心的民族精神和以改革创新为核心的时代精神鼓舞斗志，用社会主义荣辱观引领风尚，巩固全党全国各族人民团结奋斗的共同思想基础。在社会主义和谐社会核心价值体系中，马克思主义是灵魂。马克思主义为建设社会主义和谐社会核心价值体系提供了正确的立

① 《马克思恩格斯全集》第1卷，人民出版社1956年版，第82页。

场、观点和方法，发挥着思想基础和理论支撑的作用，决定着社会主义和谐社会核心价值体系的性质和方向。建设社会主义和谐社会核心价值体系，必须坚持马克思主义的指导地位。历史已经证明，马克思主义是我们建设社会主义和谐社会核心价值体系的理论基础和科学指南。我国的核心价值体系如果背离了马克思主义的指导，必然会迷失方向而且软弱无力，沦为西方资本主义意识形态的附庸。当前，只有自觉地坚持马克思主义的立场和方法，正确把握社会主义价值观念产生和发展的历史条件、本质要求和客观规律，才能切实解决影响我国价值观念传承和变革的重大理论与现实问题，积极回应国内外各种思想文化和社会思潮的挑战，进而保证社会主义和谐社会核心价值体系顺利而迅速地孕育和生长。

社会核心价值体系，必然要与其生产力发展水平和社会发展阶段相适应。当前，我国正处在社会主义初级阶段，处在社会转型时期，经济、社会变动剧烈，社会利益呈现多元化，社会思潮呈现多样化，价值观也必然呈现出多样性。这就决定了我国在价值观建设上，既要坚持社会主义和谐社会核心价值体系为主导，又要尊重差异、包容多样。社会主义和谐社会核心价值体系能否发挥主导作用，很大程度上要看它能不能体现大多数社会群体的思想意识。费孝通指出："文化自觉只是指生活在一定文化中的人对其文化有'自知之明'，明白它的来历、形成过程，所具有特色和它的发展趋向。"[①] 也就是说一种思想观念的自觉表现为对其形成与发展规律的把握，表现为对其历史背景和现实条件的理解。马克思指出："每一历史时代的经济生产以及必然由此产生的社会结构，是该时代政治的和精神的历史的基础。"[②] 核心价值体系作为一种意识形态，其基本特征和发展进程必须为一定历史阶段的生产方式的基本特征和发展进程所决定的。这说明社会主义和谐社会核心价值体系建设，既要立足于社会主义初级阶段，又要面向全球化、信息化、工业化、市场化、城镇化的特点。要立足于我国的国情，既不能照搬发达国家的经济政治文化模式和价值观，也不能继续沿用传统的经济政治文化模式和价值观，必须同我国正处于社会主义初级阶段

---

① 费孝通：《重建社会学与人类学的回顾和体会》，载《中国社会科学》2000 年第 1 期，第 37—51 页。

② 《马克思恩格斯选集》第 1 卷，人民出版社 1995 年版，第 252 页。

相适应，同我国多种所有制经济并存相适应，同我国多种分配方式并存相适应，同我国区域经济社会发展不平衡的现状相适应，同人们思想观念、道德意识、价值取向呈现的层次性相适应。要正确处理好传统价值观和现代价值观、民族价值观和全球普遍价值观的协调和结合的关系，既要立足于中华民族文化，充分地认识历史文化的资源价值，"取其精华、去其糟粕"，使之成为适应现代生活的现代价值观。离开了对民族优秀传统文化及价值观的保护弘扬和继承发展，构建中国特色社会主义核心价值体系就会成为无源之水、无本之木。同时，又要广泛吸收和借鉴人类社会创造的一切优秀的精神文化成果，这是我们构建中国特色社会主义核心价值体系的内在要求。"如果我们了解和理解我们自己的传统和其他文化的情况，那么，我们就会感到更加自由……我们对其他文化了解得越多，对文化过程理解就越深刻，就更能找到更多的、美好的、有意义的、有效益的东西。"① 不同国家和民族间价值观的相互交流和吸收是价值观发展的重要规律。中华文化最大的特点就是包容性，当今构建社会主义核心价值体系就必须以博大的胸怀和开阔的视野，大胆地吸收人类文明的一切优秀成果，包括正确认识和对待资本主义文化和价值观中合理的成分。只有这样立足我国国情，坚持马克思主义为指导，吸收和融汇我国传统文化和现代西方文化价值体系中的优秀有益成分，不断推进各种价值观的继承借鉴与综合创新，才能真正构建具有中国特色、时代品格的社会主义核心价值体系，也才是对价值自觉的真正实践。

（4）坚持面向实践，着力价值目标的自觉践行

要实现价值自觉，主体必须自觉地投身实践，投身于中国特色社会主义建设的实践之中。

价值自觉以对客观事物本质和规律的正确认识为基础。实践是认识的来源，人的正确认识只能从生产实践、社会实践、科学实践中来。人们从各种渠道获得的知识并非都是正确的，当人们运用这种知识去指导实践时，凡属不正确的认识，用以指导实践，必然会受到挫折、失败。人们在失败之后，就会进行反思，寻找原因，修正自己的认识。经过多次失败，多次

---

① ［美］P·K·博克：《多元文化与社会进步》，余兴安等译，辽宁出版社 1988 年版，第348 页。

反思，对原有认识的多次修正，逐渐使自己的认识符合客观外界的规律性，使实践获得成功，从而获得对事物本质和规律的正确认识。离开社会实践（包括自己的实践和他人的实践），是不可能获得对事物本质与规律的正确认识的。只有在反复实践中获得对事物本质与规律的正确认识的基础上，人们的价值追求才能从自发进到自觉。

价值自觉是对人与自然的和谐统一、社会全面进步与人的全面发展协调一致等坚定的价值追求，是对真善美的价值追求。以马克思主义为指导思想、坚持中国特色社会主义共同理想、弘扬以爱国主义为核心的民族精神和以改革创新为核心的时代精神、树立社会主义荣辱观，自觉认同、践行社会主义核心价值体系，都是真善美价值追求的具体体现，这样的价值追求要有坚定的科学信仰、高度的自律意识和坚强的道德意志等优秀品质才能落到实处，这种优秀品质反映了一个人执着追求高尚人格的坚定性。孔子说："志士仁人，无求生以害仁，有杀身以成仁。"① 孟子说："富贵不能淫，贫贱不能移，威武不能屈"，② 这样的人叫大丈夫。孟子还说在生和义发生矛盾时，应舍生取义。古人杀身成仁，舍生取义，表明他们对"成仁"、"取义"的价值追求的高度自觉和坚贞不屈。一个人真正的价值自觉必须具有这种宁为玉碎、不为瓦全的刚正不阿的坚强品质。高度的自律意识、坚强的道德意志，必须在实践中去磨炼，在实践中去接受顺境和逆境的考验，只有在长期实践中经受艰苦磨炼，才能培养自己坚强的自律意识，才能始终坚持道德自律，实现价值自觉。

人类的历史，就是不断地从必然王国到自由王国转化的历史。随着人类的发展，人类不断从必然中获得自由，人类越是向前发展，人们从必然中获得的自由越多。人的价值追求从价值自发到价值自觉的转化，正是人们从必然中获得自由在价值追求上的表现。价值自觉是人的自由的一种表现。人的自由以对客观必然性的认识为基础，同时人的自由又以人的能力发展为条件，人的自由的获得取决于人的能力的不断提高，没有一定的能力，也就无所谓主体的自由。人类和动物不同，动物的一切活动都是本能

---

① 《论语·卫灵公》。
② 《孟子·滕文公下》。

的活动，而人的一切活动都具有鲜明的目的性、计划性和高度的自觉性。人的行为自由实际上便是人支配和驾驭客观世界的能力，这种能力愈是提高，人的活动的自由度就越大。主体能力的高低和其自由度的大小成正比例。但是，人的这种能力并不是天赋的，而是后天锻炼、培养和发展起来的，要想提高这种能力，必须通过实践提高人的素质和能力。人的能力包括认识能力和实践能力，在实践中提高了主体的认识能力和实践能力，就增大了主体的自由，就有助于促进实现价值自觉。

　　人的价值追求是一个从价值自发到价值自觉再到新的价值自发和新的价值自觉的无限发展的过程。在一定历史条件下，从价值自发进到价值自觉，随着实践的发展，又会产生新的价值自发，又需要从新的价值自发进到新的价值自觉。正如从价值自发进到价值自觉转化的过程是在实践基础上对事物本质和规律的认识过程一样，从新的价值自发到新的价值自觉，也只有在实践过程中去解决。只有在新的实践基础上，总结正反经验教训，逐步认识事物的本质规律，才能在此基础上从新的价值自发进到新的价值自觉。实践、认识、再实践、再认识的过程，也就是从价值自发到价值自觉，再到新的价值自发和新的价值自觉的过程。人的实践和认识的过程永远没有完结，人类价值追求从价值自发到价值自觉也永远没有完结，而要解决价值自发到价值自觉的这一对永恒矛盾最根本的途径是人的自觉实践。所以，要实现价值自觉，主体必须自觉地实践，不断地增强实践的自觉性、科学性、主动性和有效性。

主要参考文献

一

1. 《马克思恩格斯选集》第 1—4 卷，人民出版社 1995 年版。

2. 《马克思恩格斯全集》第 1 卷，人民出版社 1956 年版。

3. 《马克思恩格斯全集》第 2 卷，人民出版社 1957 年版。

4. 《马克思恩格斯全集》第 20 卷，人民出版社 1971 年版。

5. 《马克思恩格斯全集》第 22 卷，人民出版社 1965 年版。

6. 《马克思恩格斯全集》第 42 卷，人民出版社 1979 年版。

7. 《马克思恩格斯全集》第 46 卷（上、下），人民出版社 1979 年版。

8. 《列宁选集》第 4 卷，人民出版社 1960 年版。

9. 《列宁全集》第 16 卷，人民出版社 1988 年版。

10. 《毛泽东选集》第 1—4 卷，人民出版社 1991 年版。

11. 《邓小平文选》第 1—2 卷，人民出版社 1994 年版。

12. 《邓小平文选》第 3 卷，人民出版社 1993 年版。

13. 《江泽民文选》第 1—3 卷，人民出版社 2006 年版。

14. 胡锦涛：《在省部级主要领导干部提高构建社会主义和谐社会能力专题研讨班上的讲话》，《人民日报》2005 年 6 月 27 日。

二

15. 《论语》。

16. 《礼记》。

17. 《孟子》。

18. 《荀子》。

19. 《墨子》。

20. 《庄子》。

21. 《老子》。

22. 《韩非子》。

23. 《中庸》。

24. 《周易》。

25. 《左传》。

26. 《国语》。

27. 《史记》。

28. 《春秋繁露》。

29. 《汉书》。

30. 《朱子语类》。

31. 《古兰经》。

32. 《圣经》。

33. 《太平经合校》。

三

34. ［古希腊］柏拉图：《理想国》，郭斌和、张竹明译，商务印书馆 1986 年版。

35. ［古希腊］亚里士多德：《政治学》，吴寿彭译，商务印书馆 1965 年版。

36. ［古罗马］西塞罗：《国家篇·法律篇》，沈叔平、苏力译，商务印书馆 2002 年版。

37. ［古罗马］奥古斯丁：《上帝之城》，英译本，中国人民大学出版社 2003 年版。

38. ［英］罗素：《西方哲学史》上卷，何兆武、李约瑟译，商务印书馆 1963 年版。

39. ［美］利奥塔：《后现代性与公正游戏》，谈瀛洲译，上海人民出版社 1997 年版。

40. ［意］加林：《意大利人文主义》，李玉成译，北京三联书店 1998 年版。

41. ［英］托马斯·莫尔：《乌托邦》，戴镏龄译，三联书店 1956 年版。

42. ［英］霍布斯：《利维坦》，黎思复等译，商务印书馆 1985 年版。

43. ［美］乔治·霍兰·萨拜因：《政治学说史》下册，刘山等译，商务印书馆 1986 年版。

44. ［英］洛克：《政府论两篇》，赵伯英译，陕西人民出版社 2004 年版。

45. ［法］孟德斯鸠：《论法的精神》，张雁深译，商务印书馆 1961 年版。

46. ［法］卢梭：《社会契约论》，何兆武译，商务印书馆 1980 年版。

47. ［德］康德：《永久和平论》，何兆武译，商务印书馆 1996 年版。

48. ［英］摩尔：《伦理学原理》，长河译，商务印书馆 1983 年版。

49. ［美］欧文·拉兹洛等：《意识革命——跨越大西洋的对话》，朱晓苑译，社会科学文献出版社 2001 年版。

50. ［英］亚当·斯密：《道德情操论》，蒋子强、钦北愚、朱钟棣、沈凯璋译，商务印书馆 1997 年版。

51. ［美］丹尼尔·贝尔：《资本主义文化矛盾》，赵一凡等译，三联书店 1992 年版。

52. ［英］爱德华·泰勒：《原始文化》，连树声译，广西师范大学出版社 2005 年版。

53. ［美］塞缪尔·亨廷顿：《文明的冲突与世界秩序的重建》，周琪等译，新华出版社 2002 年版。

54. ［法］让·斯托策尔：《当代欧洲人的价值观念》，陆象淦译，社会科学文献出版社 1988 年版。

55. ［美］马斯洛：《人性能达的境界》，林方译，云南人民出版社 1987 年版。

56. ［法］皮埃尔·莫纳：《自由主义思想文化史》，曹海军译，吉林人民出版社 2004 年版。

57. ［英］密尔:《功利主义》,唐钺译,商务印书馆 1957 年版。

58. ［英］哈耶克:《通往奴役之路》,王明毅、冯兴元等译,中国社会科学出版社 1997 年版。

59. ［德］乌尔里希·贝克:《世界风险社会》,吴英姿、孙淑敏译,南京大学出版社 2004 年版。

60. ［英］约翰·汤姆林森:《全球化与文化》,郭英剑译,南京大学出版社 2002 年版。

61. ［美］大卫·雷·格里芬:《后现代精神》,王成兵译,中央编译出版社 1998 年版。

62. ［美］波林·罗斯诺:《后现代主义与社会科学》,张国清译,上海译文出版社 1998 年版。

63. ［美］凯蒂·索珀:《人道主义与反人道主义》,廖申白、杨清荣译,华夏出版社 1999 年版。

64. ［意］尼科洛·马基雅维利:《君主论》,潘汉典译,商务印书馆 1996 年版。

65. ［英］休谟:《人性论》,关文运译,商务印书馆 1980 年版。

66. ［荷兰］斯宾诺莎:《神学政治论》,温锡增译,商务印书馆 1996 年版。

67. ［德］黑格尔:《法哲学原理》,范扬、张企泰译,商务印书馆 1961 年版。

68. ［英］戴维·赫尔德:《全球大变革:全球化时代的政治、经济与文化》,杨雪冬等译,社会科学文献出版社 2001 年版。

69. ［德］P·科斯洛夫斯基:《资本主义的伦理学》,王彤译,中国社会科学出版社 1996 年版。

70. ［德］卡尔·白舍客:《基督宗教伦理学》,静也、常宏译,上海三联书店 2002 年版。

71. ［英］约翰·希克:《宗教之解释:人类对超越者的回应》,王志成译,四川人民出版社 1998 年版。

72. ［美］乔纳森·H·特纳:《社会学理论的结构》,吴曲辉等译,浙江人民出版社 1987 年版。

73. ［英］安东尼·吉登斯：《现代性的后果》，田禾译，译林出版社 2000 年版。

74. ［美］罗纳德·德沃金：《至上的美德》，冯克利译，江苏人民出版社 2003 年版。

75. ［美］约翰·罗尔斯：《正义论》，何怀宏等译，中国社会科学出版社 1988 年版。

76. ［美］霍尔姆斯·罗尔斯顿：《环境伦理学》，杨通进译，中国社会科学出版社 2000 年版。

77. ［美］德尼·古莱：《发展伦理学》，高铦、温平、李继红译，社会科学文献出版社 2003 年版。

78. ［美］阿尔蒙德·维巴：《公民文化》，徐湘林译，华夏出版社 1989 年版。

79. ［美］博登海默：《法理学——法律哲学与法律方法》，邓正来译，中国政法大学出版社 1999 年版。

80. ［英］爱德华·泰勒：《原始文化》，连树声译，广西师范大学出版社 2005 年版。

81. ［美］C·恩伯、M·恩伯：《文化的变异》，杜杉杉译，辽宁人民出版社 1988 年版。

82. ［德］恩斯特·卡西尔：《人论》，甘阳译，上海译文出版社 1985 年版。

83. 联合国开发计划署：《2004 年人类发展报告———当今多样化世界中的文化自由》，中国财政经济出版社 2004 年版。

84. ［前苏联］马林诺夫斯基：《文化论》，费孝通等译，华夏出版社 2002 年版。

85. ［美］罗兰·罗伯森：《全球化：社会理论和全球文化》，梁光严译，上海人民出版社 2000 年版。

86. 李德顺：《价值学大词典》，中国人民大学出版社 1995 年版。

87. 梁漱溟：《东西文化及其哲学》，商务印书馆 1999 年版。

88. 冯友兰：《新原人》，华东师范大学出版社 1996 年版。

89. 袁贵仁：《价值学引论》，北京师范大学出版社1991年版。

90. 齐振海、袁贵仁主编：《人的价值问题探索》，教育科学出版社1995年版。

91. 王玉樑：《21世纪价值哲学：从自发到自觉》，人民出版社2006年版。

92. 王玉樑：《价值哲学新探》，陕西人民出版社1993年版。

93. 王玉樑：《当代中国价值哲学》，人民出版社2004年版。

94. 李从军：《价值体系的历史选择》，人民出版社1992年版。

95. 韦政通：《伦理思想的突破》，中国人民大学出版社2005年版。

96. 徐大同：《西方政治思想史》，天津教育出版社2005年版。

97. 于海：《西方社会思想史》，复旦大学出版社2005年版。

98. 朱贻庭主编：《中国传统伦理思想史》，华东师范大学出版社1989年版。

99. 江畅、戴茂堂：《西方价值观念与当代中国》，湖北人民出版社1997年版。

100. 张立文：《和合哲学论》，人民出版社2004年版。

101. 《古希腊罗马哲学》，三联书店1982年版。

102. 吴忠民：《社会公正论》，山东人民出版社2004年版。

103. 兰久富：《社会转型时期的价值观念》，北京师范大学出版社1999年版。

104. 徐海波等：《马克思主义价值的当代诠释》，人民出版社2007年版。

105. 陈新汉：《评价论导论》，上海社会科学院出版社1995年版。

106. 万斌：《政治哲学》，浙江大学出版社1996年版。

107. 祝黄河：《中国社会全面发展问题研究》，江西人民出版社1999年版。

108. 熊晓红、王国银等著：《价值自觉与人的价值》，人民出版社2007年版。

109. 魏忠英、秦志勇：《哲学与现实》，中国人民大学出版社1994年版。

110. 罗荣渠：《现代化新论》，北京大学出版社 1993 年版。

111. 周辅成：《西方伦理学名著选辑》（上卷），商务印书馆 1964 年版。

112. 周辅成：《西方伦理学名著选辑（下卷）》，商务印书馆 1987 年版。

113. 冯契：《哲学大辞典》，上海辞书出版社 1992 年版。

114. 金增嘏：《西方哲学史》，上海人民出版社 1983 年版。

115. 许烺光：《宗族、种族、俱乐部》，华夏出版社 1990 年版。

116. 《西方法律思想史资料选编》，北京大学出版社 1983 年版。

117. 蔡拓：《西方政治思想史上的政体学说》，中国城市出版社 1991 年版。

118. 江西元：《中国和平崛起》，中国社会科学出版社 2004 年版。

119. 马明良：《伊斯兰教简史》，经济日报出版社 2001 年版。

120. 联合国教科文组织：《世界文化报告（1998）——文化、创新与市场》，北京大学出版社 2000 年版。

121. 陆学艺主编：《当代中国社会结构》，社会科学文献出版社 2010 年。

122. 李芹主编：《社会学概论》，山东大学出版社 2009 年版。

123. 郭星华：《社会结构与社会发展》，党建读物出版社 2001 年版。

124. 邓伟志：《和谐文化导论》，上海大学出版社 2007 年版。

125. 汝信、陆学艺、李培林：《2005 年：中国社会形势分析与预测》，社会科学文献出版社 2004 年版。

126. 赵连文、张玉玲编著：《社会学引论》，中国社会科学出版社 2010 年版。

127. 熊月之主编：《和谐社会论》，时事出版社 2005 年版。

128. 郑杭生：《中国人民大学中国社会发展研究报告 2006——走向更讲治理的社会：社会建设与社会管理》，中国人民大学出版社 2006 年版。

129. 《六个为什么——对几个重大问题的回答》，学习出版社 2009 年版。

130. 《建设社会主义核心价值体系大参考》，红旗出版社 2007 年版。

131. 《社会主义核心价值体系学习读本》，学习出版社 2009 年版。

四

132. 张岱年：《论价值的层次》，载《中国社会科学》1990 年第 3 期。

133. 李德顺：《普遍价值及其客观基础》，载《中国社会科学》1998 年第 6 期。

134. 俞吾金：《当代中国文化的内在矛盾与出路》，载《浙江学刊》2000 年第 5 期。

135. 孙伟平：《普遍价值：可能性及其限度》，载《天津社会科学》2001 年第 5 期。

136. 何显明：《儒家政治哲学的内在理路及其限制》，载《哲学研究》2004 年第 5 期。

137. 卢风：《"天地境界说"对生态伦理的启示》，载《学术月刊》2002 年第 4 期。

138. 张世英：《人生的四种境界》，载《光明日报》2010 年 1 月 5 日。

139. 王治河：《哲学研究作为一种生活方式的后现代主义》，载《北京大学学报》2006 年第 3 期。

140. 唐凯麟：《把握社会主义核心价值体系的基础》，载《光明日报》2007 年 8 月 14 日。

141. 吴倬、孟宪东：《论社会主导价值观和个性化价值意识》，载《清华大学学报》（哲学社会科学版）2004 年第 1 期。

142. 吴潜涛：《社会主义核心价值体系的科学内涵》，《道德与文明》，2007 年第 1 期。

143. 方立天：《中国佛教伦理思想论纲》，载《中国社会科学》1996 年第 2 期。

144. 王伟光：《论利益范畴》，载《北京社会科学》1997 年第 1 期。

145. 王泽应：《社会主义核心价值观的基本特征》，载《光明日报》，2007 年 4 月 3 日。

146. 彭新万，彭春艳：《美国的新保守主义》，载《国际关系学院学报》1999 年第 3 期。

147. 佟立：《全球化进程中的后现代设计》，载《天津师范大学学报》2003 年第 4 期。

148. 费孝通：《"美美与共"和人类文明（下）》，载《群言》2005 年第 2 期。

149. 徐贵权：《论价值取向的建构功能》，载《南京师大学报》（社会科学版）2002 年第 3 期。

150. 王宁：《后现代与全球化》，载《天津社会科学》1997 年第 5 期。

151. 郭湛、王文兵：《构建和谐的社会有机体》，载《中国人民大学学报》2006 年第 4 期。

152. 韩震：《怎样理解社会是一个有机体》，载《教学与研究》2001 年第 1 期。

153. 梁树发：《关于社会主义社会建设的几个问题》，载《东岳论丛》2005 年第 6 期。

154. 任春华：《关于社会建设的理论思考》，载《学习与探索》2008 年第 3 期。

155. 周双丽：《论社会主义核心价值体系的理论实质与精神内涵》，载《社会主义研究》2007 年第 5 期。

156. 朱贻庭：《西方世俗化价值观的反思》，载《探索与争鸣》2000 年第 10 期。

157. 韦森：《个人主义与社群主义———东西方社会秩序历史演进路径差异的文化原因》，载《复旦学报》（社会科学版）2003 年第 3 期。

158. 唐日新：《中西方价值取向的分野和融合》，载《求索》1996 年第 3 期。

159. 宋志明：《论儒学关于中华民族精神的培育理念》，载《广东社会科学》2007 年第 2 期。

160. 叶丽娟：《西方政治制度的人性论基础》，载《江汉论坛》2003 年第 12 期。

161. 王文科：《经济全球化、全球问题与全球伦理》，载《安徽师范大学学报》2004 年第 1 期。

162. 徐秦法：《"和谐世界"理念与"文明冲突"论》，载《学术交流》2007 年第 5 期。

163. 左高山：《和谐世界理念：一种新的政治伦理》，载《道德与文明》2008 年第 2 期。

164. 张宏：《个人与社会价值的选择》，载《学术研究》1995 年第 6 期。

165. 肖群忠：《论中国传统人性论思想的特点与影响》，载《齐鲁学刊》2007 年第 3 期。

166. 杨明，张伟：《个人主义：西方文化的核心价值观》，载《南京社会科学》2007 年第 4 期。

167. 杜雁芸：《和谐世界理念的新思考》，载《长江论坛》2008 年第 3 期。

168. 易小明：《人的工具价值及其目的化处理》，载《天津社会科学》2006 年第 4 期。

169. 孙万菊：《从建构后现代精神到建构后现代社会》，山东师范大学 2001 年硕士学位论文。

170. 贾英健：《认同的哲学意蕴与价值认同的本质》，载《山东师范大学学报》（人文社会科学版），2006 年第 1 期。

171. 贺善侃：《民族自觉与凝聚民族精神》，载《思想理论教育》2008 年第 15 期。

172. 顾利：《论当代中国的个体价值选择》，载《南京师范大学》硕士论文 2007 年。

173. 于孝安：《谈市场经济下的功利价值问题》，载《理论学刊》1995 年第 3 期。

174. 王忠武：《和谐社会的价值合理性与价值目标定性》，载《重庆社会科学》2006 年第 4 期。

175. 刘福森：《生态伦理学的困境与出路》，载《北京师范大学学报》（社会科学版）2008 年第 3 期。

176. 陆学艺：《构建和谐社会与社会结构的调整》，载《江苏社会科学》2005 年第 6 期。

177. 张建新：《社会机制的涵义及其特征》，载《人文杂志》1991 年第 6 期。

178. 蒋影明：《社会机制决定论》，载《学海》1995 年第 3 期。

179. 杨义芹：《调整社会结构与构建和谐社会》，载《天津大学学报》（社会科学版）2005 年第 5 期。

180. 虞崇胜：《论人的政治性与政治主体性》，载《文史哲》2002 年第 4 期。

181. 刘正球：《论社会共同价值观》，载《湛江海洋大学学报》（社科版）2003 年第 2 期。

182. 王葎：《建构现代中国社会的价值认同》，载《探索》2006 年第 1 期。

183. 冯达成：《论和谐社会构建中的价值认同》，载《思想政治教育研究》2008 年第 5 期。

184. 王文晶：《我国多元一体价值体系研究》，北京交通大学 2008 年硕士学位论文。

185. 张宏：《个人与社会价值的选择》，载《学术研究》1995 年第 6 期。

186. 吕世荣：《价值主体与核心价值体系合理性研究》，载《哲学动态》2009 年第 7 期。

187. 王伦光：《论价值与情感》，载《哲学研究》2009 年第 8 期。

188. 王伦光：《论价值追求》，载《社会科学辑刊》2006 年第 2 期。

189. 王伦光：《论和谐社会的价值追求》，载《理论探讨》2008 年第 2 期。

后　记

　　本书是我主持的 2007 年国家社会科学基金项目《和谐社会的价值追求研究》的最终成果。

　　社会建设不仅是一种制度安排、结构调整、利益重组，更为重要的是对人的价值观念的重新整合和塑造。本项目深入研究了价值追求与和谐社会构建的关系，科学分析价值追求的本质、类型、层次和意义，从人的价值追求与社会的价值追求的内在联系出发，研究人的价值追求与社会的价值追求的辩证关系，综合分析人的价值追求与和谐社会构建、社会的价值追求与和谐社会构建的互动过程，揭示价值追求对社会主义和谐社会构建的重大作用，明确构建社会主义和谐社会应该倡导什么样的价值追求及怎样建设社会主导价值观。

　　本项目共取得阶段性成果 18 项，分别发表于《哲学研究》、《天津社会科学》、《毛泽东思想研究》、《社会主义研究》、《南京师大学报》、《理论探讨》等国内权威期刊和核心期刊，有的被《新华文摘》、中国人民大学复印报刊资料《伦理学》全文转载。

　　本项目研究的顺利进行，首先要感谢陕西省社科院研究员王玉樑老师。10 年来，王老师一步一步指导我走进价值哲学，并扶持我逐步成长。他严谨治学、求真务实、诲人不倦的精神深深地影响着我，使我受益终身。在项目研究中王玉樑老师给予了精心指导，并亲自为本书作序，我深感荣幸！湖州师范学院教授、浙江省教育厅高教处副处长王国银博士也给了我很多的帮助，提出了许多宝贵意见。项目研究还得到了主管部门和湖州师范学院领导、科技处、图书馆及社会发展学院领导的关心和支持及人民出版社特别是柯尊全老师的大力支持，谨对上述师长表示深深的谢意！

　　该成果参考了国内外很多专家、学者的观点，有的已经注明，有的没有注明，在此也向他们表示衷心感谢！

由于我们的水平所限，该成果难免有不足之处，恳请专家批评指正！

王伦光

2011 年 4 月 9 日

策划编辑:柯尊全
责任编辑:张 立
装帧设计:肖 辉
责任校对:余 倩

图书在版编目(CIP)数据

和谐社会的价值追求研究/王伦光 著. -北京:人民出版社,2011.10
(当代中国价值哲学研究丛书)
ISBN 978-7-01-010375-4

Ⅰ.①和… Ⅱ.①王… Ⅲ.①价值论(哲学)-研究-中国 Ⅳ.①B018

中国版本图书馆 CIP 数据核字(2011)第 221231 号

和谐社会的价值追求研究
HEXIE SHEHUI DE JIAZHI ZHUIQIU YANJIU

王伦光 著

人民出版社 出版发行
(100706 北京朝阳门内大街 166 号)

北京市文林印务有限公司印刷 新华书店经销

2011 年 10 月第 1 版 2011 年 10 月北京第 1 次印刷
开本:710 毫米×1000 毫米 1/16 印张:23.75
字数:372 千字 印数:0,001-3,000 册

ISBN 978-7-01-010375-4 定价:50.00 元

邮购地址 100706 北京朝阳门内大街 166 号
人民东方图书销售中心 电话 (010)65250042 65289539